中宣部主题出版重点出版物

马列著作在中国出版史

MALIE ZHUZUO ZAI ZHONGGUO CHUBANSHI

王东　著

海峡出版发行集团｜福建人民出版社
THE STRAITS PUBLISHING & DISTRIBUTING GROUP | FUJIAN PEOPLE'S PUBLISHING HOUSE

图书在版编目（CIP）数据

马列著作在中国出版史 / 王东著. --福州 ：福建人民出版社，2025.3. -- ISBN 978-7-211-09829-3

Ⅰ. A8；G239.29

中国国家版本馆 CIP 数据核字第 2025UK2529 号

马列著作在中国出版史

MALIE ZHUZUO ZAI ZHONGGUO CHUBANSHI

作　　者：王　东

责任编辑：陈稚瑶

特约编辑：陈艺静

美术编辑：陈培亮

责任校对：李雪莹

出版发行：福建人民出版社　　电　　话：0591-87533169(发行部)

网　　址：http://www.fjpph.com　　电子邮箱：fjpph7211@126.com

地　　址：福州市东水路 76 号　　邮政编码：350001

经　　销：福建新华发行（集团）有限责任公司

印　　刷：福州德安彩色印刷有限公司

地　　址：福州市金山工业区浦上 B 区 42 幢

开　　本：787 毫米×1092 毫米　1/16

印　　张：33.5

字　　数：447 千字

版　　次：2025 年 3 月第 1 版　　2025 年 3 月第 1 次印刷

书　　号：ISBN 978-7-211-09829-3

定　　价：168.00 元

王东，1948 年 4 月生于北京，就读于北京师大二附中，从 1963 年起自学研读马列著作，十年动乱没有中断。1978 年春考入黑龙江大学哲学系。1979 年至 1982 年间，到中国人民大学马列主义发展史研究所，师从庄福龄、徐琳、刘炯忠教授，获马克思主义哲学史硕士学位。1982 年到中国社会科学院马列所工作。1983 年至 1985 年间，考入北京大学哲学系，师从黄枬森教授，专业为马克思主义哲学史，1985 年成为新中国最早的哲学博士，1989 年 5 月成为北大最早破格提拔的正教授。2000 年担任北大哲学系马克思主义哲学教研室主任，教育部人文社会科学研究重点基地、北大中国特色社会理论体系研究中心副主任。曾任中国马克思恩格斯研究会副会长、中国辩证唯物主义研究会副会长、中国列宁思想研究会会长。

先后发表论文 200 多篇，主要成果凝聚为三大系列：改革创新学十部曲—中国学十部曲—哲学创新北大六书。

其中包括马克思研究的六部学术专著，首倡中国马克思学：《对〈资本论〉历史观的沉思（现代历史哲学的构想）》（与孙承叔合著，学林出版社，1988）；《马克思学新奠基——马克思哲学新解读的方法论导言》（北京大学出版社，2006）；《时代精神与马克思主义哲学创新》（人民出版社，2011）；《哲学创新论——马克思哲学观与当代新问题》（与黄枬森合著，吉林人民出版社，2015）；《〈资本论〉中的理论创新与创新理论——中国道路的源头活水》（吉林人民出版社，2018）；《马克思十大理论创新》（中央编译出版社，2018）。

2017 年，出版专著《列宁思想在中国：中国列宁学百年轨迹与前沿问题》（与刘军合著），首倡中国列宁学。

2025 年，出版专著《马列著作在中国出版史》，首倡中国马列著作出版史系统整体研究。

目　录

第三篇　马列著作的系统出版
社会主义革命和建设时期
（1949—1978）

第四篇　马列著作出版的“中国奇迹”

改革开放和社会主义现代化建设新时期

（1978—2012）

第五篇　马列著作出版新气象
中国特色社会主义新时代
（2012年至今）

导论

2021年7月，适逢中国共产党成立100周年。在这个重要节点上不少人不由得去思索一个引人入胜的深刻问题：

中国共产党为什么能带领中华民族、中国人民，开创中国道路，走向中华复兴？

很长时期以来，这个历史之谜一直吸引着国人乃至全世界的普遍关注，甚至可以被称为跨世纪的“中国奇迹”之谜。

在2018年庆祝中国改革开放40周年，2019年纪念五四运动100周年、庆祝中华人民共和国成立70周年，乃至2021年庆祝中国共产党成立100周年之际，在总结历史经验，深入思索“中国道路”、“中国经验”、“中国模式”的时候，这个问题总会一再被提出来。

2018年5月4日上午，在人民大会堂，隆重举行了纪念马克思诞辰200周年大会，中共中央总书记、国家主席习近平，在会上发表的重要讲话，为解开这个历史之谜，提供了一把最好的金钥匙：

坚持马克思主义基本原理同中国具体实际相结合，创造性地实现马克思主义中国化的理论创新，大胆推进中国特色社会主义体制创新——这是“中国道路”、“中国经验”、“中国模式”的深层奥秘。

在这里，有一个必不可少的历史前提，就是马克思列宁主义著作在中国的翻译出版事业，为创新型政党、创新型国家的创立，起了重要的铺垫与奠基作用。

正是马克思主义的创新型理论，使中国共产党成为创新型政党，使中华人民共和国成为创新型国家，使中国现代化模式成为创新型模式，使中国特色社会主义成为创新型体制。

为了更好地解开这个“中国经验”之谜，本书对马列著作在中国的翻译出版史，做了一番追根溯源的深入探索，在以下六个方面力图有所创新。

（一）
百年历史新展现

本书以马克思主义著作在中国的出版史为对象，写出一部马列著作在中国的翻译出版历史，在研究对象上有一定新意，甚至可以说在一定程度上有填补空白的开拓作用。

根据我们查阅的国内外学术资料来看，前人的相关研究，主要有以下四种类型：马克思主义著作在中国传播史；马列著作在俄国出版史；马列著作中译本书目；2012 年党的十八大后新出现的马列著作中译本文献库。

我们在努力借鉴汲取这四种前人成果的基础上，在研究对象的把握上，力图有所创新，有所开拓。

我们努力吸收马克思主义在中国传播史研究成果，力图从中区分出马列著作翻译出版史，作为相对独立的崭新研究领域。在这方面，前人已经取得了一定研究成果，如中央编译局 1954 年曾举办了一个名为“马克思列宁主义在中国的传播”的展览。

1983 年在纪念马克思逝世 100 周年时，中共中央马克思恩格斯列宁斯大林著作编译局马恩室出版了集体编纂的著作《马克思恩格斯著作在中国的传播》，前半部分荟萃了柯柏年、吴黎平、张仲实等几位著名翻译家的感言或回忆录，后半部分则简要概述了 1983 年以前马列著作在中国的传播历史，以及翻译、编辑、研究、宣传过程，对我们有很大帮助作用；中国人民大学庄福龄教授发表了学术专著《中国马克思主义哲学传播史》，具有专业研究的高水平，侧重点放在马克思主义哲学思想在中国的传播史上，对马列著作在中国出版的历史则尚未做出专门研究。

比较而言，马克思主义“传播史”的研究对象更宽泛一些，要求更广泛地注意到传播的时代背景、国情背景、社会历史文化背景，更关注传播内容的思想理论性；而马列著作“出版史”，研究对象要相对狭窄一些，更关注翻译出版工作的专业性、学术性，更关注翻译者、出版者的创造活动，以便更生动具体地讲述马列著作在中国的历史命运与“中国故事”。

如果说到马克思主义著作出版史研究，那么我们至少可以找到这方面的八部著作：

一是苏联学者列·阿·列文《马克思恩格斯著作的发表和出版》(1948 年)；

二是苏联学者柯托夫《马克思主义在俄国的传播》(于深翻译，时代出版社，1955 年)；

三是苏联学者彼·尼·巴特里凯也夫《俄国现代工业无产阶级的出现——马克思主义在俄国的传播》(孟世昌翻译，上海人民出版社，1956 年)；

四是苏共中央直属马列主义研究院编写的《马克思恩格斯的论著——在苏联的发表和研究史》(1969 年)；

五是德国两位记者海因茨·施泰因、迪特尔·沃尔夫合著的《伟大的遗产——马克思和恩格斯著作遗产的历史报导》(柏林，1972 年)；

六是唐宝林主编，并有丁守和作序的大型学术专著《马克思主义在中国 100 年》(安徽人民出版社，1997 年)；

七是王东《马克思学新奠基——马克思哲学新解读的方法论导言》(北京大学出版社，2006 年)；

八是王东、陈有进、贾向云在庆祝新中国成立60周年时推出的新著《马列著作在中国出版简史》（福建人民出版社，2009年）。

这些著作对我们有借鉴作用，但马列著作在中国出版史的完整展现，却有待我们作出深入研究。

马列著作在中国的中译本书目，至少也有两三部较有影响：

北京图书馆马列著作研究室曹鹤龙、苏爱荣、张育平等编的《马克思恩格斯著作中译文综录》，书目文献出版社1983年出版，收录篇目截至1980年；

中共中央马克思恩格斯列宁斯大林著作编译局马恩室编《马克思恩格斯著作在中国的传播》，人民出版社1983年出版，书末附“马克思恩格斯著作中译本（文）第一版书目”，截至1983年；

苏爱荣编《百年来马克思主义著作主要中译文出版年表》，截至1997年。

2012年，党的十八大后，这一领域的研究又有新进展，一个突出表现就是试图构建近百年来马列著作中译本文献库，其中较为突出的主要是四家：

第一家，吕延勤主编的《马克思主义在中国早期传播史料长编（1917—1927）》，分上中下三卷，2016年由长江出版社出版；

第二家，由田子渝主编的《马克思主义在中国早期传播著作选集（1920—1927）》，三卷本，2018年由湖北人民出版社出版；

更重要的，还有第三家，由顾海良担任主编的《马藏》第一部第一至五卷，2019年由科学出版社出版。2015年3月，北京大学《马藏》编纂与研究中心成立，开启了《马藏》编纂工程。2018年5月2日，习近平总书记到北京大学考察时，称赞这一工作“非常有意义”；

与此相呼应的是第四家，由清华大学杨金海、李惠斌、艾四林担任主编，2019年由辽宁人民出版社推出《马克思主义经典文献传播通考》首批成果22卷，现已推出成果100卷。

这些马列著作中译本文献库的建立，给马列著作在中国出版史研究的深入展开，进一步提供了文献学方面的坚实基础；而作出历史梳理、理论概括，则是需要我们进一步的学术创新、思想升华，还需要下一番大功夫！

时至今日，改革开放已有40多年，新中国成立已有70多年，中国共产党成立已有100年，但还没有一部著作，完整地再现马列著作在中国出版的历史，这不能不说是一个遗憾——本书正是填补这一空白的一次尝试。

（二）
图文并茂新形式

马克思主义著作在中国的出版历史——通常被认为是一个非常烦琐而又乏味的题材，不要说一般读者见到题目就畏而却步，就是专家学者也难以卒读，也许只有极少数专门研究这类问题的研究生才会问津此书。

以往的专业书籍，有的已达到很高的学术水平；然而，真正的读者，却寥若晨星。

我们这次试图在表述形式上也有所创新，努力创造一种图文并茂的新形式，更具体地说，就是在资料翔实的基础上，讲历史、说故事、观图片、明道理。

一是讲历史。本书不是资料的简单堆积、翻译书目的静态展示，不是“甲乙丙丁”式的中药铺，也不是烦琐乏味的“流水账”、“豆腐账”，而是把马列著作在中国的出版史看成活生生的历史，一条流动的历史长河，一个有机的历史过程。

二是说故事。本书在讲历史的时候，尤其是在讲马列著作在中国翻译出版历史的时候，不仅试图做出理论概括，逻辑推演，更主要的是讲述五四运动100年来，尤其是中华人民共和国成立70年以来，中国共产党成立 100 年以来，那些像普罗米修斯一样，把天上圣火带给人世间的革命家、先驱者，翻译家、出版家的故事。

三是观图片。本书的一大特色，就是在讲历史的时候，尤其是讲到马列著作在中国翻译、出版的历史和故事时，不仅有语言叙述，还能展示大量精美图片。我们请摄影方面有专长、多次举办过个人影展的北京大学王放博士，在中央编译局图书馆、国家图书馆、人民出版社图书馆、北京大学图书馆支持下，拍摄了有关图片 1000 多张，从中精选出 150 多张，以飨读者。为了反映马列著作在新时代的出版成果，我们又请俞涛拍了 50 多张图片。二者加起来共有 200 多幅。因而，本书一半是文字，一半是图片，而且多半是生动鲜明、丰富多彩的彩色图片。

能否在马列著作出版史这样一部严肃著作中，用图文并茂的生动形式，有声有色地讲出一些十分动人的传奇故事？这是我在学术上的一种大胆设想，也算是一种新的尝试吧！

听起来，可能有人会觉得这是一个不着边际的突发奇想。然而，追根溯源地说起来，笔者产生这种创作动机、创作初心，还是源于马克思本人青年时代的理想追求，以及毛泽东把马列著作翻译工作者比作“唐三藏”的闪光思想。

马克思在 1841 年 3 月完成的博士论文序言结尾，画龙点睛，以普罗米修斯为例，升华自己追求人类自由解放的哲学理想。普罗米修斯把天火盗给人间百姓，而自己却受到宙斯的惩罚。青年马克思将他作为人生榜样，别具一格地赞美“普罗米修斯是哲学历书上最高尚的圣者和殉道者”①。

大约 100 年后，毛泽东在说到翻译马列著作的工作意义时，则幽默诙谐地说道：“学个唐三藏及鲁迅，实是功德无量的。”②

① 《马克思恩格斯全集》（第一卷），北京：人民出版社，1995 年，第 12 页。

② 中共中央马克思恩格斯列宁斯大林著作编译局马恩室编：《马克思恩格斯著作在中国的传播》，北京：人民出版社，1983 年，第 306 页。

近一百年来，在中国共产党的领导下，一代又一代的中国志士仁人，为寻找马克思列宁主义真理，翻译马列主义经典著作，高举马克思主义旗帜，付出了艰苦努力，经历了曲折艰辛，其工作的伟大意义，绝不亚于“普罗米修斯盗天火”、“唐僧西天取经”。我辈更应当努力，通过讲述一连串的历史故事，还原一系列历史人物，把中华民族精神现代革新的这段传奇历史，生动再现出来，使之薪火相传，绵延不断！

（三）

版本演化新梳理

本书创作过程中不仅尽可能完整地搜集整理了马列著作的中译本目录，而且努力在翔实资料的基础上，对马列著作中译本的版本演化，作出历史梳理与理论概括，试图一目了然、高屋建瓴地把握版本演化的历史轨迹与发展大势，这是深入研究马克思主义的一项基础性、前提性、铺垫性的工作。

读马列著作，有两种不同境界，一是比较初级的学习阶段；二是比较高级的研究阶段。如果仅限于一般阅读、初步学习，那就不必过多地花费时间去弄清版本演化问题，拿过来读就是了；相反，如果想再提高一步，进入研究境界，那么，弄清版本演化则是不二法门、必经之路，必不可少。

从马克思原始文本，到我们今天说到的中译本的出版，往往经历了一个相当复杂的语言转换、编辑加工过程，不了解这个过程，就很难更好地把握马克思主义著作的深刻内涵。

2006 年出版的《马克思学新奠基——马克思哲学新解读的方法论导言》一书中，笔者曾对马克思文本的出版历史与版本演化，从世界历史高度作出逻辑与历史统一的理论梳理。本书在此基础上，进一步梳理了马列著作中译本的版本演化过程。

本书还试图梳理《马克思恩格斯全集》从中文第一版到中文第二版的演化轨迹，其中最重要的“中介”，是我们不仅借鉴了俄文第二版、中文第一版的翻译、出版成果，而且更多地注意到《马克思恩格斯全集》历史考证版第二版（MEGA2）的最新研究成果、资料成果、编辑成果和出版成果。

本书也探讨了《马克思恩格斯选集》从中文第一版到第二版、第三版，《列宁全集》、《列宁选集》从中文第一版到第二版的发展过程和演化轨迹。

本书还特别注意最基本的马列著作的版本演化问题。包括：《1844年经济学哲学手稿》、1845年《关于费尔巴哈的提纲》、1845年至1846年《德意志意识形态》、1848年《共产党宣言》、1867年《资本论》第一卷及其他文本等。

（四）
五个阶段新概括

怎样对马列著作在中国出版史，作出历史分期与理论概括？这是摆在我们面前的一项重大课题，必须作出实事求是的新回答。

本书尝试采用的方法是，以世界历史、中国近现代史，特别是中国共产党史、中华人民共和国史的历史分期为主要历史背景与参照系，实事求是地具体分析马列著作在中国出版的不同历史阶段、历史特点，作出历史分期与理论概括。

在2009年出版的《马列著作在中国出版简史》中，我们曾把五四运动以来九十年的历史，分成三个三十年，即三大阶段，“中国革命三十年——新中国成立之初三十年——改革开放三十年”，具体阐述这三个阶段马列著作在中国出版的历史过程、历史特点、历史成就、历史经验。

十年之后，我们重新研究这个问题，写作这部新著，一项重要理论创新，就是作出“五个阶段”的新分期、新概括，以便更全面、更完整、更具体、更生动地再现马列著作在中国出版历史：

第一篇《中国人对马克思的早期接触》。1894 年中日甲午海战及 1895 年的《马关条约》，标志着中国真正跌入半殖民地半封建社会历史深渊，民族存亡陷入深刻危机。正是为了寻求救国图存之道，人们在黑暗中摸索，开始接触马克思著作及其思想。1896 年至 1897 年间蒙难伦敦的孙中山，是最早开始接触马克思思想的中国第一人，1905 年他把马克思《资本论》以“节制资本”形式，纳入他倡导的三民主义。与他同属资产阶级革命派左翼的朱执信也是这方面最早的拓荒者之一。维新派首领梁启超，1902 年开始介绍马克思学说，1903 年走访北美，写下《新大陆游记》，零星介绍了马克思著作。在这一时期，《俄罗斯大风潮》等无政府主义思潮代表作，也起了推波助澜的重要历史作用。马克思主义传入中国的三条路径并存——“日本路径”、“苏俄路径”、“西欧路径”，表明中华文明综合创新固有的原创本性与开放气质。

第二篇《中国马列著作出版的壮丽日出》。1919 年至 1949 年，烽火连天的新民主主义革命时期，乃是中国马列著作出版的开创时代。

从 1919 年五四运动到 1921 年建党，乃至建党初期的几年间，是马列著作在中国出版的伟大开端，有影响深远的奠基作用。李大钊是马克思列宁主义在中国传播的播火者，《我的马克思主义观》是一部奠基开创之作。他倡导的北大马克思学说研究会，为马列著作在中国编译出版，奠定了最初学术基础。而李大钊与陈独秀，“北李南陈，相约建党”，确定了理论建党、思想建党为先的基本原则与建党路线。陈望道的《共产党宣言》第一个中文全译本，侯外庐等人的《资本论》第一卷中译本，起了重要的引路作用。

从 1927 年至 1949 年，这段时期中国马列著作发展的一大特点，就是在战争时期，中国共产党领导的马列著作出版事业不仅没有中断，而且在艰苦卓绝的斗争中走向高潮。其中的关键在于，延安时期毛泽东“四个亲自带头”。1938 年成立了马列学院，由张闻天挂帅，《列宁全集》、《资本论》等一批马列著作中译本相继出版。延安整风成为一次普遍的马克思主义教育运动，继五四运动之后人们思想上的又一次解放。在那艰难岁月中，马克思著作开始系统出版，《列宁全集》开始系统出版，《资本论》四卷本首次全部出版中译本……

第三篇《马列著作的系统出版》。从 1949 年到 1978 年，是社会主义革命和建设时期，为之奠定理论基础的，正是马列著作在中国出版的系统化。在 1949 年 3 月七届二中全会上，毛泽东提出“干部必读十二本书”，把理论奠基作为新中国成立之本。马列著作出版也开创一个新阶段。人民出版社、中央编译局先后成立，为新中国系统出版马列著作打下了坚实基础。借鉴俄文版，中文第一版的《马克思恩格斯全集》、《列宁全集》和《斯大林全集》三大全集系统出版，此外，马列著作各类选集和专题文集也纷纷得以出版。后来，由于“左”的倾向抬头，“文化大革命”十年动乱，也使马列著作出版一度出现曲折、困境与停顿。

第四篇《马列著作出版的“中国奇迹”》。从 1978 年到 2012 年，改革开放头 35 年，创造了现代化起飞的“中国奇迹”，而为之奠定理论基础的，则是中国马列著作出版不仅没有中断，而且创造了国际出版史上的“中国奇迹”。在走向改革开放的伟大历史转折中，马列著作出版工作重新启航，并为拨乱反正、正本清源、解放思想、实事求是，起了重要的理论奠基作用。1992 年邓小平南方谈话，确立建立社会主义市场经济的中国改革目标，马列著作出版在推动中国彻底突破苏联模式计划经济的影响，开创中国特色社会主义道路上也起了重要的历史作用。

第五篇《马列著作出版新气象》。2012 年党的十八大以来，中国特色社会主义开始进入一个新时代，马列著作在中国的出版也相应地正在开创一个新时代。2018 年 5 月，习近平在纪念马克思诞辰 200 周年大会上的讲话，继承发展了 100 年前李大钊的开创之功，提出了当代中国共产党人的马克思主义观，为马列著作出版指引了正确方向。习近平三论马克思《资本论》，则树立了特别重视马列经典著作的典范。从2021年庆祝中国共产党成立100周年，到2022年党的二十大，比以往更加明确地把马克思主义中国化时代化，作为建党百年、建国70年、改革开放40年最主要、最根本的成功之道。这就把马列著作在中国翻译出版工作的重大意义，提高到一个前所未有的新高度。马克思、恩格斯著作的出版，列宁主义著作的出版，都出现了引人注目的新成果，成为开创新时代的重要理论奠基工程。

（五）

当代论争新回答

——对蓬佩奥、科拉科夫斯基等人理论挑战的有力反击

本书讲的多半是近百年来马列著作在中国出版的历史过程，初看起来，似乎并没有什么重大的现实意义。然而，事实上绝非如此，2020年7月，美国国务卿蓬佩奥在尼克松图书馆发表相当于美国政府“新冷战宣言”的演说[①]，集中攻击的矛头所向，正是中国共产党及其马克思列宁主义指导思想、意识形态，甚至斥之为“暴政工具”、“霸权工具”。这就使得中国共产党的马克思列宁主义理论建设的实质问题，成为当代世界范围内大争论的首要焦点问题。我们在这里依据翔实的历史文献、历史事实，对这个问题做出有力回答，不仅具有重大的理论意义，而且具有重大的现实意义。由此可见，对中国共产党的马克思列宁主义指导思想理论基础及其精神实质的了解，的确是一个根本问题、要害问题。

此外，本书展示的历史文献、历史事实，也是对科拉科夫斯基

① 参见新华社北京2020年8月14日电《蓬佩奥涉华演讲的满嘴谎言与事实真相》。

等人，把中国共产党的理论基础，斥为“极权主义”、“农民社会主义论”的新回答。科拉科夫斯基把中国化的马克思主义及其哲学，包括毛泽东思想和中国社会主义等等，都斥为与马克思本人的人本主义哲学背道而驰的假马克思主义，是产生于落后国家、农民国度中的“民粹主义”、“农民的社会主义”。

从马列著作出版史的角度来看，至少有三个基本事实有助于彻底澄清这个责难：

1. 1920 年 8 月，马克思科学社会主义基本著作《共产党宣言》首部中译本出版并广为传播，对中国之影响超过任何民粹主义，这是一个不争事实。

2. 马克思主义政治经济学、科学社会主义主要著作《资本论》，从五四时期就开始翻译，20 世纪 20 年代就翻译出版了第一卷，1938 年又由郭大力、王亚南翻译出版了理论部分三卷本。

3. 从革命战争时期到新中国成立之初 30 年，再到改革开放以来，从毛泽东思想到邓小平理论，从新民主主义理论到中国特色社会主义理论，都严肃郑重地坚持和发展马克思主义，根本摒弃民粹主义。

（六）

历史丰碑新矗立

本书旨在澄清种种历史迷雾，为马克思主义著作在中国的出版树起历史丰碑：

这部出版史，首先是为马克思主义树碑立传，为马克思、恩格斯、列宁等马克思主义思想家，为马克思主义在中国新民主主义革命 30 年、中华人民共和国成立 70 多年的历程中的科学发展指南作用树碑立传。2018 年 5 月 5 日，适逢马克思诞辰 200 周年；2020 年 4 月 22 日、11 月 28 日，又先后赶上列宁诞辰 150 周年、恩格斯诞辰 200 周年。在这样的历史时刻，推出这部《马列著作在中国出版史》，是对这三位伟大革命家和伟大导师的最好纪念，对他们撰写出马克思列宁主义经典的充分肯定，对马克思列宁主义在现代中国的指导地位的高度评价。马克思主义之所以伴随着十月革命一声炮响传入中国，并立即在五四时期掀起巨浪，是因为它帮助中国人民第一次彻底看清了资本主义的本性、帝国主义列强的本性、封建军阀的本性，第一次实现了近代以来中华民族、中国民众的大联合，开启了中华民族转弱为强、转败为胜的伟大历史转折。此后在中国新民主主义革命 30 年及中华人民共和国成立 70 多年的历史长河中，马克思主义都起到了解放思想、科学指南、理论奠基的历史作用。

这部出版史，同时也为我们伟大的中国共产党树起一座历史丰碑。从世界历史高度来看，中国共产党是最为重视理论建设的先进政党，把思想建党作为组织建党、政治建党的先导，特别重视马克思主义著作的出版事业，视之为党的建设的一条重要生命线。

这部出版史，也是为中华人民共和国成立 70 多年来走过的光辉历程，树起一座历史丰碑。有些人企图把新中国历史，说成是简单照搬他国的模仿的历史，改革开放前 30 年照搬苏联模式，改革开放 40 年照搬西方模式。实际上，中华人民共和国成立 70 多年来，始终把马克思主义作为活生生的思想酵母，把马克思列宁主义同中国具体实际相结合，不断开创新的中国道路。其中一个重要因素就是把马克思主义著作出版事业作为“国家大事”、“建国之基”，放在十分重要的地位，建立了国家级的翻译中心、出版中心，国家级的翻译队伍、出版队伍，国家级的发行中心、发行队伍。

这部出版史，还为中国改革开放，开创中国特色社会主义，树起一座历史丰碑。1978 年召开的中共十一届三中全会成了中国改革开放的宣言书；1992 年邓小平南方谈话和中共十四大，彻底突破苏联模式的传统计划经济，开创了社会主义市场经济新型体制，由此创造了经济起飞持续 40 年的“中国奇迹”。

这部出版史还有一个新颖特殊的作用，就是为我们党、为中华人民共和国成立70多年来的马克思主义著作翻译家、出版家树碑立传。过去这些人的艰苦劳作、丰功伟绩是鲜为人知的。五四时期与建党初期，为马克思主义著作在中国出版事业最初奠基的先驱者，特别突出的是“三李二陈”：李大钊、李达、李汉俊，陈独秀、陈望道。延安时期，为马列著作出版做出巨大贡献的，不仅有毛泽东、张闻天这样的杰出领袖，而且有一批大翻译家，他们是现代中国“唐三藏”，如何思敬、柯柏年、吴黎平、张仲实等人。中华人民共和国成立70多年，在这方面能够立下丰功伟绩，不仅有毛泽东、邓小平、江泽民、胡锦涛、习近平这些党中央领导核心的定向工作，而且有中央编译局、人民出版社作为翻译中心、出版中心，有一支坚强的翻译出版队伍，有一批高水平的翻译家，兢兢业业，扎实工作，无私奉献。

其中的杰出代表，不仅有师哲、张仲实、何锡麟这样的老一辈革命家、翻译家，还有一批新中国培养出来的翻译家、宣传家，如林基洲、周亮勋、岑鼎山、顾锦屏、韦建桦、柴方国等人。

从自然生命来说，我是新中国的同龄人；而从学术生命来说，我是改革开放的同路人。我从1963年开始，自学研究马克思主义，至今已有整整60年时间。20世纪80年代初开始，我有幸在北京大学从事这一研究，也已40多年。正是马克思主义，给了我人生理想、人生方向、坚定信仰和学术生命。近1000年前，宋代哲人张载阐发人生理想、哲学理想的四句箴言——“为天地立心，为生民立命，为往圣继绝学，为万世开太平”。有鉴于此，我决心把我多年研究的一点心得体会，写成这部《马列著作在中国出版史》，献给中国共产党百年华诞，献给中国式现代化新道路与人类文明新形态。

中国共产党之所以能成为创新型政党，中华人民共和国之所以能成为创新型国家，一个重要的、必不可少的前提条件，就是有马克思列宁主义著作出版做铺垫，有马克思列宁主义创新型理论的武装和指导。这不仅是建党百年最主要、最根本、最宝贵的历史经验之一，而且是迎接新挑战、开创新时代的伟大旗帜和政治保证！

第一篇　中国人对马克思的早期接触

旧民主主义革命后期

（1896—1919）

怎样把每个民族、每个国家找到马克思主义的曲折探索历程，历史具体地再现出来，曾是马克思主义思想史上的一个重要课题。当年列宁、毛泽东都曾特别鲜明地提出这个重大课题。

1920年四五月间，在经历了十月革命、战时共产主义，转向新经济道路前夕，列宁在《共产主义运动中的“左派”幼稚病》这篇文章的第二章中，言简意赅地描述了布尔什维克党和俄国人民找到马克思主义之前经历的曲折历程：

> 布尔什维主义是1903年在最坚固的马克思主义理论基础上产生的。而这个——也只有这个——革命理论的正确性，不仅为整个19世纪全世界的经验所证实，尤其为俄国革命思想界的徘徊和动摇、错误和失望的经验所证实。在将近半个世纪里，大约从上一世纪40年代至90年代，俄国进步的思想界在空前野蛮和反动的沙皇制度的压迫之下，曾如饥如渴地寻求正确的革命理论，专心致志地、密切地注视着欧美在这方面的每一种“最新成就”。俄国在半个世纪里，经受了闻所未闻的痛苦和牺牲，表现了空前未有的革命英雄气概，以难以置信的毅力和舍身忘我的精神去探索、学习和实验，经受了失望，进行了验证，参照了欧洲的经验，真是饱经苦难才找到了马克思主义这个唯一正确的革命理论。[1]

---

① 《列宁选集》（第四卷），北京：人民出版社，1995年，第136—137页。

无独有偶，1949年6月30日，在新中国成立前夕，毛泽东发表了《论人民民主专政 纪念中国共产党二十八周年》这篇文章，与列宁上述论述遥相呼应，提出了中国人找到马克思主义的时期的历史问题：

> 列宁在一九二〇年在《共产主义运动中的“左派”幼稚病》一书中，描写过俄国人寻找革命理论的经过。俄国人曾经在几十个年头内，经历艰难困苦，方才找到了马克思主义。中国有许多事情和十月革命以前的俄国相同，或者近似。封建主义的压迫，这是相同的。经济和文化落后，这是近似的。两个国家都落后，中国则更落后。先进的人们，为了使国家复兴，不惜艰苦奋斗，寻找革命真理，这是相同的。
>
> 自从一八四〇年鸦片战争失败那时起，先进的中国人，经过千辛万苦，向西方国家寻找真理。洪秀全、康有为、严复和孙中山，代表了在中国共产党出世以前向西方寻找真理的一派人物。那时，求进步的中国人，只要是西方的新道理，什么书也看。向日本、英国、美国、法国、德国派遣留学生之多，达到了惊人的程度。①

鸦片战争之后，中华民族面临的危机日益加深。20世纪，是中华民族走向现代觉醒、奋勇拼搏的时代。

而构成这一转变的历史契机与思想枢纽，则是在两个世纪之交，在1897至1918年这20余年间，以孙中山为代表的资产阶级革命派，以梁启超为代表的改良主义维新派，还有某些无政府主义激进派，这些那个时代先进的中国人，在黑暗中摸索，最先开始接触马克思主义创始人的个别闪光思想，为五四以后中国共产党人自觉传播马克思主义做出了历史铺垫。

这是一个在黑暗中摸索的时代，构成马克思主义传播时代的历史序曲，既有重大的历史成果，又有很大的历史局限。

最大最根本的历史局限，是当时中国共产党尚未建立，因而缺少一个马克思主义政党，作为自觉传播马克思主义的坚强主体力量。

---

① 《毛泽东选集》合订本，北京：人民出版社，1964年，第1358—1359页。

第一章　马克思著作开始传入中国的历史背景

马克思主义是在西欧诞生半个世纪之后，开始传入中国的，这时正赶上19世纪和20世纪之交。

在以往的流行著作中，往往把英国传教士李提摩太，作为在中文书刊中提到马克思名字的第一人（1898年），把梁启超作为最早开始介绍马克思思想的中国第一人（1902年）。

但其实，中国民主革命先驱者孙中山，才是最早接触马克思主义与《共产党宣言》的中国第一人！

让我们回到那个在黑暗中摸索的历史时代，看看人们怎样在上下求索的漫漫长夜中，开始接触马克思。

第一节　从自由资本主义走向帝国主义

十九、二十世纪之交，不仅中国历史处于一个大变局之中，世界历史同样也处于一个前所未有的大变局中：亚当·斯密时代的自由竞争资本主义已经不复存在，代之以垄断资本主义的帝国主义时代，由此引发的一系列重大变化，使中华民族第一次陷入生存危机之中。

资本主义进入帝国主义阶段，一个最深层、最本质的变化，就是垄断资本、金融资本与国家权力、国家机构紧密地结合起来，形成一个无比强大、包罗万象的主宰力量，资本扩张的能力与欲望激增，主要形式也由商品输出转变为资本输出，因而对于殖民地的争夺在全球范围内展开并加剧了。

到了十九、二十世纪之交，各个主要资本主义国家结成了不同的国家体系、不同的国家集团，几乎把世界瓜分完毕，大量的亚非拉国家，几乎全都沦为殖民地、半殖民地。由于老牌的帝国主义，特别是英国，先下手为强，占据了很大优势，号称“日不落帝国”。这就使得后起的德国、日本、意大利等帝国主义国家，受到排挤，深感不平，强烈要求重新瓜分殖民地、半殖民地，重新划分势力范围。

由此，帝国主义时代的战争危机如箭在弦上，一触即发。由维也纳体系形成的相对均势、和平局面，再也不能维持下去了，帝国主义列强之间的战争不可避免，而且正在走向全球范围内的大战。

正是世界形势这一深刻的变化，打破了中国相对独立、相对封闭的发展进程，把这个古老的东方大国，一下子卷入世界历史的时代旋涡之中，使中国命运发生了急剧变化。

从《共产党宣言》到《资本论》，马克思和恩格斯揭示了资本主义发展的深层本质，为弄清资本逻辑的必然发展趋势，提供了前所未有的理论思维上的“望远镜”与“显微镜”。晚年恩格斯更生动具体地预见到两大帝国主义集团争夺世界霸权、发动世界战争的世界历史前景：

> 德意志会有它的盟友，但是一有机会，它就会抛弃盟友，而这些盟友也就会抛弃它。最后，对于普鲁士德意志来说，现在除了世界战争以外已经不可能有任何别的战争了。这会是一场具有空前规模和空前剧烈的世界战争。那时会有八百万到一千万的士兵彼此残杀，同时把整个欧洲都吃得干干净净，比任何时候的蝗虫群还要吃得厉害。三十年战争所造成的大破坏集中在三四年里重演出来并遍及整个大陆；到处是饥荒、瘟疫，

军队和人民群众因极端困苦而普遍野蛮化；我们在商业、工业和信贷方面的人造机构陷于无法收拾的混乱状态，其结局是普遍的破产；旧的国家及其世代相因的治国才略一齐崩溃，以致王冠成打地滚在街上而无人拾取。绝对无法预料，这一切将怎样了结，谁会成为斗争中的胜利者；只有一个结果是绝对没有疑问的，那就是普遍的衰竭和为工人阶级的最后胜利造成条件。

如果已达顶点的军备竞争制度终于产生它的不可避免的结果，前景就是这样。国王和国家要人老爷们，这就是你们的才略把旧欧洲所弄到的地步。如果你们再也没有别的办法，只能开始跳一场最后的大战舞，那对我们来说，也没有什么关系。就算战争可能会把我们暂时抛到后面去，就算它会把我们已经争得的某些阵地夺去。但是，如果你们放纵你们以后将无法对付的力量，那末不管那时情况如何，在悲剧结束时你们必将垮台，而无产阶级的胜利不是已经争得，就是终于不可避免。[①]

正是进入帝国主义时代后，古老的中华民族逐渐陷入亡国灭种的深渊，由此也引出了学习西方，进而探寻马克思主义、科学社会主义真理的深刻时代呼唤。

第二节 19世纪中国学习西方的思潮

对于17世纪以来近300年间的中国思想主潮，有两种不同说法：侯外庐先生突出启蒙思想的主线作用，并发表了专著《中国近代启蒙思想史》；[②] 陈鼓应、葛荣晋等先生则强调实学思想的主线作

① 《马克思恩格斯军事文集》（第二卷），北京：战士出版社，1981年，第428页。

② 侯外庐：《中国早期启蒙思想史——十七世纪至十九世纪四十年代》，北京：人民出版社，1956年；《中国近代启蒙思想史》，北京：人民出版社，1993年。

用，并出版了《明清实学思潮史》等著作。[1]

我认为，“中国近代化”才是这股缕缕不绝、延续300年的新思潮的本质内容，破旧图新的启蒙目标，医国富国的实学形式，全都可以统一到“走出中世纪，走向近代化”这个中心内容上来。

侯外庐先生把19世纪末的康有为作为中国近代启蒙思想的第一人，作为与中国古代启蒙思想的分水岭。我则认为，从19世纪初期开始，中国就掀开了近代史、近代化史和近代思想史的第一页，龚自珍才是中国近代启蒙思想的第一家。

19世纪的中国，近代文化革命的萌芽，近代启蒙思想的兴起，近代形态的经世实学，都紧紧环绕着一个时代大主题——近代化。更确切些说，思想主旨都是一个：在内忧外患的危机形势下，首先实现中华民族精神的现代化，呼唤着富于时代精神与民族特色的新思想、新观念、新文化。

19世纪的中国新思潮，本质上代表着中国近代文化革命的萌芽，以承前继后的志士仁人为弄潮儿和先驱者，昭示着中国近代思想变革的几次风潮，近代经世实学的几种形态，而其时代主题只有一个——中国近代化：

19世纪前期，以龚自珍、魏源、林则徐、包世臣为代表，中心思想是“师夷自强论”，本质上是“技术救国论”；19世纪七八十年代，以冯桂芬、王韬、薛福成、马建忠、郑观应为代表，中心思想是“兴商强国论”，本质上是“实业救国论”；19世纪90年代，以康有为、梁启超、谭嗣同为代表，中心思想是“变法维新论”，本质上是“变法救国论”。

正是中国近代化的这几次思想变革，构成19世纪中国近代化的思想潮头和主线，层层递进，层层深入。

19世纪开风气之先的先驱者，是龚自珍、魏源、林则徐、包世

① 陈鼓应等主编：《明清实学思潮史》，济南：齐鲁书社，1989年。

臣。他们首先举起的理论旗帜是“师夷自强论”、“变法自强论”，对内主张变法革新，对外主张引进技术。这时的新思潮，带有封建士大夫阶层和“技术救国论”的历史局限性。

龚自珍反对粉饰太平，对封建衰世采取了尖锐的批判态度，“伤时之语，骂坐之言，涉目皆是”，“上关朝廷，下及冠盖，口不择言，动与世忤”。他不仅无情抨击现实，而且最早喊出了变法革新的时代呼声，“奈之何不思更法”。他把新法度的命运，寄托于新人才的降生：“九州生气恃风雷，万马齐喑究可哀！我劝天公重抖擞，不拘一格降人才。”① 他是开创中国近代思想新风第一人，“近数十年士大夫诵史鉴，考掌故，慷慨论天下事，其风气实定公开之”②。

魏源通过总结鸦片战争的惨痛历史教训，提出了为实现海防近代化，“尽收外国之羽翼为中国之羽翼，尽转外国之长技为中国之长技”。后来，他在《海国图志》这部著作中，开宗明义地提出了这一战略思想：“是书何以作？曰：为以夷攻夷而作，为师夷长技以制夷而作。”③ 他的“师夷长技说”开创了“学习西方新技术，推进中国现代化”的新风气，“晚清学术界之风气，倡经世以谋富强，讲掌故以明国是，崇今文以谈变法，究舆地以筹边防。皆魏氏倡导之，或光大之”。王韬讲“师长一说，实倡先声”，左宗棠也讲，“此魏子所谓师其长技以制之也”。④

林则徐是力倡近代中国爱国主义的第一人，力倡严厉禁烟的第一人，力倡严厉禁烟的同时保持中外正常贸易的第一人，力倡奋起反抗帝国主义侵略的第一人，力倡中国海防国防近代化的第一人，力倡中国人要睁眼看世界的第一人，力倡以夷制夷的战略思想的第

---

① 参见《龚自珍全集》，北京：中华书局，1959年，第648页，第35页，第521页。

② 《龚自珍全集》，北京：中华书局，1959年，第23页。

③ 《魏源集》上册，北京：中华书局，1983年，第207页。

④ 陈鼓应等主编：《明清实学思潮史》下卷，山东：齐鲁书社，1989年，第1760页，第1776页。

一人，力倡中国实行近代币制革命的第一人。魏源的“师夷长技论”，一个重要思想来源，就是林则徐的“以夷制夷论”。最重要的是，林则徐不仅是思想家，而且是实践家，他那种“苟利国家生死以，岂因福祸避趋之”的爱国主义精神，构成了中国近代思想的主旋律和最强音。

包世臣的主要主张是“经世救国”。他看到“大局将变”，倡导以海运代替运河漕运，倡导严厉禁烟，倡导实行近代币制改革。林则徐南下广州途中，曾在南昌与之会见，彻夜长谈。

这一代先驱者尖锐地批判旧中国的种种弊端，但却回避了封建制度的根本问题。他们对“现代化”的理解，往往还局限于器具、技艺、国防等表象上，难以上升到整体层面、制度层面和社会层面。

19世纪七八十年代，以冯桂芬、王韬、薛福成、马建忠、郑观应等五人为代表，他们的理论旗帜上突出了一个“商”字，可谓“兴商富国论”、“工商致富论”。他们为洋务运动、民族工业的兴起推波助澜，但未能根本突破“实业救国”的历史局限性。

冯桂芬作为林则徐的门生，他把中国落后于西方归结为“四不如”：人无弃材不如夷，地无遗利不如夷，君民不隔不如夷，名实必符不如夷。他提出的富国强兵的改革纲领主要是四条：采西学，制洋器，筹国用，废科举。他的基本思想是《采西学议》中提出的“中西合璧论”：以中国之伦常名教为原本，辅以诸国富强之术。他是洋务派张之洞的“中体西用论”的直接思想先驱。①

王韬一反“崇本抑末”的封建传统，通过总结英国立国经验，把黄宗羲的“工商皆本论”，发展成为“以商为本论”：“盖英之立国，以商为本，以兵为辅，商之所往，兵亦至焉。而兵力之强，全在商力之富，以商力裕兵力，二者并行，而乃无敌于欧洲。”他还

---

① 参见赵靖等主编：《中国近代经济思想资料选辑》（上册），北京：中华书局，1982年，第311—355页。

提出了“以民为本论”和“议会民主论”：“今夫富国强兵之本，系于民而已矣”；“无论政治大小，悉经议院妥酌，然后举行”，“中国欲谋富强，固不必别求他术也”。他的深刻之处还在于首先提出了现代化进程中的“人才为本论”：“治民本也，仿效西法其末也。西国之所以讲强兵富国者，率以尚器为先。惟是用器者人也，有器而无人，器亦虚设耳。”[①] 在这一点上，他超越了洋务派。

薛福成反对《管子》以来的“商为四民之末说”，提出了别开生面的“商握四民之纲说”：“商为中国四民之殿，而西人则恃商为创国造家开物成务之命脉，迭著神奇之效也者，何也？盖有商则士可行其所学而学亦精，农可通其所植而植益盛，工可售其所作而作益勤，是握四民之纲者，商也。”为此，他提出了振兴商务、造福中国的三大举措：一是兴贩运之利，以发展交通运输先行，则遐者可迩，滞者可通，费者可有，散者可聚，穷者可富；二是兴艺植之利，以农业为立国之本，生利之源，竞争之道，自立之根；三是兴制造之利，采用机器，发展工业，开采矿山。他是预言中华复兴、变法图新的第一人：“以中国人之才智视西人，安在其不可以相胜也”，“又安知百数十年后，中国不更驾其上乎！”[②] 他的基本思想是“振兴商务”，“夺外利以润吾民”。

马建忠的基本思想是重商扩商，以富国富民。第一，富强之道，首在富民，“治国以富强为本，而求强以致富为先”；第二，富民之道，首在扩商，他初到外国时，“以为欧洲各国富强专在制造之精，兵纪之严；及披其律例，考其文事，而知其讲富者以护商会为本，求强者以得民心为要”；第三，护商之道，首在育才；要保护中国商业发展，在竞争中取胜，必须设立学堂，培养人才，尤为

---

① 王韬：《弢园文录外编》，转引自刘崇敬：《向西方学习的探索与反思（1840—1919）》，北京：求实出版社，1988年，第152—158页。

② 转引自刘崇敬：《向西方学习的探索与反思（1840—1919）》，北京：求实出版社，1988年，第173—176页。

直接的是外交人才、外语人才、外贸人才的培养。[①]

郑观应提出了“工商富国论”、“商战救国论”。他的富强救国之道，包括四个层次：“苟欲攘外，亟须自强；欲自强，必先致富；欲致富，必首在振工商；欲振工商，必先讲求学校，速立宪法，尊重道德，改良政治。”他的这套理论，包含六个要点：（1）工商经本论，“欧洲各邦，以通商为大经，以制造为本务”，“商务者，国家之元气也，通商者，疏畅其血脉也”。（2）寓兵于商论，“商船即盛于懋迁，兵船可资其接济”，以商船之税养兵船，以兵船之力护商船，“藉商以强国，藉兵以卫商”。（3）商战决胜论，“兵之并吞，祸人易觉，商之掊克，敝国无形”，“吾故得以一言断之曰，习兵战，不如习商战”，“用官权以助商力所不逮，而后战本固，战力纾也”。（4）以工翼商论，“商战之利器在农工”，“商务之盛衰，不仅关物产之多寡，尤必视工艺之巧拙，有工以翼商，则拙者可巧，粗者可精”，“论商务之原，以制造为急；而制造之法：以机器为先”。（5）人才致胜论，“我国亟宜筹款，广开艺院。教育人才，以格致为基，以制造为用，庶制造日精，器物日备。以之通商，则四海之利权运之掌上也；以之用兵，则三军之器械取诸宫中也。此国富民强之左券也”。（6）政治改良论，“其治乱之源，富强之本，不尽在船坚炮利，而在议院上下同心，教养得法”，“政治不改良，实业万难兴盛”，“官不恤商者，固由官制过于尊严，实亦国家立法之未善”，“官夺商权难自主”。[②] 郑观应从官商买办转向爱国维新，不愧是这一代思想家之佼佼者，所达到的思想高度远远高于当时的洋务派大官僚们。

这一代思想家的显著特征，是特别突出了商业富国，但思想局

---

① 马建忠：《适可斋言记》，转引自刘崇敬：《向西方学习的探索与反思（1840—1919）》，北京：求实出版社，1988年，第180—192页。

② 郑观应：《商战》、《商务》、《盛世危言后编》，转引自赵靖等主编：《中国近代经济思想资料选辑》中册，北京：中华书局，1982年，第85—110页。

限性、历史局限性也由此而来。从实业发展层次来说，他们多少有些过分突出商业，对农业的基础作用，工业的根本作用，关注上或多或少有些不足。从社会发展层次来说，他们往往较多强调实业救国，对于政治制度、社会关系、文化作用，多少有所忽视。

戊戌变法前后，以康有为、梁启超、谭嗣同为代表的启蒙者，高举“历史进化论”和“变法维新论”的旗帜，反对“天不变道亦不变”的三纲五常观、封建道统观。他们超出19世纪七八十年代启蒙思想，尤其是洋务运动的地方，在于较为突出地提出了学习西方政治制度，以君主立宪、议会民主来改革中国延续两千年之久的君主专制制度。他们的历史局限性是在中国近代化的目标、途径和主体问题上，始终未能从根本上突破改良主义藩篱。

康有为为变法维新奠定了主要理论基础和思想基础。康有为先后七次上书光绪皇帝，痛陈变法强国之事。前几次上书，虽已有“变通新法”之议，但重点却仍在富国之法；[1] 1898年的第五、六、七次上书，重心明显转向维新变法，即医国之法。他的目标，在于寻求医治中国沉痾痼疾的“神方大药”。他为中国病症下的诊断是体制病、体制封闭症：“尝考中国败弱之由，百弊丛积，皆由体制尊隔之故”，“夫中国大病首在壅塞。气郁生疾，咽塞致死，欲进补剂，宜除噎疾，使血通脉畅，体气自强”。他提出的治疗方法是“全面变法论”：“观大地诸国，皆以变法而强，守旧而亡，然则守旧开新之效，已断可睹矣。以皇上之明，观万国之势，能变则全，不变则亡；全变则强，小变仍亡。皇上与诸臣诚审知其病之根源，则救病之方，即在是矣。”[2]

梁启超的启蒙思想主要有三条。第一是民权民智说，解决君权太重、君统太长的历史痼疾，办法在于广民智以伸民权。“今日欲

---

① 参见沈茂骏主编：《康南海政史文选》，广州：中山大学出版社，1988年，第106页。

② 参见沈茂骏主编：《康南海政史文选》，广州：中山大学出版社，1988年，第210页，第127页，第195页。

伸民权，必以广民智为第一义”，“一曰朝廷大变科举，二曰州县遍设学堂”，以达到一开民智、二开绅智、三开官智之效果。第二是新民教育说，“欲维新吾国，当先维新吾民”，“欲其国之安富尊荣，则新民之道不可不讲”，甚至应当将其作为“今日中国第一急务”。“变法之本，在育人才；人才之兴，在开学校；学校之立，在变科举；而一切要其大成，在变官制”，这才是比致富之道更深层的“立国之元气，致强之本原”。第三是三世之别说，“治天下者有三世：一曰多君为政之世，二曰一君为政之世，三曰民为政之世。多君世之别又有二：一曰酋长之世，二曰封建及世卿之世。一君世之别又有二：一曰君主之世，二曰君民共主之世。民政世别亦有二：一曰有总统之世，二曰无总统之世”。[①] 他认为，中国只能实行君民共主的君主立宪制，这是进化之必经阶梯。

谭嗣同在这一代文化革命先驱者中，最热忱、最激进。他在《仁学》等著作中提出：（1）专制君主都是“独夫民贼”。“二千年来君臣一伦，尤为黑暗否塞，无复人理，沿及今兹，方愈剧矣”。（2）反对纲常。“数千年来，三纲五伦之惨祸烈毒，由是酷焉矣。君以名桎臣，官以名轭民，父以名压子，夫以名困妻，兄弟朋友各挟一名以相抗拒，而仁尚有少存焉者得乎？”（3）冲决网罗。“网罗重重，与虚空而无极。初当冲决利禄之网罗，次冲决俗学若考据、若词章之网罗，次冲决全球群学之网罗，次冲决君主之网罗，次冲决伦常之网罗，次冲决天之网罗，次冲决全球群教之网罗，终将冲决佛法之网罗”。[②] 变法失败后，当人们劝他暂避风头时，他决心以一死唤醒国人：“各国变法，无不从流血而成，今日中国未闻有因变法而流血者，此国之所以不昌也。有之，请自嗣同始！”

---

① 《梁启超选集》，上海：上海人民出版社，1984 年，第 72 页，第 75 页，第 13 页，第 45 页。

② 蔡尚思、方行主编：《谭嗣同全集》下册，北京：中华书局，1981 年，第 337 页，第 299 页，第 290 页。

19世纪近代文化革命的共同主题是学习西方近代化，医治中国旧文化，推进中国近代化。其不同特点，在于学习西方近代化的不同层面，医治中国旧文化的不同症状，推进中国近代化的不同方面。

除了向西方学习之外，太平天国运动也是中国人民救亡图存的一次重要尝试。但是领导者洪秀全的平分土地思想本质上是一种小农经济的空想社会主义，按人口平分土地，国库按人头配给个人生活必需品，幻想有田同耕、有饭同食、有衣同穿、有钱同使，无处不均匀、无人不饱暖。这种小农平均主义，无法走向近代化与共同富裕。太平天国运动也由于阶级和时代的局限性，遭到了失败。农民起义同样救不了中国。

毛泽东在《论人民民主专政　纪念中国共产党二十八周年》中总结说：

> 自从一八四〇年鸦片战争失败那时起，先进的中国人，经过千辛万苦，向西方国家寻找真理。洪秀全、康有为、严复和孙中山，代表了在中国共产党出世以前向西方寻找真理的一派人物。那时，求进步的中国人，只要是西方的新道理，什么书也看。向日本、英国、美国、法国、德国派遣留学生之多，达到了惊人的程度……学了这些新学的人们，在很长的时期内产生了一种信心，认为这些很可以救中国……
>
> 帝国主义的侵略打破了中国人学西方的迷梦。很奇怪，为什么先生老是侵略学生呢？中国人向西方学得很不少，但是行不通，理想总是不能实现。多次奋斗，包括辛亥革命那样全国规模的运动，都失败了。国家的情况一天一天坏，环境迫使人们活不下去。怀疑产生了，增长了，发展了。[①]

① 《毛泽东选集》（第四卷），北京：人民出版社，1991年，第1469—1470页。

第三节 1895 年甲午战争以来中国深陷生存危机

如果说，1840 年至 1842 年的第一次鸦片战争，是中国近代史的起点，也是中华民族陷入生存危机的开始，那么，1895 年中日甲午海战，以及 1900 年八国联军侵占北京，则标志着中华民族生存危机的深化，救亡图存成了刻不容缓的民族大计。

1840 年的鸦片战争为 19 世纪中国“落后挨打”的屈辱历史开了一个头。这是近代史上东方大国中国第一次被西方列强打败；战后签订的《南京条约》，是中国近代史上第一个丧权辱国、割地赔款的卖国条约。1840 年至 1900 年这 60 年间，也许是中国上下五千年文明史上最黑暗、最屈辱的年代。在西方帝国主义列强面前，中国几乎是一败涂地，屡战屡败。在这 60 年间，至少发生了这样五次战争：

1840 年至 1842 年，中英第一次鸦片战争；

1856 年至 1860 年，英法侵华的第二次鸦片战争；

1883 年至 1885 年，中法战争；

1894 年至 1895 年，甲午中日战争；

1900 年，八国联军侵华战争。

其中，1895 年的中日甲午战争，日本帝国主义把侵略矛头指向中国，用各种阴谋与野蛮手段，消灭了中国北洋舰队，并在《马关条约》中索要赔款共 2.3 亿两白银，限期三年之内还清，还强行要求中国割让辽东半岛、台湾岛等大片领土。

1900 年 6 月，英、法、德、俄、美、日、意、奥八个帝国主义列强，悍然组成八国联军，先后侵占天津、北京，烧杀抢掠，无恶不作。中国被迫签下的《辛丑条约》中要求赔款 4.5 亿两白银，本息共计 9.8 亿两。条约还规定，清政府必须交出所收的盐税、海关税、通商口岸的常关税，作为支付赔款之用；拆除大沽炮台，在北京到山海关铁路沿线由外国驻军等。

这两场战争不仅时间相差不远，而且反映出帝国主义列强企图瓜分中国，把中国变成他们的殖民地、半殖民地，纳入自己的势力范围。

这就使得中华民族陷入空前深刻的生存危机之中。

这就使得“救亡图存”成了中华民族刻不容缓的时代课题。

这就使得“人心思变”成为不可阻挡的时代主潮。

第四节 在黑暗中最先接触到马克思主义的三种人

——资产阶级革命派、维新派、无政府主义派

如果全面考察马克思学说最初零散传入中国的历史轨迹，那么，除了个别西方传教士宣扬基督教时提及的只言片语之外，在黑暗中摸索时最早接触马克思学说片段内容的中国人，实际上有三种人：

一是以孙中山为代表的资产阶级革命民主派；二是以梁启超为代表的维新派；三是一些反对专制主义又反对一切国家制度的无政府主义派。

按照近些年比较流行的说法，在中国最早提到马克思名字的是英国传教士李提摩太，时间是1898年；最早介绍马克思思想的是维新派思想家梁启超，时间是1902年。这些说法有一定历史根据，但并不完全准确。一个最大的疏漏，就是忽视了孙中山才是最早摸索到马克思主义思想的中国第一人。

1896年10月，孙中山在伦敦被解救后，逗留于此，志在了解欧美各国乃至世界情况以及各种思潮。在这期间，他接触马克思学说与《共产党宣言》，并将其中的某些思想元素，吸收到自己日后形成的三民主义思想中去。与孙中山思想同道而时间稍晚的，还有同盟会与国民党中的激进左派，即有革命民主主义倾向的朱执信、

宋教仁等人，他们都为中国革命献出了年轻的宝贵生命；当然，后来还有与孙中山结成终身伴侣的宋庆龄。

在黑暗时代摸索中接触了马克思学说的，还有以梁启超为代表的维新派、改良主义者。康有为在构思写作《大同书》过程中，康、梁在1898年戊戌维新过程中，是否接触过马克思思想，这需要另作专门研究。现在较为清楚的，并且有迹可循的是，戊戌变法失败后，梁启超流亡到日本，广泛接触当时世界各种思潮，其中便包括了马克思主义。从1902年起，他开始不时地提到马克思学说的个别观点。

此外，还有第三种人，就是以张继、江亢虎等人为代表的无政府主义极端派、激进派。1902年至1905年间，张继编译的《无政府主义》一书，提及马克思与共产主义。1911年辛亥革命后，江亢虎等无政府主义者，还一度成立起社会党，企图利用马克思主义个别词句，兜售无政府主义私货，当时也起了一定作用。连毛泽东在1936年同斯诺的谈话中，都提到其青年时代曾受到过这股无政府主义思潮的社会影响。

第二章　摸索到马克思主义的中国第一人

——资产阶级革命派孙中山

在国内外研究马克思主义传播史的论著中，很少有人深入论及孙中山所起的历史作用，即使提到，也多半语焉不详。其实，孙中山才是最早直接接触马克思著作的中国第一人。

第一节　最先接触《共产党宣言》

最早接触马克思、恩格斯《共产党宣言》的中国第一人，是孙中山，其特点是把《共产党宣言》、马克思主义，与他首倡的三民主义思想真谛——人民主体论的中国现代化新道路结合起来，初步显示了中华民族的原创性与首创精神。

这里列举出七个证据：

第一个证据，是孙中山本人的两次回忆与追述。

第一次追述，见之于1918年《建国方略之一：心理建设（孙文学说）》最后一章“有志竟成”：

> 伦敦脱险后，则暂留欧洲，以实行考察其政治风俗，并结交其朝野贤豪。两年之中，所见所闻，殊多心得。始知徒致国家富强、民权发达如欧洲列强者，犹未能登斯民于极乐之乡也；是以欧洲志士，犹有社会革命之运动也。予欲为一劳永逸之计，乃采取民生主义，以与民族、民权问题同时解决。此三

民主义之主张所由完成也。①

第二次论述，见之于1924年孙中山最后一次系统讲演三民主义、民生主义，他非常生动具体地讲述了马克思在伦敦大英博物馆读书学习的情景。可以看出这并非孙中山道听途说，而是以自己在伦敦的亲身体验为基础，才讲出这番话的：

> 至于马克思所著的书和所发明的学说，可说是集几千年来人类思想的大成。所以他的学说一出来之后，便举世风从，各国学者都是信仰他，都是跟住他走；好像卢骚发明了民权主义之后，凡是研究民权的人都信仰卢骚一样……
>
> ……所以他一生研究社会主义，便在科学方法上去做工夫。他研究社会主义的工作，更是很辛苦的。当他亡命在英国的时候，英国是近代世界上顶文明的国家，没有那一国可以驾乎英国之上的，所以英国在当时关于文化的设备也是很齐备。有一间图书馆，其中所藏的书籍总有好几百万种，无论关于什么问题的书籍都是很丰富的。马克思便每天在那间图书馆内去研究，用了二三十年的功，费了一生的精力，把关于社会主义的书籍——不管他是古人著作的，或者是时人发表的——都搜集在一处，详细参考比较，想求出一个结果。这种研究社会问题的办法，就是科学方法。故马克思所求出解决社会问题的方法，就是科学的社会主义。②

第二个证据，是当时营救孙中山的英国人康德黎的回忆录《孙逸仙和中国的觉醒》，他对于孙中山的回忆，可以作为较有力的佐证。

据康德黎记叙："和我们一起住在伦敦的时候，孙逸仙从不在玩乐上浪费时间，他总是不停地工作，阅读关于政治、外交、法律、陆海军等方面的书籍，矿山及开采、农业、畜牧、工程、政治

---

① 《孙中山全集》（第6卷），北京：中华书局，1985年，第232页。

② 《孙中山全集》（第9卷），北京：中华书局，1986年，第362—363页。

经济学等也为他所注意。他坚持不懈地仔细加以研究。他所涉猎的知识领域很少有人达到。”① 孙中山大多数的时间是在伦敦大英博物馆中博览群书，其中就包括以马克思思想为重镇的政治经济学。

第三个证据，是1934年美国学者莱恩·夏曼在斯坦福大学发表的《孙逸仙生平及其思想》，更为明确具体地提到孙中山对马克思思想的最初接触。

莱恩·夏曼说：“在图书馆里他从书籍中接触到其他革命家，著名的如亨利·乔治和卡尔·马克思。《资本论》已被摩尔和安维林翻成英文于1887年出版。《学生们的马克思》，这是E. A. 安维林（Aveling）所作《资本论》介绍，出版于1892年。1897年亨利·乔治在纽约市再次竞选市长时逝世，引起世界对他的理论重新加以注意，这个理论给孙逸仙永难磨灭的印象。与社会主义运动的联系在其形成时期对他的思想产生了深远的影响。”②

第四个证据，是1902年就曾提到马克思名字的梁启超，曾肯定孙中山是最早的倡导社会主义的中国人。

1902年9月15日，在日本出版的《新民丛报》第18号上，梁启超发表《进化论革命者颉德之学说》一文，主要推崇颉德的进化论与社会学，也提到了马克思，并称之为“社会主义泰斗”。而在《近百年学术史》中，梁启超则提到：“孙逸仙，他不是个学者，但眼光较敏锐，提倡社会主义，以他为最先。”③

第五个证据，是宋庆龄在1956、1962、1966年先后发表的三次纪念孙中山的文章中，越来越清晰地描绘出孙中山最初接触马克思思想的过程。

---

① 转引自陈锡祺主编：《孙中山年谱长编》（上册），北京：中华书局，1991年，第136—137页。

② 转引自陈锡祺主编：《孙中山年谱长编》（上册），北京：中华书局，1991年，第137页。

③ 转引自宋士堂：《孙中山宋庆龄社会主义思想论》，北京：红旗出版社，1994年，第11—12页。

第一次是在1956年，纪念孙中山诞辰90周年时，宋庆龄发表了长篇文章《孙中山——中国人民伟大的革命的儿子》，就已经指明了这个基本事实，孙中山最早接触马克思社会主义思想，是在1896年蒙难伦敦之后：

一八九六年他在伦敦被中国公使馆绑架，他们企图把他偷运回国处死。可以说，完全由于幸运，他偷送了一张字条给他的老师和旧友康德黎先生，经过康德黎先生的竭力营救，他才获得释放。

此后几年，孙中山在欧洲的中国留学生和侨胞间宣传革命思想，同时对动荡中的资本主义世界进行研究和考察。在这个时期，出现了他最初的“平均地权”的学说。他企图以此解决中国农民的贫困问题，并为整个国家的发展奠下基础。虽然，如列宁所指出，这个学说是实行“纯粹资本主义的，十足资本主义的土地纲领”，但是它仍然击中了中国忧患的根源——罪恶的封建地主制度。也就是在这个时期，孙中山开始发展了他的社会主义观点，虽然他还没有能够区别马克思和恩格斯的真正的社会主义和西方某些资产阶级改良主义理论家所主张的“社会主义”。尽管如此，他心里已逐渐明白，资本主义解决不了中国的问题。①

第二次是在1962年，为了纪念孙中山诞辰96周年，宋庆龄发表了《孙中山和他同中国共产党的合作》这篇文章，更加明确地提到，在1896年至1899年间，孙中山在周游各国过程中，已经接触马克思的社会主义思想：

孙中山是从拯救祖国这样一个简单的前提出发开始他的革命活动的。他周游世界时就抱有两重目的：寻求最先进的思想；引导中国学生和华侨参加他的运动。在一八九六年到一八

① 《宋庆龄选集》，北京：中华书局，1966年，第370—371页。

九九年这个期间，孙中山曾到过欧洲各个主要首都。根据听过他讲话的一些人的回忆，我们知道，他十分了解在那个时代在世界上起作用的那些力量。在那个时代，工人阶级正在取得革命运动中的领导地位，在当时的世界上，帝国主义已成为各国人民的最凶恶的敌人。孙中山知道卡尔·马克思和弗里德里希·恩格斯以及他们的活动，他已经听说过列宁和俄国的革命运动。听过他演讲的人们记得，他常常预言，在二十世纪，社会主义将取代资本主义，他当时预言，在他本人在中国取得成功以前，列宁所作的努力就会成功，虽然他认为他很快就能推翻腐朽的清朝。①

第三次是在1966年，为纪念孙中山100周年诞辰，宋庆龄发表了《孙中山——坚定不移、百折不挠的革命家》的文章，更为明确清晰地点出了这个基本事实："从一八九六年到一八九九年，他（孙中山）访问了有中国人在那里生活和学习的一切欧洲中心城市——伦敦、巴黎、布鲁塞尔、日内瓦、柏林……就在这一海外活动时期，孙中山根据他当时的理解，制定了他的民族主义、民权主义和民生主义。他知道马克思和恩格斯，他也听到了关于列宁和俄国工人革命活动的消息。早在那个时候，社会主义就对他产生了吸引力。他敦促留学生研究马克思的《资本论》和《共产党宣言》并阅读当时的社会主义书刊。"②

第六个证据，1903年八九月间孙中山在日本会见了《社会主义神髓》作者幸德秋水，二人商讨了社会主义的实行问题，同年12月17日孙中山在书信中明确提出自己思想与社会主义密不可分。

幸德秋水是日本社会主义运动的早期先驱者之一，日本平民社领导人，1903年发表其代表作《社会主义神髓》。该书与片山潜同年发表的《我的社会主义》，1907年森近运平、堺利彦合作发表的

① 《宋庆龄选集》，北京：中华书局，1966年，第462—463页。
② 《宋庆龄选集》（下卷），北京：人民出版社，1992年，第487页。

《社会主义纲要》一起，并称为明治时代日本社会主义理论的三大重要文献。其中幸德秋水《社会主义神髓》一书先后有三种中译本，是中国最早介绍社会主义思想的译著之一。

在发表该书的1903年八九月间，孙中山与幸德秋水，商谈了社会主义如何实行的问题。

1903年12月17日，孙中山在复友人信中，第一次留下了充分赞同社会主义的文字材料，且自云已进入极思境界，须臾不离，远远超越此前初步接触的状态：

> 所询社会主义，乃弟所极思不能须臾忘者。弟所主张在于平均地权，此为吾国今日可以切实施行之事。近来欧美已有试行之者，然彼国势已为积重难返，其地主之权直与国家相埒，未易一蹴改革。若吾国，既未以机器施于地，作生财之力尚恃人功，而不尽操于业主之手，故贫富之悬隔，不似欧美之富者富可敌国，贫者贫无立锥，则我之措施当较彼为易也。夫欧美演此悬绝之惨境，他日必有大冲突，以图实剂于平。……故弟欲于革命时一齐做起，吾誓词中已列此为四大事之一。今将誓词录鉴，以见一斑。①

第七个证据，1905年5月，孙中山在布鲁塞尔专程到第二国际书记处，访问第二国际主席王德威尔得和书记胡斯曼，要求加入第二国际。

比利时工党机关报《人民报》的记者桑德记录了这一历史时刻，他写道："孙同志到达比利时，请求他的党（指即将创立的中国同盟会）加入以胡斯曼同志为书记的社会党国际执行局。孙同志首先简要说明了中国社会主义者的目标。……他们纲领的第一点就是中国是属于中国人的，驱逐鞑虏！第二点，在中国，土地要全部公有或者几乎全部公有。……"孙中山说道："几年内我们将实现

① 《孙中山全集》（第1卷），北京：中华书局，1981年，第228页。

我们梦寐以求的理想，因为届时我们所有的行为都是社会主义的了。那时，当你们还在为实现你们的计划而努力的时候，我们将已生活在最纯正的集体主义制度之中了。”[①] 同时，孙中山在和《前进报》的一位记者谈话时宣布：中国社会党将派代表参加下一届斯图加特大会。[②] 日本《直言周刊》第2卷第27号（1905年8月6日）以“社会主义在中国”为正题，以“孙逸仙访问万国社会党本部”为副题，报道了这一消息。

当时第二国际并未接纳孙中山的申请。时隔十年，孙中山在1915年《致国际社会党执行局函》中说，“在第一次革命完成，我当选中华民国总统时，原计划以社会主义的理想来建设中国”，但当时中国人民对社会主义毫无所知，社会主义者也寥寥无几。孙中山又一次提出：“同志们，我吁请你们协助我把中国建立成全世界上第一个社会主义国家，把你们的注意力和力量放在中国，提供各行各业的人才协助我。我需要像贵局这样的机构，提供的人才，以便从事这项伟大的志业。”[③] 在长达十年的时间中，孙中山加入第二国际的渴望一直没有改变。这段历史表明，孙中山很想通过实现民生主义而把中国建成一个社会主义国家；在孙中山那里，也曾尝试用马克思的社会主义之方法来改变中国社会的命运。

孙中山采取了“移花接木”的巧妙方式，试图把《共产党宣言》、科学社会主义，与孔子在《礼记·礼运》中所讲的“大道之行，天下为公”，也就是中华民族主流思想、价值观念和社会理想，有机地结合在一起，使之扎根于中华大地之中。

第一个记载了这一思想轨迹的，就是孙中山早年的日本友人宫

---

① 《孙中山全集》（第1卷），北京：中华书局，1981年，第272—273页。

② 韩佳辰主编：《国际共产主义运动史大事记》（第一卷），上海：知识出版社，1986年，第134页。

③ 郝盛潮主编：《孙中山集外集补编》，上海：上海人民出版社，1994年，第183页，第186页。

崎寅藏（滔天）于1902年发表的《三十三年落花之梦》。1897年9月，宫崎与孙中山相遇，畅叙良久。宫崎问以革命宗旨及其方法手段，孙中山回答时，就把人民自治、共和主义，与中国治世神髓、先哲遗业，有机地统一起来加以理解，综合创新："余以人群自治为政治之极则，故于政治之精神，执共和主义。夫共和主义岂平手而可得，余以此一事而直有革命之责任者也"。"人或云共和政体不适支那之野蛮国，此不谅情势之言耳。共和者，我国治世之神髓，先哲之遗业也。我国民之论古者，莫不倾慕三代之治，不知三代之治实能得共和之神髓而行之者也。勿谓我国民无理想之资，勿谓我国民无进取之气，即此所以慕古之意，正富有理想之证据，亦大有进步之机兆也"。①

无独有偶，中文刊物中最早提及马克思《资本论》的文章《大同学》，其标题亦用了中国传统语汇"大同"一词。该文由英国传教士李提摩太翻译、蔡尔康撰写，发表于1899年2月上海《万国公报》第121期。

后来，孙中山常用《礼记·礼运》中记载的孔子天下为公、大同理想，来表达他自己所理解的马克思社会主义、共产主义的社会理想。

到了孙中山晚年，他一方面接受了马克思列宁主义、共产国际的一些革命主张，另一方面又试图将其同中华民族传统文化的源头活水结合在一起。1923年1月29日，他讲《中国革命史》，开宗明义就提到："革命之名词，创于孔子。中国历史，汤武之后，革命之事实，已数见不鲜矣……余之谋中国革命，其所持主义，有因袭吾国固有之思想者，有规抚欧洲之学说事迹者，有吾所独见而创获者……"②

---

① 《孙中山全集》（第1卷），北京：中华书局，1981年，第172—173页。

② 《孙中山全集》（第7卷），北京：中华书局，1985年，第59—60页。

第二节　孙中山与列宁的精神往还

1911 年辛亥革命爆发后，孙中山一直试图寻求列强特别是日本和美国的支持和帮助，但是没有一个国家愿意帮助他完成革命夙愿。美日等国对清朝皇帝、袁世凯更感兴趣，甚至屡次表现出敌对孙中山的态度。帝国主义列强对中国的兴趣仅仅在于把中国变成其附属地，而并非真正想让中国走上资本主义充分发展的道路。孙中山想让中国独立、富强的理想与列强的利益是截然相反的。这时唯有列宁对辛亥革命的高度肯定，给了孙中山莫大的支持和鼓舞。

1912 年 1 月，俄国社会民主工党在布拉格会议上通过了由列宁起草的《关于中国革命的决议》，表示“祝贺中国的革命共和，为他们感到欢欣鼓舞，孙中山领导的这场革命使世界得到解放并正在破坏欧洲资产阶级的统治”[①]。列宁还亲自组织，将孙中山在比利时工人党机关报《人民报》上发表的《中国革命的社会意义》一文，译成俄文刊载在布尔什维克机关报《涅瓦明星报》上，并同时发表他对孙中山革命思想的评论文章《中国的民主主义与民粹主义》。列宁在这篇文章中称：“中华民国临时大总统孙中山的一篇文章[②]（我们是从布鲁塞尔的社会主义报纸《人民报》上转载来的）使我们俄国人非常感兴趣。”他把孙中山称为“已经争得了共和制度的、战斗的和胜利的中国民主派的代表”、“先进的中国民主主义者”。他认为，“以孙中山为代表的革命的资产阶级民主派，正在发挥农民群众在政治改革和土地改革方面的高度主动性、坚定性和果断精神，从中正确地寻找‘振兴’中国的道路”。孙中山的三民主义是“真正伟大的人民的真正伟大思想；这样的人民不仅会为自己历来

① 苏共中央马克思列宁主义研究院编辑：《苏联共产党决议汇编》，北京：人民出版社，1964 年，第 265—266 页。

② 即《中国革命的社会意义》。

的奴隶地位而痛心，不仅会向往自由和平等，而且会同中国历来的压迫者作斗争”。[①]

在1913年《亚洲的觉醒》一文中，列宁再一次提到中国的革命，“中国不是早就被公认为是长期完全停滞的国家的典型吗？但是现在中国的政治生活沸腾起来了，社会运动和民主主义高潮正在汹涌澎湃地发展”[②]。列宁的《落后的欧洲和先进的亚洲》一文，则高度评价了辛亥革命的伟大历史意义：“在亚洲，强大的民主运动到处都在发展、扩大和加强。那里的资产阶级还在同人民一起反对反动势力。数亿人正在觉醒起来，追求生活，追求光明，追求自由。”[③] 辛亥革命虽然并未取得最后成功，但是列宁确实在国际上给了最大的精神支持。

1917年俄国十月革命取得了胜利，这让孙中山重新思考中国革命失败的原因。他认为，最根本是革命队伍的建设问题。俄国“革命一经成功，便马上组织革命军；后来因为有了革命军做革命党的后援，继续去奋斗，所以就是遇到了许多大障碍，还是能在短时间之内大告成功”。中国“只有革命党的奋斗，没有革命军的奋斗；因为没有革命军的奋斗，所以一般官僚军阀便把持民国，我们的革命便不能完全成功”。与辛亥革命惨遭“流产”不同，俄国革命的胜利就在于有一个坚强的党和一支强大的武装力量。一方面党员奋斗，一方面又有兵力帮助。所以，孙中山决心以俄为师，改组国民党。他自己也认识到，“在这些日子里，我对中国革命的命运想了很多，我对从前所信仰的一切几乎都失望了，而现在我深信，中国革命的唯一实际的真诚的朋友是苏俄”。在漫长的革命实践中，他终于明白了一个道理，那就是：“我国革命，向为各国所不乐闻，故尝助反我者以扑灭我党。故资本国家，断无表同情于吾党。所望

① 《列宁选集》（第二卷），北京：人民出版社，1995年，第290—291页。

② 《列宁选集》（第二卷），北京：人民出版社，1995年，第315页。

③ 《列宁选集》（第二卷），北京：人民出版社，1995年，第318页。

为同情，只有俄国及受屈之人民耳。”日本学者池田诚概括了十月革命对孙中山的影响：“俄国十月革命对孙中山的影响，在革命的方法即革命的实践方面，是巨大的、划时代的，它成为使中国国民党重建为革命党的动力，由此，使中国的政治形势焕然一新。”①

第三节　孙中山身边的国民党左翼

孙中山在走向革命民主主义、探索三民主义过程中，也带动了身边的一批人接触了解马克思主义，他们多半是早期同盟会成员，后来属于国民党人中的左翼。其中最主要的一个人，当数朱执信。他的革命民主主义思想最为激进，对于马克思主义学说了解最为深切，推介也最为积极。如果说，黄兴当年曾是孙中山政治上、军事上的主要助手的话，那么或许可以说，朱执信就是孙中山在思想上、理论上，尤其是接触马克思主义的主要助手、主要推手。

朱执信，1885 年生于广东番禺，与孙中山是同乡。他 1904 年留学日本，在东京结识了孙中山，1905 年加入同盟会，担任评议部议员兼书记。

朱执信在 1905 年底写成《德意志社会革命家列传》（初名《德意志社会革命家小传》），发表在《民报》第 2 号、第 3 号上。

朱执信的这篇传记式文字，在马克思主义传播史上有三个显著特点。

第一，他高度集中地突出了马克思的历史地位，认为当代社会革命运动以社会主义为最新思潮，社会主义思潮以德国最盛，德国社会主义思想以马克思为始创（当时译为“马尔克”）：

> 社会主义学者于德独昌，于政治上有大势力，而他政党乃却顾失势仰其次援焉。……

① 池田诚：《论十月革命对孙中山革命运动的影响》，《孙中山和他的时代：孙中山研究国际学术讨论会文集》，北京：中华书局，1989 年。

故方马尔克之始创说也，窘迫无所投。是非惟政府之专横然，亦一般有势力者无不深恶之使有此也。……

要之，社会的运动，以德意志为最，其成败之迹足为鉴者多。而其功，实马尔克、拉萨尔、必卑尔（今译倍倍尔）等尸之。故不揣颛蒙，欲绍介之于我同胞。翔瞻博洽，所未敢云。所期者，数子之学说行略，溥遍于吾国人士脑中，则庶几于社会革命犹有所资也。①

第二，朱执信特别重视《共产党宣言》的重要理论地位和历史地位，参照日本马克思学研究成果，比较还原地介绍了《共产党宣言》的理论要点。

这篇传略首先介绍了《共产党宣言》（时称《共产主义宣言》）写作过程，并认为“马尔克之事功，此役为最”：

初马尔克在巴黎，与非力特力嫣及尔（Friedrich Engels，今译弗利德里希·恩格斯）相友善。嫣及尔者，父业商，少从事焉。习知其利苦，乃发愤欲有以济之，以是深研有得。既交马尔克，学益进。马尔克既去法，嫣及尔亦从之北游，因相与播其学说于比律悉之日报间，言共产主义者群宗之。万国共产同盟会遂推使草檄，布诸世，是为《共产主义宣言》。马尔克之事功，此役为最。以压制之甚也，间关而出版于伦敦，时为法国二月革命之前十四日。

前乎马尔克，言社会主义而攻击资本者亦大有人。然能言其毒害之所由来，与谋所以去之之道何自者，盖未有闻也。故空言无所裨。其既也，资本家因讪笑之，以为乌托邦固空想，未可得蕲至也。是亦社会革命家自为计未审之过也。夫马尔克之为《共产主义宣言》也，异于是。②

这篇传略认为，贯穿整个宣言的一条思想红线，首先是唯物史

---

① 《朱执信集》（上），北京：中华书局，1979年，第8—10页。

② 《朱执信集》（上），北京：中华书局，1979年，第11页。

观的阶级斗争观点，因而，他特别引证了《共产党宣言》第一章第一句，开宗明义讲了阶级斗争观点：

马尔克之意，以为阶级争斗，自历史来，其胜若败必有所基。彼资本家者，啮粱肉，刺齿肥，饱食以嬉，至于今兹，曾无复保其势位之能力，其端倪亦既朕矣。故推往知来，富族之必折而侪于吾齐民，不待龟筮而了也。故其宣言曰："自草昧混沌而降，至于吾今有生，所谓史者，何一非阶级争斗之陈迹乎。"取者与被取者相戕，而治者与被治者交争也。纷纷纭纭，不可卒纪。[①]

朱执信认为，马克思、恩格斯《共产党宣言》的精神实质，是知行统一的，不仅是讲理论、讲知识，而且要落实到实践上的，因而特别引证了《共产党宣言》结尾，以便和开头遥相呼应：

马尔克又以为当时学者畏葸退缩，且前且却，遂驾空论而远实行，宜其目的之无从达也。苟悉力以从事焉，则共产之事易易耳。故其宣言又曰："凡共产主义学者，知隐其目的与意思之事，为不衷而可耻。公言其去社会上一切不平组织而更新之之行为，则其目的，自不久达。于是压制吾辈、轻侮吾辈之众，将于吾侪之勇进焉詟伏。于是世界为平民的，而乐恺之声，乃将达于渊泉。噫来！各地之平民，其安可以不奋也。"[②]

在介绍了《共产党宣言》开头、结尾之后，朱执信又以述作并举、夹叙夹议的方式，介绍了《共产党宣言》提出的社会革命十大举措，一方面列出原文，另一方面又加上了自己的解说与发挥。这里仅把原文及朱执信译文列出：

凡是诸设施，亦不必凡国皆宜，必善因其国情以为变。而在最进步之社会，则必当被以如下之制：

(1) 禁私有土地，而以一切地租充公共事业之用。

① 《朱执信集》(上)，北京：中华书局，1979年，第11页。

② 《朱执信集》(上)，北京：中华书局，1979年，第12页。

(2) 课极端之累进税。

(3) 不认相续权。

(4) 没收移居外国及反叛者之财产。

(5) 由国民银行及独占事业集信用于国家。

(6) 交通机关为国有。

(7) 为公众而增加国民工场中生产器械，且于土地加之开垦；更时为改良。

(8) 强制为平等之劳动，设立实业军。(特为耕作者。原注)

(9) 结合农工业，使之联属，因渐泯邑野之别。

(10) 设立无学费之公立小学校，禁青年之执役于工场，使教育与生产之事为一致。[①]

朱执信对其中四条举措，做出了自己的解说，对其中第二条“课极端之累进税”、第三条“不认相续权”（今译“继承权”），做了解说；“累进税”一词，还对照了德文原文。或许表明，他不仅转述日本马克思学成果，也试图做一些追根溯源的德文原文比较研究。

第三，朱执信这篇传略还力图把《资本论》作为马克思一生的主要理论著作加以理论阐述：

《共产主义宣言》之大要如是。……

马尔克既草《共产主义宣言》，万国共产同盟会奉以为金科玉律。故颂美马尔克，诟病马尔（克）者，咸是焉归。然马尔克之他述作固甚伙，常与嫣及尔共著，学者宝贵之。而其学理上之论议尤为世所宗者，则《资本史》及《资本论》也。

马尔克以为：资本家者，掠夺者也。其行，盗贼也。其所得者，一出于朘削劳动者以自肥尔……

马尔克此论，为社会学者所共尊，至今不衰。

---

① 《朱执信集》(上)，北京：中华书局，1979年，第12—14页。

> 故马尔克之谓资本基于掠夺，以论今之资本，真无毫发之不当也。[①]

朱执信不仅以《德意志社会革命家列传》为马克思树碑立传，而且在1906年至1907年间，连续发表《从社会主义论铁道国有及中国铁道之官办私办》、《论社会革命当与政治革命并行》、《土地国有与财政》等文，试图把他当时理解的马克思主义、社会主义学说，与孙中山倡导的三民主义革命纲领结合起来。

1920年3月，朱执信在《建设》杂志上发表《野心家与劳动阶级》，试图以论战的方式，突出马克思《资本论》的思想精髓，注重劳动与资本的矛盾关系，更加注重组织中国工人阶级、劳动群众，开展阶级斗争：

> 《民铎》杂志的第七号里头，有一篇不出撰著人名的论说，题目是《阶级斗争与现在环境的打破》，里头有几句说："我国雄厚之资本家既不多见，而劳动阶级组合能力之薄弱，尤在零点以下。则震撼全球之劳动阶级战争，在吾国目前之极短时期，除野心家煽动不计外，决不致成吃紧之问题。"……
>
> 阶级斗争，成不成问题，是看资本家取得剩余价值多少，和劳动者生活工作条件如何。现在中国虽然没有雄厚的资本家，这小资本家的取得剩余价值的手段，要比欧美的大资本家凶十倍。中国的劳动者虽然没有力量，他所受的痛苦压迫，比别的国民也要加多几倍。我们如果是替资本阶级打算，当然觉得劳动者没有能力斗争，可以说不是吃紧问题。但是要从国民着想，从人类的进步着想，那一般劳动者还没有能力斗争，岂不是最吃紧的问题么。他这斗争是应该的，他这斗争的能力是没有的。我们正应该扶助他，替他想解决的方法。为什么幸灾乐祸，说不是吃紧问题呢。……

① 《朱执信集》(上)，北京：中华书局，1979年，第15、16、17、20页。

我以为中国的革命是难免的，工人的力量是一天增加一天，说不成吃紧问题这句话，未免要后悔。离了农工的帮助，学界也没有真正的力量。中国的商人（实在多半不是商），多是靠这社会的缺陷来得利益的。我不敢希望他的团体有打破环境的举动。[①]

朱执信还写了《新文化的危机》一文，宣传马克思主义、阶级斗争观点，在李大钊与胡适的“问题与主义”之争中，旗帜鲜明地捍卫马克思主义：

讲奋斗主义的人，却去反对阶级斗争，这自然因为他的奋斗只向着自然奋斗，不向着人类奋斗，所以不愿意拿阶级来做斗争的对象了。但是除了阶级斗争以外，现在有向自然奋斗么？阶级斗争，本来是现存的事实，不是想出来的手段。社会主义者的主张阶级斗争，不是以为没有阶级斗争，也要用这手段。只是看见历史上的事迹，都是阶级斗争的表现，所以现在要绝灭阶级斗争，不能不先绝灭阶级。要绝灭阶级，还要借斗争的一个阶级的力量，所以现在要奋斗的时候，还得找一个破灭阶级的势力。有阶级存在，就要做奋斗的障碍，如果反对阶级斗争，还有什么办法呢？……

从前胡适之叫人不要多谈主义，要多研究一点问题。在我看，谈主义，谈问题，是一样的。现在的人何尝不谈问题，不过谈的并不是研究，只是一个空谈罢了。真要研究问题，自然也研究到一个主义上来，没有可以逃得过的。现在谈主义的人，人还晓得他是在新文化运动以外。谈问题的就要走进新文化的内部来占一个位置了，所以危险最大。[②]

除朱执信之外，胡汉民、戴季陶、宋教仁、廖仲恺等当时的国民党左派，他们在马克思主义传播史上，尽管并没有举足轻重的历

---

① 《朱执信集》（下），北京：中华书局，1979年，第724—726页。

② 《朱执信集》（下），北京：中华书局，1979年，第779—781页。

史地位，也应占有一席之地。

胡汉民在当时，摸索到了马克思主义的某些思想论著、理论观点，在早期国民党人中是倾向马克思主义的思想左翼。他的贡献，主要表现在四个方面。

第一，胡汉民曾担任《建设》杂志主编，曾在这个刊物上较为积极地宣传马克思主义的一些重要论著、基本思想。仅从1919年8月起，到1920年4月这半年多时间里，胡汉民主编的《建设》杂志上，发表的有关马克思主义、社会主义的各类文章，就有20多篇，占全部篇目的近五分之一。

第二，胡汉民关于马克思主义唯物史观的最重要代表作是《唯物史观批评之批评》，实事求是地具体分析了历史上有代表性的九种质疑唯物史观的理论观点，最终充分肯定了马克思主义唯物史观的重要历史地位，认为其理论影响，堪比自然科学中的达尔文生物进化论。

第三，胡汉民在撰写《唯物史观批评之批评》这篇代表作时，他节译了马克思、恩格斯的一系列原著，其中大部分都是首次译成中文发表的，历史贡献功不可没。这些马克思主义原著包括《神圣家族》、《哲学的贫困》、《共产党宣言》、《雇佣劳动与资本》、《路易·波拿巴的雾月十八日》等19世纪四五十年代论著；与《资本论》创作相关的重要论著包括《〈政治经济学批判〉序言》、《资本论》第一卷附注，《资本论》第三卷；此外，还有恩格斯晚年于1889年、1894年写的两封书信。

第四，胡汉民还从1919年10月起，以马克思主义唯物史观为指导，试图对中国哲学史、中国伦理思想史这两大领域，进行开拓性研究，写出了《中国哲学史之唯物的研究》、《阶级与道德学说》、《从经济的基础观察家庭制度》等颇有新意的学术论文。

胡汉民的马克思主义观也有重大的历史局限和理论局限，主要表现之一是根本否定马克思主义基本原则、基本理论对于中国这样的经济落后国家的适用性。这方面的一个典型例证就是在欢迎日本社会民主领袖宫崎龙介时，他发表的一番言论：

马克思主义是学说，不是圣经。他创造这种学说的目的，虽然做一般革命行动的指针，而他和恩格斯常承认自己的错误。他的主义，非经济十二分发展的国家，谈不到实行。他所谓新社会的条件不在旧社会里孕育成熟便产生不出来，经济十分发展以后，确到成熟的当儿，才能来用它的办法。……可见马克思主义，对于世界上经济落后的国家，老实不客气，是没有办法的。[①]

除了胡汉民，戴季陶也在马克思传播中起到一定历史作用。他有三点贡献，还是值得一提的。

第一点，是他翻译过考茨基的《马克思资本论解说》全文，使《资本论》以通俗易懂的形式，在中国人中流传。

第二点，是他在《到湖州后的感想》等论文中，将马克思主义唯物史观的基本原理、基本思想，向中国人做了大众化的通俗解释，尽管有些提法（如把唯物史观归结为“经济的历史观”）并不是十分科学准确：

“并不是以精神决定社会生活，是以社会生活决定精神。”这一个综括的概念，是经济的历史观，——就是唯物史观所教训我们的。我们如果相信这一个观察是正确的，我们就不能不注意到湖州的社会生产，尤其不能不注意到为社会生活基础的生产关系。[②]

第三点，是他努力用马克思主义唯物史观基本方法及马克思列宁主义基本理论，说明当代中国内部落后与外部遭受侵略殖民之间

---

① 转引自丁晓强：《近世学风与毛泽东思想的起源》，贵阳：贵州人民出版社，1992年，第121页。

② 戴季陶：《到湖州后的感想》，载《建设》1919年第2卷第6号。

的内在联系：

> 我们看中国过去及现在种种的变象，都是由欧美日本的压迫所诱发出来的。中国的社会本来有许多缺陷，不过这些缺陷受了这外界的压迫都彰明较著的表现出来罢了。[①]

宋教仁、廖仲恺这两位著名的资产阶级革命派、国民党左翼政治家，也曾追随孙中山，在翻译介绍马克思主义著作方面，做出过贡献。

宋教仁对于介绍马克思主义和国际社会主义运动颇为热心。1906年4月，他从日文翻译了《万国社会党大会略史》一文。这是一篇综述国际社会主义思潮和社会主义运动历史的文献，发表在《民报》第5号上。文中指出："现世界"已区分为"掠夺阶级与被掠夺阶级"，一种"独占生产之机关"，一种"以劳动力而被其役使"。"阶级斗争之幕既开矣，旗鼓堂堂，为执戈立矛，而进于两阵之间"，富绅者虽有政府、警察、军队、僧侣等为之援助，平民则占多数，一旦集合起来，"是即至强优之势力也。其结阵而进战也，可决其必得战胜品耳"。他还独辟蹊径，把《共产党宣言》最后一段话译为："吾人之目的，一依颠覆现时一切之社会组织而达者，须使权力阶级战栗恐惧于共产的革命之前。盖平民所决者，惟铁锁耳，而所得者，则全世界也"，"万国劳动者，其团结！"[②]

廖仲恺翻译介绍马克思主义、社会主义学说的两篇代表作，是1906年发表在《民报》上的《社会主义史大纲》和《无政府主义与社会主义》。

他在《无政府主义与社会主义》一文的前言中，鄙视当时一些人"专尚獭祭工夫，每活剥他人所有，以为己说"，因此决心"专译泰东西各国名著，以导我先路，其外不著一字"；要在认真研究

---

① 戴季陶：《从经济上观察中国的乱原》，载《建设》1919年第1卷第2号。

② 宋教仁：《万国社会党大会略史》，载《民报》1906年第5号。

西方政治学说并消化理解之后，再发表意见。[①]

《社会主义史大纲》和《无政府主义与社会主义》都是从英国学者柏律氏的《社会主义手册》一书中节译出来的。其中，第一篇文章对《共产党宣言》的发表做了比较准确的介绍："于一八六四年，万国劳动者同盟设立于伦敦，主此同盟者为麦喀氏，其宣言书结尾绝叫曰：'万国之劳动者团结！'"[②]

① 廖仲恺：《无政府主义与社会主义》，载《民报》1906年第7号。

② 廖仲恺：《社会主义史大纲》，载《民报》1906年第7号。

第三章　维新派梁启超对马克思主义的介绍

比孙中山稍晚些接触到马克思学说，却从1902年起最早在中国报刊中介绍马克思学说的，是维新派首领梁启超。梁启超在马克思主义传播史上的功过是非，值得做些具体分析。

第一节　梁启超始称马克思为“社会主义泰斗”

戊戌变法失败后的梁启超，在流亡日本期间，仍在反思历史、瞻念前途，关注当时世界的各种社会思潮。

1899年2月至5月，《万国公报》连载了英国传教士李提摩太翻译、中国人蔡尔康撰写的《大同学》。此文是根据英国哲学家基德所写的《社会进化论》一书节译而成。文中谈道，“德国讲求养民学者有名人焉，一曰马克思，一曰恩格斯”。此文称马克思为著名的“百工领袖”，说：“马克思之言曰：‘纠股办事之人，其权笼罩五洲，突过于君相之范围一国。吾侪若不早为之所，任其蔓延日广，诚恐遍地球之财币，必将尽入其手。然万一到此时势，当即系富家权尽之时。何也？穷黎既至其时，实已计无复之，不得不出其自有之权，用以安民而救世。’”[1] 梁启超通过强学会结识了李提摩

① 《大同学》，载《万国公报》第121卷、第123卷，1899年2月、4月。

太等人，得知了这篇《大同学》，从而注意到了基德（即“颉德”）的进化论学说。

1902年，梁启超在《新民丛报》上发表了《进化论革命者颉德之学说》一文，以英国哲学家基德《社会进化论》一书为中介桥梁，开始接触马克思学说与社会主义。虽然是初识马克思，但梁启超高屋建瓴，一语破的，在文中一下子点明了马克思在人类思想史上的独特地位——社会主义泰斗。这是中国人首次用汉语介绍马克思，首倡之功，实不可没。

梁启超还借这条思想路径，高度概括了当时德国两大社会思潮——马克思社会主义与尼采个人主义，并点明了马克思对当代社会弊端的深刻而科学的揭露：

> 今之德国，有最占势力之二大思想，一曰麦喀士（马克思）之社会主义，二曰尼志埃（尼采）之个人主义。……麦喀士谓今日社会之弊，在多数之弱者为少数之强者所压伏。[①] ……

第二节 《新大陆游记》对马克思的初步介绍

1903年，梁启超自日本出发，远涉重洋，来到北美洲，先后走访加拿大、美国，写下《新大陆游记》。他也是继孙中山之后，直接到欧美各国，实地考察资本主义的重要中国政治家、思想家。在考察过程中，他也接触到工人运动、社会主义思潮，还接受了一些人赠予的有关社会主义理论纲领的书籍文献。他依据此行见闻与所接触文献，比1902年更贴切一点地介绍了马克思学说、社会主义思潮。这些介绍，多见于这部游记的第九、十一、十四、十五诸节之中。

---

① 梁启超：《进化论革命者颉德之学说》，载《新民丛报》第18号，1902年10月。

在1902年初识马克思的基础上，他在《新大陆游记》与同期所写论文中，再次介绍了马克思。在1903年11月至12月，在游记基础上同期发表的《二十世纪之巨灵托辣斯》一文中，他如此介绍马克思："社会主义之鼻祖，德国人，著述甚多。"①

与1902年相比，梁启超这时的思想，还有一个重要新发展，就是在初步介绍马克思基础上，把注意力聚焦到"什么是社会主义"这个问题上来。1904年，他又在《新大陆游记》基础上，发表《中国之社会主义》一文，试图概括出社会主义三点要义，作为马克思社会主义学说的基本点与奠基石：

> 社会主义者，近百年来世界之特产物之。隐括其最要之义，不过曰土地归公，资本归公，专以劳力为百物价值之原泉。麦喀士曰，"现今之经济社会，实少数人掠夺多数人之土地而组成之者也。"②

不过，梁启超当时对马克思科学社会主义的理解并不科学，认为这些社会主义要素，中国古已有之，甚至在井田制中就可找到其与社会主义共同的立足点。他说，社会主义"吾中国固夙有之"，"中国古代井田制度，正与近世之社会主义同一立脚点"。③

---

① 《二十世纪之巨灵托辣斯》，载《新民丛报》第40至43号，1903年11月至12月。

② 梁启超：《中国之社会主义》，载《新民丛报》第46至48号，1904年2月。

③ 梁启超：《中国之社会主义》，载《新民丛报》第46至48号，1904年2月。

第四章　无政府主义派对马克思主义的介绍

在20世纪初马克思主义流传到中国的最初历史阶段，曾起到一定历史作用的，不仅有以孙中山为代表的资产阶级革命派，以梁启超为代表的维新主义改良派，还有无政府主义派的一些激进思想家。

在反对封建专制主义的革命大潮中，无政府主义与社会主义这两大社会思潮，曾经相当复杂地交错在一起，一度如鱼龙混杂，泥沙俱下。

最早较为完整地独立用中文发表的马克思、恩格斯著作，就是1908年具有无政府主义倾向的《天义报》上刊出的、由民鸣翻译的1888年英文版《共产党宣言》序言，以及《共产党宣言》第一章《资产者与无产者》（当时译为《绅士与平民》）。

这段复杂的历史过程，已经引起我国学术界的一定重视，取得了一些研究成果。我们在前人成果的基础上，简要地勾勒出这段历史的主要脉络，一些历史细节容待今后深入研究。

第一节　20世纪初期无政府主义在中国的四次风潮

在20世纪头20年，马克思主义自发流传到中国的最初阶段，一批无政府主义者也一度是马克思著作的最初接触者，堪称继孙中山无产阶级革命派、梁启超维新派之后的第三种人。

如果进一步做具体分析，那么应当说，20 世纪初期中国的无政府主义，实际上经历了四次风潮，先后不同程度地接触到马克思、恩格斯著作，在翻译、介绍、宣传马克思与恩格斯著作方面，曾起到不同程度的历史作用。

1902 年至 1905 年间，无政府主义开始从国际上传入中国，也就是中国无政府主义的第一次风潮。当时，身处法国巴黎的张人杰、吴稚晖、李石曾等人，以及留学日本的一些学人，开始介绍国际上流行的无政府主义思想，其中也涉及了一些马克思、恩格斯的著作与思想。其代表作为张继编译的《无政府主义》，中国留日学生马启武翻译的《俄罗斯大风潮》，以及在相当程度上把无政府主义与马克思主义、社会主义混为一谈的译著《广长舌》、《自由血》等。

1905 年至 1908 年前后，张继、刘师培等人倡导无政府主义，堪称无政府主义在 20 世纪初期的第二次风潮。

无政府主义者为了适应自己的需要，也介绍和翻译过一些马克思、恩格斯著作的零散片段。1907 年 12 月，在《天义报》第 13、14 卷上登载了震述的《经济革命与女子革命》。该文最后以附录的形式摘译了《共产党宣言》第二章中关于家庭和婚姻制度的论述。

从 1908 年《天义报》连续发表有关《共产党宣言》的译文情况可以看出，该报编者对于译介《共产党宣言》是有设想的。在发表《共产党宣言》第一章译文前几个月，即 1907 年 10 月《天义报》第 8 至 10 卷合刊号上，就刊登了《共产党宣言》译文“不日出版”的预告。“预告开列的第一篇书目就是‘共和（产）党宣言……马尔克斯等著’”。

接着，在 1908 年 1 月第 15 卷，发表了恩格斯在 1888 年为《共产党宣言》英文版写的序言。译者将马克思译作“马尔克斯”，将恩格斯译作“因格尔斯”。这是迄今查到的恩格斯著作最早的一篇完整的中译文。恩格斯的这篇序言概述了《共产党宣言》的产生过程和它的基本思想，因此，它的发表有助于当时人们对《共产党宣言》的基本思想有个梗概了解。同时，编者在译文前加的按语中预告："宣言全文亦由民鸣君译出，另于下册增刊号载之。"编者还在译文后面又加了一段按语，表明其意图："共级（产）党宣言，发明阶级斗争说，最有裨于历史。此序文所言，亦可考究当时思想之变迁。欲研究社会主义发达之历史者，均当从此入门。"

此后，在该报第 17 至 19 卷合刊号上，《共产党宣言》第一章的译文也发表了，编者还写了介绍《共产党宣言》写作经过的序言。应当说，在当时的历史条件下，《天义报》能够有计划地译载《共产党宣言》，并配合发表恩格斯为英文版本写的序言，是做了一件有积极意义的事。[①] 遗憾的是，不久《天义报》停刊，《共产党宣言》其他各章译文未能继续发表。

辛亥革命后，清王朝被推翻，封建帝制终结，国家一度实行多党制，无政府主义借此历史机遇，又迎来了第三次风潮。其主要代表人物为江亢虎。1910 年他游历欧洲之后，接受了无政府主义思潮影响，回国后倡导"三无主义"（无宗教、无国家、无家庭），他还在上海，创立了中国第一家"社会主义研究会"，参与者一度多达数百人。江亢虎曾在欧洲结识一些社会党人，又到日本结识了幸德秋水、堺利彦等早期马克思主义者，回国之后也曾译介《共产党宣言》、《社会主义从空想到科学的发展》等著作。但在袁世凯复辟专制帝制之后，这股无政府主义风潮也就戛然而止。

1915 年 9 月，陈独秀在上海创立《新青年》杂志（最初称《青年》），可以说是新文化运动、思想解放运动的历史起点。早期阶段陈独秀实质上也把社会主义与无政府主义混为一谈，因而从这一特定意义上来看，这也标志着无政府主义的第四次风潮。

例如陈独秀在《新青年》创刊号上发表的《法兰西人与近代文

① 中共中央马克思恩格斯列宁斯大林著作编译局马恩室编：《马克思恩格斯著作在中国的传播》，北京：人民出版社，1983 年，第 244 页。

明》一文，文中把主张平等、带有无政府主义倾向的法国大革命时期的革命家巴布夫（今译“巴贝夫”），与后来的马克思混淆在一起：

> 政治之不平等，一变而为社会之不平等。君主贵族之压制，一变而为资本家之压制。此近世文明之缺点，无容讳言者也。欲去此不平等与压制，继政治革命而谋社会革命者，社会主义是也。……其说始于法兰西革命时，有巴布夫（Babeuf）者，主张废弃所有权，行财产共有制（La communaute des biens），其说未为当世所重。十九世纪之初，此主义复盛兴于法兰西，圣西孟（Saint-Simon）及傅里耶（Fonrier），其最著称者也。彼等所主张者，以国家或社会为财产所有主，人各从其才能以事事，各称其劳力以获报酬，排斥违背人道之私有权，而建设一新社会也。其后数十年，德意志之拉萨尔（Lassalle）及马克斯（Karl Marx），承法人之师说，发挥而光大之，资本与劳力之争愈烈，社会革命之声愈高……晚近经济学说，莫不以生产、分配相提并论。继此以往，贫民生计或以昭苏。①

这种把无政府主义与马克思社会主义思想混为一谈的思想倾向，在那个历史时期曾经产生广泛影响，影响了许多有革命倾向的青年人。20 世纪 30 年代毛泽东在同美国记者斯诺谈话中，曾描述自己青年时也一度受到流行一时的无政府主义思想的影响：

> 就在这时候，我的思想还是混乱的，用我们的话来说，我正在找寻出路。我读了一些关于无政府主义的小册子，很受影响。我常常和来看我的一个名叫朱谦之的学生讨论无政府主义和它在中国的前景。在那个时候，我赞同许多无政府主义的主张。②

---

① 陈独秀：《法兰西人与近世文明》，载《青年》杂志 1915 年创刊号。

② ［美］埃德加·斯诺：《西行漫记》，北京：生活·读书·新知三联书店，1979 年，第 127—128 页。

第二节 马克思主义与无政府主义混杂的四部译作

——《无政府主义》、《俄罗斯大风潮》、《广长舌》、《自由血》

1902 年至 1905 年间，也就是无政府主义思想在中国开始传播时，出现了四部译作。译者的目的是介绍国际上的无政府主义，但由于他们往往把马克思主义与无政府主义混为一谈，因而也就顺带比较粗糙地介绍了马克思、恩格斯的某些著作和某些思想。这四部译作是：《无政府主义》、《俄罗斯大风潮》、《广长舌》、《自由血》。让我们分别做些考察。

1903 年首次出版的《无政府主义》一书的作者，署名为"自然生"，实际上是具有无政府主义思想倾向的留学生张继。1905 年至 1906 年间他成了同盟会机关报《民报》的发行人。《无政府主义》一书主要是根据日文资料编译而成的，共上下两编，略有不同。上编《无政府主义及无政府党之精神》，主要讲无政府主义的政治主张及精神实质，翻译底本不详；下编《各国无政府党》，主要译自日本烟山专太郎的译著《近世无政府主义》后编第三章。日译本内容则编译自恩斯特·维克托·岑克尔德文版原著《无政府主义：无政府主义理论考证史》的第六章和第八章。

该书下编在介绍无政府主义时，有两处把马克思主义作为参照，做了基本否定性的介绍与评价。一处在介绍 19 世纪意大利无政府主义政党时，称"至八十年代，无政府党又有所运动，其先与马尔古士之社会民主主义派相合，至此乃分"①；另一处在介绍美国无政府主义者枳葛伐（今译"本杰明·塔克"）时，"倡导个人之绝对主权者日多，而其最铮铮者，则推枳葛伐为第一。千八百八十一年之后，枳氏刊《自由新闻》，大肆鼓吹，颇与哈巴德之随意主意相

---

① 自然生：《无政府主义》（下编），古今图书局，1903 年，第 10—11 页。

近，而与马古士之国家社会主义作敌，言国家社会主义，即压抑主义，压抑个人之意思者也。如欲废国家，当由个人随意，以组织团体，而反对一切特权，攻击金钱、土地、保护税、专卖特许等制度，是枳氏学大旨也”[①]。文中的“马尔古士”和“马古士”即为马克思，马克思的立场被界定为“社会民主主义派”和“国家社会主义”。

1902年，英国学者托马斯·柯卡普所著的《社会主义史》一书中有关无政府主义的内容，以“俄罗斯大风潮”为题，[②] 在中国被翻译出版。该书译者为马君武，时署笔名为“独立之个人”。

该书既是最早系统介绍无政府主义的中文译作，也是在中文中最早提到“社会主义”这个概念的中文译作。马君武在序言中就提到：“生西孟（今译‘圣西门’）之徒倡导社会主义于世，其势日盛。”[③] 在该书第一页第一段，还开门见山地介绍了无政府主义思想的来源，称无政府主义思想主张，“实发源于公产主义（名社会主义）”[④]。这个说法并不科学，但却“歪打正着”地推介了“社会主义”。关于“无政府党之宗旨”及巴枯宁主义，该译本第四页第二段开头则写道：“巴枯宁之社会主义。最直截爽快之主义也。是为革命社会主义。而以唯物论 Materialisn 为之基。”[⑤] 这个说法更加不科学、不准确，是把无政府主义与马克思社会主义混为一谈的典

---

① 自然生：《无政府主义》(下编)，古今图书局，1903年，第23—24页。

② 该名称是马君武刻意起的，意在展现19世纪中后期俄国反对沙皇君主专制主义国家制度的革命运动，特别是19世纪70年代以来的社会运动，包括主张农民革命的民粹主义运动，民意党人的革命活动，其中特别瞩目于巴枯宁主张的少数革命家密谋暴动的无政府主义。

③ 仝华、岳从欣：《马君武译〈俄罗斯大风潮〉中文本研究》，北京大学《马藏》编纂与研究中心主编《〈马藏〉研究》(第一辑)，北京：科学出版社，2019年，第143页。

④ 仝华、岳从欣：《马君武译〈俄罗斯大风潮〉中文本研究》，北京大学《马藏》编纂与研究中心主编《〈马藏〉研究》(第一辑)，北京：科学出版社，2019年，第139页。

⑤ 仝华、岳从欣：《马君武译〈俄罗斯大风潮〉中文本研究》，北京大学《马藏》编纂与研究中心主编《〈马藏〉研究》(第一辑)，北京：科学出版社，2019年，第140页。

型。但它也用这种粗糙的方式，在当时那种历史条件下宣传介绍了社会主义。

第三本无政府主义的中文译作，则是由中国国民丛书社于1902年翻译出版的《广长舌》。该书翻译自日本早期著名社会主义者幸德秋水的日文论文集《长广舌》，1902年2月由东京人文社出版，当年即由上海商务印书馆出版了中文版，易名为《广长舌》，1912年新版又易名为《社会主义广长舌》。书名借用了一个佛家用语——“舌相如足，语必真实”。幸德秋水，是带有一定无政府主义倾向的社会主义思想家。他于1901年与片山潜等人共同创立日本最早的社会主义政党——社会民主党，同时还发表了专著《二十世纪之怪物——帝国主义》；1903年出版专著《社会主义神髓》；1904年，他与堺利彦合作发表了《共产党宣言》日文译本。

《广长舌》一书的最大特点，同时也是最大优点，是空前旗帜鲜明地提出，20世纪新时代的最大理想目标，是推翻帝国主义，实现社会主义——未来社会的发展趋势，是社会主义。该书从人类社会发展的角度指出：社会主义是“不二之理想”，“社会主义之发达，为二十世纪人类进步必然之势”。20世纪是“社会主义时代”，①“救济今日世界社会之大主义大理想，曰：在殪翻帝国主义。管辖今日世界社会之大主义大理想，曰：在组织社会主义”。②

《广长舌》最大的历史局限与理论局限，是在社会主义观这个基本问题上，它混淆了马克思科学社会主义与蒲鲁东式无政府主义的根本性原则区别。

该书把社会主义与蒲鲁东的无政府主义完全混为一谈：“社会主义者，非以绝灭资本家为目的也，特改革自由竞争之制度，代以社会主义之制度。”该书提出：“举一国之资本，尽没收于国家；举一国之工业，尽委输于中央政府，此诚不可实行之空论。”该书还

① ［日］幸德秋水：《广长舌》，上海：商务印书馆，1903年，第11页。
② ［日］幸德秋水：《广长舌》，上海：商务印书馆，1903年，第29—30页。

认为，社会主义“决非如此过激暴乱也”，“社会主义者，博爱也；社会主义者，一视同仁者也”。[1]

第四本无政府主义代表作，是金一从日文翻译过来的《自由血》一书。《自由血》一书编译自日本烟山专太郎的著作《近世无政府主义》中的《俄国虚无主义》的前编，中译本易名为《自由血》。

该书不仅对无政府主义思潮的介绍特别详尽，推崇备至，而且在对“无政府主义”、“民粹主义”、“虚无主义”、“虚无党”等名词概念的介绍当中，还包含着对马克思主义、社会主义的诸多介绍。

特别值得一提的是，该书先后有9个地方提到了马克思，而且还近乎首次提出了一套关于马克思的概念群，如“马克思之主义”、“马克思党”、“马克思派”、“马克思《资本论》”、“马克思社会运动”、“马克思之力”（近似于马克思主义影响力）等等。

第三节　最早较为完整地独立发表的《共产党宣言》中译文片段

如果讲到马列著作在中国的历史命运及其在中国的出版史，那么，有一个重要的历史事实，还是不应忽略的，那就是，最先较为完整地独立发表的马列著作中译文，是1908年由《天义报》刊出、由民鸣翻译的《共产党宣言》文本群中的两个片段：一是恩格斯撰写的1888年《共产党宣言》英文版序言，二是《共产党宣言》理论上特别重要的第一章《资本者与无产者》（当时译为《绅士与平民》）。

在中国马列著作出版史上，民鸣1908年的工作值得一提，占有一席之地，主要是由于他在以下四个方面，都有一定的开创之功。

第一，他第一次比较完整地译介了恩格斯1888年为《共产党宣

---

① ［日］幸德秋水：《广长舌》，上海：商务印书馆，1903年，第22—24页。

言》英文版所写的序言，比较具体翔实地介绍了《共产党宣言》产生的历史背景、写作过程，明确阐明了贯穿《共产党宣言》的基本思想及其现代意义，从而为人们准确理解《共产党宣言》提供了一个入门之道。

第二，他第一次翻译发表了《共产党宣言》第一章中文译本。整个翻译工作是比较严肃认真的，保持了《共产党宣言》第一章文本结构的完整性，以便利于人们更好地理解《共产党宣言》的基本思想。

第三，他还试图抓住某些基本概念，以便再现《共产党宣言》基本思想。他把“资产者与生产者”翻译为“绅士与平民”，也译出“阶级斗争”与“阶级竞争”概念，并有“劳动阶级与资本”的基本概念。

第四，从总体上来看，他还是特别强调阶级斗争的，并试图按照《共产党宣言》的基本思想，将其作为把握文明时代与现代社会的一条思想红线。

民鸣的译文，开门见山的第一句便是：

> 自古以来，凡一切社会之历史，均阶级斗争之历史也。
>
> 绅士云者，即是近世云资本阶级握社会生产机关以赁银雇劳民者也。平民云者，即近世佣赁银劳动阶级以生产机关非己有惟卖力以求生活者也。[①]

从《天义报》发布的新书预报来看，民鸣可能不只译出了《共产党宣言》第一章，还译出了第二章，乃至整个《共产党宣言》的大部或全部。1908年8月后，《天义报》被迫出版中断，才使译文只发表第一章后戛然而止。

另外，从署名“申叔”所作的简短序言来看，这篇译文的翻译过程是，日本译者堺利彦依据1888年英文版译出日文译本，而民鸣

① 民鸣译：《共产党宣言》第一章，载日本东京《天义报》1908年2至5月第16至第19卷。

主要依据的是堺利彦的日文译本转译成中文，过程中是否参照了原来的英文版有待研究，更遑论1848年最原始的德文版。这种转译的间接性与中介性，不能不在一定程度上影响到中文译文对原文原义的忠实性与准确性。

从民鸣中译文的内容来看，其中最大的问题，乃是《共产党宣言》第一章的题目《资产者与无产者》，被他意译为“绅士与平民”，这是贯穿通篇的两个基本概念，如此翻译，在相当程度上背离了《共产党宣言》的唯物史观基本原理与阶级分析的基本方法。在马克思、恩格斯《共产党宣言》中，强调的是现代社会中，无产阶级与资产阶级的基本矛盾，而在民鸣的译文中，概念被偷换为有权有势的上层“绅士”与无权无势的下层“平民”之间的基本矛盾。可以说在这里，《共产党宣言》中的社会主义、科学社会主义的科学概念，与译者的错误理解及当时的流行观念，交织在一起。

第五章 马克思主义传入中国的三条路径

为了追根溯源地弄清马列著作在中国传播的来龙去脉，对中国版本的马列著作做出全面系统的历史评价，我们有必要搞清楚马克思主义传入中国的路径问题。

在这个问题上，国内外学术界曾先后流行三种不同说法：

一是“苏俄路径”说，或叫“苏俄中介”说；

二是“日本路径”说，或叫“日本中介”说；

三是英、法、德等国家的“西欧路径”说，或叫“西欧原文直译”说。

实际上，这三条路径几乎自始至终同时存在，不过，不同的历史时期，会有不同的主要路径：

1897 年至 1918 年，在这 20 年间，三条路径都已存在，以“日本路径”为主；

1918 年至 1978 年，这 60 年间，三条路径也都始终存在，主要路径则逐步转向以“苏俄路径”为主；

1978 年至今的 40 余年，三条路径的历史影响仍然同时存在，并开始转向以“西欧路径”、原文直译为主，尤其是以德文原版为主，以国际上的历史考证派（MEGA2）为主。

第一节　马克思主义传入中国的路径问题

马克思主义的传播路径问题，在英、法、美等西方国家，或在俄国，可能相对来说比较简单，不成问题；而对中国来说，却复杂得多，必须综合多方面的材料，才能做出更科学、更客观、更全面、更系统的回答。

马克思主义传入中国的路径表面上看只是一个学术问题，但其中也包含着不能回避、必须做出回答的理论挑战。

众所周知，毛泽东在新中国成立前夕发表的《论人民民主专政》中有一段名言：十月革命一声炮响，给我们送来了马克思列宁主义。

有些人有意曲解了毛泽东这一科学论断，渲染中国化的马克思主义只有苏俄一条路径，内容极其贫乏狭隘，不是“西方真经”，甚至认为其与真正的马克思主义毫不相关，大相径庭，水火难容。

这方面的一个典型，是在国际上流行甚广的科拉科夫斯基的论调。平心而论，他对中国革命、中国道路的当代世界历史地位，还是相当重视的；问题是他对中国共产党、毛泽东思想与马克思主义的内在联系，却是根本否定的。他在《马克思主义的主要流派》第三卷，专门写了一节，批判中国的“农民马克思主义”、“农业社会主义”，认为这是对马克思主义的根本背离：

> 中国革命是20世纪历史上最重要的事件之一，这是毋庸置疑的；这一革命的理论即众所周知的毛主义，于是便成了当代思想论战中的主要成员之一，不管其自身的理论价值如何。若用欧洲的标准衡量，毛主义的意识形态文献，尤其是毛本人的理论著作，其实显得极端原始和蹩脚，有时甚至很幼稚，与之相比，连斯大林都给人一种权威理论家印象。……
>
> 成熟的毛主义是激进的农民乌托邦，毛主义者使用很多马

> 克思主义的词语，但所用词语的主要意义却似乎与马克思主义格格不入。这毫不奇怪，因为这个乌托邦与欧洲的经验和观念关系甚微。……
>
> 这就是毛的哲学要点。看得出，它是对列宁主义—斯大林主义式的马克思主义几个套话的简单重复。……
>
> 在这种意识形态里，马克思主义的遗迹与农民乌托邦和东方专制主义传统混杂在一起。这个混合物把自己描绘为杰出的马克思主义，实行起来有一定的成效。……
>
> ……然而，这个问题与马克思主义历史没有什么关系。①

如果我们要从国内学术界，找出这种观点的一个代表，那就是在2007年党的十七大召开前夕，出现的一股思潮，鼓吹中国共产党应当改旗易帜，由“中国特色社会主义”改为“民主社会主义”。其主要历史论据就是，中国的马克思主义从一开始，就是由苏俄传来的“二手货”，其思想本质，就是根本排斥民主的列宁暴力社会主义思想，由此一线贯穿，一直发展到“文化大革命”十年浩劫，带有历史必然性，因此必须改旗易帜。

这些论调，都是强调马克思主义传入中国路径的单一性、贫乏性、派生性、中介性、非原创性和片面狭隘性，借以根本否定中国化的马克思主义。它们严重扭曲历史真相，我们必须对此做出有力回答，才能为中国共产党与马克思主义中国化正名。

此外，这些年来，马克思主义传入中国的“日本路径”论，又开始兴起，应当说，提出这个问题与观点，是学术研究的一大进步、一大成果，有助于揭示马克思主义传入中国路径的多样性、复杂性和丰富性，以及日本路径在这一历史时期的特殊性、密切性和重要性。

而在研究中，也出现了一些新的问题。比如，日本学者后藤延

① ［波］莱泽克·科拉科夫斯基：《马克思主义的主要流派》（第三卷），侯一麟等译，哈尔滨：黑龙江人民出版社，2015年，第475、476、480、499页。

子在《李大钊思想研究》一书中提出，李大钊的《我的马克思主义观》一文，虽说被当成中国马克思主义的代表作，其实只是日本学者河上肇等人理论观点的简单模仿复制，并没有什么独特贡献。①

这些问题的出现，促使我们重新研究马克思主义传入中国的路径问题，从历史事实出发，具体分析、科学回答与此相关的一系列问题：

马克思主义传入中国，是只有一条路径，还是存在着多样性的不同路径？

马克思主义传入中国的“西欧路径”、“日本路径”、“苏俄路径”，是否从十九、二十世纪之交就已经存在？

这三条路径在马克思主义传播与马克思主义中国化历史进程中，都曾起到什么样的作用，有什么样的关系，又有什么样的变化？

第二节　黑暗中摸索阶段的三条路径

1897 年至 1918 年，从马克思主义传播史、马列著作编译出版史的角度来看，这还是一个“历史序曲”阶段，在这个特殊的历史时期、发展阶段中，“日本路径”起了重要的中介作用，甚至一度成了一条主要路径，值得我们做些历史考察与具体分析。

这个时期“日本路径”为什么会成为一条主要路径呢，主要是以下几种因素汇总到一起的结果。

第一，日本从 19 世纪 60 年代明治维新起，在东方率先实现了现代化起步与革新，达到了富国强兵目标，在 1894 年至 1895 年的甲午海战中，还后来居上地战胜了中国。痛定思痛之下，中国的不少志士仁人，认为必须学习日本模式。效法日本，富强中国，曾是

① ［日］后藤延子：《李大钊思想研究》，王青等编译，北京：中国社会科学出版社，1999 年。

那个时代不少青年人留学日本的目标。

第二，在世界的东方，日本不仅现代化起步走在前面，马克思主义研究与编译出版事业也曾走在前面。1870年，在西田长寿的英文笔记中，第一次出现了社会主义、共产主义的概念理论。1881年，山崎弘道在《论近世社会党之原因》一文中，首次提到了马克思的名字。1902年西田光次郎首次用日文出版马克思的传记《卡尔·马克思》，扉页还有马克思肖像。比这更进一步的是，马克思主义的理论综述与思想传播，其标志是三部代表作：片山潜的《我的社会主义》（1902年）；幸德秋水的《社会主义神髓》（1902年）；森近运平与堺利彦合著的《社会主义纲要》（1907年）。其中《社会主义神髓》一书，先后有三种中译本，成为最早向中国读者综述马克思社会主义的著作。1904年11月13日，《平民新闻》首次刊载了幸德秋水和堺利彦合译的《共产党宣言》第一、二章。1906年，堺利彦创办了《社会主义研究》杂志，全文译载了《共产党宣言》、《社会主义从空想到科学的发展》。

第三，在那个时代，中国人到西欧要远涉重洋，殊为不易；而与日本则是隔海相望、一衣带水的近邻，又有思想文化、语言符号、文字体系上比较接近的关系。因而，日本成了不少近代中国青年知识分子出国留学的首选地。1906年，到日本的中国留学生已多达8000人。而从1905年成立同盟会开始，孙中山等志在“革命救国”的资产阶级革命派人士，也把日本当作活动大本营。这两批近代中国先进知识分子团体，都汇聚在日本，使日本一度成了联系中国人与西欧现代文明、现代思想的桥梁中介，而这两批知识分子接触到的思想，也包括了原本诞生于西欧的马克思主义、社会主义思潮。

第四，在20世纪初期、马克思主义著作的日文文本成了中文翻译的首选母本。中国人翻译出版的《共产党宣言》、《资本论》片段、《社会主义从空想到科学的发展》等马克思主义经典著作，多半还不是直接来自西欧文本系统，而是主要借助日文译本作为中介进行翻译。不仅文本体系的形式上是这样，甚至连表达马克思主义理论内容的概念体系，也多半是从日文译本移植过来的。其中包括许多基本概念、核心概念，如唯物论与唯心论，认识论与辩证法，共产党与共产主义，生产力与生产关系，主观与客观，哲学与社会主义等等。

第五，最能集中反映日本路径在这一阶段曾起了主要中介作用的是中国共产党建党初期，在马克思主义著作翻译出版工作中起了关键历史作用的五个人——“三李二陈”（李大钊、李达、李汉俊、陈独秀、陈望道），都曾有日本留学经历，都是先通过日本路径来接触马克思主义经典著作的。

在摸索阶段，“日本路径”曾经起了特别重要的作用，甚至一度成为一条主要路径，但这不意味着，“日本路径”是唯一路径，别无他途。实际上，从一开始，马克思主义传入中国的路径就不是单一的，不仅有“日本路径”，还存在着其他路径，这其中相当重要的一条，就是从英国、法国、德国等国家直接传入中国。如前述孙中山、李提摩太、梁启超、朱执信等，在介绍传播马克思主义时都曾直接从欧美获取思想资源。

另外，从马克思主义传入中国的早期开始，就存在着一条不同于“西方路径”、“日本路径”的第三条路径，即“苏俄路径”，或叫“北方路径”。不过，这条路线有一个从隐到显，由次要到主要的明显变化过程。变化的历史节点，就是1917年的十月革命。

20世纪最初几年，在《俄罗斯大风潮》等译作中，就涉及俄国近代社会演变问题以及无政府主义思潮同马克思科学社会主义的关系问题，但马克思主义传入中国的俄国路径在当时还只是潜在的。

从1905年俄国革命，到1911年辛亥革命，俄中这两个东方大国逐渐进入革命的年代。列宁在1912年亲自起草了《关于中国革命的决议》，并先后发表一组专题论文（包括《中国的民主主义与民粹主义》、《亚洲的觉醒》、《落后的欧洲和先进的亚洲》等)，明确支持孙中山领导的中国民主革命。中国之北，率先吹起革命之风、红色之风、社会主义之风，打开了在中国传播马克思主义的“苏俄路径”。

1917年俄国革命风雷激荡，从二月革命到十月革命的迅速发展，不仅改写了俄国历史，而且深刻地影响了世界历史的发展轨迹。从此也使马克思主义传入中国的“苏俄路径”迅速发展起来，乃至后来居上，成为下一历史时代的主要路径。

马克思、恩格斯留下的原始文献，约60%是用德语写成，约30%是用英语写成，还有大约10%，是用法文或其他文字写成的。

在评判传播路径得失、文本体系选择优劣时，上述这种情况，是必须加以考虑的，但这一条不是唯一的尺度，有时甚至不能作为主要尺度。这是由于，马克思主义文献与思想的传播路径，以及当时人们能够选择的文本系统，多半是在十分复杂的历史条件形成的，不宜仅仅根据这一条做出简单化的历史评判，而是应该进行多种尺度的综合考察。

这里还必须指出的是，以德文为主、英文为辅的马克思、恩格斯完整原创文本体系的编辑出版，由于种种复杂的历史原因，迟迟未能完成。这是一个复杂的系统工程。实际上，德国、英国迟至20世纪后半期才推出他们编辑的《马克思恩格斯全集》。完全按原文编辑的历史考证版，第一版于20世纪三四十年代开始推出，未能完成。第二版从20世纪70年代开始推出，一度中断；1992年后再次启动，至今尚未出完。

比较而言，“西欧路径”，应当是首选路径、最佳路径，因为这条路径接近马克思主义创始人的原创语言文字系统及原创时的历史文化环境。但在当时情况下，中国与西欧相隔万里，信息传递不便，因而只是零星地传入。但这也凸显了孙中山、梁启超等人的开创之功。

中国人把日本作为接触马克思主义的中介环节，形成了“日本路径”，甚至是这一阶段的一条主要路径，是这一时期的一大历史特点。

地理位置的靠近，交通往来的便捷，历史文化的相近，语言符号系统的血缘联系，这都使得“日本中介”在历史上发挥了突出作用，使中国人较多地接触了马克思主义的文本和概念。而日本文化又有很强的开放性，日本不仅工业化、现代化走在亚洲前列，而且马克思主义传播也走在亚洲前列。甚至在20世纪20年代即着手编辑出版《马克思恩格斯全集》，一度走在世界前列。

当然，不应讳言，这条路径自有其历史局限，不能代替马克思、恩格斯原始文本的直接翻译解读。尤其是在深入研究与理解的阶段，这个问题会更加凸显出来。

中俄两国在当时有比中国与西欧国家之间更为接近的基本国情：都是小农占人口多数的东方落后国家，都存在亚细亚生产方式，都有专制主义的国家制度作为革命与发展的头号大敌，都面临着人民民主革命与走向现代化的汹涌来潮。正是这一系列深层原因，使中俄两国人民互相关注，其中便包括马克思主义传播的情况。但在1917年十月革命前，“苏俄路径”多半还是以潜在状态存在的，并没有像“日本路径”那样起到明显的主导作用。十月革命一声春雷，才使这种情况发生了划时代的巨大变化。

以上三条路径的同时存在，并且在建党前后的北京大学、抗日战争时期中国共产党那里，先后两次实现了综合创新，这是马克思主义在中国传播史、出版史上的一大历史特色，堪称马克思主义传播史上的东方奇迹！

第三节 黑暗中摸索阶段的历史成果与历史局限

黑暗中摸索阶段的三大历史成果：

一是灾难深重的中华民族在黑暗之中上下摸索，形成了马克思主义传入中国的三条路径——来自西方的“西欧路径”，来自东方的“日本路径”，来自北方的“苏俄路径”；

二是通过上述三条路径，中国人初步接触或了解了马克思主义创始人的名字、主要代表作、主要学说及主要核心理念；

三是通过孙中山等革命民主主义思想家、政治家的带头宣传作用，蕴含在马克思主义中的一些科学理论，开始以特有方式融入中国人的社会思潮、社会理想和话语体系之中，如“节制资本”、“反对帝国主义”、“社会主义”、“天下大同”等等，给中国思想文化界吹进一股清新的现代化之风。

黑暗中摸索阶段的三大历史局限：

一是尚未形成一支自觉传播马克思主义的坚强主体力量，而只是由资产阶级革命派、改良主义维新派、无政府主义的个别政治思想家，接触到马克思主义个别观点；

二是没有对马克思主义重要经典文本进行完整翻译出版和系统研究工作，多半还是借助日文或西文相关文献，一般性转述马克思主义创始人的生平事业、思想理论、学术观点；

三是没有能提出或形成中国人自己的科学的马克思主义观，自觉地结合时代特点与中国国情，实际应用与具体发展马克思主义。

由于存在这些历史局限与思想理论局限，这还是一个在黑暗中摸索的时代，还是一个黎明前的黑暗时代，马克思主义理论的光芒还只是在黑暗中透露出的一线熹微曙光。

第二篇　中国马列著作出版的壮丽日出

新民主主义革命时期

(1919—1949)

第二阶段，是从1919年五四运动到1949年中华人民共和国成立。新民主主义革命时期，是马列著作在中国出版的开创阶段，主要特点是结合反帝反封建的新民主主义革命实践需要，先后出版了一系列马列著作，出版形式是以单篇为主，适当组合。

从1919年五四运动到1921年中国共产党创建，乃至建党初期的几年间，马列著作在中国的翻译出版事业出现了第一个高潮时期，也是马克思主义在中国传播史上的最初奠基时期。

更具体准确点说，这个时期以1921年建党为中心，时间上限可向前延伸，到1917年列宁领导十月革命胜利，中国五四运动兴起，李大钊开始在北大传播马列主义；其时间下限可向后延伸到1927年前后，大体包括建党初期，实现第一次国共合作，开始北伐战争，掀起工农革命运动高潮等。

特别重视思想建党、理论建党，把马列著作在中国的翻译出版，作为党的建设的首要思想理论奠基石，从而掀起马克思主义在中国传播的第一个高潮，为后来马克思主义中国化三次飞跃，打下了一个坚实基础，就是这一历史时期的最大特色与首要地位。

而从1927年至1949年，马列著作在中国的翻译出版事业，不仅没有中断，而且在艰苦卓绝的斗争中走向高潮，创造奇迹，写下了可歌可泣的壮丽诗篇，在最危险的时刻，为中华民族筑起了一道坚不可摧的精神长城！

其中，特别值得一提的便是延安时期的马列著作出版。1937年，中国革命进入了艰苦的全面抗战时期。中国共产党人率领中国工农红军，经过了举世闻名的二万五千里长征，来到了陕北，在延河之滨、宝塔山下，建立了延安革命根据地。随着革命形势的发展，马列经典著作的翻译出版中心也转移到了延安，从此为马列著作在中国的出版事业，打下了新的基础，开创了新的局面，迎来了新春天。

在现代中国历史上，这是中华民族转败为胜、转弱为强的伟大转折时代。这是中华民族精神从衰颓走向奋起，乃至现代革新，重新迈入世界民族之林的伟大时代。这也是中华人民共和国雏形孕育的伟大历史时代。

支撑着这一切历史巨变的，有一个强大精神支柱与动力源泉，那就是这一时期延安时代马克思列宁主义著作翻译出版事业的兴盛发达。

第六章　马克思主义在中国传播的历史契机

在即将进入20世纪20年代的时候，马克思主义在中国的传播、马列著作在中国的出版，都出现了一个划时代的大突破、大发展。

这个重大历史转变，不是偶然发生的，而是四大历史契机结合所产生的必然结果：

一是对于孙中山领导的辛亥革命历史经验与历史教训的深刻反思；

二是袁世凯时期中日“二十一条”密约造成的民族生存危机；

三是1917年列宁领导的十月革命开创了世界历史新纪元；

四是1918年纪念马克思100周年诞辰并反思第一次世界大战根源，引发“中国向何处去”的大讨论。

第一节　辛亥革命的失败

1911年10月10日，武昌起义打响了辛亥革命第一枪；1912年新年伊始，孙中山在南京担任了临时大总统，宣告了清王朝乃至整个封建帝制的灭亡，中华民国的创立，俨然开始了一个充满希望的新时代。

然而，辛亥革命的成果却被袁世凯窃取，他的一系列倒行逆施，也让国人逐步清醒起来。

1913 年 3 月 20 日，力图组建“责任内阁”以制约袁世凯总统大权的宋教仁，决定乘沪宁夜车从上海去南京转车北上北京，黄兴、廖仲恺、于右任等到上海北站送行。在此之前，袁世凯曾向其馈赠 50 万元，以诱劝他不要参与竞选，却被宋教仁婉拒。在袁世凯指使下，当晚 10 时 45 分在车站检票口，歹徒突然袭击宋教仁。连中三枪的宋教仁应声倒地，于 22 日凌晨不治身亡。宋教仁被刺，全国震惊。

1914 年 5 月 1 日，袁世凯用所谓《中华民国约法》取代《临时约法》，下令撤销国务院，在总统府内设立政事堂。

1915 年 12 月 12 日，袁世凯正式承认帝制，不仅把辛亥革命中孙中山倡导的国家制度、现代化、民主制一扫而空，还换上清朝帝制那一套旧制度、旧体制。13 日，袁世凯接受百官朝贺。接着，他下令改年号为“洪宪”，预备于 1916 年 1 月 1 日正式登基。

然而，已经经过辛亥革命洗礼的中国人民，深刻认识到了封建君主专制统治的罪恶，全国上下掀起反对帝制复辟的浪潮。1915 年 12 月 15 日，蔡锷率先在云南宣告独立，宣告成立“护国军”，起兵讨袁。而后贵州、广西各地，纷纷响应。帝国主义国家也不断警告袁世凯。在内外交困之下，做着皇帝梦的袁世凯，被迫宣布取消帝制。最终于 1916 年 6 月 6 日，一命呜呼。

袁世凯去世之后，又有闹剧般的张勋复辟，仅仅持续 12 天。北洋军阀内部派系纷争不断，段祺瑞握有中央大权，打的是中华民国旗号，走的是封建专制老路，靠的是帝国主义做后台老板。

在这种情况下，中华民族生存危机的问题，不仅没有得到根本解决，而且还在日益加深。

这就促使中华民族的有识之士，不能不深切反思辛亥革命的历史经验与历史教训，更深入地思考具有根本性的大问题：

中国问题究竟症结何在？

中华复兴究竟出路何在？

第二节　“二十一条”引发的民族危机

1914 年 8 月，第一次世界大战爆发。日本企图乘机扩张其在中国的侵略势力。它借口对德宣战，派兵在山东登陆。

1914 年 11 月 7 日，日军攻占青岛，在青岛的 5000 名德国军人全部投降，在中国山东境内进行的日德战争宣告结束。

然而，本该撤退的日本军队，不仅没有撤退，反而燃起了更大的侵略野心。在大隈重信内阁支持下，日本外相加藤高明认为，这是日本独占中国的难得良机，便组织起草了对华的《二十一条要求大纲》。

“二十一条大纲”，实质上是一个企图把中国变为日本独吞的殖民地的侵略纲领。这个条约包括了政治、军事、经济、文化各个方面，如果这个条约实现，中国也就全部沦亡于日本之手。这种形势，简直就是要求中国不战而降，因而袁世凯政府不免有所忌惮，有所犹豫。

1915 年 1 月 18 日，日本驻华公使日置益奉令向袁世凯递交了“二十一条”文本。谈判过程中，他又抛出一条重要诱饵，露骨地向外交部次长曹汝霖表示，可以以支持袁世凯复辟帝制作为交涉的条件。

1915 年 5 月 7 日，日本政府对中国政府发出最后通牒，限期 48 小时答复，“如到期不受到满意之答复，帝国政府将执认为必要之手段”。

1915 年 5 月 9 日，称帝心切、不惜卖国求荣的袁世凯，亲自下令，接受日方“二十一条”主要内容。

“二十一条”的谈判与签订，在全国激起了强烈反抗。各爱国团体纷纷集会，拒不承认“二十一条”，并展开抵制日货等抗日活动。全国教育联合会决定，各校以每年 5 月 9 日为“国耻纪念日”。

第三节　列宁领导十月革命的感召作用

——马列著作在中国传播的巨大推动力

1917 年 11 月 7 日，俄国的无产阶级和劳动人民在列宁和布尔什维克党的领导下，推翻地主资产阶级的反动统治，在世界上建立了第一个无产阶级专政的社会主义国家。

列宁领导的俄国十月革命，开辟了一条崭新道路，就是在原先经济文化比较落后的俄国，由掌握了马克思主义先进理论的先进政党，带领人民，夺取国家政权，创新社会制度，率先开始建设社会主义的特殊道路。

在十月革命的影响下，出现了世界革命的高潮，资本主义国家的无产阶级革命运动高涨，殖民地半殖民地人民反对帝国主义压迫的革命运动和民族解放运动也蓬勃发展起来，掀起了反对帝国主义及其走狗的斗争，扩大了世界革命的基础。

位于亚欧大陆东方的中国，怎么可能置身于这股世界革命大潮之外呢？

当时，由于帝国主义和反动派的封锁以及所谓“过激派”、“洪水猛兽”之类的歪曲宣传，中国先进的知识分子开始并不完全了解俄国革命的实际情况。但是他们很快从片段报道中意识到，这是不同于 18 世纪法国革命和过去任何革命的完全新式的“劳农革命”，它所建立的政权是“劳农政权”，实行的是“劳农主义”；而“劳农”正是人们衣食住行的创造者，是谁也离不开的。这是人类第一次突破英法革命中的“资本统制”的根本局限，是工农劳动群众的俄国道路创新、国家制度创新。“劳农革命”、“劳农政权”、“劳农主义”，这完全是新事物、新东西，而且对于中国的知识分子是如此亲切和可以理解。于是在他们头脑中信仰过的“法兰西式革命”的观念，遇到了新型的俄国式“劳农革命”的挑战，而发生动摇，从而开始建立起"劳农革命"的新观念。

俄国十月革命以前，中国人只把马克思主义看作整治西方资本主义社会弊病的激进学说之一，认为其并不适用于中国。十月革命后，俄国人运用马克思主义推翻了剥削阶级的统治，建立了世界上第一个从工农政权走向社会主义的国家，从而震惊了世界，也震醒了经过多年奋斗、苦于不断失败、正在寻求新的救国救民道路的中国先进知识分子。于是，他们也开始学俄国人的样子，成立共产党，开展工人运动，建立统一战线，发动武装斗争……

在中国，最先明确传播马克思主义、科学社会主义的历史文献，正是李大钊在1918年发表的三篇文章：《法俄革命之比较观》、《庶民的胜利》、《Bolshevism的胜利》。这三篇文章，恰恰都是从列宁领导的俄国革命讲起的，最后的思想归宿是："试看将来的环球，必是赤旗的世界！"①

真是"见一叶而知秋"。由此可见，列宁领导的俄国十月革命掀动的世界革命大潮，是马克思主义开始在中国传播，马列著作在中国出版最强大、最直接的推动力。

第四节 纪念马克思诞辰百年、庆祝第一次世界大战结束

——给危难中国指出方向

1918年，适逢马克思诞辰100周年和逝世35周年。苏俄广泛开展了各类纪念活动，举行隆重的大会，许多城市建立了纪念馆。波涛出版社出版了列宁著作《卡尔·马克思》的单行本。《真理报》、《消息报》以及其他报纸杂志上发表了H. 安东诺夫（金卢）、H. 梅舍里亚科夫、尤·斯切克洛夫及其他许多人纪念马克思的

---

① 《李大钊文集》(上)，北京：人民出版社，1984年，第603页。

文章。

列宁的《卡尔·马克思》，原来是他于1914年11月给《格拉纳特百科辞典》写的一个长篇条目，这次出了单行本，由此产生了重大影响。可以说正是在这部著作里，第一次明确提出了列宁主义的马克思主义观，从而根本突破了第二国际对马克思主义的庸俗理解，树起了一面富于时代精神的伟大思想旗帜。

除了这本书，较有代表性的至少还有以下6本：

（1）斯切克洛夫：《卡尔·马克思——他的生平和活动（1818—1883）》，彼得格勒生活与知识图书出版社，1918年；

（2）卢那察尔斯基：《卡尔·马克思——献给马克思诞辰一百周年纪念日（1818—1918）》，彼得堡波涛出版社，1918年；

（3）雅罗斯拉夫斯基：《卡尔·马克思和弗里德里希·恩格斯》，全俄中央执行委员会，1918年莫斯科版；

（4）《卡尔·马克思（1818—1883）　纪念马克思诞辰一百周年（1818—1918）》，彼得格勒工农兵代表苏维埃出版社，1918年；

（5）《卡尔·马克思纪念集》第一册，莫斯科工农兵代表苏维埃，1918年莫斯科版；

（6）《卡尔·马克思纪念集》第二册，莫斯科工农兵代表苏维埃，1918年莫斯科版。

在马克思的故乡德国，纪念马克思100周年诞辰也成为一种重要思想走向。其中最有国际影响力的，是著名历史学家梅林正在撰写的《马克思传》，有的篇章已在德国与俄国发表，广为流传，影响重大。

在日本，也有纪念马克思100周年诞辰的学术活动与学术论著。

而在中国，纪念马克思100周年诞辰，和反思第一次世界大战根源，思索人类社会未来走向，中华民族的历史抉择问题，紧密结合起来，从而成为马克思主义在中国广泛传播的一个重要历史契机。

1918年10月，第一次世界大战结束。11月14、15、16日，北大放假三天，为庆祝协约国胜利，师生们在天安门外举行讲演大会。同月28、29、30日，又在中央公园（即现在的中山公园）举行了连续三天的讲演大会。参加讲演的有蔡元培、李大钊、陈独秀、陶孟和、胡适以及学生代表江绍原等。[①]

在11月中旬这三天的讲演中，讲演者大都按照美国总统威尔逊的调调，宣传协约国的胜利是“公理战胜强权”，是“正义”、“平等”、“互助”的胜利。胡适甚至吹嘘“这一次协约国所以能大胜，全靠美国的帮助”。[②]

而蔡元培则较为激进，发表了“劳工神圣”的演讲，热情地预言：此后的世界，全是劳工的世界呵！但是蔡元培对庆祝第一次世界大战结束的意义和第一次世界大战结束后已经到来的新时代，并没有深刻的认识，他提出“劳工神圣”，当时还只限于一个抽象的口号，甚至还不恰当地把搞经营管理的资本家也算进了劳工之列。

这三天的大讲演，引发了人们深入思索：第一次世界大战根源何在？战争的结局究竟是什么？今后世界走向是什么？

于是，在11月底，在中山公园举行的大讲演中，李大钊带着他尚在形成的马克思主义观、列宁主义观，登上了讲坛。他发表了题为《庶民的胜利》的著名讲演，旗帜鲜明地指出：“我们庆祝，不是为那一国或那一国的一部分人庆祝，是为全世界的庶民庆祝”。他揭示了战争爆发的真正原因，指出：“原来这回战争的真因，乃在资本主义的发展。国家的界限以内，不能涵容他的生产力，所以资本家的政府想靠着大战，把国家界限打破，拿自己的国家做中心，建一个世界大帝国，成一个经济组织，为自己国内资本家一阶

① 萧超然等编著：《北京大学校史（1898—1949）》，北京：北京大学出版社，1988年，第82—83页。

② 《胡适之教授之演说》，载《北京大学日刊》1918年11月12日。

级谋利益。”①

李大钊敏锐而深刻地把握了俄国十月革命突破帝国主义统治的链条而取得胜利的事实，认为俄国的无产阶级，“不惜在大战的时候，起了社会革命，防遏这资本家政府的战争……这亘古未有的大战，就是这样告终。这新纪元的世界改造，就是这样开始”②。他不是着眼于协约国的胜利，而是着眼于俄国十月革命的胜利，把十月革命看作第一次世界大战产生的一个重要结果，这就明显地反映了他的无产阶级倾向和对历史发展的深刻洞察力。

李大钊在12月初，又发表了题为《Bolshevism的胜利》的著名论文。他明确宣称第一次世界大战的结局是：“民主主义的胜利，是社会主义的胜利，是Bolshevism的胜利，是赤旗的胜利，是世界劳工阶级的胜利，是二十世纪新潮流的胜利。这件功业，与其说是威尔逊（Wilson）等的功业，毋宁说是列宁（Lenin）……的功业，是马客士（Marx）的功业。”③

正是国内外历史风云际会，使上述这四大历史契机汇聚到一起，汇聚到五四时期的北京大学与中国社会。由此，中国人迎来了五四时期、建党时期，迎来了马克思主义在中国传播的新时代、马列著作在中国出版史上的新时代、中华民族走向伟大觉醒的新时代！

---

① 李大钊：《庶民的胜利》，《李大钊文集》（上），北京：人民出版社，1984年，第593—594页。

② 李大钊：《庶民的胜利》，《李大钊文集》（上），北京：人民出版社，1984年，第594页。

③ 李大钊：《Bolshevism的胜利》，《李大钊选集》（上），北京：人民出版社，1989年，第599页。

第七章　中国马克思主义的宣言书

——李大钊《我的马克思主义观》发表

第一节　李大钊的人生之道

1889 年 10 月 29 日，李大钊出生于河北省乐亭县大黑坨村。李大钊的人生，有着最关键的三部曲：

少年时代，屡经磨难，扎根农村；

青年时代，求学天津、日本，立志再造中国，开始接触马克思主义；

接近三十而立的成年时代，赶上十月革命，来到北京大学，成为五四新文化运动的倡导者，马克思主义在中国的最早播火者。

李大钊人生的第一部曲，是 1889 年至 1905 年间，在河北乐亭老家度过的少年时代、青年时代，在这段时间里，他打下了中华民族文化的深厚根基。一直到 16 岁，李大钊生于斯，长于斯，经受了许多人生磨难，但也使他的人生与心灵之根，深深扎根于中国农村，扎根于中华大地乡土之中。

李大钊一生，只留下了两篇自传文字，都记下了自己童年时多灾多难的人生经历。

李大钊的出身与家庭情况，直到目前第一手材料还很少。他在 1914 年所写的《我的自传》中说：

一八九〇年，我出生在离北戴河大约百里的海滨。当我刚刚两岁的时候，我的父亲就去世了，第二年我的母亲又去世，丢下了一个十分需要她照看的可怜的婴儿。我没有兄弟和姐妹。于是我和祖父母生活在一起。但等我长到十五岁的时候，他们又留下我孤独地生活在这世界上。我是多么不幸啊！①

1927年4月，李大钊被奉系军阀逮捕，在他被迫所写的《狱中自述》里，又一次谈到少年时代的家庭情况：

李大钊，字守常，直隶乐亭人，现年三十九岁。在襁褓中即失怙恃，既无兄弟，又鲜姊妹，为一垂老之祖父教养成人。幼时在乡村私校，曾读四书经史，年十六，应科举试，试未竟，而停办科举令下，遂入永平府中学校肄业，在永读书二载。其时祖父年逾八旬，只赖内人李赵氏在家服侍。不久，祖父弃世。②

李大钊人生的第二部曲，是在1906年至1917年间，先后6年求学于天津法政专门学校，学习法政诸科及英文、日文，而后又去日本留学3年，接触到当代世界各种思潮，其中受到日本早稻田大学安部矶雄教授带有宗教色彩的社会主义思想影响，开始接触到马克思主义、社会主义。

这一阶段，李大钊思想的最大特色，就是萌生了“再造中国”的人生理想与社会理想，但怎样“再造中国”，他尚未有明确思路与独立主张。

李大钊1927年4月留下的最后文字《狱中自述》，言简意赅，记下了这段生活经历：

---

① 李大钊：《我的自传》，《李大钊文集》（上），北京：人民出版社，1984年，第114页。

② 李大钊：《狱中自述》，《李大钊全集》（第五卷），北京：人民出版社，2006年，第226页。

钊感于国势之危迫，急思深研政理，求得挽救民族、振奋国群之良策，乃赴天津投考北洋法政专门学校。是校为袁世凯氏所创立，收录全国人士。钊既入校，习法政诸学及英、日语学，随政治知识之日进，而再建中国之志趣亦日益腾高，钊在该校肄业六年，均系自费。我家贫，只有薄田数十亩，学费所需，皆赖内人辛苦经营，典当挪借，始得勉强卒业。

卒业后我仍感学识之不足，乃承友朋之助，赴日本东京留学，入早稻田大学政治本科。留东三年，益感再造中国之不可缓，值洪宪之变而归国，暂留上海。①

李大钊人生的第三部曲，是 1918 年至 1927 年间，大约从近“三十而立”时起，他赶上了十月革命的时代大潮，五四新文化运动大潮，也赶上了蔡元培时代的北大现代革新，成为马克思主义在中国的最早播火者。

这是李大钊人生最为辉煌的十年，也是马克思主义在中国传播的壮丽日出，由此构成这一时期浓墨重彩的历史崭新篇章。

第二节　1919 年《新青年》“马克思号”

《新青年》杂志是五四运动的一面旗帜，也是蔡元培倡导的北京大学教育创新的一面旗帜，同时还是五四运动中李大钊开始在中国传播马克思主义的一面旗帜。具体说来，《新青年》（起初在上海称《青年》）在 1918 年 1 月以前出的头几卷，都由陈独秀一人主编，从 1918 年 1 月 15 日发行的第 4 卷第 1 号开始，则由陈独秀、钱玄同、高一涵、李大钊、胡适、沈尹默等轮流主编。第 6 卷第 5 号轮到李大钊担任主编，于是李大钊刻意把它编成“马克思专号”。该号首刊标明出版日期为 1919 年 5 月，看来文章大部分在 5 月写

---

① 《李大钊全集》（第二卷），石家庄：河北教育出版社，1999 年，第 713—714 页。

成，编辑初步完成也在 5 月，有些工作有所拖后，实际上真正出版发行拖至 1919 年 9 月。

之所以把这一期《新青年》称为“马克思专号”，是因为其中围绕“马克思研究”这个主题，荟萃了 8 篇文章，作为本卷主体：顾兆熊的《马克思学说》、凌霜的《马克思学说批评》、A. S. Rappor 的《俄国革命之哲学的基础》（下）、陈启修的《马克思的唯物史观与贞操问题》、渊泉的《马克思奋斗的生涯》和《马克思的唯物史观》、刘秉麟的《马克思传略》、李大钊的《我的马克思主义观（上）》。

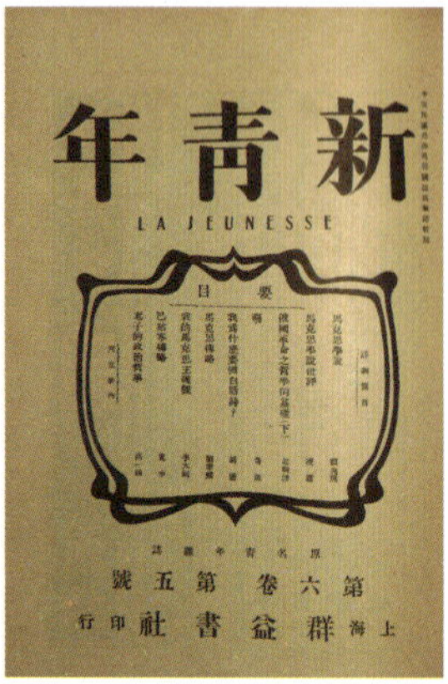

图 7-1　1919 年《新青年》第 6 卷第 5 号，即李大钊主编的“马克思号”

第三节　中国马克思主义的宣言书

——李大钊马克思主义观的四大要义

在这一期中，最为重要的是李大钊长篇论文《我的马克思主义观（上）》，其中不仅第一次明确提出了“马克思主义观”这个全新概念，第一次比较系统介绍了马克思学说，而且通过引用河上肇译文，第一次集中展现了马克思主义唯物史观一系列重要文献，包括：马克思 1847 年最早发表的成熟著作《哲学的贫困》，1848 年马克思主义创立的标志性著作《共产党宣言》，和 1859 年蕴含着马克思主义唯物史观基本原理经典表

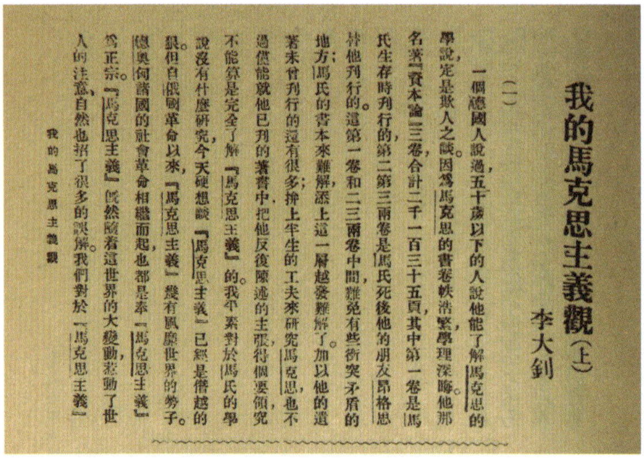
我的馬克思主義觀（上）

李大釗

（一）

一個德國人說過，五十歲以下的人說他能了解馬克思的學說，定是欺人之談。因為馬克思的書卷帙浩繁，學理深晦。他那名著『資本論』三卷合計二千一百三十五頁，其中第一卷是馬氏生存時刊行的，第二第三兩卷是馬氏死後他的朋友昂格思替他刊行的。這第一卷和二三兩卷中間，難免有些衝突矛盾的地方；馬氏的書本來難解，添上這一層，越發難解了。加以他的遺著未曾刊行的還有很多；拚上半生的工夫來研究馬克思，也不過僅能就他已刊的著書中，把他反復陳述的主張，得個要領，究不能算是完全了解『馬克思主義』的。我平素對於馬氏的學說沒有什麼研究，今天硬想談『馬克思主義』已經是僭越的很。但自俄國革命以來，『馬克思主義』幾有風靡世界的勢子。德奧匈諸國的社會革命相繼而起，也都是奉『馬克思主義』為正宗。『馬克思主義』既然隨着這世界的大變動，惹動了世人的注意，自然也招了很多的誤解。我們對於『馬克思主義』

我的馬克思主義觀

图 7-2　1919 年，李大钊在《新青年》“马克思号”上发表的《我的马克思主义观（上）》一文

述的《〈政治经济学批判〉序言》。

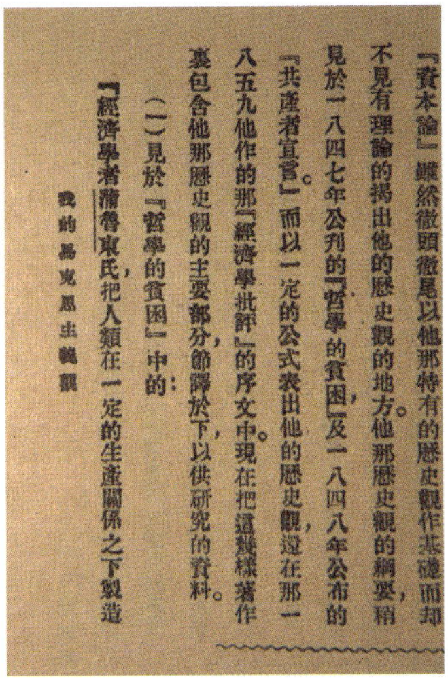
『資本論』雖然徹頭徹尾以他那特有的歷史觀作基礎，而却
不見有理論的揭出他的歷史觀的地方。他那歷史觀的綱要，稍
見於一八四七年公刊的『哲學的貧困』，及一八四八年公布的
『共產者宣言』。而以一定的公式表出他的歷史觀，還在那一
八五九他作的那『經濟學批評』的序文中。現在把這幾樣著作
裏包含他那歷史觀的主要部分，節譯於下，以供研究的資料。
（一）見於『哲學的貧困』中的：
『經濟學者蒲魯東氏，把人類在一定的生產關係之下製造
我的馬克思主義觀

图 7-3　李大钊在《我的马克思主义观（上）》一文中，引用了马克思 1847 年的著作《哲学的贫困》

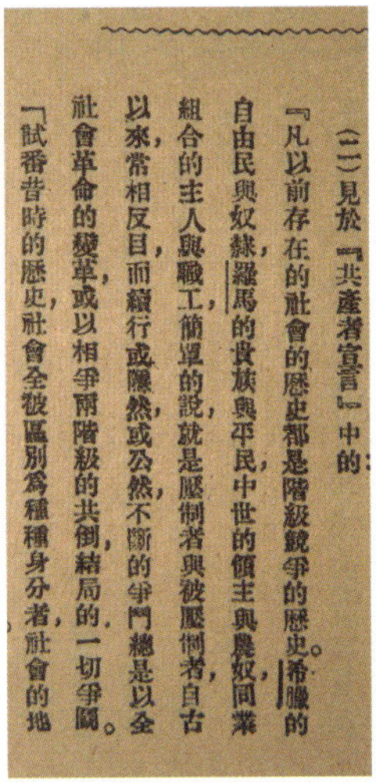
（二）見於『共產者宣言』中的：
『凡以前存在的社會的歷史都是階級競爭的歷史。希臘的
自由民與奴隸，羅馬的貴族與平民，中世的領主與農奴，同業
組合的主人與職工，簡單的說，就是壓制者與被壓制者，自古
以來，常相反目，而續行或隱然或公然，不斷的爭鬥，總是以全
社會革命的變革，或以相爭兩階級的共倒，結局的一切爭鬥。
「試看昔時的歷史，社會全被區別為種種身分者，社會的地

图 7-4　李大钊在《我的马克思主义观（上）》一文中，引用了《共产党宣言》

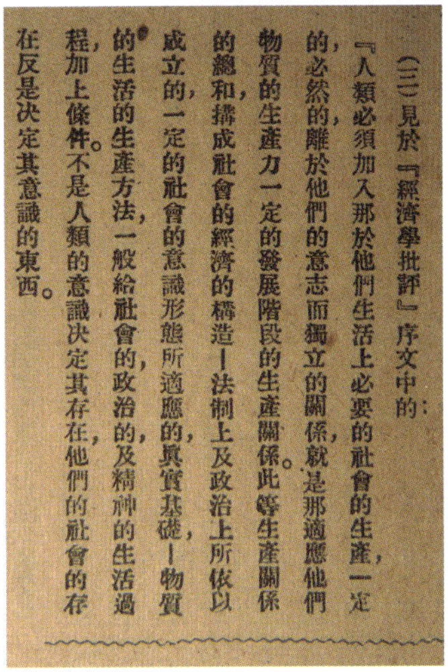
（三）見於『經濟學批評』序文中的：
『人類必須加入那於他們生活上必要的社會的生產，一定
的，必然的，離於他們的意志而獨立的關係，就是那適應他們
物質的生產力一定的發展階段的生產關係。此等生產關係
的總和，構成社會的經濟的構造——法制上及政治上所依以
成立的，一定的社會的意識形態所適應的，真實基礎，——物質
的生活的生產方法，一般給社會的，政治的，及精神的生活過
程，加上條件。不是人類的意識決定其存在，他們的社會的存
在反是決定其意識的東西。

图 7-5　李大钊在《我的马克思主义观（上）》一文中，引用了马克思 1859 年《〈政治经济学批判〉序言》

对于李大钊《我的马克思主义观》一文的历史地位，有两种评价：

一方面，长期以来，直至今天，中国学界主流，还是高度评价、充分肯定李大钊这篇文章的崇高历史地位的。1989 年 10 月 29 日，胡乔木在纪念李大钊 100 周年诞辰学术研究会上，发表论文《纪念中国共产主义运动的伟大先驱李大钊》，其中特别强调，《我的马克思主义观》一文介绍了马克思的唯物史观、阶级斗争学说和政治经济学理论，可以说是中国第一篇比较系统地介绍和宣传马克思主义的作品。① 彭明、萧超然、沙健孙、梁柱等著名专家学者，也有类似论述与评价。

另一方面，在国际上，先后出现了一些不同的学术观点，从不

① 胡乔木：《纪念中国共产主义运动的伟大先驱李大钊》，中国李大钊研究会编：《李大钊研究论文选集》，昆明：云南教育出版社，2009 年，第 5 页。

同方面、在不同程度上，对李大钊这篇文章提出了一些质疑。

美国学者莫里斯·迈斯纳在《李大钊与中国马克思主义的来源》等著作中，认为李大钊的许多理论观点与俄国民粹派是一致的，甚至就是来源于俄国民粹派。“这些东西，都严重地影响到李大钊对马克思主义理论的解释，也影响到他关于社会主义革命在中国应该如何进行的看法。虽然，我们还不能把李大钊算作是纯粹的民粹派；但是，由他介绍的民粹主义思潮却在中国的马克思主义运动中广泛流行起来”①。他甚至断言，从李大钊到毛泽东，都照搬了俄国民粹主义、农民社会主义。

还有一些日本学者，如后藤延子，她比较研究了李大钊《我的马克思主义观》一文与河上肇等人的有关论著，认为李大钊的马克思主义观，多半只是简单模仿复制了河上肇等日本学者的理论观点，并没有多少独特思想、独特贡献。②

国际学术界提出的这些问题，或许在学术上可成一家之言，有助于我们更加深入地研究问题；然而，从根本上说，这些说法并没有真正抓住李大钊文章的精神实质，不足以动摇其崇高的历史地位。

从根本上说，李大钊这篇文章的历史地位取决于其四大要义，包含着重大理论创新，因而不仅是李大钊成为马克思主义者的重要标志，而且是中国马克思主义的宣言书。

李大钊文章的第一要义，就是提出了“马克思主义观”这个新问题、新概念，从而提出了完整准确把握马克思主义科学体系的新要求、新境界，旨在根本超越前人用“盲人摸象”式的方法对待马克思主义的传统。“马克思主义观”这个概念，在马克思、恩格斯

① ［美］莫里斯·迈斯纳：《李大钊与中国马克思主义的起源》，中共北京市委党史研究室编译组译，北京：中共党史资料出版社，1989 年，第 95 页。

② ［日］后藤延子：《李大钊思想研究》，王青等编译，北京：中国社会出版社，1999 年。

那里已经蕴含着基本思想，但并没有一个科学概念。列宁在《卡尔·马克思》、《马克思学说的历史命运》等七篇代表性论著中，第一次比较系统地阐明了列宁主义的马克思主义观，但也没有提出这个概念。当时李大钊固然在文献与理论方面，未及列宁水平，但他的特点是高屋建瓴，统领全局，独具慧眼地提出这个重要的科学概念，实在是解放思想、澄清是非、提高境界的一大创造。

李大钊这篇论文，蕴含着对马克思主义观两个基本问题——什么是马克思主义，怎样对待马克思主义——的属于他那个时代的独特理解、独特回答，总体而言，还是比较接近科学理解的。

李大钊《我的马克思主义观》一文分为十一个部分，整体结构是“一总三分”：“一总”就是头三个部分，先着眼于从总体上讲“什么是马克思主义”：

（一）马克思主义是世界改造原动的学说；

（二）马克思是社会主义经济学的鼻祖，现在正是社会主义经济学改造世界的新纪元；

（三）马克思社会主义理论，包含三大部分，人类社会历史论、资本主义经济论、社会主义运动论。

贯穿这三大部分的一条金线，就是唯物史观，尤其是阶级竞争学说。

“三分”则是后面分三大部分，分别讲马克思主义科学理论体系的三个部分，或叫三大理论。其中，第四、五部分是讲马克思主义的哲学基础、唯物史观；第六、七部分接着讲社会主义理论与实践，突出了阶级斗争学说（当时称作“阶级竞争”）；最后的第八至第十一部分，则重点讲了《资本论》中的剩余价值学说（当时译称“余工余值说”），也就是以《资本论》剩余价值学说为核心的马克思主义政治经济学。

李大钊当时未必直接研读过恩格斯《反杜林论》和列宁的《马克思主义的三个来源和三个组成部分》，他是通过自己的研究，树立了“一个有机整体、三个组成部分”的马克思主义观。

李大钊这篇文章，是一篇长篇论文，多达四万多字，因而是分上下篇，分两次发表。值得注意的是，在上篇的尾声之处，也就是第七部分结尾，他画龙点睛，提出了我们应当“怎样对待马克思主义”，作为“马克思主义观”的第二个基本问题，并且展现了实事求是、具体分析的科学态度：

> 总之，一个学说的成立，与其时代环境，有莫大的关系。马氏的唯物史观，何以不产生于十八世纪以前，也不产生于今日，而独产生于马氏时代呢？因为当时他的环境，有使他创立这种学说的必要和机会……有了这种环境，才造成了马氏的唯物史观。有了这种经济现象，才反映以成马氏的学说主义。而马氏自己却忘了此点。平心而论马氏的学说，实在是一个时代的产物；在马氏时代，实在是一个最大的发见。我们现在固然不可拿这一个时代一种环境造成的学说，去解释一切历史，或者就那样整个拿来，应用于我们生存的社会，也却不可抹煞他那时代的价值，和那特别的发见……
>
> 我们批评或采用一个人的学说，不要忘了他的时代环境和我们的时代环境就是了。①

怎样对待马克思主义？这里的科学态度是，实事求是，具体分析。不仅要具体分析马克思所处的时代环境、历史背景，而且要具体分析我们中国面临的时代环境、国情背景。这正是李大钊马克思主义观的思想闪光之处，影响了后来一代又一代中国共产党人、马克思主义者。

李大钊这篇文章的第二大要义，是首先讲明了马克思主义哲学基础，重点突出了唯物史观。这一思想接近于恩格斯对马克思“两大发现”的理论概括，同时又有李大钊的个人理解。毋庸讳言，当

---

① 《李大钊文集》（下），北京：人民出版社，1984 年，第 68—69 页。

时的理解中也有某些历史局限，带有把唯物史观简单归结为经济决定论的倾向，因而也导致他对唯物史观有一定保留态度。但这不是主要的，重要的是他对唯物史观作为马克思主义首要哲学基础的突出强调与科学理解。

李大钊这篇文章的第三大要义，是讲了马克思阶级斗争学说，并以此为一条主线，讲了科学社会主义的基本理论与实践运动。李大钊之后在北京大学开出的一门课程，就是社会主义和社会运动，有助于证实这一点。在那个时代，对反对帝国主义、封建主义两座大山的中华民族来说，突出阶级斗争的历史作用，不失为一种符合当时时代与国情的历史抉择。

李大钊这篇文章的第四大要义，是重点阐发了马克思主义政治经济学，特别是《资本论》的核心内容——剩余价值学说。当年，拉布里奥拉曾说过，鉴于当年意大利人的思想传统、知识水平和理论兴趣，只宜多讲《共产党宣言》这样的通俗著作，不宜多讲《资本论》式的高深之作、系统理论。而李大钊则从中国国情出发，另辟蹊径，把《共产党宣言》这样的通俗之作作为马克思主义入门之道，而把马克思一生主要著作《资本论》作为理解马克思主义的深入堂奥之道，由浅入深，循序渐进，不失为传播马克思主义的创新之法。

尽管这篇文章在许多细节和个别提法上，还有诸多不够准确、未必精当之处，然而，瑕不掩瑜，这些不足以掩盖、动摇其本来就应有的崇高历史地位。

《我的马克思主义观》一文，是一座思想史上的里程碑，不仅标志着李大钊成为一个马克思主义者，树立起马克思主义观，而且标志着中国马克思主义的诞生。

李大钊这篇雄文，是一篇宣言书，它向全中国、全世界宣告，马克思主义这种现代人类历史的最先进思潮，开始在古老深沉的中华大地上传播。

李大钊这篇雄文，表明中国马克思主义从诞生伊始，就向世人宣告了自己的马克思主义观，既包含着对“什么是马克思主义”的科学理解，又包含着“怎样对待马克思主义”的科学态度，在世界马克思主义传播史上可谓独具特色、别开生面。

李大钊这篇雄文，播下了马克思主义的思想火种，开始在亿万中国人心中生根发芽、开花结果，正是由此开始，“科学与民主”的五四口号，被赋予了具有时代精神的全新内涵。

李大钊这篇雄文，树起了一面旗帜，为救亡图存的中国人民，指出了现实的道路，指明了通向人类解放的伟大理想目标，为改造中国的志士仁人，提供了前所未有、所向披靡、战无不胜的全新宇宙观、世界观、方法论！

第八章　李大钊创立马克思学说研究会

第一节　创立北大马克思学说研究会

李大钊在北京大学创建马克思学说研究会，大体上经历“三步走”的历史过程：

第一步，在1919年五四运动前夕，从1918年冬开始着手进行秘密创立马克思学说研究会的筹组工作；

第二步，1920年2月，李大钊护送陈独秀离京赴沪、相约建党之后，同年3月开始，秘密创建马克思学说研究会；

第三步，1921年11月，争取到蔡元培校长的支持，在北京大学公开发表启事，创建马克思学说研究会，广泛开展编译、研究、宣传等实践活动。

图8-1　李大钊

通常认为，北大马克思学说研究会，是1920年3月成立，1921年11月正式公开。而根据当年与李大钊一起发起组织北大马克思学说研究会的两个当事人——北大教授高一涵和北大学生朱务善提供的珍贵史料表明，李大钊在北京大学首倡马

图 8-2 北大红楼——李大钊担任馆长时的北大图书馆就在这里，这是五四时期马克思主义在中国传播发源地

克思学说研究会，时间应提前至五四运动半年多前的 1918 年底。

据高一涵教授回忆：“‘五四’前不到半年，守常在北京大学组织了一个研究马克思主义的学会。我们不是用马克思，而是用马尔克斯这个名字，为的是要欺骗警察。他们回去报告，上司一听研究马尔萨斯（与马尔克斯相混），认为这是研究人口论的，也就不来干涉了。这个学会，先是公开的，后来就秘密起来。它的对内活动是研究马克思学说，对外则是举办一些讲演会。……1918 年底，我们办一个《每周评论》。经常是我们几个人写稿。”①

朱务善回忆道：“记得还在一九一八年，李大钊同志为要宣传和研究马克思主义，曾与当时北大教授高一涵等发起组织一个研究马克思主义的团体。为避免当局的注意，这个团体并不叫马克思主

① 高一涵：《回忆五四时期的李大钊同志》，中国社会科学院近代史研究所编：《五四运动回忆录》（上册），北京：中国社会科学出版社，1979 年，第 340 页。

义研究会。因为当时‘马克思’有译为‘马尔格时’的，与马尔萨士之音相近似，所以他们把这个团体好像是定名为‘马尔格士学说研究会’，以便在必要时对警厅机构说这个团体是研究人口论的而非研究共产主义的。开始这个团体并没有展开它的工作，没有吸收广大的革命青年参加。”[①] 这说明马克思学说研究会 1918 年最初发起时曾使用与马尔萨士之音相近的马克思译名，以避免当局注意。这一回忆得到了相关回忆录和文献的印证。

另据许德珩先生回忆说：“为了对马克思主义作精深研究，1918 年冬，大钊同志在北大组织了‘马客士主义研究会’，对外以研究马尔萨斯人口论作掩护。”[②] 这一说法与高一涵、朱务善的回忆，基本相同。

不仅如此，五四运动与中国共产党创立的重要当事人之一的罗章龙，也在《回忆北京大学马克思学说研究会》一文中这样写道：“在关于记述五四运动的书中，我看过一本日文书《昭和八年年鉴》，书中提到，五四运动的指导者是北京马克思学说研究会，该书并附有年表，我认为它的话是有根据的。参照马克思学说研究会的酝酿、筹备、组织的经过历程，可以说以李大钊为代表的马克思主义的激进分子在五四前夕已形成一种组织力量，这种组织力量就是马克思学说研究会的前身，由他们从思想上，同时也从组织上领导和发动了五四运动。”[③]

而于 1960 年开始写作，1979 年才得以问世的第一部《李大钊传》，对此也做了明确记载：“对于在日本时他已开始接触到的马克思主义，大钊同志这时更深入地进行了探讨。一九一八年冬，他在

---

① 朱务善：《回忆北大马克思学说研究会》，见中国社会科学院现代史研究室、中国革命博物馆党史研究室编：《“一大”前后（二）》，北京：人民出版社，1980 年，第 113 页。

② 许德珩：《为了民主与科学——许德珩回忆录》，北京：中国青年出版社，1987 年，第 38 页。

③ 中国社会科学院近代史研究所编：《五四运动回忆录》（上），北京：中国社会科学出版社，1979 年，第 410 页。

北大组织了马尔格斯学说研究会，邀请了几个教授参加……”①

除此以外，日本方面的有关历史记载、历史文献，美国哈佛大学的有关研究成果，也都有助于证实北大马克思学说研究会，早在1918年冬已开始着手筹备。

李大钊在1918年所从事的活动，也有助于证实上述说法。

1918年1月，李大钊受聘为北京大学图书馆主任之后，迅速在北大青年学生中开展学习和研究马克思主义的活动。他大量扩充了图书馆中的马克思主义书籍，包括许多英文、法文和德文版本的马克思主义原著，把图书馆变成学习和研讨马克思主义的主要场所。

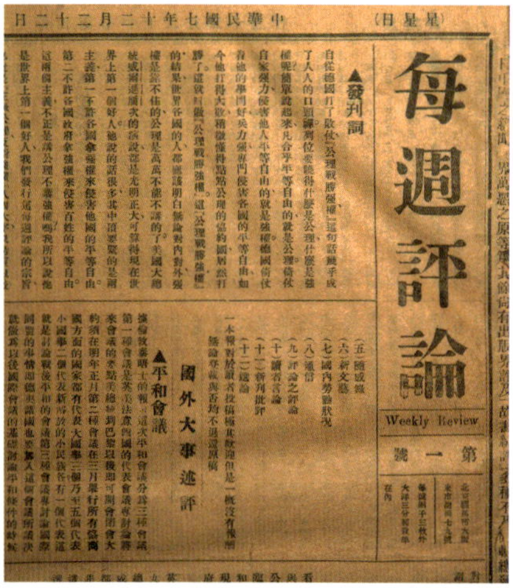
中華民國七年十二月二十二日 (星期日)

每週評論

Weekly Review

第一號

發刊詞

國外大事述評

平和會議

图8-3　李大钊、陈独秀于1918年12月创立的《每周评论》

《新青年》创办之初，确定了不谈“时事政治”的思想主旨，这在当时不失为一个正确选择。然而，随着形势发展，也暴露出与现实政治距离过远的缺憾。

作为《新青年》的补充，1918年12月，李大钊和陈独秀一起创办了《每周评论》。这是小型报纸形式的周刊，更加重视时事政治，能及时灵活地反映当时的斗争形势，又便于流传，具有较强的战斗力。在它的前25期中，刊载过介绍和宣传马克思主义的文章。

1920年初，李大钊护送陈独秀离京赴沪过程中，两人对建党问题，有了进一步的磋商与共识，于是，1920年3月，在李大钊指导下，邓中夏等19人秘密创立北京大学马克思学说研究会。19名会员之中，包括在五四运动与建党初期起了重要作用的刘仁静、罗章

① 《李大钊传》编写组：《李大钊传》，北京：人民出版社，1979年，第34—35页。

龙、邓中夏、高君宇、朱务善、何孟雄等人。这时的目的，不仅是研究，更主要的是为建党做准备。

同年12月，李大钊又和政治系学生郭梦良、费觉天等人，公开成立了北京大学社会主义研究会。

到了1921年11月17日，北京大学马克思学说研究会公开宣布成立，并经蔡元培校长首肯，在北大校方主办的《北京大学日刊》上，发表了《北京大学发起马克思学说研究会启事》。这是一份非常珍贵的历史文献，在马克思主义研究史上独树一帜：

> 马克思学说在近代学术思想界底价值，用不着这里多说了。但是我们愿意研究他的同志，现在大家都觉得有两层缺憾：（一）关于这类著作博大渊深，便是他们德意志人，对此尚且有“皓首穷经”的感想。何况我们研究的时候，更加上一重或二重文字上的障碍，不消说，单独研究是件比较不甚容易完成的事业了。（二）搜集此项书籍，也是我们研究上的重要先务。但是现在图书馆简单的设备，实不能应我们的要求。个人藏书，因经济的限制，也是一样的贫乏。那么，关于书籍一项，也是个人没有解决的问题。
>
> 我们根据这两个要求，所以各人都觉得应有一个分工互助的共学组织，袪除事实上的困难。上年三月间便发起了这一个研究会。现在我们已有同志19人了。筹集了一百二十元的购书费，至少要购备《马克思全集》英、德、法三种文字的各一份。各书现已陆续寄到，并且马上就要找定一个事务所，可以供藏书、阅览、开会、讨论之用。我们的意思在凭着这个单纯的组织，渐次完成我们理想中应有的希望。
>
> 现在谨致意校内外的同志们，盼望你们热心的赞助，并欢迎你们加入共同研究。今将我们暂拟的几行规约写在下面：
>
> 一、本会叫做“马克思学说研究会”，以研究关于马克思派的著述为目的。

二、对于马克思派学说研究有兴味的和愿意研究马氏学说的人，都可以做本会底会员。入会手续，由会员介绍或自己请愿，但须经会中认可。

三、研究的方法分四项：

1. 搜集马氏学说底德、英、法、日、中文各种图书；

2. 讨论会；

3. 讲演会；

4. 编译刊印《马克思全集》和其他有关的论文。

四、本会设书记二人，担任购置、管理和分配书籍事务。

五、会员有分担购置书籍费的义务。

六、本会书籍，会员得自由借阅，但须限期缴还。如会外人想借阅时，须经本会特别许可，并交纳保证金。

通讯处：（一）北京大学第一院王有德君

（二）北京大学西斋罗章龙君

发起人：高崇焕　王有德　邓中夏　罗章龙　吴汝铭

黄绍谷　王复生　黄日葵　李　骏　杨人杞

李梅羹　吴容沧　刘仁静　范鸿劼　宋天放

高尚德　何孟雄　朱务善　范齐韩①

1921年11月17日，公开登出启事后，北大马克思学说研究会发展迅速，不仅由原来的19人发展到50多人，而且在蔡元培校长亲自支持下，获得了两间房子，年底召开了成立大会，蔡元培校长亲自到会并且发表讲话。

北京大学马克思学说研究会的创立，不仅得到了李大钊的悉心指导，而且还积极争取到了蔡元培校长的有力支持，使之成为北京大学公开合法的学术团体、研究机构，这是世界大学教育史上的第一个马克思主义研究机构，比1923年德国法兰克福大学创立的社会研究所还早！

---

① 罗章龙：《椿园载记》，北京：生活·读书·新知三联书店，1984年，第59—60页。

第二节　马克思学说研究会第三号通告管窥

北大马克思学说研究会是怎样开展活动的？笔者在此选择了一个管窥之镜，以图生动、具体地展现这一历史场景。这就是1922年2月2日，北大马克思学说研究会发出的第三号通告：

会员公鉴：

本会正式成立，已经一月有余。其间经过新旧两个年关，耽误日子不少。故仅仅只开过两次讨论会，一次纪念会。起初会员虽不足二十人，现在已增至六十三人了。

本会成立之时，都讲实用，不事虚文。所以简章未定，至今尚付阙如。惟经一月余试验的结果，每次开会，例必有新会员数人加入。因此书记又不能不每次将本会议决几条实用的办法，当众重述一次。书记固不胜麻烦，旧会员亦甚觉其讨厌。为免除这个困难起见，特详细通告于此，务希查照。

一、研究方法

(1) 讨论会——每星期六晚七时开一次（准时开会，过时不候），先由会员一人述释该题之内容及其要点，然后付诸讨论。一次讨论不完，下次续之。

(2) 讲演会——每月终开一次。暂时敦请名人学者担任讲演员，由书记负责接洽。俟本会研究确有成绩后，则完全自行担任。

(3) 特别研究——完全由会员自动的自由组合，现已有了三个：

A. 劳动运动研究　由几个感觉此项知识之需要的会员组成的。每星期三晚集会一次。

B.《共产党宣言》研究　由几个感觉西文程度不佳的会员组成的，采此书为教本。每星期一、四、五晚请会员一人教授之。

C. 远东问题研究　材料分三种搜集，英文的、日文的、中文的。已在酝酿中，尚未开会。

以上三个小组会，任何会员皆可随时加入。

以后拟实行固定的分组研究如下：

第一组　唯物史观

第二组　阶级斗争

第三组　剩余价值

第四组　无产阶级专政及马克思预定共产主义完成的三个时期

第五组　社会主义史

第六组　晚近各种社会主义之比较及其批评

第七组　经济史及经济学史

第八组　俄国革命及其建设

第九组　布尔札维克党与第三国际共产党之研究

第十组　世界资本主义国家在世界各弱小民族掠夺之实况——特别注意于中国

但会员研究，选一组选三四组或全选皆可，只要力量来得及。请即来函认定，以便刻期着手实行，至要至要！①

由上文可知，马克思学说研究会定期组织会员进行马克思主义学说的研究讨论。在公开成立两个多月之后，研究会于1922年2月2日发布通告，首次明确规定了讨论会的主题与形式："每星期六晚七时开会一次（准时开会，过时不候），先由会员一人述释该题之内容及其要点，然后付诸讨论。一次讨论不完，下次续之。"就讨论会的主题而言，研究会拟定了具体的分组研究："第一组唯物史观；第二组阶级斗争；第三组剩余价值；第四组无产阶级专政及马克思预定共产主义完成的三个时期；第五组社会主义史；第六组晚

① 罗章龙：《椿园载记》，北京：生活·读书·新知三联书店，1984年，第68—69页。

近各种社会主义之比较及其批评：第七组经济史及经济学史；第八组俄国革命及其建设；第九组布尔什维克党与第三国际共产党之研究；第十组世界资本主义国家在世界各弱小民族掠夺之实况——特别注意于中国。”除了分组研究，研究会还拟定了三个特别研究，即劳动运动研究、《共产党宣言》研究和远东问题研究。另外，1922 年 3 月末，又特别增设了《资本论》研究，由陈启修先生担任导师。可以说，马克思学说研究会为北大学子提供了学习、研究马克思主义的全面方案。学员们不仅可以就马克思主义的某一主题进行理论钻研、思想交锋，而且可以结合中国乃至世界的现实状况来了解马克思主义在世界各国的传播发展，进而寻求马克思主义在中国传播、发展的可能性与必然性。也正是在这批最早沐浴到马克思主义阳光的北大学员当中，产生了中国最早的一批马克思主义者、共产党员，如邓中夏、罗章龙、黄日葵等。

第三节　北大马克思学说研究会的“亢慕义斋”

马克思学说研究会由于得到蔡元培校长的支持，又得到北大图书馆主任李大钊教授的指导与帮助，有了两间比较宽敞的房子作为办公场所，因而从 1921 年底到 1922 年初，拥有了全中国乃至全世界大学中的第一个马克思主义专业的图书馆、文献库，同时，它也是马克思主义传播与学习、教学与研究相结合的重要基地。师生们用谐音的方式称之为“亢慕义斋”，或称“共产主义小家”、“共产主义家园”。罗章龙在《椿园载记》中，做了生动描述：

> 马克思学说研究会成立后，由于得到校方的支持，学校拨出西斋宿舍中两间宽敞的房子，作为学会的活动场所。这套房子，我们都亲切地称它为“亢慕义斋”，其中“亢慕义”是德文译音，全文意思是“共产主义小室”（Das Kammunistsches Zimmer），对内习惯用“亢慕义斋”或“亢斋”，我们的图书、

资料以及对外发出公告，都是用的“亢慕义斋图书”印记（北京大学图书馆现在还保存着六十年前珍藏下来的盖有“亢慕义斋图书”图章的德文书八册）。这些图书一部分是由北大图书馆购进转给学会的，大部分则是第三国际代表东来后，陆续由第三国际及其出版机构提供的。

“亢慕义斋”，既是图书室又是翻译室，还做学会办公室，党支部与青年团和其它一些革命团体常在这里集会活动。“亢斋”的地址在景山东街第二院，地名“马神庙”，又叫“公主府”，同校长办公室相距不远，有校警站岗，闲杂人等不得入内。它在校内是公开的。有一个时期守常常到这里工作。①

“亢慕义斋”最初草创时期是什么模样，收集了哪些马列著作、历史文献？

我们也找到马克思学说研究会 1922 年 2 月 16 日发出的第四条通告，以解上述疑问：

马克思学说研究会通告（四）

（一九二二年二月十六日）

本会现已有西文书籍四十余种，中文书籍二十余种，兹报于下：

社会主义丛书

Communist Manifesto（Marx and Engels）

Socialism，Utopian and Science（Engels）

The Books on socialist Philosophy（Engels）

The Poverty of Philosophy（Marx）

The Origin of Family（Engels）

The infantile Sickness of Leftistien Communism（Lenin）

The Proletarian Revolution（Lenin）

① 罗章龙：《椿园载记》，北京：生活·读书·新知三联书店，1984 年，第 87 页。

共产党宣言（陈望道译）

阶级斗争（恽代英译）

马克思资本论入门（李汉俊译）

马克思经济学说（李达译）

社会主义史（李季译）

社会问题详解（李季译）

经济丛书

Wage Labour and Capital（Marx）

工钱、劳动与资本（袁让译）

历史丛书

Revolution and Counter Revolution（Marx）

The 18th Brumaire of Louis Bonaparte（Marx）

The Civil War in France（Marx）

俄国问题丛书

劳农会之建设（列宁著）

讨论进行计划书（列宁著）

杂志报章

Soviet Russia（苏维埃俄罗斯）

Asia（亚细亚）

Weekly Review of the Far East（米勒评论）

The Communist International（国际共产党）

大陆报　共产党　新青年　先驱　工人周刊　劳动周刊　济南劳动周刊　长沙劳工周刊　晨报　民国日报　时事新报　申报　广东群报　时事月刊　妇女声

以上各书，或系会有，或系私有，皆有符号，归众共鉴。尚有四、五会员出金额买一百四十元之英、德文书籍，当不久可到，并告。[①]

① 罗章龙：《椿园载记》，北京：生活·读书·新知三联书店，1984年，第70—71页。

第四节 马列著作传播三条路径的首次综合

在五四以前，马列著作传入中国的三条路径，固然已经存在，但多半还是处于孤立的、自发的存在状态，每个摸索者多半采取“盲人摸象”式的方法，只见树木，不见森林。

马克思学说研究会成立后，这种状况得以改变。在李大钊的倡导引领下，三条路径在这里相互交流，熔为一炉，首次实现了三条路径的综合创新，使马列著作在中国的出版史、传播史进入了一个新阶段。

马列著作日本传播路径成果的代表者，主要是早年曾经留学东洋并接触马列主义的李大钊、陈独秀、高一涵、李达、李汉俊等。如上所述，李大钊在《我的马克思主义观》一文中，曾经借助日本学者河上肇的理论解读，介绍了马克思的四部主要经典著作——《哲学的贫困》、《共产党宣言》、《〈政治经济学批判〉序言》和《资本论》。1919 年，《新青年》“马克思专号”上，陈溥贤以笔名“渊泉”发表的两篇译文《马克思奋斗的生涯》、《马克思的唯物史观》，也都译自日文著作。由此反映出，马列著作日本传播路径，即使到了五四时期的北京大学，虽没有一开始的压倒优势，但仍占有重要的一席之地。

另一方面，“苏俄路径”的作用大为提升，迅速取代“日本路径”的主导地位，成为这一时代的主要传播路径。内在根据就在于，相比“日本路径”来说，这条路径更加贴近落后中国农民占多数的特殊国情，更加切合反帝反封建的中国革命实践的需要。而引领这一新思潮、新走向、新道路的弄潮儿，正是马克思主义在北大与中国的最早播火者——李大钊。其中最早的 4 篇文章，就是写于 1918 年 7 月的《法俄革命之比较观》、《俄罗斯文学与革命》，以及 11 月的《庶民的胜利》、《Bolshevism 的胜利》。北大马克思学说研究会，也把“俄国问题”特别突出出来，作为对中国最有借鉴作用的专题研究。

此外，在此时的北京大学，“西欧路径”不仅依然存在，而且在蔡元培校长支持、李大钊教授指导下，借助北京大学存在多个语种、多种文本的特殊条件，也大大加强了。其重要代表人物是陈启修教授以及李泽彰、罗章龙等青年学生。

陈启修教授长期在北京大学讲授政治经济学，他特别注重《资本论》的翻译出版工作，并首先把《资本论》开篇的三章翻译出版出来。他主要依据的是马克思原创的德文版，并参照日文版进行修订。

李泽彰，五四时期是北京大学经济系大学本科三年级学生，他主要参照《共产党宣言》的英文版与德文版，翻译了第一章，并于1919年11月正式发表在《国民》杂志上。据说他已经译完了整个《共产党宣言》，可惜后续未能发表。

罗章龙，五四时期是北京大学文学院学生，曾专修德文。后来，他在李大钊指导下，曾负责马克思学说研究会的日常组织工作，并担任德文翻译组组长，着手重点依据德文，翻译《共产党宣言》、《资本论》等马克思、恩格斯经典著作。

这三条路径在李大钊指导的马克思学说研究会中，不再是孤立自存的关系，而成了熔于一炉的综合创新关系，由此促进了历史性飞跃。

第五节　出版《马克思全集》的“中国构想”

《北京大学发起马克思学说研究会启事》中曾提出：“搜集马氏学说底德、英、法、日、中文各种图书”，“编译刊印《马克思全集》和其他有关的论文”。

众所周知，李大钊因为建党的秘密工作原则，并没有直接列名于北大马克思学说研究会，而他实际上却是这个研究会的真正灵魂人物。“编译刊印马克思全书”，并不是几个年轻人一时兴起提出的草率目标，而是李大钊酝酿了几乎三年的一个学术理想。其在1919年发表的《我的马克思主义观》一开头，就开宗明义地提出了完整准确地理解马克思主义科学体系的高难度与重要性：

一个德国人说过，五十岁以下的人说他能了解马克思的学说，定是欺人之谈。因为马克思的书卷帙浩繁，学理深晦。他那名著《资本论》三卷，合计二千一百三十五页，其中第一卷是马氏生存时刊行的，第二、第三两卷是马氏死后他的朋友昂格思替他刊行的。这第一卷和二、三两卷中间，难免有些冲突矛盾的地方，马氏的书本来难解，添上这一层越发难解了。加以他的遗著未曾刊行的还有很多，拼上半生的工夫来研究马克思，也不过仅能就他已刊的著书中，把他反复陈述的主张得个要领，究不能算是完全了解“马克思主义”的……

其实他的学说是完全自成一个有机的有系统的组织，都有不能分离不容割裂的关系。①

为什么李大钊会提出这样的学术理想，有这样的雄心壮志呢？这并非出于一时心血来潮的突发奇想，而是在相当程度上反映了那个时代的北大格局、北大精神。当时的北大文科，主要是七个系，其中三个是文、史、哲三大基础学科，另外四个则是英、法、德、俄四个外语系，以便于面向世界、面向现代化，汲取科学创新、理论创新、哲学创新、文化创新的知识。

罗章龙的回忆录中，说到了这种历史情景与独特缘起：

在一九二一年前后，我们在亢慕义斋做翻译工作，是因为有以下几个有利条件：

首先是北大有大量新出版的西文书，可以说，北大是当时

① 《李大钊文集》（下），北京：人民出版社，1984年，第46—50页。

中国各大学中拥有进步书籍比较多的地方。

其次，北大有一个相当强大的外文队伍。因当时北大对外语教学很重视，各种外语都有名教授。有的是中国名教授（杨丙辰、辜鸿铭等），有的是外国教授 Volker，刚和太等。[①]

除此以外，回忆录还具体回忆了北大马克思学说研究会组织起来的多语种的外文翻译队伍，即使今天看来，仍是相当可观的：

蔡元培当时的思想是居中偏左的，对马克思学说研究会的人怀有好感。在这样的情况下，我们不把马克思学说立起来，就无法破对方，不破对方，马克思主义的旗帜也打不起来。为了开展思想意识形态的斗争，我们努力翻译和介绍马克思主义的书籍，宣传马克思主义。当时也有有利条件，蔡元培先生很强调学习外语，课程安排上，外语比重相当大，有英、德、法、日、俄、西班牙语以及拉丁文、印度梵文等七八种之多，都开了班。我们亢斋的翻译组就是吸收这些外语系的同学，计有三四十人，其中德语有十来人，英语二十多人，俄语四五人，法语五六人，日语也有一些人。此外，还有老师辅导我们。[②]

罗章龙回忆录还具体回忆了他所参与的德文组的翻译工作：

我兼任德文翻译组长，蔡校长对德文组非常关心，他曾在德国莱比锡（Leipzig）大学修习哲学、历史、美学、文学等课程，他刻苦学习，成绩优秀。回国出任北大校长时，在北大设立了德语系。他对德文翻译极感兴趣，我们最先翻译的一本书是《英马鲁埃·康德传》，接着我们翻译了《共产党宣言》，以后又试译《资本论》。对于翻译我们提出三个标准，即：信、达、雅。信是忠于原著；达，即要用中文通畅地表达出来；雅，还要有文采，要讲究语言修辞。我们德文组先后翻译了

① 罗章龙：《椿园载记》，北京：生活·读书·新知三联书店，1984 年，第 90 页。
② 罗章龙：《椿园载记》，北京：生活·读书·新知三联书店，1984 年，第 88 页。

《马克思传》、《共产党宣言》、《资本论》第一卷初稿，我参加了这些工作，并为执笔人。

编译出版《马克思全集》的构想，究竟后来的历史命运如何呢？据罗章龙所述，中国共产党创立后，委派李达创立人民出版社，由此开始由亢慕义斋与人民出版社联手共同完成这一伟大构想：

> 开始，我们翻译了《共产党宣言》和《震撼世界十日记》，还翻译了一些宣传唯物论、进化论的西方科学书籍。这些书当时可以印行，在我们也是个练习过程，锻炼和提高了我们的外文基础和翻译技术。以后，慢慢翻译马克思的著作和十月革命以后的书籍。前后规划有二十种，陆续译成付印，一九二三年由人民出版社出版。根据人民出版社通告（广州昌兴新街二十八号），该社编译社会主义新书和重版书籍共计四十八种，其中标明康明尼斯特丛书十种，列宁全书十四种，均系亢慕义斋翻译任务。又马克思全书十四种，是亢慕义斋与上海、广州同志分任编译的，书中编译者大都用笔名，其他九种亦同。①

从世界范围来看，自马克思、恩格斯去世后，最早提出编辑出版马克思的全集的，首推1911年梁赞诺夫、格律恩等人提出的“维也纳方案”；其次是1918年列宁、梁赞诺夫等人提出的“俄国方案”；而这个由李大钊等人于1921年提出的“中国方案”，时间上应当排到第三位，但同样意义非凡。

① 罗章龙：《椿园载记》，北京：生活·读书·新知三联书店，1984年，第89页。

第九章　《共产党宣言》陈望道全译本

——马克思主义著作单行本在中国出版的历史起点

第一节　《共产党宣言》的李泽彰译本

1919年4月6日，即五四运动的前夕，《每周评论》第16号在“名著介绍”栏里，发表了《共产党宣言》第二章“无产者和共产党人”的最后几段译文，有千余字。译者署名舍。译文的内容是工人革命的第一步就是使无产阶级上升为统治阶级，以争得民主。同时全文译出无产阶级变革社会的10项纲领。编者在译文前加的按语说：“这个宣言是Marx和Engels最先最重大的意见……其要旨是主张阶级战争，要求各地劳工的联合，是表示新时代的文书。”《每周评论》发表《共产党宣言》的这几段译文，突出介绍马克思主义关于阶级斗争的学说，是为即将来临的革命风暴提供理论指导。

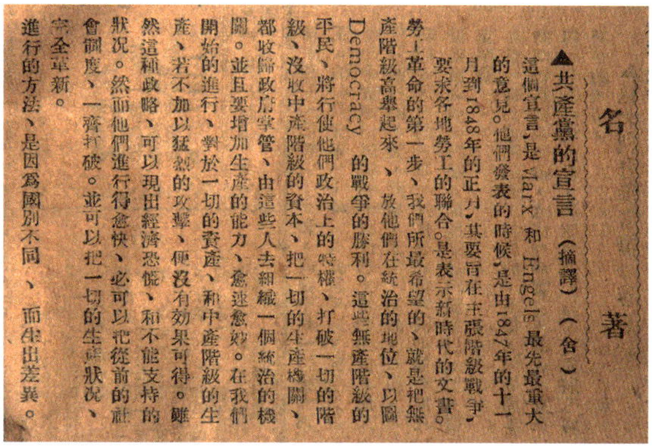

名著

▲共產黨的宣言（摘譯）（舍）

這個宣言，是Marx和Engels最先最重大的意見。他們發表的時候，是由1847年的十一月到1848年的正月，其要旨在主張階級戰爭，要求各地勞工的聯合。是表示新時代的文書。

勞工革命的第一步、我們所最希望的、就是把無產階級高舉起來、放他們在統治的地位、以圖Democracy的戰爭的勝利。這些無產階級的平民、將行使他們政治上的特權、打破一切的階級、沒收中產階級的資本、把一切的生產機關、都收歸政府掌管、由這些人去組織一個統治的機關。並且要增加生產的能力、愈速愈妙。在我們開始的進行、對於一切的資產、和中產階級的生產、若不加以猛烈的攻擊、便沒有効果可得。雖然這種政略、可以現出經濟恐慌、和不能支持的狀況。然而他們進行得愈快、必可以把從前的社會制度、一齊打破。並可以把一切的生產狀況、完全革新。

進行的方法、是因爲國別不同、而生出差異。

图9-1　1919年4月6日的《每周评论》，在五四运动前夕，发表了《共产党宣言》第二章“无产者和共产党人”部分内容

在五四运动的影响和李大钊的帮助下，北京《国民》杂志也开始刊登马克思主义著作和介绍马克思主义的文章。1919 年 11 月发行的第 2 卷第 1 号译载了《共产党宣言》第一章的全译文，译名是“马克斯和昂格斯共产党宣言”，译者是北京大学的学生李泽彰。据许德珩回忆，译者已将《共产党宣言》全文译完，因限于篇幅，杂志只能分期发表。在第一章译文发表后，由于胡适的阻拦，译者抽回了译稿，因此《国民》杂志没有刊载完。[①]

不过，即便如此，《共产党宣言》第一章的李泽彰中文译本，仍有不可忽视的独特历史地位。

李泽彰，字伯嘉，湖北蕲春人。李泽彰勤勉好学，经济学研究与语言能力尤为突出。他也正赶上了“北京大学的蔡元培时代”，或叫“五四时代的北大现代革命”。时为北大经济系本科三年级学生，有了一定的英语、德语专业基础，同时也具备了一定的人文、社会科学以及哲学基础。

看来，他在北京大学经历了五四运动的洗礼，又受到了全球现代化各种新思潮的思想熏陶，再加上他有英语、德语专业的语言特长，因而萌生了把马克思、恩格斯《共产党宣言》翻译出来的思想动机。新文化运动、蔡元培担任校长时的北京大学、李大钊和陈独秀等人的马克思主义传播，显然是李泽彰译本出现的最主要的背景和原因。除此以外，具体历史契机与其翻译动机，尚有待进一步深入研究和具体分析。

李泽彰所在的北京大学经济系，在蔡元培校长“学术自由、兼容并包”的办学方针指引下，开始把马克思主义政治经济学引入北大课程。陈启修教授是这种新思潮、新走向的一个重要代表人物。他在治学路上也另辟蹊径，主要依据德文原版，翻译出版马克思《资本论》等著作，并根据日文版进行修订。陈启修教授还亲自辅

---

① 中共中央马克思恩格斯列宁斯大林著作编译局马恩室编：《马克思恩格斯著作在中国的传播》，北京：人民出版社，1983 年，第 250 页。

导北大学生怎样依据德文原版，更好地阅读马克思原著，理解和把握马克思主义政治经济学等原理。看来，李泽彰的治学之道与陈启修教授同出一辙。李泽彰将这条治学之道移植到篇幅较为短小、内容更通俗易懂的《共产党宣言》上。因而在中文译本发表上，反而后来居上，更快问世，直接汇入五四时期思潮主潮之中。

另外，从当时历史背景与北大学脉来看，李泽彰作为一名经济学系的大学本科三年级学生，能够如此迅速地走上科学前沿、思想前沿、国际前沿，有极大的可能是受到同在北大经济系的顾孟余教授的学术影响。顾孟余，原名兆熊，于 1903 年进京师大学堂求学，专修德语和法国文学。1906 年，以译学馆生遴选赴德留学，先后在莱比锡大学和柏林大学学习电学和政治经济学，留德第一学期加入中国同盟会。1914 年，先后任北京大学教授兼任德文系主任、经济系教授及连任教务长数年。1919 年 9 月《新青年》第 6 卷第 5 号，即李大钊主编的“马克思主义专号”的首篇即其文章《马克思学说》。他对李泽彰应有直接影响。顾孟余、李泽彰虽然后来没有成为马克思主义者，但前者拒绝与汪精卫同流，后者抗战期间参与商务印书馆迁港，都是爱国者。他们及其所代表的自京师同文馆而京师大学堂，再至北京大学留德群体及其学生这条脉络，在中国早期马克思主义传播史上的地位，应予肯定和研究。

陈长安对各种《共产党宣言》译本进行了细致比较研究，充分肯定了李泽彰译本在马列著作翻译史、传播史上的独特历史地位。他认为李本参考了德文本，但也存在根据英文本而非根据德文本翻译的情况。德文本当为李本的第二底本，英文本则为第一底本——这在通行的根据英文本翻译的做法上无疑有所推进。其实，仅仅就参考德文本这一点而言，李本的译本价值和传播史地位也得到凸显。因为，此前的《共产党宣言》诸多中译本都是根据日文转译，李泽彰本由此成为第一个参考德文本的中译本——这正是中国《共产党宣言》直译传播的历史起点。

就东亚而言，《共产党宣言》在日本的传播早期，对德文本的参考大致如下：1919 年 2 月至 1922 年 9 月河上肇在其个人杂志《社会问题研究》上发表的 6 篇论文中，频繁地引用了《共产党宣言》的内容，主要是第一章和第二章，其中根据德文本重新翻译的内容约三成；1920 年 1 月栉田民藏发表在东京帝国大学经济学部内部杂志《经济学研究》第 1 卷第 1 期的第三章，是以德文本为底本的。据相关回忆，栉田民藏在 1918 年至 1919 年完成了全文的翻译，同时在 1919 年的《我等》杂志上引用了《共产党宣言》第一至二章唯物史观的内容；1921 年堺利彦根据德文本重新翻译了自己 1906 年的译本。

李泽彰本与 1920 年栉田民藏发表的节译本一样，属于专门的译文发表，但时间略早。据此可知，李泽彰本是东亚最早专门发表的参考德文本的《共产党宣言》译本。故可称之为《共产党宣言》东亚直译的传播起点。

对于马克思主义传入中国路径，日本学者后藤延子、石川祯浩等人近些年来提出"日本中介说"，还是有一定历史根据的，也有一定的历史贡献。当然，这种说法也有一定的历史局限，就是它主要适用于五四之前，从五四时期、建党时期开始，出现了一些不容忽视的新变化，"西欧路径"、原文的作用明显加强了，"北方路径"、列宁主义的影响更成为一种时代主潮，取代了"日本路径"的主导作用。因此，我们不应当夸大"日本中介说"，而忽视李泽彰译本的独特历史贡献、历史地位。

第二节　《共产党宣言》的北大油印本

马列著作在中国的出版，不仅有正式翻译出版这条传播大道，还有各式各样的民间传播小道。其中一个典型范例，就是在 1920 年 8 月《共产党宣言》的上海陈望道译本正式出版前，首先在民间流传起了北大马克思学说研究会主要根据德文版翻译的《共产党宣言》油印本。对于《共产党宣言》北大油印本的形成过程、流传范围等问题，叙述得最清楚、最具体的，莫过于主要当事人罗章龙在《椿园载记》中的记载。[①]

罗章龙在回忆录中提到，《共产党宣言》北大马克思学说研究会油印本的出现，总的目标还是学习研究马克思主义，以开展必要的思想斗争。这些年轻的北大学生，先出油印本，也是为日后的正式出版做必要的准备工作。

对于《共产党宣言》，罗章龙说：

> 《共产党宣言》原著理论深邃，语言精练。但要达到以上三条标准（按：指信、达、雅的标准）殊为不易。我们先是就原著反复通读，并背诵一些精辟的段落，不懂的地方就集体研究。然后直译，但译出来后仍自觉不能完全满意。后来，我们在必要的地方试加了一种解释性的文字，使读者明白文章的含义。例如：《共产党宣言》第一句是："一个幽灵，共产主义的幽灵，在欧洲徘徊。"（陈望道译语）对于这句话研究时间很长，觉得怎样译都不甚恰当，"幽灵"在中文是贬义词，"徘徊"亦然。于是加了一段说明文字："有一股思潮在欧洲大陆泛滥，反动派视这股思潮为洪水猛兽，这就是共产主义。"以后，我们译的《共产党宣言》中文本油印出来了。由于当时不便公开，同时恐译文不尽准确，只在内部传阅学习。在以后公开发行的《共产党宣言》之前，在北京见到的油印本，可能就是这个版本。[②]

如何评价1920年春天《共产党宣言》的北大油印本呢？

---

① 罗章龙：《椿园载记》，北京：生活·读书·新知三联书店，1984年，第89—90页。

② 罗章龙：《椿园载记》，北京：生活·读书·新知三联书店，1984年，第89—90页。

或许，我们可以讲三点：

第一，1920 年春天的北大油印本虽未正式出版，却是《共产党宣言》完整中译本的第一次问世，是最早的完整的中文译本。

第二，五四时期以前流传的《共产党宣言》中译片段，多半是以日文译本为中介的，而北大油印本则由罗章龙担任组长的德文组主要依据德文原著译出，在翻译史、传播史上可以说是一大进步，更接近于马克思、恩格斯原文原著风貌。

第三，北大油印本虽然没有正式出版，只在北大马克思学说研究会内外小范围流传，但其历史影响未必就小，因为其直接影响的是那个时代思想最为先进的少数共产主义知识分子，其中一部分就是创建中国共产党的积极分子。这方面最典型的一个例子，青年毛泽东看来就是通过罗章龙送给他的油印本，第一次完整地读到《共产党宣言》全文，在马克思主义世界观确立的道路上，迈出了有决定性意义的关键一步。

1936 年毛泽东在同斯诺的谈话中说："一九二〇年冬天，我第一次在政治上把工人们组织起来了，在这项工作中我开始受到马克思主义理论和俄国革命历史的影响的指引。我第二次到北京期间，读了许多关于俄国情况的书。我热心地搜寻那时候能找到的为数不多的用中文写的共产主义书籍。有三本书特别深地铭刻在我的心中，建立起我对马克思主义的信仰。我一旦接受了马克思主义是对历史的正确解释以后，我对马克思主义的信仰就没有动摇过。这三本书是：《共产党宣言》，陈望道译，这是用中文出版的第一本马克思主义的书；《阶级斗争》，考茨基著；《社会主义史》，柯卡普著。到了一九二〇年夏天，在理论上，而且在某种程度的行动上，我已成为一个马克思主义者了。而且从此我也认为自己是一个马克思主义者了。"

罗章龙在 1990 年 3 月曾回忆说："毛泽东第二次来北京的时候，我们有一个庞大的翻译组，大量翻译外文书籍，《共产党宣言》就是其中一本。《共产党宣言》不长，全文翻译了，按照德文版翻译的，我们还自己誊写，油印，没有铅印稿，只是油印稿。我们酝酿翻译时间很长，毛主席第二次来北京后看到了。”[①]

青年毛泽东第二次来北京时间，是在 1919 年 12 月 18 日到 1920 年 4 月 11 日期间。《共产党宣言》陈望道译本首次问世，是在 1920 年 8 月的上海。毛泽东第二次从北京到上海的时间，是 1920 年 5 月 5 日到 7 月 7 日。

1936 年毛泽东同斯诺的谈话中又说：“我第二次到上海去的时候，曾经和陈独秀讨论我读过的马克思主义书籍。陈独秀谈他自己的信仰的那些话，在我一生中可能是关键性的这个时期，对我产生了深刻的印象。”[②]

从各种情况来判断，毛泽东找到《共产党宣言》的陈望道译本应当是 1920 年 8 月过后的事，而他于 1919 年底、1920 年春第二次来北京期间读到的《共产党宣言》，应当首先就是这本北大油印本，当然可能也包括 1919 年 11 月在《国民》杂志上发表的《共产党宣言》第一章的李泽彰译本。这个问题尚待今后进一步做专门研究。

第三节 《共产党宣言》陈望道译本的翻译和出版

真正使《共产党宣言》中文全译本第一次在中国正式出版的，是陈望道。

陈望道，原名参一，1890 年生于浙江义乌一个比较殷实的小康之家。早年留学日本，曾专攻法律，同时以广泛的学术兴趣，兼修数学、物理、经济、哲学、文学、外语，迅速成长为一个一专多能

---

① 中共中央文献研究室编：《毛泽东年谱：1893～1949》（上卷），北京：人民出版社、中央文献出版社，1993 年，第 57 页。

② 中共中央文献研究室编：《毛泽东年谱：1893～1949》（上卷），北京：人民出版社、中央文献出版社，1993 年，第 60 页。

图 9-2 《共产党宣言》中译者陈望道

的专业人才。在日本他结识了社会主义学家河上肇、山川均等人。1919 年回国后，他进入浙江第一师范学校任职，倡导新文学。1919 年底发生“一师风潮”，浙江当局要求撤换校长经亨颐，查办陈望道、夏丏尊、刘大白、李次九四位教师。尽管之后各地声援，令浙江当局不得不收回命令，但陈望道还是离开了浙江第一师范学校。正是在经过“一师事件”锻炼后，陈望道回到家乡，在分水塘的一间破旧柴屋里，卧薪尝胆，发愤读书，潜心研究新思潮，试译了这本马克思、恩格斯合著的《共产党宣言》。

陈望道避开来来往往的亲友，躲进老家的柴屋里。这间屋子半间堆着柴火，墙壁积灰一寸多厚，墙角布满蜘蛛网。他端来两条长板凳，横放上一块铺板当作书桌，在泥地上铺几捆稻草算是凳子。入夜时，便点上一盏昏黄的油灯继续翻译。那一盏昏暗的煤油灯伴随他送走了一个又一个的黑夜，迎来一个又一个的黎明。

这里有一个问题，陈望道翻译《共产党宣言》时，主要依据的应当是什么版本，是日文本，还是英文本？

这个问题在一般人阅读时并不会有多大影响，然而它在出版史、传播史、版本学比较研究上，却是一个不容回避的重要问题。

从《共产党宣言》的翻译史、出版史的角度来看，一个年代表、路线图，是必须注意到的：

1848 年春天，《共产党宣言》最初在英国伦敦用德文发表；

1850 年，《共产党宣言》出版了英译本；

1863 年，《共产党宣言》出版了俄译本；

1886 年，《共产党宣言》出版了法文本；

1904 年，幸德秋水，堺利彦合作发表了《共产党宣言》第一、二章的日文译本；

1906 年，堺利彦创办的《社会主义研究》，第一次全文发表《共产党宣言》日文全译本。

马克思、恩格斯用母语德文创作的《共产党宣言》，才是翻译底本的最佳选择；采用英文底本，是仅次于此的选择；而根据日文译本来翻译马恩原著，只能是第三选择。

用这个尺度来衡量，1920 年陈望道的《共产党宣言》，达到了什么水平呢？

过去不少中国学者、日本学者认为，陈望道主要采用的是日文译本，以其作为第一底本，英文版本只作为参考借鉴。这种观点长期流行，直至 2019 年再版的广为流传的叶永烈《红色的起点：中国共产党诞生纪实》一书，仍然给出了这种说法：

> 戴季陶约陈望道翻译《共产党宣言》，给了他日文版《共产党宣言》，还给了他英文版《共产党宣言》作为对照之用。①

不过，可喜的是，在这次新版中，叶永烈加上一个脚注，透露了陈望道 20 世纪 50 年代对周恩来所说的一个说法，有助于我们彻底澄清这个历史之谜：

> 据陈望道的学生陈光磊在 1990 年 3 月 8 日告诉笔者，陈望道生前与他谈及，周恩来在 20 世纪 50 年代问及《共产党宣言》最初依据什么版本译的，陈望道说主要依据英译本译的。又据云，英文版《共产党宣言》是陈独秀通过李大钊从北京大学图书馆里借出来的。②

根据版本学比较研究来看，也可以证明陈望道《共产党宣言》中文全译本所根据的主要版本，首先还是英文版，日文本只是在前

---

① 叶永烈：《红色的起点：中国共产党诞生纪实》，成都：天地出版社，2019 年，第 113 页。

② 叶永烈：《红色的起点：中国共产党诞生纪实》，成都：天地出版社，2019 年，第 113 页。

前后后起了参考借鉴作用。

陈望道的第一外语，是青年时代准备去欧美留学时所学的英语，第二外语才是他留学日本所学的日语，这使他有能力、有可能真正做到这一点，也是殊为不易的。

陈望道还曾说起，“花了五倍的功夫”，来翻译《共产党宣言》，当时严重缺乏必要的工具书和相关资料，只能参照日文本，依据英文本译出。如果主要通过日文版本作为中介，来翻译这部篇幅不长的著作，恐怕就不会有这样的感慨了。

至于陈望道《共产党宣言》的英文版本，是怎样得到，何时得到，要否经过李大钊、陈独秀之手，传到他的手中，这个问题值得今后再做一番深入考证。

大致从1919年底1920年初，到1920年4月间，经过三四个月的艰苦工作，陈望道终于基本完成了《共产党宣言》的翻译工作。但其出版也经历了一个一波三折的过程。

陈望道翻译《共产党宣言》是应上海《星期评论》社的约稿，也打算在该刊发表。他翻译时所依据的日文本就是由《星期评论》编辑戴季陶提供。书译成后，陈望道在家乡收到《星期评论》社的电报，邀请他去上海任该刊编辑。

于是，陈望道兴冲冲地提起小皮箱，离开老家前往上海。他把《共产党宣言》译文连同日文版、英文版交给了李汉俊，请他和陈独秀校阅译文。

当李汉俊、陈独秀校阅了《共产党宣言》，再经陈望道改定，准备在《星期评论》发表的时候，突然发生了意外，《星期评论》的进步倾向引起当局注意，被迫停办了。前来就任《星期评论》编辑的陈望道，尚未走马上任，就失业了。而原定在《星期评论》上发表的《共产党宣言》，也不得不另找机构出版。

《星期评论》停刊后，陈望道又接受陈独秀的邀请，参加《新青年》的编辑工作。陈独秀原在北大任文科学长，于1920年初离京来沪，《新青年》编辑部也随之迁来上海。

陈独秀除了编《新青年》外，还想方设法把《共产党宣言》付印。陈独秀跟共产国际代表维经斯基商量此事，维经斯基拿出了一笔钱作为经费。于是，在拉斐德路（今复兴中路）成裕里 12 号建立了一个名为“又新”的小型印刷所。又新印刷所承印的第一本书，便是《共产党宣言》。1920 年 8 月，《共产党宣言》全译本初版印 1000 册，紧接着，在 9 月再版，又印 1000 册。

该书当时是作为“社会主义研究小丛书”第一种，由社会主义研究社正式出版。全书用 3 号铅字刊印；封面上印有马克思半身坐像，并印有“马格斯、安格尔斯合著”、“陈望道译”的署名。

为了方便读者买到《共产党宣言》，沈玄庐在上海《民国日报》的副刊《觉悟》上发文《答人问〈共产党宣言〉底发行》：

图 9-3　1920 年 8 月出版的陈望道译《共产党宣言》第 1 版

> 这本书底内容，《新青年》、《国民》（北京大学出版社）、《晨报》都零零碎碎译出过几章或几节的。凡研究《资本论》这个学说系统的人，不能不看《共产党宣言》，所以望道先生费了平常译书的五倍工夫，把彼全文译了出来，经陈独秀、李汉俊两先生校对。可惜还有些错误的地方，好在，初版已经快完了，再版的时候，我很希望陈望道先生亲自核勘一道！[①]

---

① 任武雄、陈绍康：《〈共产党宣言〉陈译本出版时间补证》，北京图书馆马列著作研究室编：《马恩列斯研究资料汇编（1981 年）》，北京：书目文献出版社，第 431 页。

第四节 《共产党宣言》陈望道译本的历史地位

——中国马列著作出版史新起点

如何评价《共产党宣言》陈望道译本的历史地位？或许可以毫不夸张地用这四个“最”进行评价：时间最早，传播最快，流传最广，影响最大。

时间最早——这是马克思、恩格斯著作在中国正式出版的第一个中译本、全译本、单行本，在此之前只有个别片段、个别文字的翻译介绍。而《共产党宣言》的这个译本是马克思主义著作在中国翻译出版的历史起点、历史发端。

传播最快——陈译《共产党宣言》，1920 年 8 月出了第 1 版，9 月就出了第 2 版，而后再翻印，如 1926 年 1 月至 5 月，仅平民书社就翻印了 10 次，一直到中华人民共和国成立前后，还一再翻印。

流传最广——陈译《共产党宣言》，也是多年来流传最广的一部马克思主要经典著作。五四时期就不仅流传于上海，而且流传到北京乃至全国的青年知识分子中。在北伐战争时期，在一些革命军队中，甚至人手一册，广为流行。即使是在革命低潮时期，在白色恐怖时代，《共产党宣言》仍然改头换面，秘密流传着。

影响最大——陈译《共产党宣言》不仅深刻地影响了当时的先进知识分子，而且影响了一代又一代中国人。

前文提到，毛泽东曾在 1936 年对斯诺说过，有三本书建立起他对马克思主义的信仰。其中第一本便是《共产党宣言》的陈望道译本，1941 年 9 月，毛泽东在《关于农村调查》一文中也讲过：记得我在 1920 年，第一次看到了考茨基著的《阶级斗争》，陈望道翻译的《共产党宣言》和一个英国人作的《社会主义史》，我才知道人类自有史以来，就是阶级斗争史，阶级斗争是社会发展的原动力，初步地得到认识问题的方法论。

陈望道在晚年曾回忆说，《共产党宣言》出版后，因为看到《新潮》上鲁迅的意见，对于鲁迅主张“现在偏要发议论，而且讲科学，讲科学而仍发议论，庶几乎他们依然不得安稳，我们也可告无罪于天下了”的意见表示赞同，所以特把这本翻译的《共产党宣言》寄赠给他，请求指正。据周作人在1960年至1961年回忆，鲁迅在接书后的当天就翻阅了一遍，并说“虽译得不够理想，但总算译出一个全译本来”，还称赞陈望道这个工作做得很好，“对中国做了一件好事”。①

这是中国马列著作出版史新起点。

这是中国共产党创立的理论基石。

这是建党百年伟业的理论基础。

这是中华复兴、东方文艺复兴的希望之光。

---

① 中共中央马克思恩格斯列宁斯大林著作编译局马恩室编：《马克思恩格斯著作在中国的传播》，北京：人民出版社，1983年，第17—18页。

第十章　中国共产党创立之初的思想建党、理论建党

第一节　以学习马列主义作为建党的思想基础

随着马克思主义在中国的传播，以及一批接受马克思主义的先进知识分子的出现，加之五四运动后马克思主义与工人运动的初步结合，在中国建立无产阶级革命政党的任务被提上了日程。

中国共产党的创建道路，具有不同于其他国家、其他政党的两个鲜明特征。首先，它不是简单按照共产国际意旨，从外到内、从上到下地建立的。早在共产国际代表维经斯基等人于1920年四五月间到达北京、上海之前，李大钊和陈独秀已经初步商定共同创立中国共产党相关事宜。其次，各地的建党工作都是从建立马克思主义研究团体入手，从翻译出版马克思主义著作入手，思想建党为先，理论建党为先，这是中国共产党创建之初的一大特色。

李大钊创立马克思学说研究会的情况前面我们已经做了专门探讨。陈独秀南下到上海的建党步骤，与李大钊基本一致，这可能是陈独秀与李大钊有过共同约定，同时他还更加突出了社会实践与上海工人运动相结合的显著特征。陈独秀首先于1920年5月组织成立了一个秘密团体——马克思主义研究会，成员有李汉俊、沈玄庐、邵力子、陈望道、施存统、俞秀松、沈雁冰、杨明斋等。戴季陶、

张东荪起初也参加研究会的活动，不久退出。

这个研究会成为上海先进知识分子学习、研究马克思主义的阵地。据邵力子回忆："马克思主义研究会开始时，只是翻译和写文章宣传马克思主义。李汉俊、李达、陈望道三人写得较多，后来周佛海也写一点，他们都是日本留学生。那时，马克思主义书籍主要从日本传过来。"[①] 在译介的马克思主义著作中，最重要的要属《共产党宣言》陈望道译本的出版发行，可以说，该书的出版发行，为早期党组织的组建以及后来1921年中国共产党的诞生，做了思想上和理论上的准备。此后，研究会还相继翻译了《资本论自叙》、《科学的社会主义》、《社会主义从空想到科学的发展》（节译）、《俄国的政党和无产阶级的任务》（节译）、《苏维埃政权的当前任务》（节译）、《社会主义史》、《马氏唯物史观概要》、《商品生产的性质》、《马克思传》等著作。这些译著的问世，有力促进了马列主义思想的学习和研究。

马克思主义研究会的成立加快了中国共产党的诞生。研究会成员邵力子曾回忆说："我们一面觉得只做宣传、研究工作是不够的，有学习布尔什维克的作风，建立严密的组织的必要，同时也看到时机已经成熟，青年中接受马克思主义思想的人也不少，应该组织起来。"[②] 1920年6月间，陈独秀、俞秀松、李汉俊、施存统、陈公培等5人开会，筹备成立共产党。7月19日举行筹备会议。8月，由陈独秀、李汉俊、沈玄庐、陈望道、俞秀松、施存统（时在日本）、杨明斋、李达8人发起，正式成立上海共产党组织。11月，上海共产党组织制定了《中国共产党宣言》。上海共产党组织是中国的第一个共产党组织，其成员主要是马克思主义研究会的骨干，陈独秀

① 吴少京主编：《亲历者忆——建党风云》，北京：中央文献出版社，2001年，第163页。

② 吴少京主编：《亲历者忆——建党风云》，北京：中央文献出版社，2001年，第163页。

担任书记。此后，“积极推动各地共产党早期组织的建立，实际上起着中国共产党发起组的作用”[1]。

北京的共产党早期组织是在李大钊的直接指导和筹划之下成立起来的。北京大学马克思学说研究会的成立，是李大钊把“对于马克思派学说研究有兴味的和愿意研究马氏学说的人”联合起来的最初尝试。据研究会成员朱务善说，从主要方面来说，成立研究会，“这是马克思主义者的结合，企图建立共产党”。后来北京成立共产党的组织时，“参加党的人就是组织研究会的发起人”，虽然并不是所有的发起人都参加了党。[2] 经过筹划准备，1920 年 10 月，北京的共产党早期组织在北京大学图书馆李大钊的办公室正式成立，当时的名称为“共产党小组”。

在武汉，恽代英和林育南在 1920 年 2 月，创办了利群书社，这也是一个传播马克思主义的机构，吸引了一批进步学生入社，开展马克思主义的学习和宣传活动，培养了一批先进分子。同年 8 月，成立了武汉的共产党早期组织，当时取名为“共产党武汉支部”。

长沙的共产党早期组织是在毛泽东的筹划下建立的。在筹划建党期间，毛泽东在北京和上海分别与李大钊、陈独秀有了联系，同时北京、上海的共产主义者的活动对他影响很大。1920 年 7 月，毛泽东从北京回到长沙后，为了推动马克思主义的学习和传播，毛泽东和一些志同道合的同志着手创办了许多进步团体，为建党做了重要准备。同年 8 月成立的文化书社，是一个以传播马克思主义为目的的革命团体，销售了大量马克思主义书报，包括《共产党宣言》、《社会主义从空想到科学的发展》等马克思主义经典著作，还有“新青年丛书”中的《马格斯资本论入门》、《阶级斗争》、《社会主

---

① 中共中央党史研究室：《中国共产党历史》（第一卷 上册），北京：中共党史出版社，2002 年，第 75 页。

② 转引自沙健孙主编：《中国共产党史稿（1921—1949）》（第一卷），北京：中央文献出版社，2006 年，第 242 页。

义史》等小册子。这些书籍对湖南进步青年了解和接受马克思主义，起到了重要作用。9 月，毛泽东等人在长沙成立了俄罗斯研究会，同时发起组织了马克思主义研究会，研究会经常举办演讲、讨论，学习研究马克思主义学说，同时大力宣传苏俄社会主义实践所取得的伟大成就。随着越来越多的先进分子选择接受马克思主义，毛泽东还与新民学会的骨干分子开始讨论筹划建党的问题。在毛泽东、何叔衡等人的积极活动下，1920 年初冬长沙的共产党早期组织秘密诞生，其成员主要是新民学会中的先进分子。

在济南成立早期共产党组织的过程中，王尽美等人与李大钊等北京共产主义小组成员曾有过多次接触。1920 年夏秋之交，王尽美、邓恩铭在济南组织成立了马克思学说研究会。“这一组织开始是公开的学术研究团体，在一九二一年，经反动政府及警察厅认为是宣传过激思想、明令取缔以后，曾半公开地活动了一个时期。以后，会员思想上也发生了分化。”[①] 在上海、北京党组织的影响和帮助下，1921 年春，“王尽美、邓恩铭几个忠实可靠的革命青年，便成立了‘共产主义小组’，后逐渐有一些发展”[②]。

从各地共产党早期组织的成立情况来看，可以说，几乎都是在成立马克思主义研究会或者相类似的学习团体的基础上建立起来的。其成员主要来自研究会和进步团体的中坚分子，都是以学习马克思列宁主义思想作为建党的第一步。建党是和理论学习紧密结合在一起的。

随着革命形势的发展，各地共产主义小组成立以后，马克思主义思想作为一股势不可挡的力量，得到了更为广泛的传播。如果说共产主义小组成立以前，马克思主义的学习、研究和宣传还是个别

---

① 吴少京主编：《亲历者忆——建党风云》，北京：中央文献出版社，2001 年，第 330 页。

② 吴少京主编：《亲历者忆——建党风云》，北京：中央文献出版社，2001 年，第 330 页。

的、零散的，那么在各地相继成立了党的早期组织之后，就发展成为有计划、有组织的活动了。各地的共产党早期组织通过多种方式组织学习、研究和宣传马克思主义。

第一，创办了许多进步革命刊物。上海共产主义小组成立后，将《新青年》杂志改组为机关公开的理论刊物出版，开辟了专门介绍苏俄革命实践和研究宣传马克思主义文章的“俄罗斯研究”专栏。据统计，从改组后的第8卷第1号起到第9卷第3号为止，《新青年》杂志共发表36篇有关马克思列宁著作的译文。此外，1920年11月，上海共产党早期组织还创办了半公开的理论杂志《共产党》月刊，由李达担任主编。这是共产党在创建时期宣传马克思主义、进行党的基本知识教育的一个重要理论刊物。它首次在中国树立起共产党的大旗，阐明了共产党人的基本主张，成为建立统一的无产阶级政党的“第一个实际步骤”。其他各地的共产党早期组织也相继创办了进步刊物，在武汉有《武汉星期评论》，广州有《广东群报》，济南有《励新》半月刊，这些刊物对马克思主义学说、苏俄布尔什维克党及苏俄革命都进行了报道，建立并扩大了马克思主义的宣传阵地。

第二，搜集、整理、翻译、学习和研究马克思列宁主义著作。北京共产主义小组成立后，利用李大钊指导下的马克思学说研究会开始大力搜集、收藏、宣传马克思主义经典的活动，“北京党组织所得到的这些马列主义原本，大大改善了（人们）对马克思主义真谛的理解”①。上海早期共产党组织成立后，《新青年》社成为中国共产党的第一个出版机构，先后出版了“社会主义小丛书”、“新青年丛书”，翻译出版了《共产党宣言》、《马格斯资本论入门》、《阶级争斗》、《社会主义史》、《唯物史观解说》等著作。同时，成员每周还组织一次学习会，采取讲解、讨论的方式对马克思主义学说进

① 皮明庥：《近代中国社会主义思潮觅踪》，长春：吉林文史出版社，1991年，第330页。

行学习。在思想战线上，同反马克思主义思潮进行了论战，进一步加深了人们对马克思主义的认识和理解。武汉共产主义小组成立后，也极为重视马克思主义理论的学习，他们每周开一次会，交流心得体会，学习材料包括《共产党宣言》、《〈资本论〉浅说》、《唯物史观》、《社会主义史》、《马克思传略》等书和《新青年》、《共产党》等刊物。

第三，有计划地在工人中开展宣传和组织工作。各地共产主义小组通过开办工人夜校、出版工人刊物、结合工人的生活和斗争实例，在广大工人中宣传马克思主义。出版的刊物如北京的《劳动音》、上海的《劳动界》、广州的《劳动者》等。这些活动有力推动了马克思主义与工人运动相结合，扩大了马克思主义的传播和影响范围，促进了工人运动的发展，从而为中国共产党的创立做了思想上和理论上的准备。

第二节　建党初期的思想理论建设

1921年7月中国共产党第一次全国代表大会在上海召开，宣告了中国共产党的正式成立。中国共产党成立后，在党的建设方面，十分注重思想建党。虽然在各地早期共产党组织成立以后，马克思主义的传播及影响范围在逐渐扩大，但是由于当时学习、研究、传播马克思主义还是一件十分秘密和危险的事情，出版发行的马克思主义著作还十分有限，所以在党成立的时候，党员的马克思主义水平普遍不高，对马克思主义还缺乏比较完整准确的认识和理解，尤其是受到各种非马克思主义思潮的影响，许多党员还不能很好地划清马克思主义与非马克思主义、反马克思主义思想的界限，思想认识很大程度上模糊不清。这也是后来党组织内部有些成员发生分化的一个重要因素。所以，在党成立以后，迫切需要提高全体党员的马克思主义理论水平，用马克思主义武装全党，以便加强团结，提高党的战斗力。

党成立后十分重视理论刊物的出版发行工作。党的一大通过的《中国共产党第一个决议》中就对党的理论宣传工作进行了规定。要求“一切书籍、日报、标语和传单的出版工作，均应受中央执行委员会或临时中央执行委员会的监督”。“不论中央或地方出版的一切出版物，其出版工作均应受党员的领导”，“都不得刊登违背党的原则、政策和决议的文章”。[①] 这些要求，体现了党对刊物出版的原则性及刊登内容方向性的规定。中共一大以后，党中央把原有的《新青年》杂志和《共产党》月刊作为党的理论刊物继续出版，而且其内容更加充实、丰富，具有革命战斗性。1922 年 9 月党的第二次全国代表大会闭幕不久，中共中央在上海创办了自己的政治机关报——《向导》周报。这个刊物有力地宣传了党的反帝反封建的民主革命纲领，在革命斗争中起到了重要的舆论宣传和思想指导作用。

党员的马克思主义理论水平普遍不高的一个重要原因是所能接触到的马克思列宁主义著作十分有限，因而不能比较深入地认识和理解马克思主义。所以，在党成立以后，把组织出版马克思列宁主义的著作作为一项重要任务着手开展起来。1921 年 11 月，陈独秀即以中央局书记的名义签署并向全国党组织发出《中国共产党中央局通告》。这是中央领导机构成立后下达的第一份文件。通告就建立与发展党团工会组织及宣传工作等问题提出了具体要求。在宣传工作上，提出了“中央局宣传部在明年七月以前，必须出书（关于纯粹的共产主义者）二十种以上”[②]。看来，中国共产党自创立之日起，就把马列主义著作出版研究，不仅看作个人事业，而且看作党和国家的重要事业。

① 中央档案馆编：《中共中央文件选集》（第一册），北京：中共中央党校出版社，1989 年，第 6—7 页。

② 中央档案馆编：《中共中央文件选集》（第一册），北京：中共中央党校出版社，1989 年，第26 页。

为了能够更好地宣传马克思主义，组织马克思主义著作的出版发行，党的一大后不久，即1921年9月1日，中央局在上海秘密创办了人民出版社，由时任中央宣传部主任的李达负责，开始马克思主义著作的出版事业。李达在《新青年》第9卷第5号（1921年9月1日出版）登载出《人民出版社通告》，说明该社的宗旨和任务，指出："近年来新主义新学说盛行，研究的人渐渐多了，本社同人为供给此项要求起见，特刊行各种重要书籍，以资同志诸君之研究。本社出版品的性质，在指示新潮底趋向，测定潮势底迟速，一面为信仰不坚者祛除根本上的疑惑，一面和海内外同志图谋精神上的团结。各书或编或译，都经严加选择，内容务求确实，文章务求畅达，这一点同人相信必能满足读者底要求，特在这里慎重声明。"[①] 此外，这份通告还公布了该社当年的出版计划，准备出"马克思全书"15种（计有《马克思传》、《工钱劳动与资本》、《价值价格与利润》、《哥达纲领批评》、《共产党宣言》、《法兰西内乱》、《资本论》、《剩余价值论》、《经济学批评》、《革命与反革命》、《自由贸易论》、《神圣家族》、《哲学之贫困》、《犹太人问题》、《历史法学派之哲学的宣言》），"列宁全书"14种（计有《列宁传》、《国家与革命》、《劳农会之建设》、《无产阶级革命》、《现在的重要工作》、《劳工专政与宪法会议选举》、《讨论进行计划书》、《写给美国工人的一封信》、《劳农政府之成功与困难》、《共产主义左派的幼稚病》、《帝国主义、资本主义的末局》、《第二国际之崩溃》、《共产党礼拜六》、《列宁文集》），"康民尼斯特丛书"（即"共产主义丛书"，包括《共产党计划》、《俄国共产党党纲》、《共产主义与无政府主义》、《世界革命计划》、《共产主义入门》、《共产主义》、《创造的革命》、《到权力之路》、《第三国际议案及宣言》、《共产主义与恐怖主义》、《国际劳动运动中之重要时事问题》）11种，"其他"9种（包括

① 中共中央马克思恩格斯列宁斯大林著作编译局马恩室编：《马克思恩格斯著作在中国的传播》，北京：人民出版社，1983年，第21页。

《马克思学说理论的体系》、《空想的与科学的社会主义》、《伦理与唯物史观》、《简易经济学》、《多数党底理论》、《俄国革命纪实》、《多数党与世界和平》、《马克思经济学》、《家庭之起源》）。从计划出版的“马克思全书”看，包括了马克思主义哲学、政治经济学、科学社会主义三个组成部分的内容。由此可以看出，李达是想通过出版“马克思全书”和“列宁全书”，使读者对马克思列宁主义的内容及产生、发展过程有一个比较全面、系统的认识和了解。这也体现了他广阔的理论视野与过人的理论勇气。由于条件所限，至1922年6月人民出版社共出书12种，其中“马克思全书”2种，包括《共产党宣言》、《工钱劳动与资本》；“列宁全书”5种，包括《列宁传》、《劳农会之建设》、《讨论进行计划书》、《劳农政府之成功与困难》、《共产党礼拜六》；“康民尼斯特丛书”5种，包括：《共产党计划》、《俄国共产党党纲》、《国际劳动运动中之重要时事问题》、《第三国际议案及宣言》、《俄国革命纪实》[①]。这些书各印了3000册。[②] 出版的这些著作中，除《共产党宣言》是重印陈望道的译本以外，其余都是首次以单行本出版的新译本。这些马列主义经典著作的出版，为初创时期的中国共产党提供了宝贵的精神食粮，“对思想上有很大的影响”，成为许多共产主义者的启蒙读本，提高了党员的马克思主义理论水平，对马克思主义的广泛传播也起到了巨大的积极作用。

在中国共产党宣告成立以后，为了提高党员的思想理论水平，各地党组织纷纷利用原有的马克思主义研究团体，组织广大党员学习、研究马克思主义及中国社会的实际问题。如前所述北京大学马克思学说研究会，以亢慕义斋为主要工作地点，开展了大规模的马克思主义著作的译介工作，还定期组织会员进行马克思主义学说的

① 该书在《人民出版社通告》中属于“其他”类。

② 中共中央组织部、中共中央党史研究室、中央档案馆：《中国共产党组织史资料》第八卷《文献选编》（上），北京：中共党史出版社，2000年，第6—7页。

研究讨论，先后分为14个重大课题组，分门别类地对马克思主义进行系统研究。可以说，马克思学说研究团体的这些学习、研究活动，很大程度上提高了成员的马克思主义的理论素养及用其分析和解决中国实际问题的能力，并影响了一批先进分子加入到中国共产党的革命组织中来。

随着马克思主义的广泛传播以及中国共产党影响的不断扩大，党员队伍也在迅速地扩大。党员成分也由主要是知识分子转向工人和农民。由于这些新党员的文化水平普遍较低，大多数人对马克思主义还缺乏比较深入的了解。同时，由于革命形势的发展，国共两党合作的建立，如何提高党员的理论水平，保持共产党在统一战线中的独立性，更好地宣传党的主张，扩大党的影响，这些问题让党更加充分认识到理论教育和理论宣传的重要性。为此，1925年1月党的第四次全国代表大会通过了《对于宣传工作之议决案》，详尽阐述了关于党的教育和宣传的指示。《议决案》首先着重强调了革命理论的重要性，指出："今后本党宣传工作的主要目标必须根据大会关于中国民族革命运动的新审定，努力宣传民族革命运动与世界革命运动之关联和无产阶级在其中的真实力量及其特性——世界性与阶级性，以端正党的理论方向。没有革命的理论，即没有革命的运动。有了健全的革命理论，然后党的宣传工作方得依此范畴融通各部，使党员行动方有所准绳。"[①]《议决案》还对过去党的宣传工作中存在的"党中政治教育做得极少"，在党报上"很难找到教育党员关于党的政策的讨论文字，在小组会中很少有政治报告"，以及"在群众中的政治宣传，常常不能深入"，在知识分子中"很少注意于共产主义理论的宣传和引导，致使无产阶级的文化在他们

① 中央档案馆编：《中共中央文件选集》（第一册），北京：中共中央党校出版社，1989年，第375页。

中间尚很少发生影响”等问题进行了批评。[①] 为了改正这些不足，《议决案》提出：中央应有一强固的宣传部负责进行各事，并指导各地方宣传部与之发生密切且有系统的关系。同时，要集中力量办好《向导》、《新青年》、《中国工人》、《党报》这几个刊物，以扩大宣传范围。党的支部作为党的基本教育机关，应该在每次会议上注意政治报告和党的策略的解释，另外在可能时更有必要设立党校，有系统地教育党员或组织各校临时讲演讨论会以增进对于马列主义的深切认识。在职工运动中的宣传工作，可以开设补习学校，从实际问题中灌输简明的理论知识；在知识界中，应指导各地于可能范围内设立马克思列宁主义研究会或其他临时的讲演谈论会，以扩大共产主义运动。[②]

根据这份文件的指示，为了加强对党员的马克思主义理论以及党的基本知识和方针政策的教育，各地区相继创办党校、团校等学习组织来加强党的思想建设。1924 年，湖南区委开办了党的第一所团校。团校经常邀请党的领导人来做专题报告，毛泽东就曾先后四次来团校做过报告。1925 年底，李大钊主持的北方区委在北京创办了一所高级党校，由罗亦农担任校长。其目的就是为了加强党的思想建设和组织建设，有计划有组织地培训党的骨干，以适应革命形势发展的需要。1926 年，中国共产党以中华全国总工会的名义创办了劳动学院，专门培养工人运动干部。学院由刘少奇、邓中夏等负责，其教育方针是：以马克思列宁主义理论、工人运动理论、中国革命基本思想教育学生，采取理论与实践相结合的方法，提高学生的理论水平、思想水平和开展工人运动的水平，以促进工人运动的发展，以促进中国革命运动的发展。

---

① 中央档案馆编：《中共中央文件选集》（第一册），北京：中共中央党校出版社，1989 年，第 375—376 页。

② 中央档案馆编：《中共中央文件选集》（第一册），北京：中共中央党校出版社，1989 年，第 376—378 页。

以上所述的党成立初期的对于理论教育和宣传工作的指示与活动，充分表明了党对用马克思列宁主义思想武装全党，提高全党的思想理论水平，进而扩大共产党的影响，是始终特别重视与强调的。

第三节 走理论与实际相结合的创新道路

理论只有与实际相结合才能发挥作用，才能具有长久的生命力。中国早期的共产主义者在学习马克思主义理论的过程中，高度关注社会现实，注重用马克思主义来分析、解决中国的实际问题。李大钊曾指出："一个社会主义者，为使他的主义在世界上发生一些影响，必须要研究怎么可以把他的理想尽量应用于环绕着他的实境。"[①] 陈独秀在《马克思的两大精神》一文中，也"希望青年诸君能以马克思实际研究的精神研究社会上各种情形，最重要的是现社会的政治及经济状况，不要单单研究马克思的学理，这是马克思的精神，这就是马克思第一种实际研究的精神。第二，马克思实际活动的精神。马克思所以与别个社会主义者不同，因为他是个革命的社会主义者。凡能实际活动者才可革命"[②]。

1919 年五四运动以前，在李大钊的号召和影响下，北京大学的邓中夏等人就发起成立了平民教育讲演团，向市民进行宣传活动。五四运动爆发后，工人阶级也渐渐显示了伟大的力量，各地共产党早期组织成立以后，开始有组织、有计划地通过各种形式，和工人建立联系，向他们宣传马克思主义，以启迪工人们。1920 年 11 月 21 日，上海机器工会成立，这是共产党早期组织领导建立的上海第一个工会组织。随后，北京、武汉、长沙、济南、广州的部分产业工人和手工业工人也纷纷成立了工会。工会组织的成立进一步推动了工人运动的发展。

---

① 李大钊：《再论问题与主义》，《每周评论》第 35 号，1919 年 8 月 17 日。

② 《陈独秀文章选编》（中），北京：生活・读书・新知三联书店，1984 年，第 178 页。

此外，为了更好地向工人宣传马克思主义，启发他们的阶级觉悟，各地早期共产党组织还纷纷创办了供工人们阅读的刊物。如上海的《劳动界》、广州的《劳动者》、北京的《劳动音》和《工人周刊》等。这些刊物结合工人的生活情况和斗争实际，深入浅出地宣传马克思主义基本理论，对工人进行马克思主义教育以启发其觉悟，引起了工人们的广泛共鸣。

中国共产党成立后，为了加强对全国工人运动的统一领导，1921 年 8 月 11 日，中央局在上海成立了中国劳动组合书记部，这是党领导工人运动的第一个公开机构。书记部还出版了《劳动周刊》作为其机关刊物。书记部成立后，相继在北京、汉口、长沙、广州、上海等地建立了分部，各分部分别在所辖地区开设工人夜校、创办工人刊物、组织产业工会、领导工人罢工，扩大了党在工人乃至整个社会中的影响。1922 年 5 月，中国劳动组合书记部在广州召开全国第一次劳动大会。“大会通过‘在中国全国总工会未成立以前，中国劳动组合书记部为全国总通讯机关’案，事实上便是公认它为全国唯一的领袖”。这次大会的成功，“引导工人阶级开始走向团结的道路”[①]。在全国第一次劳动大会成立前后，以 1922 年 1 月的香港海员大罢工为起点，以 1923 年 2 月的京汉铁路工人大罢工为终点，工人运动掀起了第一个高潮。在 13 个月的时间里，共爆发罢工斗争 100 多次，参加罢工的工人达 30 万以上。这些罢工斗争，大部分是在中国共产党的领导下发动的，充分显示了工人阶级的革命力量，锻炼了工人阶级队伍，巩固了党的阶级基础。通过与工人阶级的密切联系，共产党更加以工人阶级先锋队的面貌展现在全国人民面前，扩大了党在全国的政治影响，为党同其他革命力量的合作，掀起全国规模的大革命奠定了基础。在指导工人阶级进行斗争的过程中，党的自身建设也得到了加强。在工人中涌现出来的许多

① 《邓中夏文集》，北京：人民出版社，1983 年，第 481—485 页。

先进分子都加入党的队伍，党在工矿企业中的基层组织也开始建立起来，扩大了党的队伍和组织机构。

在努力与工人建立密切联系，指导工人运动的同时，党也十分关注占人口绝大多数的农民的问题。《共产党》月刊曾发表《告中国的农民》一文，指出："中国农民占全人口底大多数，无论在革命的预备时期，和革命的实行时期，他们都是占重要位置的。设若他们有了阶级的觉悟，可以起来进行阶级斗争，我们底社会革命，共产主义，就有了十分的可能性了。"[①] 为了启迪农民的觉悟，早期共产党人开始深入农村进行革命宣传。1921 年 4 月，上海共产主义小组的成员沈玄庐回到家乡浙江萧山衙前村，向农民宣传革命思想，并发动农民组织成立了衙前农民协会，这是中国第一个新型的农民组织。此后，周围的几十个村庄，先后成立了 80 个农民协会，协会成为团结农民、为农民利益而斗争的先进农民组织。在江西，方志敏利用他和农村的联系，利用寒暑假回到家乡，向农民宣传马克思主义。他将《共产党宣言》等马列主义的革命理论，用通俗生动的语言讲给贫苦农民听。他结合广大农民被剥削、被压迫，生活十分困苦的实际，着重对他们进行马克思主义的阶级斗争教育和共产主义的前途教育，讲解生动形象，饱含阶级感情，受到了农民的欢迎，促进了农民革命觉悟程度的提高。在广东，彭湃于 1922 年在海丰地区号召农民组织起来，成立农会。此后，他又先后到陆丰、惠阳两县从事农民运动。为了培养农民运动的骨干，经共产党人提议，国民党中央执行委员会决定开办农民运动讲习所，抽调农运骨干进行理论学习和教育。从 1924 年 7 月起，在广州由共产党人彭湃、阮啸仙、毛泽东等主持，先后举办了六届。在广州农民运动讲习所的影响和带动下，全国其他各地也纷纷举办农民运动讲习所和农训班。据统计，广东、广西、湖北、湖南、江西、四川、陕西、

---

① 《共产党》月刊第 3 号，1921 年 4 月 7 日，第 3 页。

福建等省共办了40多个农民运动讲习所和农训班。国民政府迁到武汉后，在武昌又创办了中央农民运动讲习所，由毛泽东主持，全校共有学生700多人。农讲所十分重视对学员的马克思主义理论教育，选聘了一批著名的共产党人和左派国民党人来给学员讲课，其中有恽代英、李立三、瞿秋白、彭湃、方志敏、于树德、李达、李汉俊、何翼人、邓初民等。他们在教授过程中，能够较好地把马克思主义的原理与中国革命的实际结合起来，讲解通俗易懂，深入浅出，收到了良好的效果。通过举办农民运动讲习所，培养了一大批既具有了一定的马克思主义理论基础，又能开展宣传、组织农民运动的骨干分子，极大地推动了农民运动的发展。

青年学生是一个思想活跃，比较容易接受新鲜事物，对中国的社会发展十分关注的群体。为了加强对青年工作的领导，1920年8月，在上海共产党小组领导下建立了社会主义青年团。此后，北京、武汉、长沙、广州、天津等地也建立了社会主义青年团。各地青年团组织当地青年学习马克思主义，并领导他们参加实际斗争。1921年党的一大召开以后，毛泽东回到湖南所做的第一件事情就是创办了湖南自修大学。自修大学是一所传播马克思主义、培养革命干部的新型大学。后来，毛泽东邀请李达担任自修大学的校长。自修大学设有文、法两科，以研究马列主义和探讨中国革命问题为中心组织教学。李达十分重视组织学生学习马克思主义的原著，亲自给学员讲授马克思的《哥达纲领批判》，同时学校还多次举办马克思主义学说讲演会。1922年春，党还创办了上海大学，以理论与实际相结合作为其立校精神，其下设的社会科学院各系均开设马克思学说课程，许多著名的共产党人，如李大钊、瞿秋白、张太雷、蔡和森等都曾来这里讲课。瞿秋白还担任过上海大学的社会学系主任，为学生开展马列主义讲座，当时他所著的《社会学概论》、《列宁主义概说》几乎人手一册，很多青年学生在他的影响下走上了革命的道路，成了马克思主义者。除进行理论学习外，学校还要求学生参加一定的社会活动，走到广大的工人、农民群众中去宣传革命理论，起到唤醒民众、组织民众的作用。通过这些组织机构，党扩大了在广大青年中的影响，培养了一大批进步青年，为党培养了宝贵的后备力量。

此外，当时的早期共产主义者中也有人亲身赴俄，去实地考察社会主义的革命实践活动，更加系统地学习、研究马克思主义。瞿秋白就是其中典型的一位。五四运动后，各种改造社会的思潮纷至沓来。就是在当时流行的社会主义思潮中，也有许多流派。除马克思主义以外，还有空想社会主义、无政府主义、基尔特社会主义、新村主义、托尔斯泰的泛劳动主义等。面对各种各样的思想，瞿秋白觉得犹如“隔着纱窗看晓雾，社会主义流派，社会主义意义都是纷乱，不十分清晰的”①。为了求得“实际的结论”、“真实的智识”，瞿秋白决定到作为“世界上第一个社会革命的国家，世界革命的中心点”的苏俄去进行实地考察。他于1920年10月从北京启程，于1921年1月抵达莫斯科。此后在苏俄的两年时间里，瞿秋白进行了大量的采访、学习考察和革命活动。他深入考察了苏俄的社会生活，访问了工厂、农村、学校、机关，还担任东方劳动大学教员，参加苏俄党和共产国际的会议，并几次得到列宁的当面教导。他以亲身的经历以及所接触到的大量第一手材料，对苏维埃俄国的政治、经济、文化等方面的历史和现状进行了广泛的研究和报道，写了数十篇政治通讯。同时，他还坚持对马克思列宁主义理论的学习和研究，对革命理论有了更加深入的了解。后来，他把旅俄的这段经历写成了两本散文杂记《饿乡纪程》、《赤都心史》，真实地向国人介绍苏俄革命后的现状，产生了广泛的影响。正如他所说的：“只有实际生活中可以学习，只有实际生活能教训人，只有实际生活能产生出社会思想。”② 也正是通过到苏俄的实地考察活动，瞿秋

① 《瞿秋白文集》（文学编）第1卷，北京：人民文学出版社，1985年，第26页。
② 《瞿秋白文集》（文学编）第1卷，北京：人民文学出版社，1985年，第93页。

白更快地完成了世界观的转变，决心“为共产主义之人间化”奋斗终生。

以上的种种活动充分表明，无论是共产党的早期组织，还是中国共产党正式宣告成立后，都始终注意在学习、研究马克思主义理论的同时，走与中国实际相结合的道路。正如毛泽东所说，理论“如果不为人民群众所掌握，即使是最好的东西，即使是马克思列宁主义，也是不起作用的”①。理论只有与实际相结合，被广大人民群众所掌握，才能变成物质力量，这也是马克思主义的精神实质所在。

但是由于时代和认识的局限，当时在党内领导人中间存在着对理论和实践关系的认识相脱节的问题。比如陈独秀对马克思列宁主义的基本理论就重视不够，甚至对这些理论的学习研究也不是很深入。而对于革命实践活动的认识却又过于极端，他甚至对广大青年略带偏激地提出：“宁可少研究点马克思的学说，不可不多干马克思革命的运动！”②

而当时党内的另一位主要领导人李达，则更加注重强调马克思主义理论研究的必要性，对于党的实际活动重视不是很够。当时在长沙时，他就曾因为专注于教学和写作，不经常参加党小组会议和长沙的劳动者游行活动，而受到陈独秀和党内其他一些同志的批评。李达对此曾说，他那时候“主张党内对于马克思学说多做一番研究工夫，并且自己也努力研究马克思学说和中国经济状况，以求对于革命理论得一个彻底的了解。但当时党内的人多注重实行，不注重研究，并有‘要求马克思那样的实行家，不要求马克思那样的理论家’的警句”③。

党内对于理论研究与革命实践关系的片面理解，说明了当时还

① 《毛泽东选集》（第四卷），北京：人民出版社，1991年，第1515页。

② 《陈独秀文章选编》（中），北京：生活·读书·新知三联书店，1984年，第178页。

③ 李达：《中国所需要的革命》，载《现代中国》第2卷第1号，1928年7月。

没能树立起马克思主义与中国实际相结合的自觉意识，还不懂得研究马克思主义归根到底是为了解决中国革命的实际问题。从而为后来国共合作时期陈独秀不能正确地处理与国民党的关系，放弃了共产党的独立性等一系列右倾机会主义错误的发生埋下了隐患。但无论怎样，早期中国共产党人所进行的把马克思主义与中国革命实践相结合的这种具有开创意义的伟大探索，尤其是李大钊、毛泽东等人代表的正确方向，是不容否定的。无论是探索中成功的经验还是失败的教训，都为后来的发展提供了宝贵的借鉴。

第十一章　马列著作早期出版中“三李二陈”的历史功绩

在中国共产党建党初期，为马克思主义著作出版事业奠定基础的，代表人物有五位：李大钊、李达、李汉俊、陈独秀、陈望道，可简称为“三李二陈”。

其中，陈望道的历史功绩已在前文介绍，此处不再赘述。下文依次介绍李大钊、陈独秀、李达及李汉俊。

第一节　李大钊的首倡之功

五四时期实行大学教育创新的北京大学，在相当程度上，可以被称为中国共产党创立的人才基地，或叫人才库，它把中华民族精英、先进知识分子，送上了与工农群众结合的大道，送进了中国共产党创立时期早期组织的大门。

中国共产党创立时期的两个最主要领袖，或许可称为“建党双星”——建党时期的双子星座，李大钊与陈独秀，都是北京大学著名教授。

对于李大钊的历史贡献与历史地位，我们常常讲到，但国内外学术界的认识并不真正到位。这里，我试着概括为六个要点：

第一，李大钊思想核心实质，不是照搬俄国民粹派或日本河上肇，而是马克思主义中国化的独特创造。

第二，李大钊不仅是马克思主义在中国的最早传播者，而且是马克思主义中国化的最早探索者。

第三，在“马克思主义观—国情观—中国革命道路观—文化观”四大层面，李大钊都有马克思主义中国化的最初探索。

第四，毛泽东思想、邓小平理论是马克思主义中国化两次飞跃的两大成果，而李大钊的最初探索则是其重要铺垫。

第五，毛泽东思想、邓小平理论不仅有马列主义作为国际理论来源，而且有孙中山、李大钊思想作为其民族的理论来源。

第六，从李大钊到毛泽东思想、邓小平理论，乃至科学发展观、和谐社会论，马克思主义中国化是一以贯之的思想红线。

马列著作在中国出版事业的奠基人、开创者，首推李大钊先生，这是他用一生，用生命与鲜血奠定的千秋伟业。

我们过去对于李大钊重要历史功绩固然也或多或少讲了一些，但是讲得远远不够。

今天，在隆重庆祝中国共产党建党百年的重要历史时刻，我们有必要认真还原历史本来面目，突破国内外曾经长期流行的错误观念，郑重其事地恢复李大钊先生应有的历史地位：他不仅是马克思主义在中国最早的传播者，而且是马克思主义中国化最早的探索者、先行者、创新者。

第二节　建党初期陈独秀的历史贡献

陈独秀固然在后期犯了重大错误，脱离了党组织，但他在建党时期，功不可没，应当肯定他作为中国共产党的两个主要创始人之一，作为党的马列著作出版工作最初领导者的历史地位。

从五四时期，到建党时期，陈独秀的历史功绩，主要是六条：

第一，他从 1915 年起创办《新青年》。倡导反帝反封建，科学民主、思想解放，1917 年又应北大校长蔡元培之约，将《新青年》

移入北大，与五四时期北京大学教育创新相结合，解放一代人思想，为培养一大批创新人才，奠定了思想基础。

图 11-1　1920 年 2 月陈独秀从北京回到上海，5 月创立马克思主义研究会，8 月创立上海共产党组织

第二，1920 年初，在李大钊护送出狱后的陈独秀离京赴沪路上，二人相约，南北合作，共同建党。他们的建党工作都是从建立马克思主义研究会入手，从翻译出版马克思主义著作入手，思想建党和理论建党为先，这是中国共产党创建之道的一个最大特色。

第三，陈独秀继李大钊之后，在 1920 年至 1921 年间，举起了马克思主义旗帜，产生了重大影响。他的马克思主义观，主要见于 1922 年 5 月的《马克思的两大精神》、1922 年 7 月《马克思学说》两篇文章。

第四，陈独秀在 1920 年初由北京大学重返上海，借鉴五四运动北大经验，开始把马克思主义传播与上海工人阶级运动结合起来，使中国共产党创建有了更为坚实先进的阶级基础。

第五，陈独秀在 1920 年 8 月和 1921 年春，先后创立“上海共产党”、“广州共产党”地方性组织，并直接或间接地参与了湖北、山东等地方性党组织的创建，为中国共产党创立，奠定了重要的组织基础。

第六，自 1921 年中国共产党创立的一大起，到 1927 年 5 月五大为止，陈独秀一直当选为党中央主要负责人。

比较研究李大钊与陈独秀马克思主义观的同中之异与异中之同，是一个饶有兴味的学术课题。可惜我们这里难以展开，只能点到而止。

1922 年 5 月 23 日，《广东群报》发表了陈独秀在同年 5 月 5 日，即马克思诞辰 104 周年时写的一篇短文《马克思的两大精神》。

论文开头，开门见山地点出了主旨：

> 今天有两个大会，一个是马克思纪念大会，一个是中国社会主义青年团成立大会，这两个大会有很密切的关系。其关系在哪里呢？因为社会主义青年团就是根据马克思的学说而成立。但是今天只讲马克思主义重要的精神，因为马克思的历史和其学理，在马克思纪念册上叙述了，诸君都可见到。马克思的学说和行为有两大精神，刚好这两大精神都是中国人所最缺乏的……
>
> 我很希望青年诸君能以马克思实际研究的精神研究社会上各种情形，最重要的是现社会的政治及经济状况，不要单单研究马克思的学理，这是马克思的精神，这就是马克思第一种实际研究的精神。
>
> 第二，马克思实际活动的精神。马克思所以与别个社会主义者不同，因为他是个革命的社会主义者。凡能实际活动者才可革命……[1]

陈独秀以他特有风格，略带偏激地提出：“我望青年同志们，宁可少研究点马克思的学说，不可不多干马克思革命的运动！”[2]

1922 年 7 月 1 日，在《新青年》第 9 卷第 6 号上，陈独秀又发表了《马克思学说》一文，这篇文章较长，有七八千字，按照四个层面，或叫四大要点，阐发了他的马克思主义观。这四个层面分别是见于《资本论》的剩余价值学说，见于《经济学批评》、《共产党宣言》、《哲学之贫困》三书中的唯物史观，见于《共产党宣言》中的阶级争斗学说和见于《共产党宣言》、《法兰西内战》和《哥达纲领批判》中的劳工专政学说。

1921 年 11 月，陈独秀发出了历史上第一号《中国共产党中央局通告》，标志着中国共产党中央局开始正常运转，首先提出了四

---

① 《陈独秀文章选编》(中)，北京：生活·读书·新知三联书店，1984 年，第 177 页。

② 《陈独秀文章选编》(中)，北京：生活·读书·新知三联书店，1984 年，第 178 页。

项重要工作，其中最后一条就是马列著作出版工作：

> 中央局宣传部在明年7月以前，必须出书（关于纯粹的共产主义者）20种以上……[①]

第三节　李达创立人民出版社出版马列著作

李达堪称是建党初期马克思主义出版事业的主要开创者与奠基人。由于种种原因，前人较少使用这个说法。但毛泽东前前后后的一些说法，其实已经暗含着这一层历史评价。下面列举几点证据：

第一，李达是中国共产党创建之前就转向马克思主义的最早的理论家之一，在时间上只晚于最早的李大钊，甚至比陈独秀还早一些。

图11-2　建党初期，马克思主义出版事业最主要奠基者之一——李达

李达，1890年出生于湖南零陵一个贫苦农民家庭，1913年、1918年两度赴日本留学。从1918年秋至1920年夏回国以前，李达翻译了《唯物史观解说》、《马克思经济学说》和《社会问题总览》三本著作，寄回国内出版，系统地向国内介绍与传播了马克思主义哲学、政治经济学和科学社会主义，这些译著对传播马克思主义起了很大的作用。《马克思经济学说》在1920年3月被李大钊发起的马克思学说研究会列为阅读文献之一；《社会问题总览》1921年4月由中华书局出版，至1932年印行11版；《唯物史观解说》1921年5月由中华书局出版，至1932年印行14版。

① 叶永烈：《红色的起点：中国共产党诞生纪实》，天地出版社，2019年，第293页。

第二，在党的建设，尤其是马克思主义理论建设及出版事业方面，李达起了重要历史作用。1920 年夏，李达离日返国，“回国寻找同志干社会革命”。到上海后，李达立即投入建党工作。8 月，他与陈独秀、李汉俊、沈玄庐、陈望道、俞秀松、施存统、杨明斋等，共同发起组织中国共产党上海发起组。翌年 2 月，陈独秀赴广东后，由李达代理书记，全面主持上海发起组的工作。此后，李达具体筹划了党的第一次全国代表大会，成为中国共产党的重要创始人之一。在党的一大上，李达被选为三位中央委员之一，并担任中央局宣传主任，主管党的出版宣传工作。

李达担任了中国共产党第一个党刊——《共产党》月刊的主编，并参加了《新青年》的编辑工作。毛泽东曾说过，《共产党》月刊“颇不愧‘旗帜鲜明’四字”。

李达迅速依据一大关于宣传工作的决议，于 1921 年 9 月 1 日创办人民出版社，这是我们党建立的第一个出版社，由此开始了党的马克思主义著作的出版事业。

在主持人民出版社的工作中，李达以广阔的理论视野与过人的理论勇气，提出了出版“马克思全书”15 种、“列宁全书”14 种的重大构想。从计划出的“马克思全书”看，包括了马克思主义哲学、政治经济学、科学社会主义三个组成部分的诸多重要内容、重要论著。

1922 年，李达因与陈独秀产生意见分歧，而离开中共中央工作，应毛泽东之邀，到湖南自修大学专门做马克思主义理论教学和研究工作。

第三，毛泽东高度评价李达在马克思主义著作出版与研究工作中的历史功绩，甚至称之为“理论界的鲁迅”。

李达所著的《社会学大纲》，对毛泽东的哲学创造有重要的影响。1939 年李达在重庆时收到了毛泽东的来信，说该著“是中国人自己写的第一本马克思主义的哲学教科书”，称赞李达是“真正的人"，并欢迎他去延安。新中国成立后，毛泽东还多次提到该著的价值。[①]

20 世纪 50 年代末，毛泽东与李达在武汉交谈时说：

> 你是黑旋风李逵，你比他还厉害。他只有两板斧，你有三板斧。你有李逵之大仁、大义、大勇，还比他多一个大智。你从"五四"时期，直到全国解放，都是理论界的"黑旋风"，胡适、梁启超、张东荪、江亢虎这些"大人物"，都挨过你的"板斧"。你在理论界跟鲁迅一样。[②]

第四节　李汉俊：翻译介绍《资本论》的中国第一人

李汉俊是在中国系统介绍《资本论》的第一人。他生于 1890 年，籍贯湖北潜江，从小受到良好的启蒙教育。1902 年东渡日本留学时，年仅 12 岁。李汉俊敏而好学，聪颖过人，语言能力特别强，他精通日语、英语、德语、法语，尤其是日语和德语，相当流利。李汉俊 1918 年底从日本回国，带回了大量的英、德、日等国文字的马克思主义书刊，此后从事翻译和写作，宣传马克思主义，在传播马克思主义方面有重要贡献。他在《新青年》、《星期评论》、《民国日报》副刊《觉悟》、《妇女评论》、《建设》、《劳动界》、《共产党》等刊物上发表译文和文章，宣传社会主义学说，介绍国内外工人运动。他把自己的主要精力，放在马克思一生主要著作《资本论》的翻译介绍上，与李大钊、李达注重唯物史观相比，形成不同风格与思想重心。

那时人们认为日本是学西方很有成效的国家，想借鉴日本学西

---

① 丁晓强、李立志：《李达学术思想评传》，北京：北京图书馆出版社，1999 年，第 197—198 页。

② 转引自丁晓强、李立志：《李达学术思想评传》，北京：北京图书馆出版社，1999 年，第 197—198 页。

方的经验来治理腐败的旧中国。陈独秀、鲁迅、李大钊、周恩来、董必武、李达、李汉俊等许多革命者，都曾到日本留学，寻求救国救民的真理。日本著名的早期马克思主义者河上肇讲授的马克思《资本论》，出版的马克思主义理论刊物《社会问题研究》，对中国留学生影响很大。看来，李汉俊很可能是受此影响，走上马克思主义道路，并特别重视《资本论》研究，由此成为他一大特点。

李汉俊是那个时代的一个奇才，不仅是思想奇才，更是语言奇才，这使得他在马列传播与党的创立过程中，曾经起到了非常重要的独特历史作用。

李汉俊籍贯湖北潜江，他的父亲李金山在潜江县私塾教书，育有三男四女，非常重视对孩子的启蒙教育。因而李汉俊从小就受到良好的启蒙教育，打下了国学的扎实功底。在李氏三兄弟中，长子李书麟早逝，次子李书城比李汉俊大 9 岁，李书城在 20 来岁时，就东渡日本求学，又追随孙中山先生，加入同盟会，成为辛亥革命元老。他对袁世凯复辟、军阀混战，感到十分失望，因而把更大希望寄托在李汉俊这些后来人身上。

1902 年，东渡日本时，李汉俊只有 12 岁，算是年龄非常小的留学生了。他敏而好学，脑子聪颖，语言能力特别强，学得日语，说得非常流利。同时，他还精通英语、德语、法语，尤其是德语，也相当流利。

李汉俊很快以优异成绩，毕业于东京帝国大学工科。志存高远的李汉俊，不屑为个人谋取功名，开始树立研究理论、改造中国的远大社会理想。他拜帝国大学经济教授、日本著名的马克思主义经济学家河上肇为师，开始研究《资本论》这部马克思大作。

1920 年 12 月，维经斯基离开上海去广州。这时陈独秀应广东省革命政府的邀请，也去广东就任教育委员会委员长的职务，上海发起组便由李汉俊代理书记。《新青年》杂志由李汉俊和陈望道负责主编。李达负责主编《共产党》月刊。后因李汉俊与陈独秀个人意见不合，1921 年 2 月上海发起组改由李达代理书记。

为了扩大马克思主义的宣传，回答各种针对马克思主义的非难，上海党组织决定把《新青年》改为党的公开理论刊物。从 1920 年 9 月 1 日出版的《新青年》第 8 卷第 1 号开始，以崭新的面目，公开宣传马克思列宁主义。在这期《新青年》上，陈独秀发表了《谈政治》一文，实际上是《新青年》变为党的机关理论刊物后的第一篇政治宣言。

《新青年》从第 8 卷第 1 号起，开辟了《俄罗斯研究》专栏，主要是译载当时搜集的英、美、日、法、俄等国报刊书籍上有关俄国革命的理论和实际情况的材料，其中有列宁小传及其若干著作的介绍，还有介绍十月革命后俄国的政治、经济和文化情况等文章。主要译者有李汉俊、杨明斋、袁振英、陈望道、李达、沈雁冰等人。同时也发表了一些研究文章，如李大钊的《俄罗斯革命之过去、现在及将来》。这些文章比较具体地介绍了俄国革命的历史，苏俄劳农政府的现状，以及俄国无产阶级革命的领袖人物的情况。

最能集中体现李汉俊在马列著作出版中的重要历史作用的，是 1921 年 9 月 1 日创立的人民出版社，在同期出版的《新青年》第 9 卷第 5 号上，发表的由李达主持与起草的《人民出版社通告》，其中的出版计划所提及的“马克思全书”15 种里，《资本论》、《经济学批评》及《革命与反革命》，译者都是李汉俊，当时署名李漱石。

遗憾的是，由于反动势力的迫害和物质条件的限制，“马克思全书”的出版计划未能完全实现。实际上后来只出版了 3 种：《共产党宣言》、《工钱劳动与资本》和《马克思〈资本论〉入门》，而只有前两种是马克思原著，后一种是李汉俊翻译马尔西著的介绍《资本论》的通俗小册子。

在中国共产党一大等各项准备工作中，最有影响的两位主要核心人物、灵魂人物，无疑是陈独秀、李大钊，他们这种历史作用与影响力，当时是不可替代的。

然而，李大钊不在上海，在北京又有些事务缠身；陈独秀又应孙中山先生邀请，从1920年11月起，赴广州担任教育厅厅长。因而，坚守上海这个联络中心，又具体负责一大筹备工作的日常组织重担，实际上落在“二李”——李汉俊与李达身上。

1921年7月召开中国共产党第一次代表大会的会议通知，就是由李达、李汉俊负责发出与具体联络的。一大召开的会址，也是由李达、李汉俊选定的，而最主要的一次会议就是在李书城、李汉俊兄弟的私人住宅一层客厅之中召开的。此外，运用英语、德语接待共产国际派到中国、指导中国共产党创立与召开一大的两位代表——马林与尼克尔斯基，也主要由这“二李”——李达与李汉俊完成。

在1921年7月23日，一大开幕式上，马林代表共产国际做了长达三小时的主题报告时，翻译者就是刘仁静与李汉俊。

7月30日，一大召开的第7天，晚上8点多钟，突然有一个陌生人从后门闯入会场，有地下工作经验的共产国际代表马林当机立断，中断会议，紧急疏散。李汉俊临危不乱，把平素封闭的李公馆前门悄然打开，掩护与会的13位代表平安撤离，免遭逮捕入狱。

为了掩护其他大会代表平安撤离，李汉俊并没有一走了之，而是留下来应对意外突变。不出所料，很快就来了一支队伍，包括法国租界总巡，4名侦探，3个翻译，10个全副武装的法国士兵。他们花了近4个小时时间，翻箱倒柜，严密搜查，严厉讯问。李汉俊和陪在他身边的陈公博，遇事不惊，巧妙应付，除了被搜出英文的马克思政治经济学著作之外，没有暴露任何破绽。然由此开始，李家公馆被严密监控；而为了拖住敌人，李汉俊始终坚守家中，应付各种情况，因而也没有参加转移到嘉兴召开的一大最后一天的南湖会议。他用这种方式保障了一大的顺利闭幕，保障了全党大局。

1924年，因与陈独秀产生明显分歧，李汉俊脱离了中国共产党。虽然他在组织上“脱党”了，但在政治上并没有脱离革命，他成为孙中山领导的国民党在国民革命中的重要骨干。

1927 年大革命失败，许多共产党人遭到右翼国民党反动派的血腥镇压，风声紧时，哥哥李书城曾劝李汉俊到日本避难，但李汉俊坚持未去。

1927 年 12 月 17 日下午 5 点，李汉俊在汉口日租界中街（今胜利路上段）42 号遭到逮捕，壮烈牺牲。

1952 年 8 月，中央人民政府内务部给李汉俊家属颁发烈属证书，写着：“李汉俊同志在大革命中光荣牺牲，丰功伟绩永垂不朽!”证书由毛泽东主席亲自签署。

今天，我们在庆祝中国共产党建党百年之际，不会忘记李汉俊壮烈牺牲，不会忘记他为共产党一大与党的创立做出的历史贡献，也不会忘记他为马列著作传播做出的独特历史贡献。

第十二章　马克思主义传播起点上的四次论战

马克思主义在中国的传播，不是一帆风顺的，除了受到帝国主义、封建主义、反动军阀三座大山的残酷镇压之外，也受到来自新文化阵营内部的各种非难。五四运动过后，新文化运动阵营内部开始分化，集中表现为马克思主义与各种非马克思主义的思想论战，实质上是统一战线内部争夺思想政治领导权的思想论争。

这种论战，一般认为有三次，其实细分起来，主要是四次：

第一次，1919年七八月间至年底，“问题与主义”之争，实质上是马克思主义与实用主义哲学世界观、方法论之争；

第二次，1920年至1921年间，“社会主义与资本主义”之争；

第三次，1919年至1923年间，马克思主义与无政府主义的论争；

第四次，从1919年开始，特别是1923年，“科学与人生观”之争。

四次论战，一个结果，就是在建党初期，中国共产党就确立了以马克思列宁主义作为指导思想。

第一节　“问题与主义”之争

实际上，在五四运动之前，1918年底1919年初，在《新青年》编辑部内部，已经出现李大钊与胡适两派观点。钱玄同1919年1月

27日日记记录了：

《新青年》为社会主义的问题已经有了赞成和反对两派的意见，现在《每周评论》上也发生了这个争论。[①]

五四运动后，北大新文化运动派的这种内部思想分歧就开始暴露出来。6月11日，陈独秀起草《北京市民宣言》，提出诉诸直接行动，以图根本之改造。

6月11日当天，陈独秀因在北京前门散发《北京市民宣言》，当场被军警抓捕入狱，李大钊也被迫逃到家乡的河北乐亭。《新青年》与《每周评论》的领导权，都暂时由胡适接管。他趁机在《每周评论》第31号上，发表《多研究些问题，少谈些主义》，推出自己的主张：

第一，空谈好听的"主义"是极容易的事，是阿猫阿狗都能做的事，是鹦鹉和留声机器都能做的事。

第二，空谈外来进口的"主义"是没有什么用处的。……

第三，偏向纸上的"主义"，是很危险的。……

……"主义"的弱点和危险就在这里。因为世间没有一个抽象名词能把某人某派的具体主张都包括在里面。比如"社会主义"一个名词，马克思的社会主义和王揖唐的社会主义不同；你的社会主义和我的社会主义不同：决不是这一个抽象名词所能包括。……

"主义"的大危险，就是能使人心满意足，自以为寻着了包医百病的"根本解决"，从此用不着费心力去研究这个那个具体问题的解决法了。[②]

对于自己文章的思想主旨，胡适本人在1922年《我的歧路》，倒是有一个如实交代：

---

① 转引自《钱玄同与胡适》，杨天石著：《哲人与文士》，北京：中国人民大学出版社，2007年，第555页。

② 《胡适精品散文集》（上），南昌：二十一世纪出版社，2017年，第81—85页。

直到一九一九年六月中，独秀被捕，我接办《每周评论》，方才有不能不谈政治的感觉。那时……国内的“新”分子闭口不谈具体的政治问题，却高谈什么无政府主义与马克思主义。我看不过了，忍不住了，——因为我是一个实验主义的信徒，——于是发愤要想谈政治。我在《每周评论》第三十一号里提出我的政论的导言，叫做《多研究些问题，少谈些主义》……①

一九三〇年，胡适在《介绍我自己的思想》一文中再一次提到：当时承“五四”“六三”之后，国内正倾向于谈主义，他预料到这个趋势的危险，故发表《多研究些问题，少谈些主义》。②

李大钊读到胡适上述文章，思绪难平，写成《再论问题与主义》，进行了有理有据、针锋相对的思想论争：

……我觉得“问题”与“主义”，有不能十分分离的关系。因为一个社会问题的解决，必须靠着社会上多数人共同的运动。那么我们要想解决一个问题，应该设法使他成了社会上多数人共同的问题。要想使一个社会问题，成了社会上多数人共同的问题，应该使这社会上可以共同解决这个那个社会问题的多数人，先有一个共同趋向的理想、主义，作他们实验自己生活上满意不满意的尺度（即是一种工具）。那共同感觉生活上不满意的事实，才能一个一个的成了社会问题，才有解决的希望。……

大凡一个主义，都有理想与实用两面。便如民主主义的理想，不论在那一国，大致都狠相同。把这个理想适用到实际的政治上去，那就因时、因所、因事的性质情形，有些不同。社会主义，亦复如是。③

① 胡适：《南游杂忆》，长春：吉林出版集团股份有限公司，2018年，第177页。
② 《胡适精品散文集》（上），南昌：二十一世纪出版社，2017年，第196页。
③ 《李大钊全集》（第三卷），石家庄：河北教育出版社，1999年，第305—306页。

李大钊文章发表后，胡适又在《每周评论》上连续发表了《三论问题与主义》与《四论问题与主义》，作为回应。

正当这场争论方兴未艾之时，8 月 31 日《每周评论》被北洋政府当局封闭了，这场争论形式上不了了之，但实际上则以不同形式继续深入进行。

第二节 “社会主义与资本主义”之争

20 世纪 20 年代初，张东荪、梁启超等资产阶级知识分子，打着基尔特社会主义的旗号，向马克思主义发起进攻，将列宁主义式的革命社会主义，斥为“过激主义”。

1920 年 10 月，张东荪陪同英国哲学家罗素到湖南讲演，而后回到上海，于 11 月 6 日在《时事新报》上发表《由内地旅行而得又一教训》，提出“中国只有一条路，一言以蔽之，就是增加富力”，而“增加富力”就是“开发实业”，这才能“使中国人从来未过过人的生活的，都得着人的生活，而不是欧美现成的什么社会主义、什么国家主义，什么无政府主义、什么多数派主义等等”。张东荪还强调：“罗素先生视察各地情形以后，他也说中国除了开发实业以外无以自立”，弦外之音是他的观点与罗素相同，似乎已然得到罗素支持。①

陈独秀在 1920 年 12 月出版的《新青年》第 8 卷第 4 号上，开辟了“关于社会主义的讨论”专栏，汇集了张东荪、梁启超等人的言论，正式开展了这场辩论。

张东荪坚持己见，1920 年 12 月 15 日在《改造》第 3 卷第 4 号上发表题为《现在与将来》的长篇论文。此前，张东荪把该文寄给正在天津的梁启超征求意见。梁启超表示完全赞成，并立即写了

① 《张东荪学术文化随笔》，北京：中国青年出版社，2000 年，第 98—99 页。

《复张东荪书论社会主义运动》的长文，发表在1921年2月15日出版的《改造》第3卷第6号上。研究系的其他要员蓝公武、蒋百里等也纷纷参加讨论。

而陈独秀、李大钊、李达、李汉俊、蔡和森、施存统、周佛海等人，则对张东荪、梁启超的观点进行了更激烈、更全面的回应，关于社会主义问题的论战由此迅速进入高潮。其中以1921年7月陈独秀发表在《新青年》第9卷第3号上的《社会主义批评》，李达1921年5月《新青年》第9卷第1号发表的《讨论社会主义并质梁任公》，分量最重。①

1921年，罗素在离开中国前夕，做了题为《中国到自由之路》的讲演，他明确提出中国不应实行基尔特社会主义，赞同中国应走俄国式新道路。罗素本人的这个表态，也导致了张东荪观点走向失势，失去群众基础。

第三节　马克思主义与无政府主义的论争

五四时期，无政府主义在一些青年学生中，包括一些革命青年中，曾经相当流行，其典型代表人物，首推黄凌霜、区声白。

1919年，在著名的"马克思专号"上，黄凌霜发表了《马克思学说的批评》一文，系统批判马克思经济论、唯物史观和政策论，树起了中国无政府主义思想旗帜。

1920年2月，在《奋斗》第2号上，黄凌霜发表论文《我们反对"布尔扎维克"》，公开反对布尔什维克主义，特别是苏维埃国家政权与无产阶级专政学说。

1920年9月，陈独秀在《新青年》上发表《谈政治》一文，其中一个核心思想，就是以无产阶级专政思想，批判无政府主义主

---

① 参见张德旺：《新编五四运动史》，哈尔滨：黑龙江人民出版社，2009年，第371页。

张。这是陈独秀从激进的革命民主主义转向马克思列宁主义的重要标志。

1920年底，陈独秀在广州法政学校讲演时，明确批判了无政府主义。恰巧区声白在下面听讲，他立即写信给陈独秀，从无政府主义立场出发，进行批驳。二人对话，往复三次。1921年8月1日，陈独秀在其主编的《新青年》第9卷第4号上，开辟了“讨论无政府主义”专栏，把这组信件全部披露于世。

这一论战产生了广泛影响，首先是对党的创立及其指导思想的确立，产生了影响。

1920年8月13日蔡和森给毛泽东的信中说：“我以为现世界不能行无政府主义，因为现世界显然有两个对抗的阶级存在，打倒有产阶级的迪克推多，非以无产阶级的迪克推多压不住反动，俄国就是个明证。所以我对于中国将来的改造，以为完全适用社会主义的原理和方法。”毛泽东于1920年12月1日给蔡和森等的信中也说：“我对于绝对的自由主义、无政府的主义，以及德谟克拉西主义，依我现在的看法，都只认为于理论上说得好听，事实上是做不到的。”①

另一个影响是，一批曾受无政府主义影响的革命青年，在这场论战中，转向马克思主义，其典型代表人物有何孟雄、恽代英、施洋、陈延年、陈乔年、黄爱、庞人铨等。

第四节　“科学与人生观”之争

大多数历史书，只提到上述三次论战，而没有提到这次论战，将其忽略过去是不对的；关于这次论战，有人称之为“玄学与科学之争”，这个说法其实并不准确。笔者在这里把它称作第四次论战，

---

① 《蔡和森文集》，北京：人民出版社，1980年，第51页，第60页。

正名为“科学与人生观”之争。

1918年底，梁启超率一个半官方、半民间的巴黎和会观察团，远赴巴黎，其成员包括张君劢、丁文江等。1919年3月，梁启超以连载的方式，在上海的《时事新报》上，连续发表《欧游心影录》，总结第一次世界大战的历史教训，分析了“科学万能”论的诸多负面影响。

1923年2月14日，张君劢到清华大学做学术讲演，题目就是《人生观》。他认为，五四以来，大多数中国人已经趋向于科学能研究一切问题。然而科学无论如何发达，人生观之解决，决非科学所能为力。中国文化的价值重估和重建问题，关键就在于人生观。

1923年4月12日，著名的地理学家、张君劢的老朋友丁文江，写成了《玄学与科学——评张君劢的〈人生观〉》一文，连续发表在《努力周报》第48、49期上。他认为，在知识界内，科学方法是万能的，由科学方法支配的人生观，虽然现在没有统一，但是将来是会统一的。

张君劢又写了一篇长篇论文，来回答丁文江的质疑，批评唯科学主义的科学万能论。而胡适等人则纷纷著文，支持丁文江的科学观。

在这场争论中，也有人试图超越对立，调和二者，吴稚晖就站出来，写了一篇长篇论文，题目就是《一个新信仰的宇宙观及人生观》，力主以科学解决人生观问题。

1923年底，胡适为《科学与人生观》作序，又接过了吴稚晖的立意，试着阐发自己的“科学的人生观”：

> 总而言之，我们以后的作战计画是宣传我们的新信仰，是宣传我们信仰的新人生观。（我所谓“人生观”，依唐擘黄先生的界说，包括吴稚晖先生所谓“宇宙观”。）这个新人生观的大旨，吴稚晖先生已宣布过了。我们总括他的大意，加上一点扩充和补充，在这里再提出这个新人生观的轮廓：……

> 这种新人生观是建筑在二三百年的科学常识之上的一个大假设，我们也许可以给他加上“科学的人生观”的尊号。但为避免无谓的争论起见，我主张叫他做“自然主义的人生观”。[①]

陈独秀认为，无论是张君劢的玄学至上论，还是丁文江的科学万能论，抑或是胡适的“科学的人生观”的折中主义，都不能真正解决问题。因而，1923 年 11 月 13 日，他在为《科学与人生观》所写的序言中，画龙点睛，提出了要用马克思主义哲学世界观，特别是唯物主义历史观作为统摄，才能形成真正科学的人生观：

> 我们相信只有客观的物质原因可以变动社会，可以解释历史，可以支配人生观，这便是“唯物的历史观”。我们现在要请问丁在君先生和胡适之先生：相信“唯物的历史观”为完全真理呢，还是相信唯物以外像张君劢等人所主张的唯心观也能够超科学而存在？[②]

大概是感到意犹未尽，1923 年 12 月 9 日，陈独秀又写了《答适之》，最终强调要用马克思主义哲学世界观，特别是唯物主义历史观作为指导，才能根本解决科学人生观问题：

> 科学的万能在那里？适之只重在我们自己主观的说明，而疏忽了社会一般客观的说明，只说明了科学的人生观自身之美满，未说明科学对于一切人生观之威权，不能证明科学万能，使玄学游魂尚有四出的余地；我则以为，固然在主观上须建设科学的人生观之信仰，而更须在客观上对于一切超科学的人生观加以科学的解释，毕竟证明科学之威权是万能的，方能使玄学鬼无路可走，无缝可钻。
>
> ……第一，唯物史观所谓客观的物质原因，在人类社会，

---

① 胡适：《科学与人生观》序，张君劢、丁文江等：《科学与人生观》，长沙：岳麓书社，2011 年，第 22—23 页。

② 陈独秀：《科学与人生观》序，张君劢、丁文江等：《科学与人生观》，长沙：岳麓书社，2011 年，第 7 页。

自然以经济（即生产方法）为骨干。第二，唯物史观所谓客观的物质原因，是指物质的本因而言，由物而发生之心的现象，当然不包括在内。世界上无论如何彻底的唯物论者，断不能不承认有心的现象即精神现象这种事实（我不知适之所想象之彻底的唯物论是怎样?）；唯物史观的哲学者也并不是不重视思想文化宗教道德教育等心的现象之存在，惟只承认他们都是经济的基础上面之建筑物，而非基础之本身。[1]

第五节　关于四次论战的新看法

对于马克思主义传播起点上发生的上述四次论战，应当采取实事求是、具体分析的科学态度，要注意自觉克服长期存在的两种偏向：改革开放之前的主要问题，是对论战对象评价过低，甚至干脆简单化地把胡适等人斥为敌人；改革开放40多年来，特别是近十来年间，又从一个极端走向另一个极端，对胡适等评价过高，认为胡适才是五四时期首要代表人物，自由主义、实用主义才是五四时期主导性思潮，只有他们才是五四传统的正果。

这两种偏向，都是根本错误的。今天，在纪念五四运动100周年乃至中国共产党成立100周年之际，不是要在这两种倾向中选择一种，也不是在两极震荡中作恶性循环，而是要用实事求是的科学精神，具体分析这几场论战的是非得失、历史经验与历史教训，既不美化，也不丑化。

首先是要分清敌我。这四场论战的争论双方，彼此都是统一战线内部的盟友关系，而不是和帝国主义、封建主义、官僚资本主义（当时是反动军阀）三座大山的敌对关系。过去很长时间，主要是改革开放以前，往往把许多论敌，特别是胡适，完全当成敌人看

① 陈独秀：《答适之》，张君劢、丁文江等：《科学与人生观》，长沙：岳麓书社，2011年，第29页。

待，视之为帝国主义走狗、隐蔽在革命阵营内部的家贼，简单化地批判其反动立场、反动思想、反动目的。其实尽管五四运动过后，新文化运动内部有分化，但总体上还属于人民内部矛盾范畴，还是统一战线内部的盟友，有时还是不可缺少的重要盟友。可以说，他们“政治上是盟友，思想上是论敌”。因而，他们提出的问题本身有一定合理性，他们的解决方案也包含着一定的思想成果；当时未能很好解决的问题，对于今后马克思主义中国化的长期探索，也有启发意义。

在分清敌我的前提下，还要分清是非，这四场论战先后争论的四个原则问题：一是解决中国问题，要不要马克思主义理论指导；二是中国未来到底是要社会主义，还是要资本主义；三是中国革命需要马克思主义，还是无政府主义；四是怎样处置科学与人生观关系。这四个问题，都是基本理论中大是大非的原则问题，只有将马克思主义与中国具体实践相结合，才能提供解决问题的正确途径。

总体来看，在马克思主义在中国传播起点上的这四次论战，以李大钊、陈独秀、蔡和森、毛泽东等人为代表的中国早期马克思主义学人，基本上都取得了思想上风，初步显示了马克思主义科学真理的力量，初步显示了马克思主义哲学世界观、历史观、人生观、价值观在现代中国的精神高度，因而有益于马克思主义种子在中华大地上生根发芽、成长壮大。总而言之，这几次论战，有利于树立马克思主义在中国思想文化界的领导权，也有利于中国共产党后来建立最广泛的民族统一战线，获得思想政治领导权。

囿于历史条件，当时马克思主义在中国的传播还处在历史起点，对有的问题一时还难以做出完全符合实际的成熟回答。比如，第二次论战中提出的问题，落后中国急需发展的是资本主义，还是社会主义？这个问题就极其复杂。中国当时如此落后，显而易见，不能直接搞社会主义，最急需的还是发展现代化、工业化、近代资本主义实业，改变落后生产力；但是没有中国共产党领导人民，进行新民主主义革命，推倒三重大山，落后的生产力就不可能得到大解放、大发展；因而最紧迫的，还是在中国共产党领导下，推倒帝国主义、封建主义、官僚资本主义三座大山的新民主主义革命。

回答好这个问题，正是20世纪40年代毛泽东思想、新民主主义论的重大创新，是马克思主义与中国实际结合的第一次飞跃、第一个重大成果。而这一时期的思想争论，堪称最初播下的思想火种。

第十三章　1927 年至 1937 年中国马列著作的出版

1927 年 4 月，蒋介石在上海发动“四·一二”反革命政变，7 月，汪精卫控制的国民党武汉政府也公开反共，轰轰烈烈的大革命宣告失败。大革命失败后，共产党人和进步的文化工作者在严酷环境下，仍然利用一切公开和秘密的形式继续传播马克思主义，继续翻译出版马克思主义经典著作。我们来看看 1927 年至 1937 年间中国马列著作的出版简况。

第一节　马克思新唯物论哲学世界观译著

图 13-1　1929 年，杜竹君译《哲学之贫困》，上海水沫书店

在翻译出版马克思新唯物论哲学著作时，固然要肯定马克思哲学的世界观层面，而其中首先的入手处与着眼点，却是与社会生活、改变历史、社会改造等关系最为直接的唯物史观——这是从李大钊《我的马克思主义观》、陈独秀《马克思学说》开始，就打下的基础、定下的基调。与此相关，1921 年上海《东方杂志》第 18 卷第 1 期发表了范寿康编译的《马克思的唯物史观》。

之后，马克思 1847 年为批判蒲鲁东而阐发自己哲学世界观的《哲学的贫困》，也引起了中国思想界的特别关注。1928 年，上海《思想》月刊第 2 至 3 期，发表了李铁声译的《〈哲学底贫困〉底拔萃》，这是节译该书的哲学内容片段。

1929 年，上海水沫书店也出版了杜竹君译的《哲学之贫困》一书。马克思本人说过，自己有决定意义的观点，首先表述在 1847 年、1848 年发表的《哲学的贫困》与《共产党宣言》之中，因而从 1859 年《〈政治经济学〉序言》、1848 年《共产党宣言》转向 1847 年《哲学的贫困》，表明对马克思新唯物论的译介视野更为宽广了。

1932 年，北平东亚书局出版了北京大学许德珩翻译的《哲学之贫乏》，这是一个更好的译本。许德珩曾在李大钊倡导下，积极参与五四运动，是北大爱国学生中的领袖人物。1920 年初，他赴法勤工俭学，1921 年先后参加了周恩来领导的“二八运动”和蔡和森等人发起的进占里昂中国大学的运动，在实践斗争中走向马克思主义。正如他在《翻译〈哲学之贫乏〉的经过》中所描述的：“我之翻译马克思《哲学之贫乏》一书，是在当时某些人宣传无政府主义言论的情况下，针对这股思潮而进行的。”[①] 他提到：

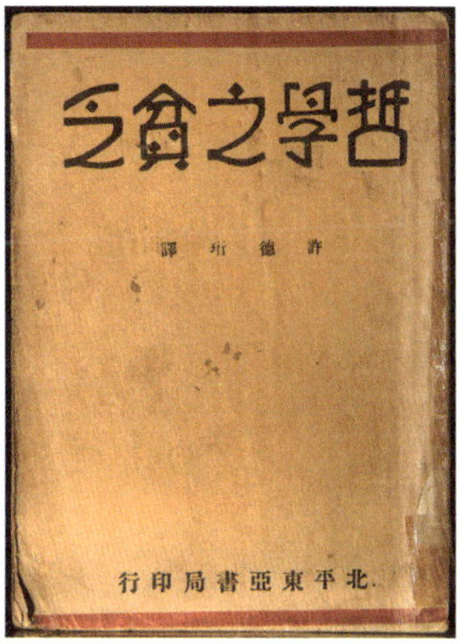

图 13-2　1932 年，北京大学许德珩译马克思著作《哲学之贫乏》，北平东亚书局

> 通过二八运动和争回里大的斗争，使我明确认识到：勤工俭学的理想在当时的社会里是很难实现的。无论是实行工读主义还是勤工俭学主义，都不能达到改造社会的目的，只有在马克思主义的指导下进行社会革命才是唯一的出路。从而增强了我攻读马克思主义经典著作的信心和决心，同时对于无政府主义的一套理论也更加不信任。……

① 中共中央马克思恩格斯列宁斯大林著作编译局马恩室编：《马克思恩格斯著作在中国的传播》，北京：人民出版社，1983 年，第 57 页。

一年以后，亦即1929年的秋天，上海有一家书店同我接洽，要我翻译马克思的《哲学之贫乏》。我想无政府主义思潮在国内甚是泛滥，马克思的这本书正是批判无政府主义的经典著作，译成中文，亟有必要，于是我就接受了。动手是在这年的十月初。可巧在我翻译了三分之一的时候，一天下午路过上海书店最多的四马路（今为福州路），忽然看见一家书店门口悬着一个大字广告牌，牌上写着：'《哲学之贫困》出版了'。我看了又是欢喜，又是懊悔。欢喜的是，这本书已经出版，令人高兴；懊悔的是我竟然白花费了那些工夫去翻译别人已经出版的书。于是打定主意，决定不再翻译它了。回家来就把这个已经译起四万多字的稿子捆束起来，置之高阁，一方面写信给这家书店老板，表示自己愿意放弃这种工作。这本书在当时就如此搁置下来。①

后来，许德珩发现译文有问题，于是又重新展开工作。

建党初期，李大钊与李达都把对马克思主义哲学的关注重点，首先集中在唯物史观上，这是必要的、急需的，也是初步的。之后，中国先进知识分子的研究重心扩展深化到马克思新唯物论，首先是辩证唯物主义世界观、存在论层面。这一思想进程，在马克思主义著作出版史中，也有所反映。

1923年，在《世界的社会改造与共产国际》一文中，瞿秋白就把马克思哲学称为"辩证法的唯物论"，也称为"互辩法的唯物论"②。他还试图在《新青年》季刊第3期上发表的《马克思主义辩证法的几个规律》一文中，引证马克思《关于费尔巴哈的提纲》，来说明马克思新唯物论的实践观实质："革命的马克思主义不许理论与事实分离。我们不应只在认识环绕我们的环境，我们应改变环

① 中共中央马克思恩格斯列宁斯大林著作编译局马恩室编：《马克思恩格斯著作在中国的传播》，北京：人民出版社，1983年，第59—61页。

② 余玉花：《瞿秋白学术思想评传》，北京：北京图书馆出版社，2000年，第118页。

境……马克思曾说过：‘哲学家只描写种种不同的世界，殊不知只在要改换他。’没有实行，即没有真实的认识，而且认识是必须行动的，否则他即是无用的东西。”①

或许可以说，瞿秋白是翻译介绍马克思《关于费尔巴哈的提纲》，阐发马克思新唯物论哲学世界观的中国第一人。

1930年，上海江南书店出版了向省吾译的《马克思、恩格斯关于唯物论的片断》，迈出了翻译传播马克思新唯物论的重要一步。

1930年，上海亚东图书馆还出版了程始仁编译的马克思等人所著《辩证法经典》，也向着深入理解马克思新唯物论，迈出了重要一步。

1930年，上海平凡书局还出版了一本题目与内容均颇为别致的书，即高希圣等译、俄国人萨可夫斯基编的《马克思学体系》。这里在中文译名中使用了“马克思学”这样一个独特概念，而且提出了“马克思学体系”的新概念，比西方更早，值得专门做些研究。

另外，张申府、张岱年兄弟在翻译介绍马克思新唯物论方面，也做出了贡献。张申府是五四时期由李大钊介绍入党的最早的中共党员之一，后来在旅欧过程中成为周恩来与朱德的入党介绍人，张岱年是他的弟弟。

1932年，张申府利用他主编天津《大公报》副刊《世界思潮》的工作便利，在其第7期上发表了自己翻译的、马克思于1845年春天写下的《关于费尔巴哈的提纲》，不过当时还译作《佛那巴赫论纲》。在第30期上，他还发表了马克思《自白》译文。

1933年4月27日，张岱年在《世界思潮》第53期上，发表《关于新唯物论》一文，发挥《关于费尔巴哈的提纲》的思想精髓，阐发了从马克思到列宁的新唯物论——辩证唯物论的精义，开门见山地指出：“新唯物论或辩证唯物论，实为现代最可注意之哲学。”②

此外，1935年上海辛垦书店出版了柳若水辑译的马克思新唯物

① 余玉花：《瞿秋白学术思想评传》，北京：北京图书馆出版社，2000年，第127页。
② 《张岱年文集》（第一卷），北京：清华大学出版社，1989年，第187页。

论著作《黑格尔哲学批判》，收录了马克思在这方面的5篇论著。

第二节　马列主义文化观译著

马克思主义著作在中国出版史的一个显著特色，是思想文化界的顶尖级、大师级人物，也都加入了译者队伍，从而推动了马克思主义与中华民族文化的有机结合。

从五四时期到1927年大革命失败，鲁迅的思想经历了一个由进化论到马克思主义阶级论、矛盾论、辩证法的深刻转变。这个哲学世界观转变的深刻基础是社会实践，而思想动力则是马克思主义著作。1932年4月24日夜，鲁迅编完《三闲集》，在序言的尾声之处交代了自己这一心路历程：

> 我有一件事要感谢创造社的，是他们‘挤’我看了几种科学底文艺论，明白了先前的文学史家们说了一大堆，还是纠缠不清的疑问。并且因此译了一本蒲力汗诺夫的《艺术论》，以救正我——还因我而及于别人——的只信进化论的偏颇。①

鲁迅翻译马克思主义的主要代表作，是1930年出版的《艺术论》。《艺术论》包括普列汉诺夫的三篇论文——《论艺术》、《原始民族的艺术》、《再论原始民族的艺术》以及《论文集〈二十年间〉第三版序》，1930年7月由上海光华书局出版，为“科学的艺术论丛书”之一。

早在1925年，著名学者郭沫若就计划倾尽全力，翻译马克思《资本论》，后因出版社原因不得不放弃。此外，他还先后翻译出版了马克思三部重要著作：

1. 郭沫若译，马克思著《政治经济学批判》，在1931年12月由上海神州国光社初版，1932年7月再版，1939年5月又以言行出版社名义出版。

2. 郭沫若译，马克思、恩格斯合著的《德意志意识形态》，1938年11月由言行出版社出版。

---

① 《鲁迅全集》（第四卷），北京：人民文学出版社，1981年，第6页。

3. 1933 年至 1935 年间，郭沫若根据德文原著对照日译本摘译了马克思、恩格斯合著的《神圣家族》，改书名为《艺术作品之真实性》，1936 年 5 月由东京质文出版社出版。前言中交代了版本和翻译上的问题。

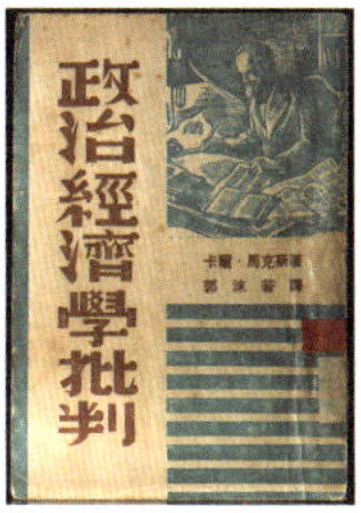

图 13-3　郭沫若译《政治经济学批判》

图 13-4　郭沫若译《德意志意识形态》

图 13-5　郭沫若译马克思著作三种

1921 年，茅盾翻译了列宁的主要著作《国家与革命》第一章，发表在上海出版的《共产党》第 1 卷第 4 期上。

作为学者的瞿秋白，翻译了托尔斯泰、果戈理的一些文学作品，并以两部旅苏游记而名世。瞿秋白也翻译出版了一系列马克思主义著作，主要是俄文作品，如 1925 年 4 月 22 日，他在《新青年》月刊第 1 号上，翻译了斯大林的《列宁主义概论》。1931 年，他又翻译了列宁《卡尔·马克思》一文中的两部分《马克思底学说》、《哲学的唯物论》，1939 年 2 月收录在上海霞社校印的《社会科学概论》一书中。

冯雪峰至少有 3 篇马克思主义著作的重要译作：

1.《艺术形成之社会的前提条件》，1930 年译，摘译马克思 1857 年至 1858 年经济学手稿中关于艺术的部分论述。载《萌芽月刊》第 1 卷第 1 期。

2. 待桁、雪峰译述的《巴黎公社论》和《巴黎公社底艺术政策》，其中摘译马克思写给库格曼的两封信和马克思的《法兰西内战》以及恩格斯写的序言，载 1930 年第 1 卷第 3 期《萌芽月刊》。

3.《马克思论出版的自由与检阅》，1930 年译，摘译了马克思早期著作《第六届莱茵省议会的辩论（第一篇论文）》和《评普鲁士的书报检查令》中关于出版自由的论述片段，载《萌芽月刊》第 1 卷第 5 期。此文批判了国民党反动派对革命进步出版物的控制。

第三节　恩格斯主要著作的中译本

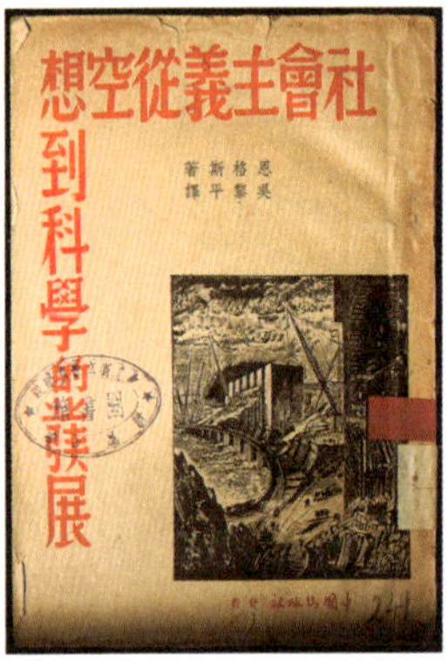

图 13-6　1930 年，吴黎平译，恩格斯著《社会主义从空想到科学的发展》，中国出版社

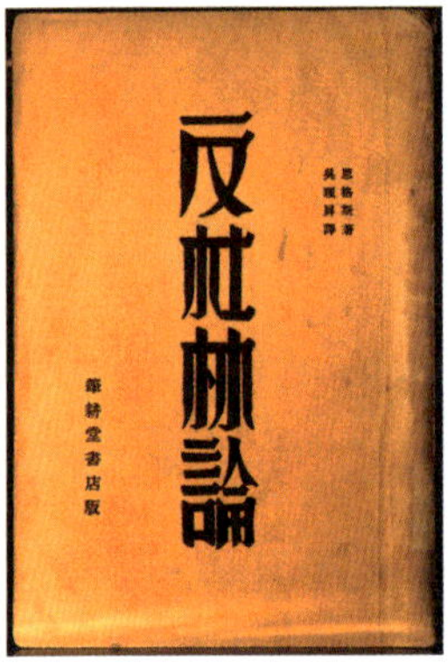

图 13-7　吴理屏（吴黎平）译，恩格斯著《反杜林论》，笔耕书店

这一时期中国思想界，对于恩格斯基本著作，给予了高度重视，几乎把他的 7 部重要论著，全部进行了翻译出版。

1.《社会主义从空想到科学的发展》

恩格斯《社会主义从空想到科学的发展》一书，翻译最早，出版最早，几乎与《共产党宣言》同期。

早在 1920 年 8 月，上海群益出版社就出版了由郑次山译、王岫庐校的恩格斯著作《科学社会主义》，这实际上是恩格斯著作《社会主义从空想到科学的发展》的节译本。

1925 年 2 月 13 日，柯柏年又以丽英为笔名，在上海《民国日报》副刊《觉悟》上，发表了恩格斯《社会主义从空想到科学的发展》的节译，题为《空想的及科学的社会主义》。

2.《反杜林论》

1920 年 12 月，徐道中节译了恩格斯《反杜林论》，以《科学的社会主义与唯物史观》为题，加以发表。

1930 年，上海江南书店出版了吴黎平翻译的《反杜林论》，后又由笔耕堂书店出版。

3.《家庭、私有制和国家的起源》

早在 1920 年 8 月，中国共产党早期著名活动家、理论家恽代英，就在上海《东方杂志》第 17 卷第 19、20 号上，摘译了恩格斯的《家庭、私有制和国家的起源》一书，题为《英哲士论家庭的起源》。

1929 年，上海新生命书局出版了李膺扬（即杨贤江）翻译的恩格斯专著《家庭私有财产及国家之起源》。

4. 恩格斯《路德维希·费尔巴哈与德国古典哲学的终结》

1929 年，上海南强书局以《费尔巴哈论》为题，出版了彭嘉生译的恩格斯这一著作。

1930 年，上海江南书店又以《费尔巴哈与古典哲学的终末》为题，出版了向省吾译的这一著作。

图 13-8　1929 年，彭嘉生译，恩格斯著《费尔巴哈论》，上海南强书局

5. 恩格斯《马克思传及其学说》

1930 年，上海社会科学研究会发表了易桢摘译，马克思、恩格斯著《马克思传及其学说》，共收录 7 篇，多为恩格斯著作。

6.《自然辩证法》

1932 年，上海神州国光社出版了杜畏之译的恩格斯著作《自然辩证法》。

7.《德国农民战争》

1932 年，上海神州国光社出版了恩格斯《德国农民战争》，译者是钱亦石。除了正文以外，该书还收入了恩格斯写的两篇序言。与此同时，上海乐华图书公司也出版由李一新翻译的另外一个中译本，书名是《德意志农民战争》。

第四节　列宁著作中译本的大量问世

比较而言，在一定意义上可以说，列宁著作更贴近当时实际，更贴近革命实践，更贴近东方民族乃至中国国情。再加上十月革命的巨大影响，共产国际的组织，旅苏人员的不断增加，因而，列宁著作的翻译出版受到重视，数量也特别多，品种特别丰富。

仅仅根据不完全的初步统计，从 1921 年至 1931 年间，即中国共产党创建头 10 年间，列宁著作的中译本就发表了 40 多部（篇）。

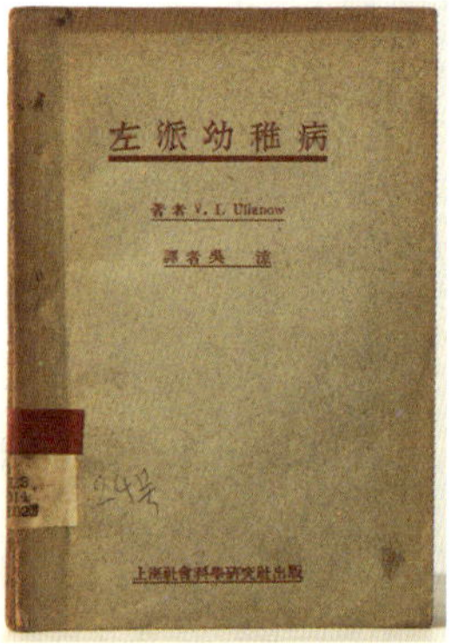

图 13-9　吴凉译，列宁著《左派幼稚病》，上海社会科学研究社出版

图 13-10　莫师古译，列宁著《国家与革命》

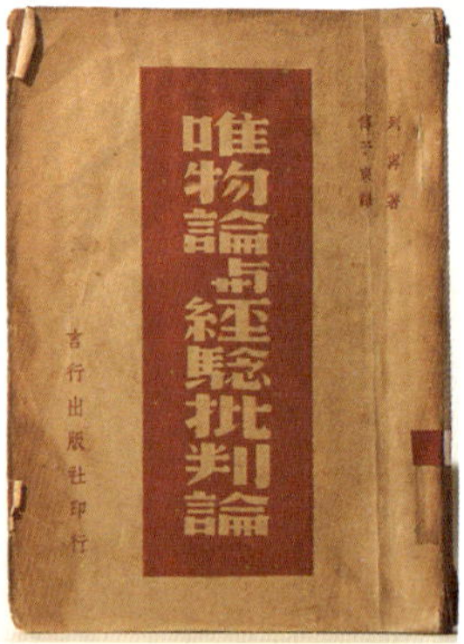

图 13-11　傅子东译，列宁著《唯物论与经验批判论》，言行出版社

到了之后的延安时期，列宁主义最新理论创新及其对中国革命的指导意义，受到进一步重视，这成为中国翻译出版马列著作的一个鲜明历史特色。

在相当意义上可以说，列宁主义理论创新是马克思主义中国化第一次飞跃、第一大成果——这是毛泽东思想、新民主主义理论，最重要、最直接的理论来源。

第十四章　毛泽东的“四个亲自带头”

烽火连天的延安时期，何以会成为马克思主义著作在中国出版的高峰时代？

一个非常重要的原因是有毛泽东的“四个亲自带头”：亲自带头学马列，亲自带头讲马列，亲自带头倡导马列，亲自带头组织翻译出版马列著作。

第一节　亲自带头学马列

毛泽东作为党政军的主要领袖人物，却把带头学习研读马克思主义著作作为自己的首要职责。曾长期担任毛泽东图书秘书的逄先知，曾这样描述：

> 土地革命战争时期，在被国民党反动政府封锁的革命根据地内，要读马列著作十分困难。但是毛泽东是多么渴望读到马克思主义的书籍，多么需要马克思主义理论的指导啊！……那个时候，打下一些城市后，才好不容易弄到一点马列主义的书。一九三二年四月，红军打开当时福建的第二大城市漳州，没收了一批军事、政治、科学的书送到总政治部，其中有一些马列著作。根据彭德怀和吴黎平的回忆，其中有恩格斯的《反杜林论》，列宁的《两个策略》（即《社会民主党在民主革命中

的两种策略》)、《“左派”幼稚病》(即《共产主义运动中的“左派”幼稚病》)。后来，毛泽东回忆土地革命战争时期的历史时说，那个时候能读到马列著作很不容易，在长征路上，他患病的时候躺在担架上还读马列的书。[①]

到了延安，毛泽东继续保持了这种带头学马列的好作风、好学风。根据曾给毛泽东管理过图书的史敬棠回忆，毛泽东在延安经常读《两个策略》、《“左派”幼稚病》。他用的这两本书还是经过万里长征从中央苏区带来的，虽然破旧了，仍爱不释手。毛泽东在这两本书中写了一些批语，有几种不同颜色的笔画的圈、点和杠杠，写有某年某月“初读”，某年某月“二读”，某年某月“三读”的字样。这说明，到那个时候为止，这两本书至少已读过三遍了。这两本书早已丢失，这是非常可惜的。我们从彭德怀的回忆里，也可以看到毛泽东当时是如何重视这两本书以及对这两本书的具体看法。[②]

图 14-1　毛泽东当年批阅的列宁著作《“左派”幼稚病》

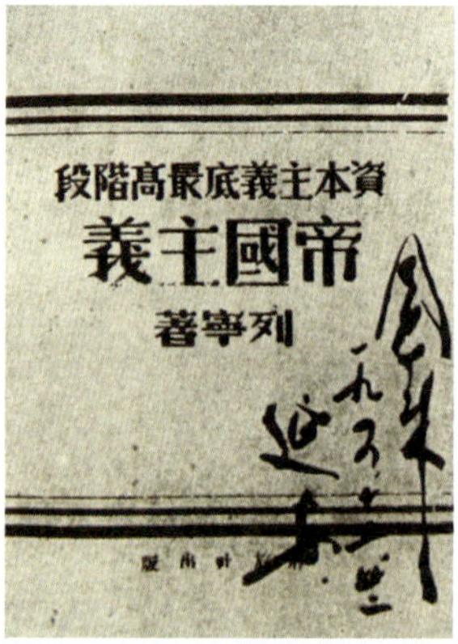

图 14-2　周恩来在列宁《帝国主义论》上的签名

图 14-3　周恩来在马克思、恩格斯《共产党宣言》上的签名

① 龚育之、逄先知、石仲泉：《毛泽东的读书生活》，北京：生活·读书·新知三联书店，1986 年，第 21—22 页。

② 龚育之、逄先知、石仲泉：《毛泽东的读书生活》，北京：生活·读书·新知三联书店，第 23 页。

在那种烽火连天的战争岁月中，在延安的窑洞里，毛泽东却能在理论思维上站在世界高峰，一个重要原因是他仍能通过延安的三条途径，学习马克思列宁主义的基本文献与理论观点：一是当时延安内外翻译出版的马列著作；二是当时广为流传的苏联学界马克思列宁主义学术著作；三是李达、艾思奇等中国专家学者的马克思列宁主义学术著作。

解放战争时期，毛泽东一方面运筹帷幄，指挥百万大军，另一方面也不忘攻读马列。例如，在《国家与革命》的封面上，毛泽东亲笔写上“毛泽东　一九四六年”，在扉面上注明：“1946年四月廿二日在延安起读”。

1948年4月，中国人民解放战争正在乘胜前进，为了克服革命队伍内部存在的无纪律状态和无政府状态，保证革命战争的彻底胜利，毛泽东重读《“左派”幼稚病》第二章“布尔什维克成功的基本条件之一”，并在书的封面上写了一个批语：“请同志们看此书的第二章，使同志们懂得必须消灭现在我们工作中的某些严重的无纪律状态或无政府状态。毛泽东　一九四八年四月廿一日”。中宣部在6月1日发出毛泽东这一指示，要求全党学习《“左派”幼稚病》第二章。[①]

第二节　亲自带头讲马列

在延安，毛泽东亲自带头到抗日军政大学，讲马克思主义，特别是马克思主义哲学，留下了《辩证唯物论纲要》等讲课提纲。

为毛泽东思想作哲学奠基的“两论”——《实践论》和《矛盾论》，是毛泽东讲解马克思主义哲学的两篇讲稿，其中引述了马克思主义著作中的许多经典论述，乃是这一时期马克思主义著作出版

① 龚育之、逄先知、石仲泉：《毛泽东的读书生活》，北京：生活·读书·新知三联书店，第24—25页。

事业的一面镜子。

1937 年 7 月，在抗日战争进入全面爆发的历史关键时刻，毛泽东以“实践论”为主题，到延安的抗日军政大学做了一次专题讲演。他坚持和发展了马克思列宁主义实践观，并以此为核心创造性地阐发了辩证唯物主义认识论。毛泽东实践论的主要理论来源与哲学基础，就是马克思 1845 年春天所作的《关于费尔巴哈的提纲》，还有列宁的两部哲学著作——《唯物主义和经验批判主义》与《哲学笔记》。

1937 年 8 月，毛泽东又以“矛盾论”为主题，到抗日军政大学做了讲演，并以此为核心创造性地发展了马克思主义哲学，尤其是唯物辩证法。其主要理论来源与哲学基础，则是恩格斯《反杜林论》与列宁《哲学笔记》。其中引证前者两次，引证后者六次。

第三节　亲自带头倡导马列

毛泽东不仅自己发愤读书，还组织中央其他同志一起读书，提倡党的干部都来读书。1936 年 9 月 11 日，毛泽东、周恩来、博古致电彭德怀、刘晓、李富春：“（一）同意富春办法，组织流动图书馆。（二）明日即开始寄第一次书十本，先交富春，停三天转寄彭刘，停一星期。（三）各同志务须按时寄回，以免散失。（四）以后将一星期或十天寄一次。”①

1938 年，在具有历史意义的六届六中全会上，毛泽东在《中国共产党在民族战争中的地位》一文中有一节专讲“学习”，向全党提出了学习马克思列宁主义的任务：“普遍地深入地研究马克思列宁主义的理论的任务，对于我们，是一个亟待解决并须着重地致力才能解决的大问题。我希望从我们这次中央全会之后，来一个全党

① 《毛泽东书信选集》，北京：中央文献出版社，2003 年，第 52 页。

的学习竞赛，看谁真正地学到了一点东西，看谁学的更多一点，更好一点。在担负主要领导责任的观点上说，如果我们党有一百个至二百个系统地而不是零碎地、实际地而不是空洞地学会了马克思列宁主义的同志，就会大大地提高我们党的战斗力量，并加速我们战胜日本帝国主义的工作。”①

1938年9月，毛泽东亲自提议，成立新哲学会，由艾思奇、何思敬负责具体组织工作，并在《解放》第53期上，发表了《新哲学会缘起》。1940年6月21日，新哲学会在延安举行第一届年会，出席的不仅有当时在延安的所有著名哲学家，还有毛泽东、张闻天、朱德等党政军最高领导。

第四节　亲自带头组织翻译出版马列著作

1942年，抗日战争进入最为艰苦的相持阶段，恰恰在这段艰难岁月中，毛泽东亲自倡导了延安整风运动，在全党上下，首先是在党的骨干队伍中，进行了一次普遍的马克思主义教育运动。

与此相应，毛泽东酝酿着提出一个翻译出版马克思主义著作的更大构想。② 这个构想包括：成立一个统一的大翻译部、翻译专家拟定一个长远的翻译计划、由中央发布关于翻译工作的决定、毛泽东亲自组织翻译等。

1942年，延安整风初期，毛泽东曾设想把原有马列学院的编译部与中央军委的翻译处合并，并且广揽人才，集中组成一个大的翻译部。

---

① 《毛泽东选集》(第二卷)，北京：人民出版社，1991年，第533页。

② 长期从事编译出版工作，并曾为毛泽东主席担任翻译工作的师哲同志，在《马克思逝世百周年志感》中，也证实了毛泽东当年在延安整风初期，确实有过一个系统翻译马列著作的宏大构想：“一九四二年毛泽东同志曾提出要有组织、有计划并较大规模地翻译马列主义经典著作的意见。”中共中央马克思恩格斯列宁斯大林著作编译局马恩室编：《马克思恩格斯著作在中国的传播》，北京：人民出版社，第160页。

1942 年 9 月 15 日，毛泽东写信给当时的中宣部副部长何凯丰：

> 整风完后，中央须设一个大的编译部，把军委编译局并入，有二三十人工作，大批翻译马恩列斯及苏联书籍，如再有力，则翻译英法德古典书籍。我想亮平在翻译方面曾有功绩，最好还是他主持编译部，不知你意如何？不知他自己愿干否？为全党着想，与其做地方工作，不如做翻译工作，学个唐三藏及鲁迅，实是功德无量的。①

1942 年 10 月 27 日，中宣部部务会议曾经讨论过成立编译部翻译马恩列斯等名著和下年完成《列宁选集》和世界史相关论著的翻译等问题。最后，在关于 1943 年的工作计划中，除了明确要译出《马恩通信选集》、《列宁选集》和《新世界史》以外，责成张仲实、吴敏、柯柏年等人拟定一个分若干年完成的翻译计划。与此同时，还决定对高级干部应读的马恩列斯著作的译文进行校订。②

另一方面，为了推动延安整风，同时也开始实施系统翻译出版马克思主义著作的宏大构想，毛泽东亲自组织了《思想方法论》的编译出版工作。

图 14-4　毛泽东亲自组织编译的《思想方法论》

图 14-5　延安时期出版的《列宁文选》六卷本

① 《毛泽东书信选集》，北京：中央文献出版社，2003 年，第 182 页。

② 中共中央马克思恩格斯列宁斯大林著作编译局马恩室编：《马克思恩格斯著作在中国的传播》，北京：人民出版社，1983 年，第 306 页。

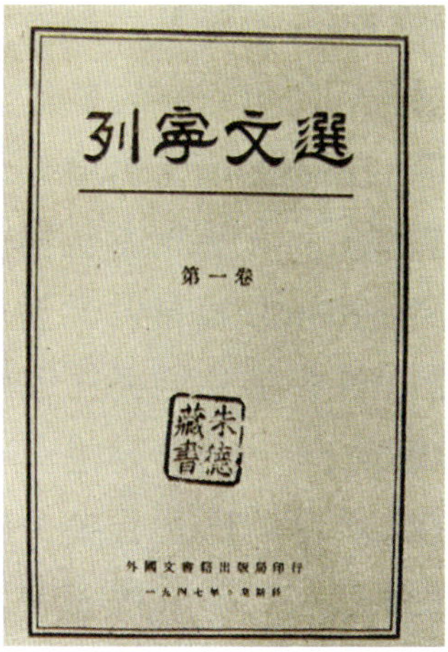

图 14-6　朱德亲自签名盖章、精心收藏的《列宁文选》

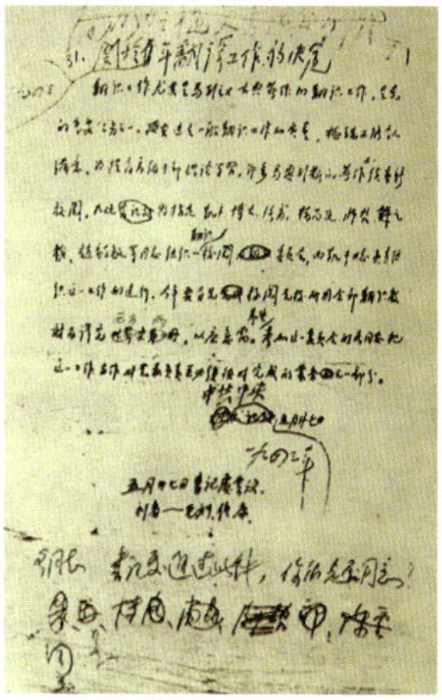

图 14-7　《中共中央关于一九四三年翻译工作的决定》

据张仲实回忆：

> 1942 年一天，在毛泽东办公室参加了他召集的《马恩列斯论思想方法》一书编辑会议，到会者有艾思奇、吴亮平、柯柏年等。会议决定：大家分头找材料，由一个人整理编辑，最后送毛泽东审阅。后来毛泽东看了这份整理的初稿，认为不适用。他自己重新编辑最后成书。这就是后来流行的《思想方法论》。[①]

1943 年 5 月 27 日，中共中央书记处在毛泽东提议下又做出了《中共中央关于一九四三年翻译工作的决定》。决定说，“为提高高级干部理论学习，许多马恩列斯的著作必须重新校阅。为此特指定凯丰、博古、洛甫、杨尚昆、师哲、许之桢、赵毅敏等同志组织一翻译校阅委员会，由凯丰同志负责组织这一工作的进行。……希望参加这一委员会的各同志把这一工作当作对党最负责并必须按时完

① 中共中央马克思恩格斯列宁斯大林著作编译局马恩室编：《马克思恩格斯著作在中国的传播》，北京：人民出版社，1983 年，第 95 页。

成的业务之一部分”[1]。这个决定是由毛泽东亲笔审订。

但是，中央关于建立大编译部和翻译校阅委员会的工作，由于各种各样的原因，实际上都没有能够按计划实现。

1945年在具有重大历史意义的中共七大上，毛泽东再次讲到马克思主义著作的翻译出版。在七大上，毛泽东两次讲到要更加重视马克思主义著作的翻译出版工作的问题，试图纠正延安整风后马克思主义著作翻译出版工作有所削弱的局面。

第一次，是1945年4月25日，在中国共产党第七次全国代表大会上的口头政治报告第三部分第二个问题，毛泽东特别讲到如何对待理论工作、翻译工作：

> （一）理论工作者。我们整风讲实事求是，反教条主义，这样一反，好像理论工作者就不那样吃得开了。我们应该重视理论工作者，应该重视理论。列宁说过：“没有革命的理论，就没有革命的运动。”因此我们党内要学习理论，从前我在六中全会上讲过，我们党的理论水平是很低的，现在比较过去是高了一些，但是还不够。……
>
> 作翻译工作的同志很重要，不要认为翻译工作不好。我们现在需要大翻译家。我是一个土包子，要懂一点国外的事还是要靠翻译。我们党内能直接看外国书的人很少，凡能直接看外国书的人，首先要翻译马、恩、列、斯的著作，翻译苏联先进的东西和各国马克思主义者的东西。还有历史上的许多东西，虽然不是马克思主义的，但带有进步意义的，还有一些民主主义者的东西，我们都要翻译。
>
> 因此我们要重视理论工作者，看得起他们，把他们看成我们队伍中很有学问的人，有修养的人，要尊敬他们。[2]

---

① 中共中央文献研究室、中央档案馆编：《建党以来重要文献选编（一九二一——一九四九）》第20册，北京：中央文献出版社，2011年，第328页。

② 《毛泽东在七大的报告和讲话集》，北京：中央文献出版社，1995年，第147—148页。

第二次，是1945年5月31日，《在中国共产党第七次全国代表大会上的结论》一文中，毛泽东再次强调了马克思主义著作翻译出版的重要性。

> 许多人不重视理论工作，似乎这个工作不要紧。对理论工作看法的动摇是不对的。我们对搞翻译工作的、写理论文章的人要看得起，应多和他们谈谈。没有搞翻译工作的我们就看不懂外国的书，他们翻译外国的书，很有功劳，即使一生一世只翻译了一本书，也是有功劳的。别人不重视这个工作的思想，是不好的；做这个工作的同志自己对这个工作的认识也有动摇，这同样是不好的。有的人曾不止一次地要求改行，说做这个工作吃不开，要求做别的工作。不要轻视搞翻译的同志，如果不搞一点外国的东西，中国哪晓得什么是马列主义？中国历史上也有翻译工作，唐僧就是一个大翻译家，他取经回来后设翻译馆，就翻译佛经。《鲁迅全集》开卷第一页，有蔡元培写的一篇序，其中有几句写得不错。他说鲁迅是一个既博览又很谦虚的人，翻译了许多外国文学家的作品，翻译的作品占了他的全集的一半。所以，轻视这个工作和对这个工作的动摇都是不对的。[1]

作为党的主要领导者，毛泽东如此重视马克思主义著作的翻译出版事业，实在是难能可贵的。这也是中国共产党的优秀传统、宝贵财富。

---

① 《毛泽东在七大的报告和讲话集》，北京：中央文献出版社，1995年，第227页。

第十五章　马列学院和生活、新知、读书三家出版社的创立

第一节　1938年张闻天带头创立马列学院

马列学院，全称是“马克思列宁主义学院”，是张闻天等同志发起，于1938年5月5日马克思诞生120周年纪念日上正式成立的。办学的目的是要继承马克思开创的事业，学习和宣传马克思主义理论，加强理论研究，提高党的理论水平，培养更多的理论研究人才，以适应革命斗争的需要。

马列学院院长由中央书记处书记、中央宣传部长张闻天兼任，王学文任副院长，主持日常工作。党政主要工作人员有张启龙、邓力群、朱光、章夷白、柯柏年、汪涛江等。学院设有马列主义、中国问题、哲学、政治经济学、中国历史等教研室和编译部。课程有哲学、政治经济学、马列主义、中国革命史、西方革命史、联共（布）党史、党的建设等。主要教员有王学文、陈昌浩、艾思奇、吴亮平、杨松等。王学文讲政治经济学，艾思奇讲哲学，杨松讲中国问题，吴亮平讲联共（布）党史，陈昌浩讲外国史。后来，著名历史学家范文澜调任马列学院历史教研室主任，并主持编写《中国历史》。毛泽东、周恩来、刘少奇、陈云、张闻天等也经常到该院讲课或演讲。刘少奇的《论共产党员的修养》，就是在马列学院的演讲稿。

马列学院的创立，一方面继承了李大钊创立马克思学说研究会的优秀传统，另一方面也借鉴了在列宁倡导支持下苏俄创立马克思恩格斯研究院的历史经验。

马列学院分成两部分，一部分培训干部，另一部分成立编译部，专门负责马列主义著作的编辑和翻译工作。张闻天亲自兼任该编译部主任。最初在编译部搞翻译工作的有何锡麟、柯柏年、景林、赵非克和王实味等。虽然编译部人员不多，而且前后又有变动，但它是我党历史上第一个编译马列主义经典著作的专门机构。建党初期，中央就把传播马列主义著作当作一项重要任务。但当时只能组织分散的个人从事翻译工作，几经努力筹建的人民出版社，也只能在半公开的状态下出版马列主义著作。延安时期的马列主义著作，是在党中央的直接关怀和具体领导下，由专门的翻译机构进行翻译，由党的出版社在自己的根据地出版发行的。①

据著名翻译家柯柏年回忆：

> 张闻天同志是马列学院院长，他亲自抓这项工作。除了翻译部的全班人马以外，还调了徐冰（新华社）、成仿吾（陕北公学）和何思敬（抗大）等同志参加这项工作。张闻天同志规定每人每天要译一千字，每一千字给一块钱的稿酬。不过。如果以后译文在延安以外地区出版发行（如重庆，重庆大量印延安出的书，因为延安出的书在国民党统治区很有销路），翻译者得了稿酬之后应把马列学院付的稿酬费还给公家。参加翻译的同志人数不多，但所包括的语种却不算少，英、俄、德、日、法文都有。从一九三八年到一九四〇年，我们用了近三年的时间把这两卷集的文选统统译完了。②

柯柏年还提到：

① 中共中央马克思恩格斯列宁斯大林著作编译局马恩室编：《马克思恩格斯著作在中国的传播》，北京：人民出版社，1983 年，第 298—299 页。

② 转引自中共中央马克思恩格斯列宁斯大林著作编译局马恩室编：《马克思恩格斯著作在中国的传播》，北京：人民出版社，1983 年，第 31—32 页。

马克思文选两卷集基本译完时，马列学院改组为马恩列斯研究院。该院不设翻译部。因陈昌浩去苏联养病，我接替他的工作，调任马恩列斯研究院西方革命研究室主任，译书的工作暂时中止。后来，马恩列斯研究院改组为中央研究院。不久，整风运动开始；到“抢救运动”时中央研究院改为“党校三部”。改组之后，我被调到中宣部翻译室工作，翻译室的主要任务是翻列宁的书，即把当时苏联出的十二卷集的《列宁选集》补译完。我翻译第十一卷，即《马克思恩格斯及马克思主义》。此时，译的已不是马、恩的著作而是列宁的著作了。[①]

或许可以说，在这里成功的历史经验就在于，经过1941年至1942年延安整风后，我们党的理论工作，包括马克思主义著作的翻译出版事业，更加注重以中国革命实践活动与实际问题为中心，减少了教条主义倾向；另一方面，也有一定的历史教训，就是马克思主义著作，尤其是马克思主义创始人著作的翻译出版工作，在一定程度上有所减少。

为适应广大干部学习的需要，更好地开展出版工作，党中央还在延安建立了中共中央出版发行部，统一领导党的出版发行工作。部长由李富春担任，王林任副部长。当时的出版发行部既是一个出版发行领导机关，又是一个出版发行的工作部门。它一方面派人到敌后抗日根据地检查出版发行工作，并从敌后抗日根据地抽调干部开办训练班，另一方面又担负着出版、印刷、发行的具体工作任务。马列主义著作和毛泽东著作用解放社的名义，一般的社会科学读物则用新华书店的名义出版。此外，它还担负着《新中华报》、《解放》、《中国工人》等报刊的出版发行任务。

① 转引自中共中央马克思恩格斯列宁斯大林著作编译局马恩室编：《马克思恩格斯著作在中国的传播》，北京：人民出版社，1983年，第32—33页。

第二节　生活、新知、读书三家出版社的创立

邹韬奋、钱俊瑞、李公朴先生，是在国统区坚持出版马克思主义著作的三大进步出版家，他们的历史功绩是不可磨灭的。

1926 年，邹韬奋以中华职业教育社编辑主任身份开始兼任《生活周刊》主编。当《生活周刊》面临被禁危险时，他根据胡愈之的建议，脱离了中华职业教育社，建立了生活出版社。1932 年 7 月，生活书店正式成立。邹韬奋从群众抗日运动中受到了锻炼，接受了中国共产党的政策和马列主义思想的影响，觉悟迅速提高。①

“七七事变”之后不久，生活书店出版了邹韬奋的《读书偶译》。译者在“开头的话”中介绍说：

> 这只是一本漫笔式的译述，不是有系统的社会科学的书，但是也略为有一点贯串的线索。第一节可以算为简单的“导言”或“绪论”（其中偶有补充或纠正的地方可参看译者的附注）；后面接着的是卡尔的生平和理论，附带谈到他的思想所由来的黑格尔；再后的是恩格斯的生平和工作；再后的是伊里奇的生平和思想。……
>
> 每篇来源的原著书名，都附记在每篇的末了，以供参考。②

图 15-1　生活书店出版的《费尔巴哈论》

图 15-2　生活书店出版的《反杜林论》

---

①　中共中央马克思恩格斯列宁斯大林著作编译局马恩室编：《马克思恩格斯著作在中国的传播》，北京：人民出版社，1983 年，第 309 页。

②　《韬奋全集》（增补本），上海：上海人民出版社，2015 年，第 14 页。

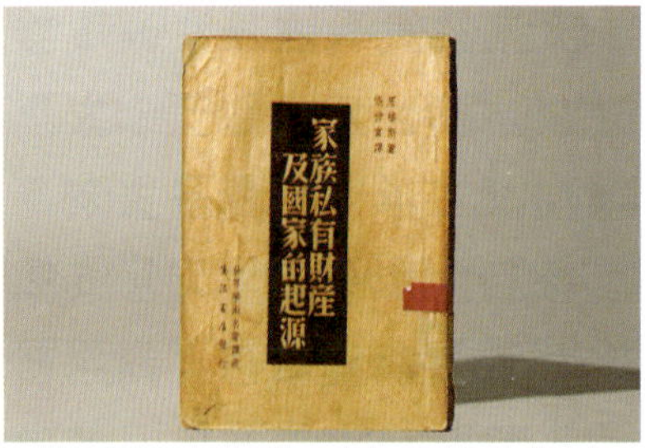

图 15-3 生活书店出版的《家族、私有财产及国家的起源》

图 15-4 生活书店出版的《帝国主义——资本主义底最高阶段》

在这本介绍马克思主义的译著里，除散见各处的马克思恩格斯的引文以外，邹韬奋把较完整的段落，作为独立章节加上了小标题。在《唯物史观的解释》标题下面译出的是《〈政治经济学批判〉序言》中的主要段落；《唯物辩证法》标题下面则是《资本论》德文第二版跋；《恩格斯的自白》是邹韬奋译的恩格斯为《路德维希·费尔巴哈和德国古典哲学的终结》所写的“马克思是天才，我们至多是能手”那段有名的注释，它不是后来在回忆录和书信中我们看到的那个问答式自白。①

邹韬奋这本漫笔式译述的蓝本是他于 1934 年在伦敦博物院图书馆研读社会科学书籍时做的笔记。1933 年杨杏佛被特务暗杀，邹韬奋作为中国民权保障同盟负责人之一被列入黑名单，被迫出国，在伦敦读了不少马列主义著作。1936 年底，邹韬奋与其他救国会领袖在上海被捕后送苏州高等法院看守所关押。这部译著就是在铁窗下翻译出来的，同时被羁押的李公朴又逐段逐句地帮他校对了一遍。今天捧起这部译著时，我们不仅能够从中学习到马克思主义的思想、观点，而且也能从编辑者为传播马克思主义而刻苦奋斗的精神中受到鼓舞。

钱俊瑞带头创立了新知书店，自己搞出版，历尽艰辛，出版了

① 中共中央马克思恩格斯列宁斯大林著作编译局马恩室编：《马克思恩格斯著作在中国的传播》，北京：人民出版社，1983 年，第 318 页。

一批马克思主义著作。

新知书店一开始就是受中共地下党领导的。1934 年，中国农村经济研究会在上海创办了《中国农村》月刊，中国经济情报社创办了《中国经济情报》月刊。在反对国民党“文化围剿”的斗争中，在批驳托派的错误观点时，这两个杂志对我国经济问题的研究和著述，论证了我国在当时是一个半殖民地半封建社会，必须完成反帝反封的民主革命任务。1935 年夏，这两个刊物在被迫停刊以前，由钱俊瑞、姜君辰、薛暮桥、孙冶方、钱亦石、徐雪寒、华应申等决定，自己凑钱，自己办书店，自己搞出版。就这样，新知书店靠文化界进步人士凑集的六七百元办起来了。[①]

图 15-5　太岳新华书店出版的《列宁文选》两卷集

图 15-6　华东新华书店出版的《帝国主义是资本主义底最高阶段》

以周恩来同志为首的八路军办事处在武汉筹备出版了《新华日报》和《群众》周刊等公开的宣传机构。此外，在国统区进行秘密工作的中共长江局打算在汉口筹备一个以群众面貌出现的出版机构。经研究，最后决定，由资金不多但干部队伍强的新知书店挂两块牌子。也就是说新知书店的一部分书籍照旧用它自己的名义出版，另外一批书籍则由延安的凯丰负责编审稿件，通过单线联系交新知书店总经理、地下党员徐雪寒，利用新知的资金和干部，用中

① 中共中央马克思恩格斯列宁斯大林著作编译局马恩室编：《马克思恩格斯著作在中国的传播》，北京：人民出版社，1983 年，第 310 页。

国出版社的名义出版。凡是以中国出版社名义出版的书籍，在封面上大都印着“新知书店总经售”。

李公朴主持上海《申报》的“流通图书馆”时，设有“读书指导部”，由艾思奇、柳湜、夏征农等负责答复读者提出的各种问题。“读书指导部”后来发展成《申报》的“读书问答栏”。1934年，史量才被国民党杀害以后，原来主张抗日的《申报》开始转向。李公朴等人决定先办一个《读书生活》半月刊。在此基础上于1936年正式成立读书生活出版社。早期负责人是李公朴、柳湜、艾思奇，后来是黄洛峰、艾思奇和郑易里。这些创办人大多是“社联”或“左联”的成员，他们的愿望是用马克思主义的立场、观点、方法，用通俗的语言来解释当时社会上发生的各种问题，做一些启蒙工作。读书生活最早出版的艾思奇的《哲学讲话》，即后来的《大众哲学》，确实在宣传马克思主义哲学方面起到了真正的启蒙作用。①

上述三家进步出版社后来实现了大联合，组成了中外闻名的生活·新知·读书三联书店，成了中国共产党出版传播马列著作的坚强盟友和思想文化中心。

以毛泽东同志为首的党中央非常了解并高度赞扬了三个进步书店的工作。1949年7月，中共中央在关于三联书店的今后工作方针的指示中说：“三联书店（生活、新知、读书出版社），过去在国民党统治区及香港起过巨大的革命出版事业主要负责者的作用，在党的领导之下，该书店向国民党统治区域及香港读者，宣传了马列主义、毛泽东思想和党在各个时期的主张，这个书店的工作人员，如邹韬奋同志（已故）等，作了很宝贵的工作。”②

---

① 中共中央马克思恩格斯列宁斯大林著作编译局马恩室编：《马克思恩格斯著作在中国的传播》，北京：人民出版社，1983年，第310页。

② 中共中央马克思恩格斯列宁斯大林著作编译局马恩室编：《马克思恩格斯著作在中国的传播》，北京：人民出版社，1983年，第310—311页。

第十六章　延安整风使全党成为马列主义大学校

第一节　延安整风运动的开始与党史学习

在1938年党的六届六中全会以前，党虽然批判和纠正了土地革命战争时期的“左”倾错误和抗日战争初期的右倾错误，但是还没能从思想方法的高度对党内历次所犯的“左”、右倾错误从思想根源上进行深刻的剖析，对党的历史经验还不能做出科学的总结。为此，从党的六届六中全会毛泽东向全党提出学习任务时起，到延安整风学习，其中一项重要的学习内容就是学习党的历史，总结历史经验。

为了更加系统地研究和分析土地革命后期的“左”倾机会主义路线，并为党的七大总结历史经验准备材料，1940年下半年，开始进行六大以来文献的收集整理工作。在审核六大以来的历史文献时，毛泽东深刻感受到党内“左”倾错误路线对党造成的严重危害，并且党内还有很多人对这条错误路线缺乏正确的认识。“在这样一种思想状态下，要成功地召开七大是不可能的。为了确保七大开得成功，毛主席认为有必要首先在党的高级干部中开展一个学习和研究党的历史的活动，以提高高级干部的路线觉悟，统一全党的认识。”①

于是，在毛泽东的建议下，中央决定把六大以来的文献汇编成册，供高级干部学习和研究党的历史使用。这就是被称为“党书”的《六大以来》。《六大以来》汇集了从1928年6月党的第六次代表大会到1941年11月期间党的历史文献共519篇，全书280多万字，内容包括党的会议纪要、决议、通告、声明、电报、指示以及党报重要言论、主要领导人的代表性文章和信件等等。此后，受广大同志的强烈要求，又编辑了《六大以前》。这些宝贵的历史文件，为高级干部回顾和总结党的历史上的经验教训，澄清错误认识，统一全党思想，提供了重要材料，它也成为此后整风学习的重要文献。其影响正如毛泽东在1943年10月中央政治局整风会议上所说的：“六月后编了党书，党书一出许多同志解除武装，才可能召开一九四一年九月会议，大家才承认十年内战后期中央领导的错误是路线错误。”② 1941年9月10日至10月22日，中央政治局召开扩大会议，讨论党的历史特别是土地革命战争时期的路线问题，重点批判了主观主义和宗派主义，决定在全党发动思想革命。政治局扩大会议以后，党的高级干部开始深入学习党的历史，总结经验教训。

延安整风运动普遍开始以后，毛泽东和党的其他领导同志多次强调要学习党的历史，总结党的历史经验。1942年3月，毛泽东在中央学习组做了《如何研究中共党史》的报告，详细阐明了研究党的历史的重要意义及方法等问题。他指出：“如果不把党的历史搞清楚，不把党在历史上所走的路搞清楚，便不能把事情办得更好。这当然不是说要把历史上每一件事统统搞清楚了才可以办事，而是要把党的路线政策的历史发展搞清楚。这对研究今天的路线政策，

① 《胡乔木回忆毛泽东》，北京：人民出版社，2003年，第175页。

② 逄先知主编：《毛泽东年谱：1893—1949》（中卷），北京：中央文献出版社，2005年，第469页。

加强党内教育，推进各方面的工作，都是必要的。我们要研究哪些是过去的成功和胜利，哪些是失败，前车之覆，后车之鉴。这个工作我们过去没有做过，现在正在开始做。”[①] 对于研究党史的方法，毛泽东提出了“古今中外法”：“就是弄清楚所研究的问题发生的一定的时间和一定的空间，把问题当作一定历史条件下的历史过程去研究。所谓‘古今’就是历史的发展，所谓‘中外’就是中国和外国，就是己方和彼方。”[②] 他还指出，“研究中共党史，应该以中国为中心，把屁股坐在中国身上”，“要坐在中国的身上研究世界的东西”。[③] 在这一报告之后，各中央局、各根据地结合整风学习，开始认真学习研究党的历史，总结历史经验。在中央南方局，周恩来曾给干部做过从党的六大到六届四中全会的党的历史的报告以及《关于一九二四至一九二六年党对国民党的关系》的报告。1943 年 3 月，刘少奇在延安向干部做了《六年来敌后工作经验的报告》，总结了这一时期党在华北、华中发展抗日民族统一战线的基本经验。1943 年 1 月，邓小平在太行分局高级干部会议上做了《五年来对敌斗争的概略总结》的报告。1942 年 4 月起，中共中央西北局组织部开始举办党史报告会，同年 10 月召开高级干部会议，研究总结历史经验教训。1942 年 7 月 1 日，党的纪念日之际，许多领导同志纷纷发表总结历史经验的纪念性文章。朱德在《解放日报》发表了《纪念党的二十一周年》，陈毅发表了《伟大的二十一年》。1943 年 7 月，为庆祝中国共产党成立 22 周年，刘少奇发表《清算党内的孟什维克主义思想》。这些文章，对于中国共产党成立以来的历史经验，从思想方法的高度进行了总结。这些历史经验是以毛泽东为领导的中国共产党把马克思主义普遍真理与中国革命具体实践相结合的伟大创造，是马克思主义中国化的结果。经过学习和总结历史经验，

① 《毛泽东文集》（第二卷），北京：人民出版社，1993 年，第 399 页。

② 《毛泽东文集》（第二卷），北京：人民出版社，1993 年，第 400 页。

③ 《毛泽东文集》（第二卷），北京：人民出版社，1993 年，第 407 页。

全党认识到毛泽东同志的路线才是正确的马克思主义的路线，毛泽东同志的方向，就是中国共产党的方向。

在毛泽东的领导下所形成的中国化的马克思列宁主义理论，被称为毛泽东思想，由王稼祥在 1943 年 7 月在庆祝中国共产党成立 22 周年而撰写的《中国共产党与中国民族解放的道路》中首次提出，并为党内许多同志所接受。毛泽东思想在党的七大上被确定为全党的指导思想。

在国民党第三次反共高潮被粉碎之后，中共中央决定从 1943 年 10 月 10 日开始，党的高级干部要重新学习党的历史和党的路线问题。延安整风运动正式由全党整风转入总结历史经验阶段。在这一阶段的主要任务是在批判党内存在的不良作风的基础上，彻底清算党的历史上的错误路线，从思想上、政治上、组织上和军事上进行系统总结，做出马克思主义的科学结论。党的绝大多数高级干部进行了认真的学习，除了继续研读马克思列宁主义的经典著作以外，还重点学习了关于“两条路线”的历史文献。对党的路线问题，采取历史和现实相结合的方法，加深了对是非问题的认识。比如在陕西绥德地区，专门成立了绥德地区高级干部学习小组，由习仲勋、徐向前负责。学习小组联系大革命失败后三次“左”倾路线，尤其是王明“左”倾错误对苏区和白区工作所造成的危害，对党内路线斗争的历史教训进行了总结。在此期间，还分别召开了总结党的历史经验的座谈会，如湘鄂赣、湘赣、鄂豫皖、闽粤等边区，赣东北、闽西、潮梅等地区，以及红七军、红五军团历史座谈会和华北座谈会等，把总结党的历史经验与各地区的历史经验结合起来，使干部从切实的实践中，辨明党的路线上的是非问题。

1944 年 4 月 12 日，毛泽东在延安高级干部会议上做了《学习与时局》的政治报告，对党的高级干部所进行的党的历史中两条路线的学习问题做了总结，指出：“中央认为应使干部对于党内历史问题在思想上完全弄清楚，同时对于历史上犯过错误的同志在作结论时应取宽大的方针，以便一方面，彻底了解我党历史经验，避免重犯错误；又一方面，能够团结一切同志，共同工作”，“处理历史问题，不应着重于一些个别同志的责任方面，而应着重于当时环境的分析，当时错误的内容，当时错误的社会根源、历史根源和思想根源，实行惩前毖后、治病救人的方针，借以达到既要弄清思想又要团结同志这样两个目的”。[①]

在对党的历史经验全面总结的基础上，1944 年 5 月 21 日至 1945 年 4 月 20 日，中共中央召开了六届七中全会，通过了《关于若干历史问题的决议》。《决议》在回顾党的历史的基础上，分析了党内出现的“左”倾和右倾主义错误的思想根源，深刻总结了克服错误思想的经验，使全党尤其是党的高级领导干部对中国革命基本问题的认识取得了共识。《决议》充分肯定了毛泽东同志的路线的正确性，全党空前自觉地团结在毛泽东的旗帜下。这就使全党经过整风真正掌握了马克思主义普遍真理与中国革命具体实践相结合的根本方向。至此，延安整风运动胜利结束。可以说，对历史经验的总结以及所取得的胜利成果，都是与学习分不开的。只有通过学习，才能正确地总结历史经验；只有从历史经验中学习，才能纠正错误认识，使思想达到马克思列宁主义基础上的一致。

第二节 延安整风思想指南

——毛泽东三大报告

从 1941 年 5 月，毛泽东做《改造我们的学习》报告开始，到 1945 年 4 月党的六届七中全会结束，党中央用了近四年的时间，在全党中开展了著名的整风学习运动。延安整风运动实质上是“一个‘普遍的马克思主义的教育运动’。整风就是全党通过批评和自我批

① 《毛泽东选集》(第三卷)，北京：人民出版社，1991 年，第 937—938 页。

评来学习马克思主义。在整风中间，我们一定可以更多地学到一些马克思主义”[①]。

延安整风运动首先在党的高级干部中展开。1941 年 5 月 19 日，毛泽东在延安干部会上，做了《改造我们的学习》的报告。这一报告着重阐述了要改造全党的学习方法和学习制度的问题。毛泽东在报告中深刻批评了党内存在的不注重研究现状、不注重研究历史、不注重研究马克思列宁主义的极坏的作风。他指出：在研究现状方面，20 年来，对于国内和国际的政治、军事、经济、文化的任何一方面，并没有做过系统的周密的收集材料加以研究的工作，缺乏调查研究客观实际状况的浓厚空气。在研究历史方面，不论是近百年的和古代的中国史，在许多党员的心目中还是漆黑一团。许多马克思列宁主义的学者也是言必称希腊，对于自己的祖宗，则对不住，忘记了。认真地研究历史的空气也是不浓厚的。在学习国际革命经验和马克思列宁主义的问题上，许多同志的学习马克思列宁主义似乎并不是为了革命实践的需要，而是为了单纯的学习。所以虽然读了，但是消化不了。只会片面地引用马克思、恩格斯、列宁、斯大林的个别词句，而不会运用他们的立场、观点和方法，来具体地研究中国的现状和中国的历史，具体地分析中国革命问题和解决中国革命问题。[②] 这三种情形的存在，归根结底都是违背了马克思主义的理论和实际相统一的原则，是主观主义在作怪。在报告中，毛泽东系统说明了学习马克思列宁主义的两种态度。一种是主观主义的态度。“这种态度下，就是对周围环境不作系统的周密的研究，单凭主观热情去工作，对于中国今天的面目若明若暗。在这种态度下，就是割断历史，只懂得希腊，不懂得中国，对于中国昨天和前天的面目漆黑一团。在这种态度下，就是抽象地无目的地去研究马克思列宁主义的理论。不是为了要解决中国革命的理论问题、策略

① 《毛泽东文集》(第七卷)，北京：人民出版社，1999 年，第 275 页。

② 《毛泽东选集》(第三卷)，北京：人民出版社，1991 年，第 796—797 页。

问题而到马克思、恩格斯、列宁、斯大林那里找立场，找观点，找方法，而是为了单纯地学理论而去学理论。不是有的放矢，而是无的放矢。”① 另一种是马克思列宁主义的态度。“在这种态度下，就是应用马克思列宁主义的理论和方法，对周围环境作系统的周密的调查和研究。不是单凭热情去工作，而是如同斯大林所说的那样：把革命气概和实际精神结合起来。在这种态度下，就是不要割断历史。不单是懂得希腊就行了，还要懂得中国；不但要懂得外国革命史，还要懂得中国革命史；不但要懂得中国的今天，还要懂得中国的昨天和前天。在这种态度下，就是要有目的地去研究马克思列宁主义的理论，要使马克思列宁主义的理论和中国革命的实际运动结合起来，是为着解决中国革命的理论问题和策略问题而去从它找立场，找观点，找方法的。”② 他要求共产党员要树立理论和实际相统一的马克思列宁主义的作风，这种态度，就是实事求是的态度，是共产党员起码应该具备的态度。报告最后还向全党提出了系统周密地研究周围环境和近百年中国历史的任务，并确立了以研究中国革命实际问题为中心，以马克思列宁主义基本原则为指导的干部教育方针。《改造我们的学习》的报告不仅仅是一般的对学习方法和学习态度的阐述，更为重要的是对思想路线和认识路线的深刻认识和强调。正因如此，它拉开了全党整风的序幕，为全党的整风学习指明了方向。

毛泽东的这个报告，引起了党中央的高度重视。随后，中共中央做出《关于增强党性的决定》和《关于调查研究的决定》，号召党员干部贯彻理论联系实际，实事求是的原则，展开调查研究，树立马克思主义的优良学风。1941 年 9 月 26 日，中共中央通过《关于高级学习组的决定》，要求在延安和外地各重点地区都要建立高级学习组，各地高级学习组统归中央学习组管理指导。中央学习组

① 《毛泽东选集》(第三卷)，北京：人民出版社，1991 年，第 799 页。

② 《毛泽东选集》(第三卷)，北京：人民出版社，1991 年，第 800—801 页。

由毛泽东担任组长，王稼祥任副组长。《决定》明确规定全党务必坚持理论与实践相统一的学习方法，先研究马恩列斯的思想方法论与党的历史，然后再研究马恩列斯与中国革命的其他问题，以达到克服主观主义及形式主义，发展革命理论的目的。同年底，为了能使中央党校担负起整风学习的重任，党中央决定对党校进行改组，下决心纠正党校中存在的理论和实践相脱节的不良作风，并成立政策研究室以便加强对现实问题的研究。

1941 年 12 月 1 日，中央发出《关于延安在职干部学习的决定》（同时亦适用于各地），指出在职干部的学习应该分成两部分，一部分是本身工作（职务）以内的学习，一部分是本身工作（职务）以外的学习。其中工作以外的学习又根据学习对象的不同有不同的内容与要求。

通过这一系列决定指示的出台，可以看出，党在学习问题的认识上更加注重理论与实际相结合，努力克服主观主义的不良影响，为下一阶段全党范围内的学习整风做了良好的准备。

1942 年 2 月上旬，毛泽东先后做了《整顿党的作风》（当时题为《整顿学风党风文风》）和《反对党八股》两个报告。他向全党发出号召，提出我们的任务是“反对主观主义以整顿学风，反对宗派主义以整顿党风，反对党八股以整顿文风”①。虽然把整风学习分为了学风学习、党风学习、文风学习三个阶段，但这三个方面并不是孤立的，而是紧密联系的一个有机整体，其中学风问题贯彻始终，是一个根本性的问题。毛泽东指出：“所谓学风，不但是学校的学风，而且是全党的学风。学风问题是领导机关、全体干部、全体党员的思想方法问题，是我们对待马克思列宁主义的态度问题，是全党同志的工作态度问题。”② 其实质就是遵循什么样的思想路线的问题。可以说，整个整风运动都是围绕着学风展开的。

---

① 《毛泽东选集》（第三卷），北京：人民出版社，1991 年，第 812 页。

② 《毛泽东选集》（第三卷），北京：人民出版社，1991 年，第 813 页。

毛泽东在《整顿党的作风》的报告中首先着重强调了反对主观主义，整顿学风的问题。他指出主观主义是一种不正派的学风，它在党内有两种表现，一种是教条主义，一种是经验主义。其中教条主义更为危险。反对主观主义，必须使有书本知识的人向实际方面发展；有工作经验的人，向理论方面学习，这样才可以避免教条主义和经验主义的错误。他指出："中国共产党人只有在他们善于应用马克思列宁主义的立场、观点和方法，善于应用列宁斯大林关于中国革命的学说，进一步地从中国的历史实际和革命实际的认真研究中，在各方面作出合乎中国需要的理论性的创造，才叫做理论和实际相联系。"[①] 在此基础上，毛泽东进一步阐述了主观主义在党的组织关系中和文风中的两种不良表现，即宗派主义和党八股。他指出："宗派主义是主观主义在组织关系上的一种表现"[②]，所以，反对主观主义，就必须扫除宗派主义的残余，以达到全党团结统一的地步。而党八股是主观主义和宗派主义的宣传工具和表现形式，是藏污纳垢的东西，必须一同予以消灭。为此，毛泽东在此后召开的延安干部会议上，专门做了《反对党八股》的讲演，明确强调"要使革命精神获得发展，必须抛弃党八股，采取生动活泼新鲜有力的马克思列宁主义的文风"[③]。

在毛泽东发表这两大讲演之后，全党上下，从领导干部到一般党员都积极投入学习整风的热潮中来。1942 年 2 月 28 日，中共中央通过了《关于在职干部教育的决定》，对干部教育的重要作用和实施办法又进行了详尽的说明和阐述。4 月 3 日，中共中央宣传部发布了《关于在延安讨论中央决定及毛泽东整顿三风报告的决定》，对整风运动进行了具体要求。《决定》明确规定了干部学习必读的 18 个文件，其中包括毛泽东的《改造我们的学习》、《整顿党的作

① 《毛泽东选集》（第三卷），北京：人民出版社，1991 年，第 820 页。
② 《毛泽东选集》（第三卷），北京：人民出版社，1991 年，第 825 页。
③ 《毛泽东选集》（第三卷），北京：人民出版社，1991 年，第 840 页。

风》、《反对党八股》、《反对自由主义》、《〈农村调查〉的序言和跋》、《在陕甘宁边区参议会的演说》，刘少奇的《论共产党员的修养》，陈云的《怎样做一个共产党员》等。4 月 16 日，中央宣传部又发布通知，增加了 4 个学习文件，使整风学习文件达到 22 个。为更好地开展整风学习活动，中央要求各高级机关成立学习委员会。全党的整风学习运动轰轰烈烈地开展起来。

为了推动整风学习的顺利进行，党中央领导同志高度重视，亲自带头示范，并进行监督检查。毛泽东所作的《改造我们的学习》、《整顿党的作风》、《反对党八股》三大报告，是整风学习的纲领性文件。此后，他还多次发表讲话、演说，指导全党的学习工作。1942 年 5 月，在延安文艺工作者座谈会上，发表了著名的《在延安文艺座谈会上的讲话》，1942 年 11 月 21 日和 23 日，到西北局高级干部会议上讲解斯大林的《论布尔什维克化十二条》。党的其他领导同志，如刘少奇、周恩来、朱德、任弼时、邓小平、陈云等都在不同场合进行演讲和报告，来解答学习中出现的问题，引导学习活动的深入开展；还撰写了大量文章，谈论自己的学习体会以及对整风的认识；此外，还特别重视对各地整风情况的调查研究，掌握第一手材料，以便加强对整风学习进行具体指导。1943 年 2 月，毛泽东曾致电周恩来等："为了总结去年整风学习，确定今年学习计划起见，请你将你处去年学习经验扼要电告我们。特别是下面几项：（一）大多数同志对于整风学习是否有正确的认识，有无偏向和误解？（二）在哪些干部中收效最大？有无把整风对象轻重倒置，只整下级不整高级？（三）是否根据具体环境及各种不同干部订立学习计划，有无不顾战争环境，不管干部程度的毛病？（四）学习方法，是否能使整风学习与实际工作密切联系，是否学用一致，有无教条主义的学习态度？（五）各级负责同志是否以身作则，亲身负责领导学习，有无放弃职责，将学习领导交给秘书或他人管理之事？以上问题望予速复为盼。”[1] 从毛泽东给周恩来的电报内容来看，想要了解的内容十分具体，正是有了这样深入、细致的对各地情况的了解和掌握，才使得全党的整风学习活动获得了良好的效果。

延安整风是中国共产党历史上一次成功的马克思主义教育运动，通过整风学习，广大党员干部解放了思想，冲破了主观主义、教条主义的思想束缚，树立了正确地对待马克思主义的态度，确立了实事求是的思想路线。这次伟大的学习实践，使中国共产党在学习建设上达到了一个崭新的水平。

第三节　学习蔚然成风

——培养大批干部

1938年党的六届六中全会上，毛泽东发出“来一个全党的学习竞赛”的号召后，党把对干部的教育和培养工作摆在了突出的地位，作为头等大事来抓。

在1938年党的六届六中全会通过的《政治决议案》中，明确提出了开展干部的学习和教育的任务。指出：“为了使共产党广大发展成为能担当抗战建国大业中一部分光荣任务的伟大力量，必须大批培养和提拔有胆有识能作能为的党员干部和非党员干部，并且最适当的使用、教育和爱护这些干部。必须加紧认真地提高全党理论的水平，自上而下一致地努力学习马克思、恩格斯、列宁、斯大林的理论，学会灵活的把马克思列宁主义及国际经验应用到中国每一个实际斗争中来，研究孙中山先生的三民主义，研究中国历史，提高工农干部和一般党员的文化水平，更加改进《新华日报》、《解

① 逄先知主编：《毛泽东年谱：1893—1949》（中卷），北京：中央文献出版社，2005年，第427页。

放》、《群众》等的内容，大量设立各级培养干部的学校，训练班等。”①

为了加强干部教育工作的领导，1939 年 2 月，中共中央特别设立了干部教育部，张闻天任部长，李维汉为副部长。5 月 20 日，干部教育部在延安召开学习动员大会，出席大会的有延安各机关学校团体代表 1000 多人。中共中央对此也高度重视，毛泽东亲临会场做了讲话，强调了学习的重要意义，并指明了学习的方法。张闻天也讲了话，强调在职干部学习须有持久性和恒心。李维汉做了在职干部学习的动员报告。这次学习动员大会以后，延安的在职干部学习运动广泛开展起来。为了指导和推动在职干部的学习活动，中共中央于 1940 年又相继发出《中央关于干部学习的指示》、《中央关于在职干部教育的指示》、《中央宣传部关于提高延安在职干部教育质量的决定》等文件，提出“全党干部都应当学习和研究马列主义的理论及其在中国的具体运用”的号召。《指示》对干部教育的方针、计划、课程、方法、制度等都做了具体规定；并决定把 5 月 5 日马克思诞辰的这一天定为学习节，来“总结每年的经验并举行奖励”。除了对延安干部的学习活动进行指导以外，党中央对全国其他地区党的干部学习教育活动也极为重视。1940 年 10 月 25、26 日，中央宣传部相继发布了《关于大后方党的干部教育的指示》和《关于抗日根据地在职干部教育中几个问题的指示》，根据这些地区所处的特殊环境和肩负的不同任务，对其在职干部的教育进行了有针对性的部署。

1941 年 5 月，毛泽东做了《改造我们的学习》的报告，党的整风运动正式拉开序幕。为了推动学习与整风运动相结合，中共中央又相继发出《关于延安在职干部学习的决定》（同时亦适用于各

① 中央档案馆编：《中共中央文件选集》（第十一册），北京：中共中央党校出版社，1991 年，第 756—757 页。

地)、《关于在职干部教育的决定》等指示，结合整风运动的新形势，对在职干部教育提出了新的要求，并强调学习要更加注重理论联系实际。

为了加强对整风学习的领导，1942 年 6 月 2 日，中央总学习委员会正式成立，毛泽东担任主任。总学习委员会定期召集延安高级干部讨论学习问题，并指导检查各地区单位的学习工作。在此前后，党领导的全国各地各部门和单位都相继成立了学习分会，来负责对所辖地区整风学习工作的领导。在中共中央的努力推动下，整风学习从延安到全国各抗日根据地广泛开展起来。1942 年 6 月 8 日，中央宣传部发出《关于在全党进行整顿三风学习运动的指示》，在延安整风学习经验的基础上，向全党提出了开展整顿三风的学习运动的要求，并具体提出了整风学习的办法。

由于延安处在党中央所在地，能最直接最便利地领会中央学习的精神，因而学习运动也开展得最为系统。在党中央的推动下，延安各系统各单位整风学习轰轰烈烈地开展起来。各系统分别成立了分区学习委员会，延安各机关、学校、单位分别成立了高级学习组（甲组)、中级学习组（乙组）和普通学习组（丙组）三种形式，根据干部的文化水平分为不同形式进行学习。学习活动在延安掀起了空前的高潮，党的高级干部既要忙于自己的学习，又要领导学习；中级干部在散步、吃饭、闲谈时，都是谈论学习问题；初级干部也不甘落后，积极性很高；连党外同志也主动参加学习。在整个延安，学习景象空前热烈。

在全国的其他的各抗日根据地，广大党员干部在奋力抗日的同时，也利用战斗间隙，积极开展学习整风活动。在晋冀鲁豫边区，召开所属各机关干部会议，要求根据整顿三风的精神，首先要造成一个热烈的运动，并进行由上而下，由全体到个人的大检查。在晋察冀边区，从 1942 年 5 月起，边区政府一方面组织编印整风文件，一方面进行个人的大检查，进行批评和自我批评。在晋察冀边区学习委员会的领导下，各专区成立了学习分会。华中局根据过去存在的“上风不整整下风，大风不整整小风”等本末倒置的现象，决定整顿各级整风学习领导机构，各战略单位成立学习委员会，以区党委书记为负责人，分区成立学习分会，以地委书记为负责人，负责整风学习的计划、组织、监督、建设和总结。山东分局在接到中央关于整风的指示后，成立了中心学习组，以中央规定的22个文件为主要内容进行了整风学习，并在下辖地区成立了学习委员会。中共中央南方局地处国民党统治中心重庆，在1942年6月中宣部发出学习运动的指示后，南方局成立了由周恩来、董必武等20余人组成的学习委员会，引导大家学习中央制定的22个文件，这些文件除一部分刊登在《新华日报》、《群众》杂志以外，还把全部文件印成小册子发给大家作为必读材料。同时，学委会还拟定一些专题，由领导同志和专家做报告进行讲解。一时间，在中国共产党内形成了场面空前的学习运动。

为了让党员干部系统地进行学习，党在延安还创办了多种干部学校，以此来加强对干部的教育和培养。其中，创办党校就是一个重要的途径。1940年2月15日，中央发出了《关于办理党校的指示》，明确要求“为了巩固与发展党，各地党的领导机关均应办理党校以加强对党的干部的马列主义教育”，并指出“各级党校的基本任务是在以马列主义的理论与实际来教育干部，而来校干部的基本任务也就是学习。因此整个党校的组织形式与工作方法，均应服从于这个基本任务”。[①] 中央党校是以培养党的中、高级干部为目的的学校，在对干部进行马列主义教育方面发挥了重要作用。尤其是经过整风运动改组后的中央党校，在党的干部教育的指导思想、教学原则、教学内容与方法等方面都做出了重要贡献。中央党校的整风学习对全党的整风运动起到了有力的推动作用。

---

① 《中国共产党宣传工作文献选编（1937—1949）》，北京：学习出版社，1996年，第131页。

中国人民抗日军事政治大学（简称“抗大”）于 1936 年 6 月 1 日在陕北瓦窑堡成立，当时叫中国人民抗日红军大学，校长是林彪，政治委员由毛泽东兼任。1937 年春改名为中国人民抗日军事政治大学，并将校部迁往延安。抗大总校办学 9 年间，先后培养了 8 期干部。同时，在党领导的各抗日根据地还分别建立了 12 所分校。抗大除了开设军事课程进行军事训练以外，一直把政治教育作为教育的中心一环。在抗日战争时期，共培训了 10 万多名军事过硬，又有一定马列主义理论水平的抗日军政干部，为抗日军队的发展做出了重要贡献。

延安马列学院是中国共产党创建的第一所攻读马列主义理论的比较正规的学校，学院从 1938 年 5 月成立到 1941 年 7 月改组止，“共招收过五个班（即五届）”，“前后学习过的学员全部约有八九百人之多”。① 1941 年 7 月改组为马列研究院，后又改为中央研究院，之后两年并入中央党校。马列学院培养了一批具有马克思列宁主义理论基础的干部，对全党理论水平的提高做出了很大贡献。“所有经过马列学院及中央研究院学习和锻炼的干部，以后在各个时期的艰苦斗争中，在各条战线的广泛实践中，可以说，都起了应起的骨干作用。”②

此外，在中央领导下还建立了陕北公学、鲁迅艺术学院、青年训练班、中国女子大学、泽东青年干部学校、工人学校、卫生学校、通讯学校、组织部训练班、行政人员训练班、边区党校等多所学校。正如毛泽东在 1939 年 6 月，在延安高级干部会议的报告中在谈到这些学校时所说的：“学生多的万余人，少的几百人几十人，几千个干部从事教育工作，教育出来的及尚未出来的学生三万以

① 吴介民主编：《延安马列学院回忆录》，北京：中国社会科学出版社，1991 年，第 8 页。

② 吴介民主编：《延安马列学院回忆录》，北京：中国社会科学出版社，1991 年，第 1 页。

上。这是一个很大的成绩，十八年来未有过的现象。”① 他要求今后仍应继续这个方针。正是有了这些学校，为全党的学习活动提供了有利条件，培养了一大批党政军干部，成为各条革命战线上的骨干力量。

第四节　延安整风后期某些历史教训

总体来说，延安时期中国共产党建设马克思主义学习型政党的实践活动取得了伟大的成绩，是十分成功的。通过全党轰轰烈烈的学习运动的系统开展，提高了党的理论水平和抵御风险的能力，为领导夺取抗战的最后胜利奠定了基础。但是，我们也应该看到，由于主观认识的局限和当时客观环境的影响，在学习实践中也出现了一些问题。

首先，在延安整风运动开始以后，注重理论联系实际更多一些，而对理论存在重视不够的问题。1941 年毛泽东做了《改造我们的学习》报告之后，全党开始着重强调把理论和实际相结合的重要性，在此背景下，马列学院改组为中央研究院。原先的马列学院在学习、研究和宣传马克思列宁主义基本理论方面做了大量工作，并设立编译部进行马列原著的译介工作，取得了很大成绩。改组后的中央研究院，根据毛泽东报告的指示，确立了以研究中国革命实际问题为中心，以马克思列宁主义原则为指导的方针，以调查研究敌、友、我三方的历史和现状作为自己的主要任务。“例如原来马列学院的‘政治经济学研究室’改组为‘中国经济研究室’，任务不再是读《资本论》，而是研究三大课题：一、大后方的经济，二、陕甘宁边区和各抗日根据地的经济，三、各种错误经济思想的研究

① 《毛泽东文集》（第二卷），北京：人民出版社，1993 年，第 223 页。

与批判。”[①] 这样，对马克思列宁主义理论的研究开始有一定的削弱。与此相应的，马克思主义创始人著作的翻译出版工作，在一定程度上也有所减少。马列学院改组后，原有的编译部被取消，从事编译工作的同志大都被调到其他不同部门，导致翻译工作一度中断。此后，毛泽东曾设想重新组建一个大编译部，并有系统翻译出版马列著作的长远计划。但由于各种各样的原因，实际上都没有能够按计划实现。在整风以后到抗战胜利这段时间，延安解放社只出版了《共产党宣言》、《社会主义从空想到科学的发展》以及《马克思主义与文艺》等著作。同时，受更加强调重视实际问题的影响，许多人的思想中出现了实用主义倾向，对基本理论的重视程度不足，甚至出现了一些搞理论的人地位降低的情况。

其次，延安整风运动后期，在总结党的历史经验的过程中，中共中央各部委和延安的一些机关、学校开展了审查干部工作，在“抢救运动”中发生了“左”的失误。1943 年中共中央发出的《关于继续开展整风运动的决定》指出：“整风的主要斗争目标，是纠正干部中的非无产阶级思想（封建阶级思想、资产阶级思想、小资产阶级思想）与肃清党内暗藏的反革命分子。”[②] 这样，审干运动不仅是对干部的思想进行审查，而且增加了反奸内容。《决定》还指出，我党各地党政军民学机关中，都被打入了大批的内奸分子，数量惊人，“各地内奸的严重程度虽然不一致，也不是说每个支部都一定有内奸，但就各个地区说来，可以断定，此种情况是无例外地存在着”[③]。这种对敌情做出的过分估计，并采取逼供信及肉刑的错误做法，不可避免地导致出现反特斗争扩大化的“左”的严重错

---

① 吴介民主编：《延安马列学院回忆录》，北京：中国社会科学出版社，1991 年，第 79 页。

② 中央档案馆编：《中共中央文件选集》（第十四册），北京：中共中央党校出版社，1992 年，第 29 页。

③ 中央档案馆编：《中共中央文件选集》（第十四册），北京：中共中央党校出版社，1992 年，第 30 页。

误。1943年7月15日，中共中央直属机关召开加紧进行反特斗争的动员大会，康生在会上做了《抢救失足者》的动员报告。会后，延安掀起了“抢救失足者”运动，掀起了“抢救”高潮。原本是属于思想上、工作上的缺点错误，或者历史上未交代清楚的问题，也都被轻易地怀疑成政治问题，甚至反革命问题。“在延安，仅半个月就挖出了所谓特嫌分子一千四百多人，许多干部惶惶不可终日。”[①] 对于审干工作中出现的“左”的错误，毛泽东发现后立即指示要坚决纠正工作中出现的偏差。1943年10月，毛泽东在批转绥德反奸大会的材料时，明确指出：“一个不杀，大部不抓，是此次反特务斗争中必须坚持的政策。”12月22日，中共中央书记处召开会议，主要讨论了反特斗争问题，认为“抢救运动”应予否定。此后，甄别平反工作陆续展开。1944年5月24日，毛泽东在延安大学开学典礼的讲话中说道，“‘抢救运动’那时候，空气紧张得很，‘抢救’了好些人，许多是搞错了的，非则非，今天要行脱帽礼，脱去给人戴错的帽子。”[②] 此外，他还在多种不同场合代表党中央向受到错误批判的同志赔了不是。“抢救运动”偏离了整风运动的主旨，给党的整风学习带来了一定程度的不良影响，不能不说这是一个深刻的历史教训。

---

① 《胡乔木回忆毛泽东》，北京：人民出版社，2003年，第276页。

② 《毛泽东文集》（第三卷），北京：人民出版社，1996年，第155—156页。

第十七章　延安时期系统出版马列著作的尝试

第一节　“马克思恩格斯丛书”和《列宁选集》

在抗日战争时期，延安解放社曾经出版了两大丛书和两大选集：“马克思恩格斯丛书”和“抗日战争参考丛书”、《列宁选集》和《斯大林选集》。

这是这一时期马克思主义著作在中国出版的四部重头戏，其中重中之重，集中代表新时期特点的，又是其中的两大系列：一是“马克思恩格斯丛书”10卷本；二是《列宁选集》20卷。

这两部大书的翻译、编辑和出版工作，集中代表了延安时期马克思主义著作在中国出版的新成果、新水平和新特点。

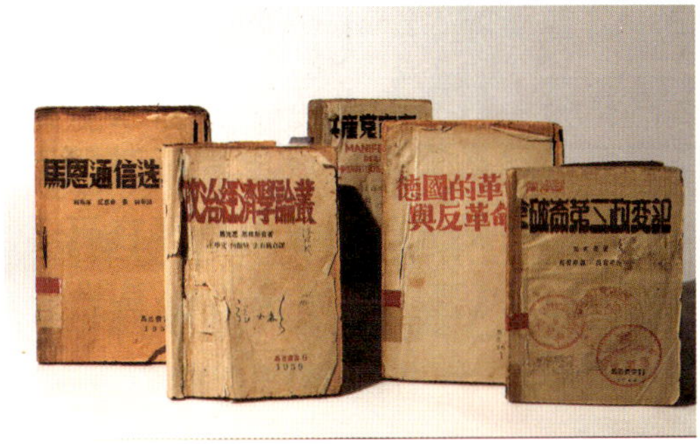

图17-1　延安时期出版的“马克思恩格斯丛书”10卷本（部分）

1938 年至 1942 年间，延安解放社用“马克思恩格斯丛书”的形式，出版了 10 部马克思恩格斯的重要著作：

1.《社会主义从空想到科学的发展》，丛书第三种，1938 年 6 月，吴黎平的新译本。

图 17-2 《社会主义从空想到科学的发展》

图 17-3 《共产党宣言》

2.《共产党宣言》，丛书第四种，1938 年 8 月，成仿吾、徐冰首次根据德文原文译校。

3.《法兰西内战》，丛书第五种，1938 年 11 月，吴黎平、刘云（即张闻天）译。

图 17-4 《法兰西内战》

图 17-5 《政治经济学论丛》

4.《政治经济学论丛》，丛书第六种，1939 年 3 月，王学文、何锡麟、王石巍译。

5.《马恩通信选集》，丛书第七种，1939 年 6 月，柯柏年、艾思奇、景林等译。

图 17-6　《马恩通信选集》

图 17-7　《革命与反革命》（即《德国的革命与反革命》）

6.《德国的革命和反革命》，丛书第八种，1939 年 4 月，王石巍、柯柏年译。

7.《〈资本论〉提纲》，丛书第九种，1939 年 11 月，何锡麟、王学文译校。

8.《哥达纲领批判》，丛书第十种，1939 年 12 月，何思敏、徐冰译。

9.《拿破仑第三政变记》，丛书第十一种，1940 年 8 月，吴黎平、柯柏年译校。

10.《法兰西阶级斗争》，丛书第十二种，1942 年 7 月，柯柏年译。

图 17-8　《〈资本论〉提纲》

这套丛书的封面上除了书名以外，还注明了丛书的编号。封面上用阿拉伯字母标以顺序号，书名页则用汉字标明。从上面这个书目来看，这套丛书的顺序号很可能是根据出版先后编排的，编号从三开始，到十二结束。为什么没有一、二，尚有待研究。

在张闻天直接领导下，马列学院编译部的两大工作重点，第一是“马克思恩格斯丛书”，第二是《列宁选集》。《列宁选集》初步构想是出 20 卷本，可能是受《列宁全集》俄文第一版的影响。之后一度考虑出 18 卷本，最终出来的是 16

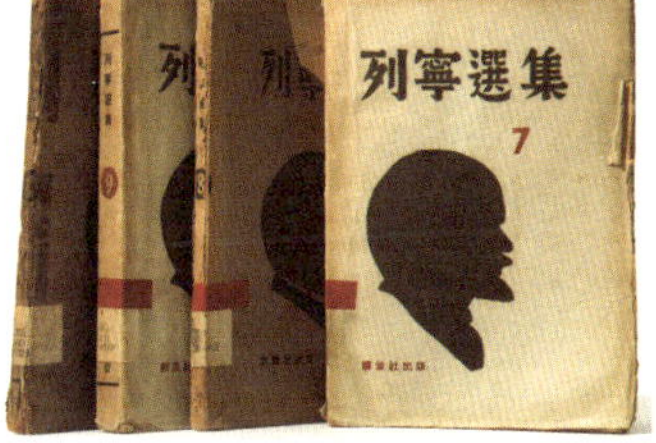

图 17-9　延安时期出版的《列宁选集》20 卷

卷本。参与翻译的主要专家，包括曹葆华、张仲实、何锡麟、柯柏年等人。其中，著名翻译家何锡麟曾写了一篇回忆录，回忆在延安翻译马列经典著作的情况：

> 党中央一贯重视马列主义理论的宣传和教育工作，而在解放区内有计划地编译和出版马列主义经典著作则是从1938年开始的。1938年5月5日，在马克思诞生120周年纪念日，延安成立了马列学院。马列学院机构小而精，却设了编译部，它的主要任务就是编译“马恩丛书”和《列宁选集》。当时中共中央的总书记张闻天（即洛甫）同志兼任院长和编译部主任。……
>
> 1941年中央发表关于调查研究的决定后，马列学院和编译部都解散了。整风时我们之中一部分同志已调到中央政治研究室。后来没译完《列宁选集》，由张仲实、曹葆华同志和我在1943年底又带到中宣部去继续翻译。1943—1944年我在中宣部因主要参加审干，译书不多，张仲实、曹葆华同志继续搞翻译工作。《列宁选集》就是这时完成的。……
>
> 当时翻译出版的“马恩丛书”共十本。《列宁选集》可能是二十本，苏联出版的是十二本，每一本的篇幅太大，我们把它分成了二十本。出版这些书都是给党内领导同志及广大干部学习用的，有时我们的译稿送至解放社，在还未排印之前就被中央领导同志如陈云、富春等同志抽去看了。[①]

从现在保存的延安抗战时期出版的“马克思恩格斯丛书”的版本中，我们可以看到有毛泽东亲笔签名的《法兰西内战》和《哥达纲领批判》，有周恩来亲笔签名的《共产党宣言》。据何锡麟回忆，他们的译稿在送出版社之前，有时就被陈云、李富春等同志借去阅读了。甚至于有些书扉页上写有某某人送某某同志学习，以至第二

---

① 中共中央马克思恩格斯列宁斯大林著作编译局马恩室编：《马克思恩格斯著作在中国的传播》，北京：人民出版社，1983年，第127—129页。

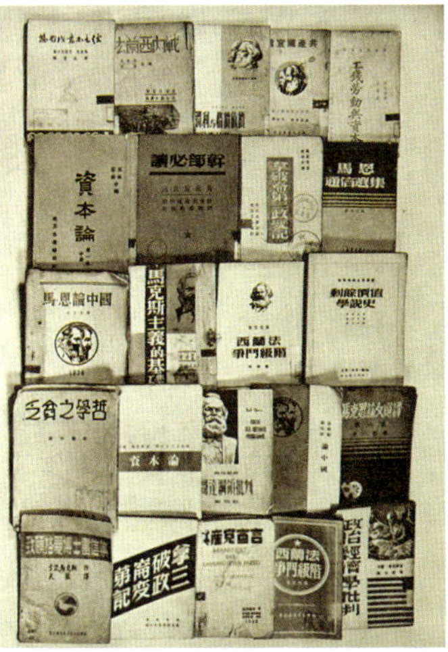

图 17-10　延安“马克思恩格斯丛书”集锦

个人看完之后又转赠第三者。当时还建立了各种形式的研究会、读书组。同志们晚上在窑洞里或认真读书，或专心听讲，或热烈讨论。学习气氛十分浓厚。毛泽东曾经组织了一个新哲学会，约请何思敬、艾思奇等人一起研究马克思主义哲学。中央青委机关的工作人员发起组织了一个自然辩证法小组，学习《反杜林论》，介绍《自然辩证法》的主要内容。这种种情况说明，当时在延安这所革命熔炉里，从领导干部到一般同志，都如饥似渴地研读马克思、恩格斯、列宁、斯大林的著作，这种刻苦学习马列主义的精神十分感人。[①]

第二节　马克思、恩格斯、列宁关于中国论著的出版

从五四时期到抗日战争时期，马克思主义著作在中国出版事业的一个显著历史特点，就是紧密结合中国革命实践。因而当时特别重视把马克思、恩格斯与列宁关于中国的论述，集中起来，翻译出版。

图 17-11　《马克思恩格斯论中国》

《马克思恩格斯论中国》是第一本中文版的马恩关于中国问题论述的论文集。这本论文集最早由苏联外国工人出版社于 1937 年出版，译者是方乃宜。

鉴于这个版本难以运送到中国来，1938

① 中共中央马克思恩格斯列宁斯大林著作编译局马恩室编：《马克思恩格斯著作在中国的传播》，北京：人民出版社，1983 年，第 305 页。

年该书又分别以解放社的名义和中国出版社的名义在延安和汉口出版。这本论文集开头部分是马恩著作中关于古代东方与中国的内容的摘译。接着是包括《鸦片贸易》等在内的17篇有关中国的论文，最后一部分又是关于世界商业与对华政策等内容的摘录。它既是指导中国革命的理论著作，也是指导殖民地半殖民地人民革命运动的重要文献。①

图 17-12　马克思、恩格斯合著的《中国问题评论集》

图 17-13　解放社出版《马克思恩格斯论中国》

图 17-14　解放社出版《列宁斯大林论中国》

1938年，由杨克斋编译发行的马克思、恩格斯《中国问题评论集》，共收录14篇马克思、恩格斯关于中国问题的论著，由上海珠林书店出版。

1940年，卢竟如译《列宁说中国》，由重庆文蔚书店出版。

1947年，党中央公布了《中国土地法大纲》，在解放区掀起了轰轰烈烈的土地改革运动。为了给参加土地工作和研究土地问题的同志们提供理论参考，中央土地问题研究会编辑的《马恩列斯毛论农民土地问题》一书，在当年夏天由晋察冀新华书店出版了。它在"封建制度下的农民"、"资产阶级与农民"和"无产阶级与农民"等章节中摘录了马克思、恩格斯、列宁、斯大林和毛泽东的有关论

① 中共中央马克思恩格斯列宁斯大林著作编译局马恩室编：《马克思恩格斯著作在中国的传播》，北京：人民出版社，1983年，第299页。

述，说明农民问题是中国革命的根本问题，只有正确解决这个同盟军的问题，无产阶级才有可能发动广大人民群众，取得革命胜利。[①]

1949 年，《列宁斯大林论中国》被列入“干部必读”12 种马克思主义重要著作。

第三节　军事论著的系统出版

为了用马列主义的战略思想来指导抗日战争，中央军委在 1938 年把马克思主义军事理论的学习作为军事干部的必修课目。为了把相关著作及苏联的军事材料等译成中文，专门抽调了一些懂外文的同志，建立了由曾涌泉领导的军委编译处。这是第一个由共产党中央军委在革命根据地建立的专门翻译马列主义军事著作的机构。

粗略统计起来，以恩格斯为主，包括马克思、列宁军事著作在内，在延安时期，至少翻译出版了 10 来种之多，构成了一个系列：

1. 1938 年，吴黎平、刘云（张闻天）译的马克思著作《法兰西内战》，由延安解放社郑重推出。

图 17-15　《法兰西内战》中译本

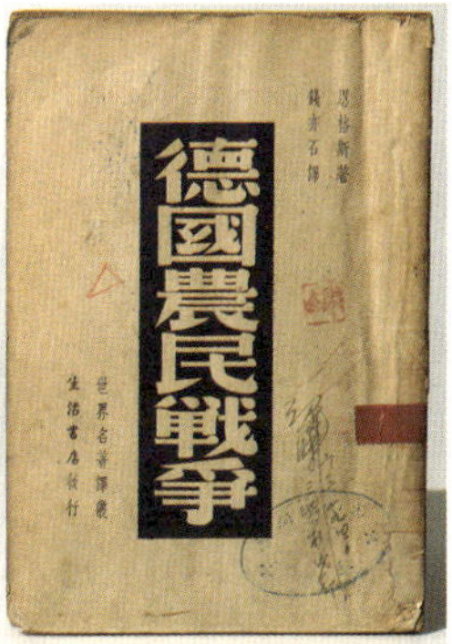

图 17-16　《德国农民战争》中译本

图 17-17　《德国的革命与反革命》中译本

---

① 中共中央马克思恩格斯列宁斯大林著作编译局马恩室编：《马克思恩格斯著作在中国的传播》，北京：人民出版社，1983 年，第 333 页。

2. 1938年，钱亦石译的恩格斯著作《德国农民战争》，由上海生活书店出版。

3. 1939年，郭和译的马克思著作《法兰西内战》，由上海海潮社出版。

4. 1939年，王右铭、柯柏年译的恩格斯著作《德国的革命与反革命》，由上海生活书店出版。

5. 军委编译处最早译出的恩格斯的军事论文是《冲锋》和《军队论》。译者为焦敏之。这两篇文章先后发表在八路军政治部于1939年1月创办的《八路军军政杂志》上。其中，第2期《八路军军政杂志》上发表的《冲锋》是恩格斯的文章《攻击》中的一个段落，总共五六百字，它向读者介绍了两军对峙并准备会战时所使用的几种攻击方法。《军队论》连载于《八路军军政杂志》第3至6期。

图 17-18 《恩格斯军事论文选集》

6. 1939年底，焦敏之译、曾涌泉校的《恩格斯军事论文选集》，由八路军军政杂志社作为“抗日战争参考丛书”第4种，在延安出版。这本选集收入了恩格斯的五篇军事著作：《军队》、《步兵》、《炮兵》、《骑兵》和《欧洲军队》。它是我国翻译出版的第一本恩格斯的军事论文集。

7. 曹汀译、何思敬校的《新德意志帝国建设之际的暴力与经济》（即《暴力在历史中的作用》）和《1870—1871年普法战争》，作为“抗日战争参考丛书”第13种和第16种，先后于1940年、1941年在延安问世。

8. 1938年8月，杨松、袁维节译的列宁《社会主义与战争》，在延安《解放》第85至86期发表。

9. 1939年10月，八路军军政杂志社还以《列宁读〈战争论〉的笔记》为题，发表了列宁读克劳塞维茨《战争论》一书摘录和批注。

10. 1939年10月，八路军军政杂志社发表了焦敏之译的《马克思列宁主义论战争与军队》。

据曹汀回忆，《1870—1871年普法战争》一书出版以后，当时担任参谋长的叶剑英曾亲自找他谈话，指出研究马克思、恩格斯军事思想的重要性，并鼓励译者全心全意搞好翻译工作。而曹汀本人，从那以后一直奋斗在翻译马克思主义军事著作的岗位上，并且带出了一支队伍，形成了马克思主义著作在中国出版史的一大历史特色。

第十八章 《资本论》的翻译出版

第一节 《资本论》第一卷中译本出版的十人思想接力

在马克思主义著作出版工作中，中国有一个显著特征，就是：

不仅重视《共产党宣言》这样的通俗著作出版，而且特别注重《资本论》这部科学巨著的出版工作；

不仅把《资本论》作为马克思政治经济学主要著作，而且把《资本论》作为马克思一生思想的主要著作，包括马克思哲学的主要著作；

不仅依靠学者个人力量来翻译出版《资本论》，而且依靠集体的智慧与力量，完成这一科学巨著的翻译出版工作，好像一场翻译出版工作的思想接力赛。

先后参加这场思想接力的，至少有以下十位中国学者与翻译家、出版家：李大钊—陈独秀—李汉俊—郭沫若—陈启修—潘冬舟—侯外庐、王思华—千家驹、吴半农。

首倡出版《资本论》中译本的，是李大钊。他在《我的马克思主义观》一文中，对于马克思一生的主要著作《资本论》，第一次用中文做了简明系统的扼要介绍，还借助河上肇的日文译本，翻译介绍了马克思1859年《〈政治经济学批判〉序言》。据在李大钊指导下参与马克思学说研究会翻译出版工作的罗章龙回忆说："我们德文组还译过《资本论》第一卷，这是李大钊先生号召我们翻译的。"[①] 由于工作繁重，李大钊本人未能直接从事《资本论》翻译出版工作；而他倡导初译的《资本论》第一卷，也未能及时出版。

这一思想接力的第二棒，是陈独秀，他在1922年《马克思学说》一文中把《资本论》作为马克思主要著作，而把剩余价值学说作为《资本论》的首要理论观点。不过由于种种原因，陈独秀也没有直接从事《资本论》翻译出版工作。

这一思想接力的第三棒，是李汉俊。1920年9月上海新文化书社出版了他翻译的《马克思〈资本论〉入门》，著者为马尔西。该书后来又由李达主持的人民出版社出版。在人民出版社计划出版的"马克思全书"中，《资本论》、《经济学批评》、《革命与反革命》，计划都是由李汉俊翻译出版的（当时用笔名"李漱石"）。从以上情况判断，李汉俊可能至迟从1920年开始，已着手做翻译出版《资本论》的准备工作。

这一思想接力的第四棒，是郭沫若。

1924年，郭沫若翻译了日本马克思主义研究先驱者河上肇的重要著作《社会组织与社会革命》。他花了50天时间，译完了这部20万字的著作。在1925年7月1日完稿后，写下了一段"附白"，交代了自己的心路历程："这本书的译出在我一生中形成了一个转换期。""我从前只是茫然地对于个人资本主义怀着憎恨，对于社会革命怀着信心，如今更得看理性的背光，而不是一味的感情作用了。"[②]

由此，他萌发了一个宏大的学术理想，拼搏五年，翻译出版《资本论》。后来，他这样写道："我当时感受到十二分的愉快，并

① 中共中央马克思恩格斯列宁斯大林著作编译局马恩室编：《马克思恩格斯著作在中国的传播》，北京：人民出版社，1983年，第253页。

② 郭沫若：《郭沫若文集》（第七卷），北京：人民出版社，1942年，第183页。

且预定了一个五年译完的计划。译完要五年，在读者或许会诧异，以为是过于迂缓。但《资本论》全部译成中文会有四百万字，日本的高畠素之是费了十年工夫把它译成了日文的。高畠在译成之后不久就病死了。这日译者之死是否为译《资本论》而过劳，虽不得而知，而在我自己却觉得如果能为译完《资本论》而死，要算是一种光荣的死。然而那次的计划，在商务的编审会上却没有通过。译其它任何名作都可以，《资本论》却有不便。”[①] 显然，郭沫若翻译《资本论》的计划，主要是因为商务印书馆不敢承印，而未能实现。

这一思想接力的第五棒，是北京大学教授陈启修。他于1930年发表了《资本论》第一卷第一分册的中译本。看来，早在1918年底，迟至1920年，李大钊在筹建北大马克思学说研究会时，陈启修等人就已开始着手翻译《资本论》，只是没有完整译出、正式出版。至1930年，陈启修主要依据德文原版，同时参照日文版，再次对《资本论》进行翻译。

图 18-1　陈启修译《资本论》

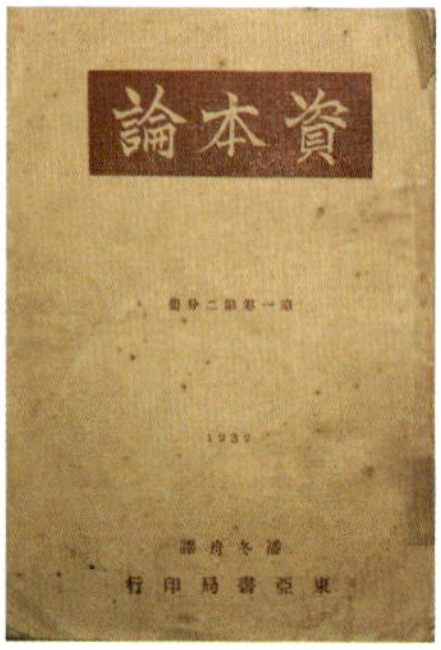

图 18-2　1932年8月，潘冬舟译《资本论》第一卷第二分册，北平东亚书局出版

陈启修的译本原计划分十册出版，但只出版了第一卷第一分册。这个分册共300多页，书的后面所附的三篇介绍性文章，就占了一半的篇幅。

① 郭沫若：《郭沫若文集》（第七卷），北京：人民出版社，1942年，第183页。

接续陈启修工作的是潘冬舟，他接着译出了《资本论》第二篇、第三篇作为第二分册，《资本论》第四篇作为第三分册。潘冬舟这样叙说了他的翻译工作原委："马克思所著《资本论》一书中译本，为陈启修所开始，可是第一册在上海昆仑书店出版以后，至今三年，尚未续出。但这本书是中国社会科学界所非常迫切需要的，因此，我现在愿意翻译这一著作，为避免工作重复起见，第一册我就不再翻译了。"潘冬舟打算在一年之内补译完第一卷的后五篇（第 4 至 25 章），同陈启修翻译的第一册合成为第一卷的整卷，但这个计划也未完成。潘冬舟所译的第二册和第三册，分别于 1932 年 8 月和 1933 年 1 月由北平东亚书店出版。①

图 18-3 侯外庐、王思华合译的《资本论》第一卷，由世界名著译社出版

大约与此同时，1932 年 9 月，由侯外庐、王思华合译的《资本论》第一卷上册也出版了。

早在 1926 年的时候，侯外庐由于受到李大钊的鼓励和推动，就决心要翻译《资本论》这部巨著。他回忆说："李大钊同志过去常常谈到《资本论》，他抱憾中国还没有一部较为完整的译本。他强调《资本论》是促进广大劳动阶级觉醒的理论武器。当我读到它（指《资本论》的英译本）的时候，更体会到这部巨著的伟大和大钊同志见解的正确，从此，我把翻译《资本论》作为赴法求学的目的。我觉得，非如此便不足于报答大钊同志对我的教诲，告慰大钊同志的在天之灵。"②

① 中共中央马克思恩格斯列宁斯大林著作编译局马恩室编：《马克思恩格斯著作在中国的传播》，北京：人民出版社，1983 年，第 283—284 页。

② 中共中央马克思恩格斯列宁斯大林著作编译局马恩室编：《马克思恩格斯著作在中国的传播》，北京：人民出版社，1983 年，第 284 页。

1927年，侯外庐为自己确定了旅法宗旨：学习德文，翻译《资本论》。经过理论和外文方面的一年多的准备，从1928年起，侯外庐在法国开始翻译《资本论》，于1930年译完20章。回国后，又同王思华合作，出版了《资本论》第一卷。关于这段经历，侯外庐回忆说："翻译《资本论》这部科学巨著，对我来说实在是艰难。我以德文一九二八年第四版为依据，找来英、法、日的译本为参考，一个词一个词地推敲着前进。若没有巨大的神圣动力，一个从德文字母学起的人，简直是无法坚持下来的。"后来，"一九三二年我在北京任教时结识了王思华……我们俩人本来就有志共同翻译《资本论》……为了争取早日和读者见面，先采取上中下三册办法出版，上册（第一至七章）是一九三二年九月出版的，以后又陆续出版了中册（第八至十三章）和下册（第十四至二十五章）。译者用的是王慎明（王思华）和侯外庐的名字，一九三六年六月，我们用'世界名著译社'的名义，将三册合订，正式出版了《资本论》第一卷，署名右铭（即王思华）、玉枢（即侯外庐）合译"。[①]

侯外庐后来在《〈资本论〉译读始末》一文中，说到自己后来的工作：

> 第一卷翻译完成后，王思华与我的合作便结束了，他希望我一个人将第二、三卷继续译下去。
>
> 一九三二年十二月，宪兵三团捕我入狱，国民党的北平政府以"宣传与三民主义不相容的主义"为罪名，判处我徒刑。我为继续翻译《资本论》，在狱中坚持自修德文。
>
> 出狱后，回到山西，自一九三四年至一九三七年，用四年时间，我继续翻译了《资本论》第二卷和第三卷。[②]

---

① 中共中央马克思恩格斯列宁斯大林著作编译局马恩室编：《马克思恩格斯著作在中国的传播》，北京：人民出版社，1983年，第284页。

② 中共中央马克思恩格斯列宁斯大林著作编译局马恩室编：《马克思恩格斯著作在中国的传播》，北京：人民出版社，1983年，第76—77页。

可惜后来该书稿在战火中丢失，未能出版。

1934年5月，千家驹和吴半农译校的《资本论》第一卷第一分册由上海商务印书馆出版。

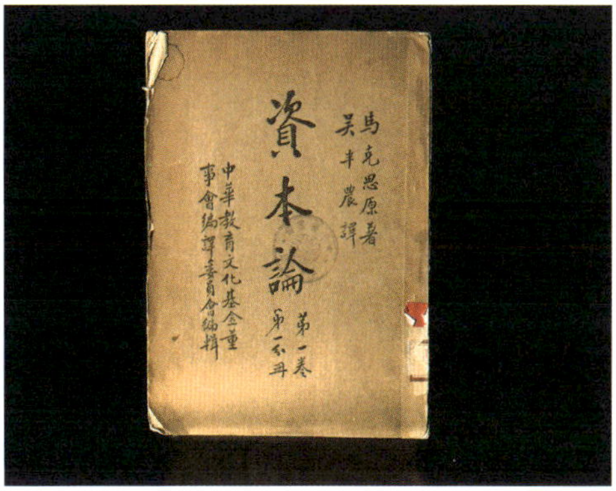

图 18-4 由吴半农、千家驹译校的《资本论》第一卷第一分册由上海商务印书馆出版

千家驹是著名经济学家，1932年在北大经济学系毕业，他毕业论文题目就是《马克思的货币理论》。吴半农毕业于清华大学，与千家驹同到北平社会调查所工作，二人一拍即合，决心合译出版《资本论》。1983年，即纪念马克思逝世100周年之际，千家驹撰文回忆起当时翻译《资本论》的经过：

> 一九三二年我在北京大学经济系毕业后，经朋友介绍进入北平社会调查所工作……社会调查所中有同事吴半农同志，毕业于清华大学，思想进步，曾翻译过《学生底马克思》一书，与我有共同语言。我们商量把马克思的《资本论》翻译出来。当时不要说郭大力、王亚南的《资本论》全译本尚未问世，侯外庐、王慎明以及潘冬舟的部分译本亦未出版。只有陈豹隐（即陈启修）译了《资本论》的前面三章，即相当于《资本论》第一卷全书的六分之一……
>
> 当时以美国退还庚款为背景的中华教育文化基金董事会设有编译委员会，专门请人翻译世界名著……主持文化基金会的是胡适、丁文江等一般所谓“名流学者”。通过陶孟和先生，我们就向胡适先生建议，翻译马克思的《资本论》。编译委员会同意了，于是决定由吴半农译《资本论》第一卷，我译《资本论》第二卷，还有社会所的另一同事王某译《资本论》第三卷。我们还约定译好后互相校对，即吴半农的译稿由我校阅，

> 我的译稿由吴半农校阅。我们虽然是业余时间从事于此的，但情绪很高，为了商榷一两句译文，往往放弃了一切休息时间，我到吴半农同志家里一讨论便是半天。当时我还没有结婚，精力也很旺盛……①

总之，从 1919 年开始中国人用“呕心沥血，薪火相传”的精神，推动着马克思《资本论》的翻译出版工作，这是马克思主义著作在中国出版史上的动人篇章。

第二节　郭大力、王亚南完整翻译《资本论》

在《资本论》中文翻译出版过程中，有一个为之共同奋斗四五十年、留下动人情谊的“双子星座”，那就是郭大力与王亚南。

图 18-5　王亚南像

图 18-6　郭大力像

1905 年，郭大力出生在江西南康一个农民的家庭。1927 年，他毕业于上海大夏大学。大学期间，他开始接触马克思主义思想。

郭大力翻译《资本论》，是从杭州大佛寺开始的。1927 年，他从大夏大学毕业之后，曾一度在上海中学教书。为了寻觅一个安静

① 中共中央马克思恩格斯列宁斯大林著作编译局马恩室编：《马克思恩格斯著作在中国的传播》，北京：人民出版社，1983 年，第 88—89 页。

而开支又小的环境，他带着教书积攒下来的钱，离开上海来到杭州，租了大佛寺的一间小屋，便着手翻译《资本论》。在寺院里翻译马克思著作一事，后来被人们传为佳话。半年之后，郭大力译完了第一卷。

他后来在回顾这段历史时说："我译这部书，并不是因为我已经很理解它，也不是因为我已经有了翻译的能力。一九二八年，国民党全面背叛了革命，红色政权已在江西建立。当时我只觉得一点：有革命的需要。"①

王亚南，又名王渔邨，1901 年 9 月生于湖北黄冈的一个农民家里，自幼耕读乡间，与农民朝夕相处，深能体恤民情。1924 年抱着"教育救国"的志愿，进武昌中华大学教育系攻读，1927 年毕业。大革命失败后，王亚南先去上海，后到杭州，孑然一身，孤愤难平。

当时，王亚南与郭大力同住在杭州大佛寺内，正在着手写一部长篇小说。追求真理的共同愿望，使这两位萍水相逢的青年一见如故。在郭大力的建议下，王亚南决心改途研究马克思主义政治经济学，与郭大力合作翻译《资本论》。

为了实现翻译《资本论》的"大佛寺计划"，郭大力、王亚南二人做了艰苦卓绝的准备工作，至少翻译了作为《资本论》理论来源的六部古典经济学著作，包括大卫·李嘉图的代表作《政治经济学及其赋税原理》、亚当·斯密的主要代表作《国富论》、马尔萨斯的《人口论》和约翰·穆勒的《经济学原理》等。

郭大力和王亚南当时翻译《资本论》所依据的版本，是苏联马克思恩格斯研究院校正过的最新德文本，同时，还参照了两种英文译本和两种日文译本。

1934 年至 1938 年，郭大力、王亚南合力花了五年时间，在抗日战争的烽火中突击译出了《资本论》三卷本。

---

① 中共中央马克思恩格斯列宁斯大林著作编译局马恩室编：《马克思恩格斯著作在中国的传播》，北京：人民出版社，1983 年，第 97—98 页。

1934年，当郭大力第二次重新翻译《资本论》时，1928年翻译的第一卷译稿，已在“一·二八”事变中全部毁于日本帝国主义的侵华炮火之中。他不得不从头另译。恰巧，王亚南于1935年底从德国回到上海，不久也参加了这一工作。因此，这一段的翻译工作进行得比较顺利。

然而，好景不长，1937年秋，日寇的侵略魔爪伸进了上海，敌机狂轰滥炸，大火在郭大力住地附近一连烧了好几天。郭大力把已经完成的第一卷译稿交给读书生活出版社，就带领全家回到了江西老家。回到家乡之后，他继续翻译《资本论》第二卷和第三卷。这时，王亚南也已离开上海，到了内地。他们在艰苦而又分散的情况下，坚持翻译，并将译好的稿件以挂号信的方式分别陆续寄到上海。《资本论》第二卷的全部和第三卷的绝大部分译稿，就是在这种险恶的条件下完成的。

1937年上海沦陷以后，日本侵略者并未立刻占领租界，上海公共租界和法租界，被人们称为“孤岛”。其实，“孤岛”并不孤。留在这里的进步人士，为坚定人民抗战必胜的信心，提高群众的思想觉悟，在复杂的环境中，不顾日本侵略者及日伪汉奸的迫害，仍然坚持出版了大量进步书刊。

马克思用毕生精力写出的经济学巨著《资本论》的第一个中文全译本，就是在“孤岛”时期的上海，由读书生活出版社出版的。这个全译本在硝烟弥漫的年代里出版，是我国出版史上的光辉一页。这个全译本的译者是郭大力和王亚南，出版者是上海读书生活出版社郑易里等人。

上海读书生活出版社的负责人黄洛峰、艾思奇和郑易里等，由于当年留学日本时曾在地下党领导的社会科学读书会研读过《资本论》，早已商议过出版一部较好的《资本论》全译本。几经周折，他们最后找到了郭大力和王亚南，并于1937年初正式决定出版郭、王合译的《资本论》。但是，当第一卷译稿送到出版社时，上海已经沦陷，该出版社大部人员跟随黄洛峰迁往重庆，艾思奇此时又去了延安。留在上海租界内处理出版、发行事务的，只有郑易里夫妇等数人。1938 年春，郑易里和重庆总店商量决定，趁当时上海租界里暂时平静，抓紧在此突击出版《资本论》。

图 18-7 第一套中文翻译的《资本论》三卷本

图 18-8 郭大力、王亚南合译的《资本论》三卷本的另一种版本

1938 年 4 月，郑易里邀郭大力秘密返回上海共同处理译稿的排印、出版事宜。郑易里为郭大力在书店的一个小房间内（当时整个书店只有两间小房间），安置了一张桌子、一把椅子和一个行军床。郭大力就是在这样简陋的条件下，开始了紧张的工作。他一面赶译第三卷的遗稿，一面校订全书的译文，同时还要看新排印出的清样，经常彻夜不眠、夜以继日地工作着。①

郑易里则一面做着编辑工作，一面又忙其他具体事务。当时在反动派和日本帝国主义包围着的租界里，译者和书店的编辑、财会、校对等总共十余人，齐心协力，前后用了半年的时间，出齐了中国第一部完整的《资本论》中译本：1938 年 8 月 31 日，《资本论》第一卷正式印出；9 月 15 日，第二卷接着出版了；9 月 30 日，第三卷又送到了读者手里。

---

① 中共中央马克思恩格斯列宁斯大林著作编译局马恩室编：《马克思恩格斯著作在中国的传播》，北京：人民出版社，1983 年，第 100—101 页。

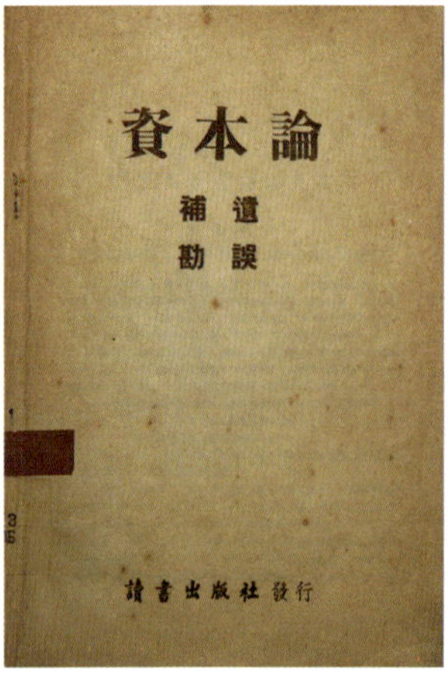

图 18-9　郭大力认真做出的《资本论》补遗勘误

图 18-10　郭大力、王亚南翻译《资本论》引起毛泽东的极大关注

1940年，当郭大力动手翻译《资本论》第四卷——《剩余价值学说史》的时候，郑易里又带着《资本论》的纸型，转道香港来到重庆。这样，重庆于当年又重印再版了三卷本的《资本论》。①

1940年秋，郭大力应广东文理学院院长林砺儒的邀请，前往该院讲授政治经济学，同时继续翻译《剩余价值学说史》。但当时国民党反动派正积极反共，消极抗日，四处迫害共产党人与进步人士。为了能在一个较为安定的环境里坚持《剩余价值学说史》的翻译工作，郭大力决定带领全家回到老家——南康县境内的一个偏僻村庄。从1941年夏到1947年3月，在将近六年的时间内，他回绝了一切高薪聘请，一直住在乡间，过着清贫的生活。没有职业，没有固定收入，全家生活靠着读书生活出版社偶尔寄来的版税和他间或发表一些小文章的稿费维持，有时窘困到买米的钱都没有。

郭大力以坚忍不拔、锲而不舍的顽强精神，全文译完了马克思这部巨著，并对译文做了多次修改校正。从1928年杭州“大佛寺计划”起，至1976年为《剩余价值学说史》重译本翻译出版，献出最后生命为止，他整整奋斗了48年，献身于《资本论》翻

① 中共中央马克思恩格斯列宁斯大林著作编译局马恩室编：《马克思恩格斯著作在中国的传播》，北京：人民出版社，1983年，第312—313页。

译出版事业。[①]

1949年以后，王亚南亦对《资本论》译文做了几次缜密的修改，倾注了许多心血。直到1969年王亚南逝世，他为《资本论》翻译出版，持续工作40年。[②]

① 中共中央马克思恩格斯列宁斯大林著作编译局马恩室编：《马克思恩格斯著作在中国的传播》，北京：人民出版社，1983年，第104—110页。

② 中共中央马克思恩格斯列宁斯大林著作编译局马恩室编：《马克思恩格斯著作在中国的传播》，北京：人民出版社，1983年，第114页。

第三篇　马列著作的系统出版

社会主义革命和建设时期

（1949—1978）

从1949年10月1日中华人民共和国诞生，到1978年12月十一届三中全会召开之前，大体上是30年，这是马列著作在中国系统出版的初步奠基时期。

这30年，既是中国历史发展的一个十分重要的特殊阶段，也是马列著作在中国出版史上的一个十分重要的特殊阶段，二者的发展有着不可割裂的内在联系。

从主流方面看，建国之初30年有巨大的历史成就，为现代中国打下三大基础——民族国家独立的政治基础，现代工业化的初步基础，现代国民经济体系的基础。这是现代中国自立于世界民族之林的三大柱石。

另一方面，建国之初30年，在发展过程中也发生“左”的错误：主要是从1957年下半年起，“以阶级斗争为纲”的“左”的指导思想逐步抬头；1959年错误地发动反对彭德怀右倾机会主义党内斗争；从1966年开始进一步走向极“左”，发生了“文化大革命”。

建国之初30年，马克思主义著作在中国的出版事业同样具有曲折发展的二重性：

从主流方面来看，建国之初30年，是马列著作在中国系统出版的奠基时期，最大的历史成就是为新中国系统出版马列主义著作打下了坚实基础，特别是以中央编译局为主体的翻译队伍，以人民出版社为主体的出版队伍，以中文第一版《马克思恩格斯全集》、《列宁全集》为主体的中译本系统的基础；

从另一方面来看，建国之初这一阶段，马列著作出版工作的根本历史局限，在于过多地照搬了《马克思恩格斯全集》、《列宁全集》俄文版翻译、编纂模式，影响到马列著作翻译出版事业，在“文化大革命”的十年间还一度发生了曲折与中断。

总之，从1949年中华人民共和国成立，到1978年改革开放前的30年，是中国社会主义的奠基时期，不仅有民族独立的奠基，工业化的初步奠基，国民经济体系的初步奠基，而且有马克思主义著作出版事业的初步奠基。成立人民出版社，创立中央编译局。出版“干部必读”12本，基本出齐两大全集《马克思恩格斯全集》《列宁全集》——正是这一点，成为中国虽历经十年动乱而国基未垮、进而改革复兴的重要精神支柱。

第十九章　七届二中全会毛泽东提出“干部必读”12 本

——新中国成立的理论奠基工程

第一节　“干部必读”12 本的酝酿提出

1949 年 3 月，中国共产党在河北西柏坡召开七届二中全会。这次会议为党夺取全国胜利和建设新中国，做了政治上和思想上的准备。

在筹备七届二中全会时，党中央要求当时在中宣部工作，主管马列著作编译出版工作的张仲实，提出一个学习理论的计划，于是张仲实找时任毛泽东秘书的胡乔木商量，拟定了一个学习书目，经中央批准，这就是“干部必读”12 种书。[①] 它们分别是：马克思、恩格斯的《共产党宣言》、恩格斯的《社会主义从空想到科学的发展》、列宁的《帝国主义论》、列宁的《国家与革命》、列宁的《左派幼稚病》、斯大林的《论列宁主义基础》，以及《苏联共产党历史简要读本》、《列宁斯大林论社会主义建设》、《列宁斯大林论中国》、《马恩列斯思想方法论》、《社会发展简史》、《政治经济学》。

---

① 中共中央马克思恩格斯列宁斯大林著作编译局马恩室编：《马克思恩格斯著作在中国的传播》，北京：人民出版社，1983 年，第 95 页。另据张仲实回忆：“其中《列宁斯大林论中国》、《列宁斯大林论社会主义建设》、《社会发展简史》等系我编译；《马恩列斯思想方法论》系毛泽东同志在延安时亲自编辑，我和艾思奇同志、吴亮平同志、柯柏年同志等参加了搜集材料的工作。”

图 19-1 《共产党宣言》、《社会主义从空想到科学的发展》

图 19-2 《国家与革命》

图 19-3 《马克思、恩格斯、列宁、斯大林思想方法论》（即《马恩列斯思想方法论》）

1949 年 3 月 13 日，在七届二中全会结束时，毛泽东发表了总结讲话，十分郑重地强调了全党上下都要学习马列著作以及学习这 12 本书的重大意义：

> 马克思主义的普遍真理与中国革命的具体实践的统一，这样提法较好，应该这样提，而不应该像王明同志的提法，说"毛泽东思想是马列主义在殖民地半殖民地的应用和发展"，这种提法不妥当。我们不要忙于想宽了，要先把中国的事情做好。现在，应该在全国、全世界善于宣传马克思、恩格斯、列宁、斯大林的辩证唯物主义，关于党和国家的学说，政治经济学等等。不要把毛泽东与马、恩、列、斯并列起来。根据过去的经验，要学习十二本干部必读的书，如果在三年之内，有三万人读完这十二本书，有三千人读通这十二本书，那就很好。①

这段话言简意赅，包含三个理念要点，值得我们深入体会：

一是毛泽东思想与我们党思想政治建设的基本原则、中国革命成功的主要的历史经验，是马克思主义普遍真理与中国具体实践相结合，即马克思主义中国化。在建设新中国的新的历史时期，这个基本原则不能变，在当时的历史条件下，也不宜像王明提法那样，

---

① 逄先知主编：《毛泽东年谱：1893—1948》（下卷），北京：人民出版社、中央文献出版社，1995 年，第 465—466 页。

随意夸大中国经验的国际普遍性。

二是学习马列的主要内容、思想要义，主要是马列主义三个组成部分，首先是以辩证唯物主义、历史唯物主义哲学世界观为核心的马克思主义哲学，其次是党和国家学说为核心的科学社会主义，再次是马克思主义政治经济学——三足鼎立，缺一不可。

三是全党学习马列，读好“干部必读”12本书的具体部署与重大意义。根据以往历史经验，三年时间，全党有三万人读了“干部必读”12本书，其中三千人融会贯通，就能取得新民主主义革命的伟大胜利。

这里所说的“根据过去的经验”，看来主要指的就是新民主主义革命时期，其中特别是延安时期的历史经验。

第二节　“干部必读”12本一年印行300万本

毛泽东为什么要在中华人民共和国成立前夕召开的七届二中全会上，郑重推出“干部必读”马列著作12本书？

说得最明白、最充分的，莫过于毛泽东本人此后紧接着写出的文字、表明的态度。

毛泽东从1949年6月30日到9月16日，连续写了《论人民民主专政》、《丢掉幻想，准备斗争》、《别了，司徒雷登》、《为什么要讨论白皮书?》、《“友谊”，还是侵略?》和《唯心历史观的破产》等六篇评论，其中郑重指出马列主义、马列著作对于中国命运攸关的重要意义：

> 在这个反抗运动中，在一个很长的时期内，即从一八四〇年的鸦片战争到一九一九年的五四运动的前夜，共计七十多年中，中国人没有什么思想武器可以抗御帝国主义。旧的顽固的封建主义的思想打了败仗了，抵不住，宣告破产了。不得已，中国人被迫从帝国主义的老家即西方资产阶级革命时代的武器

> 库中学来了进化论、天赋人权论和资产阶级共和国等项思想武器和政治方案，组织过政党，举行过革命，以为可以外御列强，内建民国。但是这些东西也和封建主义的思想武器一样，软弱得很，又是抵不住，败下阵来，宣告破产了。
>
> 一九一七年的俄国革命唤醒了中国人，中国人学得了一样新的东西，这就是马克思列宁主义。中国产生了共产党，这是开天辟地的大事变。孙中山也提倡“以俄为师”，主张“联俄联共”。总之是从此以后，中国改换了方向。……
>
> 马克思列宁主义来到中国之所以发生这样大的作用，是因为中国的社会条件有了这种需要，是因为同中国人民革命的实践发生了联系，是因为被中国人民所掌握了。任何思想，如果不和客观的实际的事物相联系，如果没有客观存在的需要，如果不为人民群众所掌握，即使是最好的东西，即使是马克思列宁主义，也是不起作用的。我们是反对历史唯心论的历史唯物论者。……
>
> 自从中国人学会了马克思列宁主义以后，中国人在精神上就由被动转入主动。从这时起，近代世界历史上那种看不起中国人，看不起中国文化的时代应当完结了。伟大的胜利的中国人民解放战争和人民大革命，已经复兴了并正在复兴着伟大的中国人民的文化。

正基于此，毛泽东在七届二中全会上，把“干部必读”马列著作12本书，作为中华人民共和国的建国准备之一，新中国的理论奠基工程。

这12本“干部必读”的马列著作，从1949年6月至1950年6月，印行300万本。马列经典成为建国初期广大干部、群众学习马列主义理论的必备书籍。这对培养干部，提高干部理论水平，起了十分重要的作用。

第二十章　创立人民出版社与中央编译局

——出版马列著作的党和国家专门机构

第一节　成立人民出版社

——马列著作的国家出版机构

1949年10月3日，中央宣传部出版委员会在北京召开了首届全国新华书店出版工作会议，1950年8月28日召开了全国新华书店第二届工作会议，同年9月15日召开了第一届全国出版会议。

这几次会议总结了全国图书出版、印刷、发行等工作经验，交流了情况，通过了一些重要决议。其中包括关于统一全国新华书店、关于成立人民出版社、关于今后新华印刷厂工作、关于今后新华书店工作的决议和决定。根据这些决议和决定，全国出版、印刷、发行实现了分工明确、任务明确、责任明确。《关于统一全国新华书店的决定》特别强调，把出版发行马列主义译著和毛泽东著作列为出版发行的重点任务。

根据全国新华书店第二届工作会议的决定，1950年12月成立了人民出版社。它的主要任务，甚至可以说是首要任务，就是出版马列著作。

人民出版社的成立，使马列著作的编辑出版工作得到集中、统一的组织和领导。该社成立后，一方面组织修订或重印出版过去的译本，另一方面组织翻译出版新译本。

人民出版社在成立初期修订或重印的马列著作较多。例如：郭大力、王亚南译《资本论》（1—3 卷），1938 年由读书生活出版社出版，1953 年人民出版社出修订版；曹汀 1940 年在延安翻译出版的《新德意志帝国建设之际的暴力与经济》一书，1951 年人民出版社重印时将书名改为《暴力在历史中的作用》；张仲实 1941 年翻译出版的《家族、私有财产和国家的起源》一书，1954 年人民出版社出修订版。

同时，人民出版社也出版了一批新译本，仅在人民出版社成立的第一年（1951 年），出版的新译本就有：季羡林、曹葆华译《马克思论印度》，何思敬译《国民经济学批判大纲》，曹葆华、关其侗译《论住宅问题》，曹汀译《恩格斯军事论文选集》等书。

第二节　成立中央编译局

——马列著作的国家编译中心

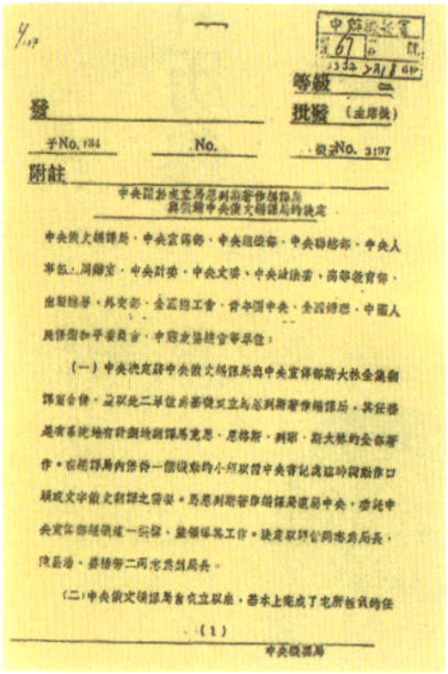

發

等級

批發

No.

No.

No.

附註

(1)

图 20-1　毛泽东、周恩来亲自参与中央编译局组建工作的历史见证，当时下发的有关中央文件

党中央一向重视翻译出版马列主义著作的工作。《中共中央关于一九四三年翻译工作的决定》就指出，“翻译工作尤其是马列主义古典著作的翻译工作，是党的重要任务之一”。为提高翻译工作的质量，《决定》还批准成立了翻译校阅委员会。

七届二中全会后，党中央迁往北平。不久，周恩来亲自起草了筹建中央俄文编译局的决定。1949 年 5 月，中共中央做出《关于成立外文翻译机构的决定》，就成立外文翻译机构、训练外文翻译人才、俄文干部的调查登记等问题做出规定。1949 年 6 月，根据党中央的决定，成立了中央俄文编译局。中央俄文编译局的主要任务是“担任口译、笔译，并主持俄文人才之训练、调查与分配等项事宜”。师哲任中央俄文编译局局长。中央俄文编译局通过翻译和编辑工作实践，培养了一批从事马列著作翻译和编辑的人才，为新中国成立后的马列著作翻译出版工作做了准备。

中央俄文编译局成立后不久，中央宣传部成立了斯大林全集翻译室。这是新中国成立后成立的专门翻译斯大林著作的机构。

1952 年 12 月，中央宣传部向党中央提交报告，申请成立马克思恩格斯列宁斯大林著作编译所。

图 20-2　中央编译局大楼

中共中央经过认真研究和周密考虑，于 1953 年 1 月 29 日决定，将中央俄文编译局与中央宣传部斯大林全集翻译室合并一处，组建成立中共中央编译局，其任务是有系统地有计划地翻译马克思、恩格斯、列宁、斯大林的全部著作，而其首要任务就是：在保证译文质量的前提下，加快翻译出版三大全集：《马克思恩格斯全集》、《列宁全集》、《斯大林全集》。

中央编译局的首届领导班子由局长师哲，副局长陈昌浩、姜椿芳等组成。1955 年，中央调张仲实任副局长。编译局成立之初下设五个部门，分别为：编审室，陈昌浩兼任主任，陈山任副主任；第一翻译室，翻译经典著作，姜椿芳兼任主任；第二翻译室，翻译一般著作，何匡任主任，刘水任副主任；办公室，宗群任主任；图书资料室，杨威理任主任。

师哲在主持中央编译局工作期间提出，不懂马克思主义理论，就不能做好马列著作的翻译工作，要翻译与研究并重。这成了中央编译局传承至今的优良传统。

第三节　以出版马列全集为主要任务

要系统出版《马克思恩格斯全集》、《列宁全集》和《斯大林全集》，这不是一个可以一蹴而就的事情。为此，中央编译局首先着手做了一系列扎实的准备工作，主要是在以下几个方面打基础。

第一，组织了一批翻译专业人才。中央编译局的许多专业人员，是在 1942 年延安整风前后成长起来的，其中的老一辈专家，多是曾留学德国、法国、俄国、英国的学者与革命者。新中国成立后，又不断补充新生力量，吸纳德文、英文、俄文等多个语种的翻译人才，逐步形成一支实力雄厚的翻译专业队伍。

图 20-3　中央编译局马列著作的珍贵历史文献书库

图 20-4　中央编译局的文献资料库、目录检索大厅

第二，收集和挖掘了大量文献资料。翻译马列原著离不开必备的参考书和各类相关文献资料。为做好文献资料收集工作，1954 年 3 月，中央编译局曾在北京举办了“马克思列宁主义在中国的传播”展览会。通过这次展览会，学者们不仅了解了马列著作的许多不同版本，还编制了一套图书目录，拍摄了较多的珍本书照片。此后中央编译局图书馆一直很重视文献资料收集工作。他们的收藏中有较多的珍贵书刊资料。

图 20-5　1954 年中央编译局举办展览，主题为“马克思列宁主义在中国的传播”

图 20-6　展览会上集中展示了马列著作及其在中国的译本

第三，建立了卡片资料库。中央编译局在翻译马列经典著作过程中，制作和积累了大量的卡片资料。不仅建立了人名、地名、书名、报刊名等的卡片专柜，还建立综合资料卡片专柜，卡片内容包括：党派团体、组织机构、理论流派、学说、名词、概念、术语等。这几套卡片在没有计算机的年代，是十分宝贵的，是翻译必备的参考资料，对于统一译名、译法等起到重要的作用。

第四，建立严格的编译工作规章制度。为保证译文质量，中央编译局制订了多项规章制度，对编译工作关键环节的质量标准和要求都做出具体规定。例如，《马列主义经典著作翻译校审出版程序》，对马列著作翻译校订等工作的各项工序流程都做了明确规定。

第五，重视总结翻译工作经验。为了不断提高马列著作译文质量，中央编译局十分重视总结翻译工作经验。例如中央编译局在 1956 年夏季召开了两次翻译标准座谈会。这两次座谈会加深了译者对翻译标准的认识，特别是对翻译马列主义经典著作的要求的认识。召开专门讨论翻译标准的会议，这在我国翻译界尚属首次。

中央编译局成立之后，立即把翻译出版三大全集——《马克思恩格斯全集》、《列宁全集》、《斯大林全集》列为工作重点。尽管当时中央编译局刚刚成立，各方面条件尚不完善，但他们在党中央的关心指导下，齐头并进，几乎同时开始了翻译三大全集的工作，其魄力和勇气是令人感动的。

第二十一章　马列著作系统出版的正式启动

如果说，中华人民共和国成立70年是一个重大乐章的话，那么从1949年10月1日中华人民共和国成立，到1957年上半年为止的头八年，就是这个乐章的生动开篇，气势磅礴，先声夺人，犹如一轮红日，喷薄欲出。

与此相应，马列著作在中国的出版事业，在中华人民共和国成立之初也犹如壮丽日出，开创了十分可喜的崭新局面，奠定了具有良好前景的最初基础。

从建党初期到解放战争结束，虽然一直坚持有计划地出版马列著作，但是战争与革命的严酷条件，使马列著作无法大规模地系统出版，只能重点出版马克思主义个别论著。

1949年10月1日，中华人民共和国的成立，标志着新民主主义革命时代的结束，以新民主主义、社会主义建设为主题的历史时代的开始。

它不仅是现代中国的历史开篇，而且为马列著作在中国出版，打开了新的历史篇章——马列著作系统出版的历史时代开始了！

第一节　出版马列著作文集、文选多种

为方便读者学习，建国初期头八年我国先后出版了多种马列著

作文集、文选等。主要有以下四大系列：

《恩格斯军事论文选集》，是曹汀等根据俄文版《恩格斯军事论文选集》翻译的，总共六册，我国共出版五册。1950年5月出版《恩格斯军事论文选集》第五分册，译自莫斯科出版的《恩格斯军事论文选集》俄文版第二卷，全书12.2万字，内容包括恩格斯从1859年至1866年写成的关于意大利战争论文15篇、美国南北战争的论文3篇、普奥战争的论文1篇。1951年5月出版《恩格斯军事论文选集》第四分册，译自莫斯科1936年出版的《恩格斯军事论文选集》俄文版第二卷，内容包括恩格斯从1853年至1856年写的关于东方战争的24篇论文。1952年8月出版《恩格斯军事论文选集》第六分册，是曹汀据郝思译《一八七〇——一八七一年普法战争》一书的德文版转译，并由何思敬参照1940年出版的《马克思恩格斯全集》俄文版第13卷校订，全书26.9万字，内容主要包括关于普法战争的论文。1955年1月出版《恩格斯军事论文选集》第三分册，译自莫斯科出版的《恩格斯军事论文选集》俄文版第一卷，全书11.2万字，内容包括恩格斯从1851年至1860年写成的关于对法战争等论文3篇。1957年10月出版《恩格斯军事论文选集》第一分册，根据《马克思恩格斯全集》俄文第二版第五卷及《恩格斯军事论文选集》（两卷集）1936年俄文版第二卷译出，全书14.4万字，内容包括恩格斯从1848年至1858年写成的有关法国、英国、印度的战争论文，并收录《反杜林论》第二编第二至四节的《暴力论》作为序言。

《列宁文集》（七册本），是根据解放社版《列宁选集》重新编印的。早在延安时期，党领导的解放社就翻译出版了《列宁选集》中文本。本书在1951年至1956年间由人民出版社重编出版，共分7册，1953年12月出版第1册，1954年2月出版第2册，1954年4月出版第3册，1954年7月出版第4册，1954年9月出版第5册，1954年10月出版第6册，至1955年5月出版第7册，书名改为《列宁文集》。此书主要收录《列宁选集》俄文版六卷本中所收，而在《列宁文选》（两卷集）、《论马克思、恩格斯及马克思主义》等书未收的一些文章、报告、讲演等。书后收录了解放社版《列宁选集》原有注释。本书各册书前附有说明，介绍了列宁在 1894 年至 1923 年期间所写，但没有收录本文集中的已有中译文的版本资料。本文选共计 177.5 万字。

图 21-1　建国之初出版的《列宁文集》（七册本）

《列宁文选》（两卷集），是苏联外国文书籍出版局根据苏联马恩列研究院于 1946 年莫斯科出版的俄文新版翻译，于 1950 年出版了中文版。1954 年人民出版社据此排印出版了本文选。本书第一卷收录列宁从 1894 年至 1917 年 3 月间的著作 33 篇，第二卷收录列宁从 1917 年 4 月至 1923 年 3 月间的著作 86 篇，两卷合计 162.9 万字。1953 年 12 月出版第一卷，1954 年 2 月出版第二卷。本书出版后受到读者的欢迎，曾多次重印。

图 21-2　建国之初出版的《列宁文选》（两卷集）

图 21-3　建国之初出版的《列宁文选》（六册本）

《列宁文选》（六册本），本书是根据 1947 年莫斯科中文版《列宁文选》（两卷集）翻印，1949 年由解放社出版。

第二节 系统出版马列著作单行本

我国出版马列著作数量最多的是单行本。这个时期出版的单行本，有个人翻译的（如郭沫若、郭大力、王亚南、曹葆华、何思敬、曹汀等），有以单位名义翻译的（如中国人民大学、中央编译局、解放军军事科学院、中国科学院、中央民族学院等），有根据旧版本重印的（如1953年11月人民出版社重印何思敬译《哲学的贫困》、1953年12月三联书店重印沈志远译《雇佣劳动与资本》等），有新译的（如1954年8月出版费青译《关于犹太人问题》、1956年9月出版何思敬译《1844年经济学—哲学手稿》等），有根据莫斯科苏联外国文书籍出版局中文版排印的（如1951年8月人民出版社出版的《论列宁主义基础》、1953年4月人民出版社出版的《在粮食战线上》等），有根据中央编译局翻译的三大全集中文版译文排印的（如1953年10月人民出版社据《斯大林全集》排印《俄国社会民主党及其当前任务》、1954年5月人民出版社据《斯大林全集》排印《时事问题简评》等）。

前面谈到新中国成立初期，我国许多出版机构都曾出版过一些马列著作。但在人民出版社成立之后，马列著作主要由这家国家出版社出版。因此，这里分别介绍人民出版社和其他出版社出版的单行本，并以“马克思著作”、“恩格斯著作”、“马克思、恩格斯合著”、“列宁著作”、“斯大林著作”为序，便于读者查阅。

1. 人民出版社出版的单行本

（1）马克思著作

1953年出版何思敬译《哲学的贫困》，1953年出版郭大力、王亚南译《资本论》（1—3卷），1954年出版吴黎平、刘云译《法兰西内战》，1955年出版徐坚译《政治经济学批判》，1955年7月出版何思敬、徐冰译《哥达纲领批判》等书。

（2）恩格斯著作

1951 年出版何思敬译《国民经济学批判大纲》，1953 年出版曹葆华、于光远译《自然辩证法〈导言〉》，1954 年出版张仲实译《家庭、私有制和国家的起源》，1954 年出版张仲实译《路德维希·费尔巴哈和德国古典哲学的终结》，1955 年出版曹葆华、于光远、谢宁译《自然辩证法》，1956 年出版吴黎平译《反杜林论》等书。

（3）马克思、恩格斯合著

解放社 1949 年 11 月出版《共产党宣言》，本书是解放社按莫斯科外国文书籍出版局“百周年纪念”中文版翻印，作为第二版出版的，这一版收进了 7 篇序言。1951 年 4 月改用人民出版社名义出版了布面精装本，作为第三版。1951 年 10 月又出版了平装本，为第四版。

人民出版社 1953 年 5 月出版中央编译局译《共产党宣言》。本书根据德国荻茨出版社《马克思恩格斯全集》德文版第四卷译出。书前有 7 篇序言，后有注释 29 条。本书先后出版普及本、精装本、平装本、袖珍本、大字本、函装本、线装本等多种版本。

（4）列宁著作

1952 年出版曹葆华译《俄国资本主义的发展》，1952 年出版曹葆华、毛岸青译《我们究竟拒绝什么遗产?》，1953 年出版《土地问题理论》（上卷），1954 年出版曹葆华译《党的组织和党的文学》，1954 年出版《进一步，退两步（我们党内的危机）》（按苏联外国文书籍出版局 1950 年出版单行本排印），1956 年出版唯真译《社会民主党在民主革命中的两种策略》（按苏联外国文书籍出版局 1949 年出版单行本排印）等书。

（5）斯大林著作

1951 年出版唯真译《论列宁主义基础》（按苏联外国文书籍出版局 1948 年出版中文版单行本排印，作为“干部必读”12 种书之一），1952 年出版《苏联社会主义经济问题》，1952 年出版曹葆华译《无政府主义还是社会主义》（按《斯大林全集》1946 年俄文版第一卷译出），1953 年出版《俄国社会民主党及其当前任务》（按《斯大林全集》中文版第一卷排印），1953 年出版唯真译《马克思主义和民族问题》（按苏联外国文书籍出版局 1948 年出版中文版单行本排印）等书。

2. 其他出版机构出版的单行本

（1）马克思著作

群益出版社 1950 年出版郭沫若译《政治经济学批判》，中华书局（上海）1950 年出版洪六丁译《马克思在科伦法庭前的辩护辞》，三联书店（北京）1949 年出版沈志远译《雇佣劳动与资本》，三联书店（北京）1951 年出版郭大力译《剩余价值理论》（第 1—3 册），中国人民大学 1953 年出版郭大力译《政治经济学批判之导论》等书。

（2）恩格斯著作

文源出版社 1949 年 10 月出版曹真译《费儿巴赫》、解放社 1950 年 3 月出版钱亦石译《德国农民战争》、工人出版社 1950 年 4 月和 1951 年 3 月出版吴文焘译《英国工人运动》、三联书店（北京）1950 年 9 月出版郑易里译《自然辩证法》、中国人民大学 1952 年 10 月出版郭大力译《〈资本论〉第三卷补》、中国人民大学 1955 年 1 月出版王晓铃等译《论封建制度的解体及资产阶级的发展》等书。

（3）马克思、恩格斯合著

三联书店（北京）1950 年 1 月出版适夷译《科学的艺术论》、群益出版社 1950 年 2 月出版郭沫若译《艺术的真实》、群益出版社 1950 年 7 月出版郭沫若译《德意志意识形态》、五十年代出版社 1953 年 4 月出版刘慧义译《文学与艺术》、中国人民大学 1953 年 12 月出版成仿吾、徐冰译《共产党宣言》等书。

（4）列宁著作

新华书店（东北）1949 年 10 月出版博古译《卡尔·马克思》、

新华书店（广州）1950年1月出版唯真译《论马克思恩格斯与马克思主义》、时代出版社1950年5月出版《资本主义最高阶段帝国主义论》、棠棣出版社1951年5月出版焦敏之译《俄国资本主义发展》、中央民族事务委员会1952年7月出版唯真译《青年团的任务》等书。

此外还有，平明出版社1951年1月出版王道乾译《马克思恩格斯论文学与艺术》，泥土社1951年11月出版贾植芳译《住宅问题》（即恩格斯的《论住宅问题》）。

据统计，1949年至1957年上半年，我国出版马列著作单行本图书96种（不包括报刊发表的马列著作；多卷本图书按1种统计），其中人民出版社出版56种，其他出版社出版40种。

第三节　系统出版马列书信集

书信是了解革命导师生平事业的珍贵资料，是马列著作的重要组成部分。

专门翻译马克思、恩格斯书信的一篇最早译文，始见于1920年北京大学创建的《国民》杂志第2卷第3号，摘译的是恩格斯《致瓦·博尔吉乌斯》关于历史唯物主义的信，发表时标题是《马克思历史的唯物主义》。

1934年12月，上海译文第1卷第4期发表了胡风翻译的恩格斯致敏娜·考茨基的两封信。

1936年5月，三联书店出版的《海上述林》，发表了瞿秋白翻译的《恩格斯论巴尔扎克》，即《恩格斯致玛格丽特·哈克索斯》（1868年4月初），《恩格斯论易卜生的信》，即《恩格斯致辞保尔恩斯》（1890年6月5日）。

1938年，上海生活书店出版巴比塞、库勒拉编，徐懋庸译《列宁家书集》，收录列宁家书200多封。

图 21-4　1938 年 8 月，艾思奇发表的马克思、恩格斯书信中译文，后成书出版

图 21-5　1939 年 6 月出版的《马恩通信选集》，译者为柯柏年、艾思奇、景林

1939 年 6 月，柯柏年、艾思奇、景林等翻译《马恩通信选集》，由延安解放社出版。

1949 年 9 月，上海亚东图书馆出版林超真译《马克思恩格斯书信选》，收录 1846 年至 1895 年间马克思和恩格斯书信 98 封。

系统翻译出版马克思、恩格斯、列宁书信的开创者、奠基人，或许首推著名马克思主义哲学家、翻译家艾思奇、柯柏年等人。柯柏年的回忆录有助于证实这一点：

图 21-6　林超真译的《马克思恩格斯书信选》

> 这个时期，我还译了一些马克思、恩格斯的书信。马克思和恩格斯两人的通信很多，内容很丰富也很重要。两卷集的马克思文选，虽只选了马、恩书信中的很小一部分，但选的都是有关马克思主义的理论和工人运动的非常重要的书信。我译的只是其中关于无产阶级政党的信和关于爱尔兰问题的信。关于历史唯物主义的信和关于俄国问题的信分别由艾思奇同志和景林同志翻译。①

① 中共中央马克思恩格斯列宁斯大林著作编译局马恩室编：《马克思恩格斯著作在中国的传播》，北京：人民出版社，1983 年，第 32 页。

新中国成立之后，翻译出版的书信集主要有以下几种：

三联书店（上海）1949 年 11 月出版，徐懋庸译《马恩通信选集》；

三联书店（上海）1949 年 11 月出版，徐懋庸译《列宁家书集》；

新华书店（上海）1949 年 12 月出版，艾思奇、柯柏年译，解放社编《马恩通信选集》；

时代书局 1950 年 1 月出版，张古梅译《列宁给高尔基的信》；

三联书店（北京）1950 年 5 月、1950 年 10 月出版，郭大力译《〈资本论〉通信集》(资本论研究丛书)；

图 21-7　郭大力译的《〈资本论〉通信集》

图 21-8　郭大力译的《〈资本论〉通信集》的另一种版本

图 21-9　中央编译局编译的《马克思恩格斯〈资本论〉书信集》

中国人民大学 1952 年 11 月出版，中国人民大学译，斯大林《答复依凡诺夫的信》；

人民出版社 1956 年 4 月出版，艾思奇译《马克思恩格斯关于历史唯物主义的信》等书。

这些通信内容十分重要，例如《马克思恩格斯关于历史唯物主义的信》，收录马克思在 1846 年至 1879 年间给安能科夫、魏德迈耶、恩格斯、库格曼、波尔特、库诺、倍倍尔、左尔格、李卜克内西等人的信共 15 封，及恩格斯在 1890 年至 1894 年间给史密特、布洛赫·梅林、丹尼尔逊、斯他尔根堡等人的信共 6 封。马克思和恩格斯在这些书信中阐述了历史唯物主义的一些基本原理。

此书是艾思奇根据1949年《马克思恩格斯文选》俄文版并参考该书1950年德文版翻译的。1951年7月初版时，书名为《马克思恩格斯关于历史唯物论的信》，学习杂志社出版，1951年9月出第二版；1953年12月二版三次印刷时改由人民出版社出版；1956年4月三版六次印刷时，书名改为现名。

第四节　编辑出版马列著作专题言论汇编本

马列著作是一个巨大的思想理论宝库，仅《马克思恩格斯全集》和《列宁全集》的合计字数达六千万余字。即便是《马克思恩格斯选集》（四卷本）、《列宁选集》（四卷本），合计字数也有四五百万字。不用说一般读者，就是理论研究专业人员，学习数以百万字、千万字计的马列著作也是相当困难的。

邓小平在1992年南方谈话中指出："学马列要精，要管用的。长篇的东西是少数搞专业的人读的，群众怎么读？要求都读大本子，那是形式主义的，办不到。"这里告诉我们，要有选择地学习马列著作。

专题言论汇编本即根据需要，有选择地将一位或几位革命导师关于某一方面内容的论述摘录出来，分门别类地将理论和观点汇集在一起，选编成册。几十年的实践证明，学习这类图书，既能节省学习时间，又能将汇编在一起的许多观点或结论进行比较，对于读者深入理解革命导师的思想理论十分有益。

在新中国成立前我国也曾出版过专题言论汇编本，例如1942年延安整风期间，党中央组织编过一本《马克思恩格斯列宁斯大林思想方法论》，本书影响较大，发挥了很好的作用。但这段时间专题言论汇编本出版确实不多，出版较多的是新中国成立以后。新中国成立初期，从党政机关到基层单位、从军队到地方、从大专院校到科研单位等，几乎各行各业都曾根据需要选编出版过专题言论汇编本。总体来看，专题言论汇编本主要有以下几类。

1. 配合党和国家工作的

世界知识出版社 1949 年 11 月出版孟昌译《列宁斯大林论新爱国主义》；新华书店（北京）1949 年 11 月和 1950 年出版中共中央法律委员会编《列宁斯大林论国家》；河北人民出版社 1950 年 12 月出版徐鹄志编《马克思恩格斯列宁斯大林论提高劳动生产率》；工人出版社 1955 年 5 月出版本社编《列宁斯大林论社会主义竞赛》；工人出版社 1955 年 12 月出版全总干校马列主义教研室编《论群众路线》等书。

2. 指导具体工作的

新华书店（北京）1949 年 12 月出版中共中央法律委员会编《列宁论检察制度与监察工作》；工人出版社 1953 年 9 月出版工人出版社编《斯大林论工会》；人民出版社 1955 年 8 月出版水利部专家工作室译《马克思恩格斯列宁斯大林论水利》；人民铁道出版社 1955 年 8 月出版本社编译《马克思恩格斯列宁斯大林论交通运输业》等书。

3. 用于宣传的

解放社 1949 年 10 月出版解放社编《马克思恩格斯列宁斯大林思想方法论》；青年出版社 1950 年 4 月出版本社编《列宁论共产主义青年团的任务》；新华书店（东北）1950 年 7 月出版曹葆华、毛岸青译《论自我批评》；人民出版社 1953 年 7 月出版本社改编《马克思恩格斯列宁斯大林论妇女解放》；工人出版社 1955 年 12 月出版本社编《论群众路线》等书。

4. 用于教学、科研的

中国科学院 1954 年 6 月出版龚育之辑《列宁斯大林论科学技术工作》；人民出版社 1955 年 9 月出版朱鸿恩译《马克思恩格斯论美国内战》；中央民族学院 1956 年 9 月出版民族问题译丛编译室编译《马克思恩格斯关于殖民地及民族问题的论著》；中国人民大学 1955

年10月、1957年3月出版人民大学编译室编《美国的资本主义与农业》等书。

5. 论述某方面问题的

联合图书出版社1949年10月出版《斯大林论十月革命》；新华书店（北京）1949年10月出版萧三编译《列宁论文化与艺术》；联合图书出版社1950年2月出版什之译《斯大林论中国革命问题》；民族事务委员会1954年5月出版民委参事室编《列宁论民族问题》；工人出版社1956年12月出版工人出版社编译《列宁论劳动》等书。

第五节　创立民族出版社，出版少数民族文字版马列著作

我国是一个多民族的国家，其中有不少少数民族有本民族语言和文字。中国共产党一向尊重少数民族的语言文化。为了在少数民族中传播马克思列宁主义，使少数民族的干部和群众能直接用自己的语言文字学习和研究马克思主义，1953年党中央决定成立民族出版社。该社是新中国成立后建立的第一个全国性的翻译出版少数民族文版图书的专门机构。该社的主要任务之一，就是以蒙古文、藏文、维吾尔文、哈萨克文、朝鲜文五种民族文字翻译出版马列著作。该社成立的同一年，就出版了列宁的《无产阶级专政时代的经济和政治》朝鲜文版，本书是十月革命胜利两年后列宁写的重要著作，内容主要是阐述过渡时期的特点和必然性，分析过渡时期的经济结构、阶级关系状况和阶级斗争形势等无产阶级专政时代的经济、政治等根本问题。本书对于少数民族了解我国经济、政治等问题有重要的启示和帮助。

此后，马克思的《工资、价格和利润》、恩格斯的《共产主义原理》、列宁的《怎么办》以及斯大林的《马克思主义与民族问题》、《苏联社会主义经济问题》、《列宁主义问题》等民族文字版马列著作先后问世。把马列著作翻译成少数民族文字，主要是从汉文

版本转译的。翻译人员在翻译过程中，为了准确表达原著原意，往往还要查阅原文，参考外文译本。这就要求译者，既要精通少数民族语言，还要懂汉文和外文。大家在干中学、学中干，为了做好马列著作翻译工作，广大翻译工作者努力学习马克思主义，学习汉语，学习民族语文，学习外语，提高自身理论水平和业务能力。

整个工作全是依靠集体的力量去进行的。翻译工作不仅要实行严格的三审制，而且还要经过核对原文、统一名词术语、通读译文等程序，以确保翻译质量。

从 1953 年民族出版社成立到 1957 年 6 月，经过广大翻译出版工作者的努力，已经用蒙古文、藏文、维吾尔文、哈萨克文、朝鲜文翻译出版了多种马列著作。

第二十二章　借鉴俄文版系统出版的三种全集

第一节　《马克思恩格斯全集》中文第一版出版

借鉴《马克思恩格斯全集》俄文版，出齐《马克思恩格斯全集》中文版1至39卷——这是新中国成立初期30年在马列著作出版方面，取得的一项重大的、带有标志性的历史成就。

图22-1　1956年开始出版了《马克思恩格斯全集》中文第一版第1卷

《马克思恩格斯全集》中文第一版（1—39卷）是中央编译局依照苏联出版的《马克思恩格斯全集》俄文第二版，并参照德文版、英文版原著进行翻译和校订。

所依照的俄文第二版，于1955年开始出版第1卷，中央编译局就紧跟照译，不仅正文与俄文第二版一致，而且书后注释、附录、索引等都与俄文第二版一致。只是书前说明在不同的时期略有变化。1956年12月《马克思恩格斯全集》中文第一版第1卷出版。本卷内容包括两部分，第一部分是马克思在1842年至1844年写的16篇著作，第二部分是恩格斯在1839年至1844年写的15篇著作。

俄文第二版原计划出版30卷，后来扩充为39卷，我们也翻译了39卷。第1至39卷总共收录马克思和恩格斯的著作1500多篇，书信4000多封，约2600万字。这是从20世纪初马克思和恩格斯著作传入中国以来，当时在中国出版的马克思主义创始人最大篇幅、内容最全的文集。中文版第一版分纸面精装和布面精装两种。

《马克思恩格斯全集》（1—39卷）中文第一版，具有以下六个主要历史特点：

1. 紧跟国际主导版本

《马克思恩格斯全集》中文第一版的版本来源主要是《马克思恩格斯全集》俄文第二版。俄文第二版反映了20世纪中期50至70年代的研究成果和编辑成果，当时在国际上占主导地位，是当时收文最全、内容最新的版本。这就保证了中文第一版能够借鉴国际上的最新成果，是所处时代收文最全、内容最新、较有权威性的《马克思恩格斯全集》。

2. 版本定位合理，适合我国实际

版本定位十分重要，不同定位的图书，决定了不同的读者对象、不同的编译方针。《马克思恩格斯全集》中文第一版在开始出版时，沿用了俄文第二版的版本定位，即大众普及版——“本版是供广大读者阅读的，它并不是供学术研究的”。

这个定位符合我国实际。中文第一版不仅适合我国一般读者使用，同时也适合一般研究人员。几十年实践证明，中文第一版发挥了巨大作用。

3. 专业机构译校，译文水平较高

中文第一版是由一个专业机构、一支专业队伍负责编辑出版的。中央编译局的翻译工作，并不是个人行为，而是有一套逐步建立起来的严格工作程序和工作制度。许多理论上、翻译上、编辑上的重大问题，不是由任何个人决定的，而是由学术委员会集体讨论、反复研究决定的。有了这样一套集体把关的工作制度，一般能够避免严重的失误。

中文第一版虽以俄文第二版为主要依据和母本，而在译校过程中也参考了马克思、恩格斯的原著文字。

同时，编译局为了保证质量，本着对编译事业负责的精神，还采用“请外援”的办法，例如，涉及军事内容，则请了军事科学院的专家协助，从而在当时历史条件下，尽可能地保证了译文质量。

4. 前言内容丰富，起到导读作用

俄文第一版《马克思恩格斯全集》，开创了一个重要传统，即通常有一个较为长篇的序言或卷前说明，多由具有多年研究经验的主要编辑人员执笔写成，对该卷的历史背景、基本问题、主要内容、历史地位做出较为系统的说明，起导读作用。有的甚至长达几十页，有几万字。这些卷前说明，力求吸收国内外最新的，在当时占主流的研究成果、编辑成果和学术资料成果。俄文第二版继承了这一传统。

而中文第一版（包括40—50卷）的卷前说明，随着中苏关系的历史演变，也有不同的变化：

第一个历史阶段，1956年至1963年，中文第一版《马克思恩格斯全集》头15卷，编者并没有自己加卷前说明，而是几乎一字不易地原样翻译了俄文第二版编者所加的卷前说明，篇幅比较长，内容比较系统，通常有上万字。

第二个历史阶段，1964年至1975年，中文第一版《马克思恩格斯全集》第16—39卷，由于中苏之间展开国际共产主义运动总路线的大论战，中间这24卷都彻底删去了俄文第二版编者所加的卷前说明，中文编者自己也没有加卷前说明。

第三个历史阶段，1979年至1985年，中文第一版《马克思恩格斯格斯全集》出了补卷部分即第40至50卷，这最后的11卷，中文版编者自己加上了独立编写的卷前说明，不过篇幅较短，内容较为简明，不太系统具体。

5. 照搬注释，有得有失

注释是马克思和恩格斯著作的重要内容。马克思、恩格斯著作写于100多年前，其间世界发生了翻天覆地的变化，社会科学和自然科学也都有了很大发展。为便于读者理解正文，俄文第二版除采用一小部分原有注释条目外，改写和新增了许多注释条目。

中文第一版基本是照搬俄文第二版的注释系统。虽然从中吸取了不少有益的成果，但在不同程度上也带有简单化、教条化等倾向。

6. 索引比较完备，便于深入查考

中文第一版书后包括人名索引、著作索引、报刊索引等，完全是从俄文第二版移植过来的。在我们自己独立研究不够的条件下，这是一个较好的选择，为人们进一步深入研究提供了较好的资料。

1955年至1974年，《马克思恩格斯全集》中文第一版共翻译出版了39卷。这39卷的全部内容分为三大部分：第一部分是马克思和恩格斯的哲学、历史、政治、经济等方面的单篇著作（第1至22卷），第二部分是《资本论》和剩余价值理论（第23至26卷），第三部分则是书信（第27至39卷）。其中第一部分内容，即当时发现的马克思和恩格斯从青年时代到晚年时期的全部单篇著作。从1956年12月出版第1卷起，尽管在政治运动频繁的年代，当时的翻译出版等部门，无论是领导还是群众，还都把翻译出版《马克思恩格斯全集》作为党中央决策的“国家大事”和“政治任务”来对待。因此，马列著作翻译出版工作依然能按计划稳步进行。到1966年“文化大革命”开始前，第1至22卷已全部译出，共1300多万字。其中除第20卷之外，其余均已出版。

图 22-2　1955 年至 1966 年，《马克思恩格斯全集》中文第一版出版了 22 卷

图 22-3　《马克思恩格斯全集》中文第一版

第二节　《列宁全集》中文第一版出版

《列宁全集》俄文第一版于 1920 年至 1926 年间出齐，共分 20 卷。第一版不仅内容有遗漏，许多刊登在报刊上的文章都没有收录，而且本版分卷没有实行统一原则，有时按年代分卷，有时按内容分卷。

苏联在 1925 年开始出版《列宁全集》俄文第二版和篇目、内容、编排都与第二版相同但书价较低的《列宁全集》俄文第三版。这两版都在 1932 年出齐。

《列宁全集》俄文第二版、第三版与第一版相比，虽然增加了许多内容，编排方法也有改进，但这两版也有一些重大的缺点。其中有内容方面的，也有编排方面的。

1941 年开始出版的《列宁全集》俄文第四版消灭了前几版的缺点和错误，还增加了没有编入第二版、第三版的列宁文献 500 多件。第四版根据列宁的手稿、由列宁亲自付印的初版和再版著作、列宁在世时发表在报刊上的文章，以及列宁校订过的速记稿等各种原本，重新核校了列宁著作的全部文字。各类文献的编排方法也更加科学实用。正如这一版编者所述，“第四版是列宁遗著的最完全的版本”。它收录了列宁在1893年至1923年的论文、演说、报告和信件等。

1955年至1963年，中央编译局与人民出版社，以《列宁全集》俄文第四版及其补卷为底本，翻译出版了《列宁全集》中文第一版，这是这一时期马列著作出版的又一重要的、具有标志性的历史成就。

图22-4　《列宁全集》中文第一版的39卷在1955年至1963年全部出齐

图22-5　《列宁全集索引》

《列宁全集》中文第一版总计39卷。第1至33卷为著作卷，第34至35卷为书信卷，第36卷为补卷，第37卷为家书卷，第38至39卷为笔记卷。收载列宁文献4285篇，总计1500万字。

《列宁全集》中文第一版出版年代表

年代	卷　　次
1955年	1
1956年	28、29
1957年	14、24、30、33
1958年	4、10、20、22、23、25、27、31、32
1959年	2、3、5、6、7、8、9、11、12、13、15、16、17、18、19、21、26、34、35、36、37、38
1963年	39

这是“文化大革命”前，我国出齐的第二套马列经典著作全集。《列宁全集》中文第一版先后出版布面精装和平装两种版本。

据老同志回忆，当时处于大跃进年代，干什么工作都讲求“多快好省”。在这样的形势下，《列宁全集》出版速度特别快，例如1959年1月至9月间总共出版《列宁全集》22卷，其中有两个月每月出版6卷（约5天出版一卷）。这样的出版印刷进度，在我国出版史上是空前的。当时每出版一部《列宁全集》，都要敲锣打鼓地去向上级主管部门报喜，这期间经常听到锣鼓声。这个时期没有物质奖励，但大家的劳动热情十分高涨。

《列宁全集》中文第一版是在我国印数最多、发行时间最长的列宁著作集。从20世纪50年代中期到80年代中期，一直是我国最有影响的列宁著作集，这个时期出版的列宁著作单行本和专题汇编本，都是采用《列宁全集》中文第一版的中译文。直到《列宁全集》中文第二版出版以后，才被取代。

为了配合《列宁全集》中文版的出版工作，人民出版社于1959年和1963年先后出版了《“列宁全集”目录（1—38卷）》、《列宁全集索引（第1—35卷）》（上册）。这两种书对读者学习和研究《列宁全集》很有帮助。

另外，1956年，为加强《列宁全集》译校力量，列宁室和斯大林室合并为列宁斯大林著作翻译室，其人员编制大幅增加，最多时达70人。有一段时期，马恩室也有部分同志被抽调参加《列宁全集》的翻译工作。1959年底，《列宁全集》中文第一版编译任务基本完成后，该室大部分人员陆续调往其他室，到1966年，该室编制缩减为19人。

第三节　《斯大林全集》中文版基本出齐

斯大林在十月革命前后的著作，有许多只在当时的报刊上发表过，以后没有重印和汇编成册。此外，还有一批斯大林的论文和书信从未发表过。

俄文版《斯大林全集》第一次尝试把斯大林的全部著作结集出版，内容包括著作、论文、报告、演说、讲话和命令等。全部文献统一按写作或发表的时间顺序排列。每卷都附有说明、注释和作者年表。

《斯大林全集》中文版，是根据俄文版《斯大林全集》翻译的。

图 22-6　《斯大林全集》13 卷

人民出版社于 1953 年 9 月开始出版《斯大林全集》中文第一版第 1 卷，到 1957 年 11 月共出版了 12 卷，最后一卷（第 7 卷）是 1958 年 6 月出版的，所收文献截至 1933 年。这套全集出版前后用了 5 年时间，是新中国成立以后出版的第一套领袖著作全集。《斯大林全集》中文第一版先后出版精装和平装两种版本。

《斯大林全集》中文第一版第 1—13 卷出版年代

年代	卷　　次
1953 年	1、2
1954 年	8、9、10
1955 年	3、11、12
1956 年	4、6、13
1957 年	5
1958 年	7

第二十三章　曲折发展十年的马列著作出版

1956年至1966年，构成了中华人民共和国成立70多年的一个特殊历史阶段，也构成马列著作在中国出版的一个特殊历史阶段。

这个十年具有特别明显的二重性，我们用“曲折发展”这个概念，力图科学揭示这个阶段的历史特点。

所谓“曲折发展”，就是说：有曲折，也有发展；发展与曲折交织在一起。

当然，比较而言，对马列著作在中国的出版事业来说，发展还是主要的，只不过发展中比较多地伴随着曲折。

概括地说，这一时期马列著作在中国的出版，除了《马克思恩格斯全集》中文第一版出版21卷，《列宁全集》中文第一版39卷出齐外，还有超越以前的四个亮点：

第一个亮点，中国自己编辑的《马克思恩格斯选集》（四卷本）、《列宁选集》（四卷本）出版；

第二个亮点，作为马列著作基本文献群的“30本书”出版；

第三个亮点，大字本、线装本马列著作出版；

第四个亮点，特别重视马列著作中书信集的出版。

这十年间的马列著作出版工作，也存在两个较大的问题：

一是整个翻译出版工作，没有从根本上超越俄文版的历史局限；

二是在著作取舍、重点突出上，受“以阶级斗争为纲”的“左”的僵化观念影响，过于突出以阶级斗争为主题的相关论著，而对其他方面论著的重视则明显不足。

第一节　我国首次自行选编《马克思恩格斯选集》、《列宁选集》

《马克思恩格斯全集》、《列宁全集》的篇幅浩大，为了方便人们学习马列基本著作，中央编译局决定选编出版《马克思恩格斯选集》（四卷本）和《列宁选集》（四卷本）。这是一个大胆的但十分符合中国实际情况的决定。

从20世纪初马克思主义传入中国以来，国内翻译出版马列著作，一般都是照搬照译国外版本。这样做的不利方面是，所选著作中会有一些与我国现实结合不够紧密的内容，特别是注释内容中有一些已经陈旧过时。而自己编译选集，不仅可以结合国情和读者实际需要，选择相关的马列著作，还可以根据社会的发展、科技的进步改写和新写许多注释，这对于读者正确理解原著，了解马克思主义理论与实践的新发展、新成果，是十分有益的。

图 23-1　1973 年出版了《马克思恩格斯选集》（四卷本）中文第一版（纸面精装本）

此后的实践证明，广大群众在工作和学习中使用最多的马列著作就是选集。因为选集篇幅不很大，却收录了最主要的马列著作。

中央编译局在1965年至1966年，曾进行《马克思恩格斯选集》的编选工作。“文化大革命”开始之前，《马克思恩格斯选集》第1

图 23-2 《马克思恩格斯选集》(四卷本)中文第一版精装本出版的同时，也出版了便于大众阅读的平装本

图 23-3 1963 年编译出版的《列宁选集》(四卷本) 中文第一版

至 4 卷已由中央编译局编好，但由于 1966 年开始的“文化大革命”，这部书没能按预计时间与读者见面。

《列宁选集》(四卷本) 是新中国成立后中央编译局自行编选的第一部列宁著作选集。1960 年，为纪念列宁 90 周年诞辰，中央编译局以《列宁全集》中文第一版为基础，从中选出列宁在各个时期的主要著作 205 篇，分编四卷出版，共 257.6 万字。此书出版后受到广大读者的热烈欢迎，先后出版过特大 32 开全精装 (1960 年 4 月)、大 32 开平装 (1962 年 9 月)、大 32 开纸面精装 (1965 年 10 月) 三种版本。1965 年 10 月重印一次，重印时部分译文做了修订，并增加 10 条注释。

我国自行编选的《列宁选集》篇幅不很大，但汇集了列宁各个时期的主要著作。一般读者使用较多的也是选集本，选集本在我国发挥了特别重要的作用，产生了特别深远的影响。

此外，为了便于集中地学习和研究最重要的马列著作，或学习研究某一方面的思想理论，有关部门先后编译出版了多种专题文选、文集，这个时期出版的主要有以下 8 种：

《恩格斯军事论文选集》(第一分册)。前面已经谈到，本选集第三至六册是在 1950 年至 1955 年之间出版的。1957 年 10 月，第一分册出版。不知什么原因，本书第二分册一直没出版。

《列宁教育文选》。人民教育出版社编译，1957 年 6 月初版，1963 年 4 月本文选经过修订，作为第二版出版。一些大专院校将此书作为教育工作的重要参考书。1966 年 3 月本书重印出版。

《马克思恩格斯文选》（两卷集）。本书根据苏联外国文书籍出版局在 1954 年至 1955 年出版的中文本重印，是由我国派驻苏联工作的同志集体翻译、由唯真校订的。本书共选收《共产党宣言》、《法兰西阶级斗争》、《费尔巴哈论》、《家庭、私有制和国家的起源》、《工资、价格和利润》等 30 多种经典著作和重要书信 20 封，内容涉及马克思主义的三个组成部分。其中除了《共产党宣言》采用唯真译校的“百周年纪念版”的译文，其他著作采用苏联外国文书籍出版局已经出版的中译本等书的译文。文选译文质量较好，在中文版《马克思恩格斯选集》出版前，是很受读者欢迎的选集本。全书 101.1 万字，于 1958 年 1 月初版。

《马克思恩格斯反对机会主义》。中央编译局最早自行编译的一本专题文集，人民出版社 1958 年 5 月出版。本书论文部分有马克思的《哥达纲领批判》、恩格斯的《论权威》、马克思和恩格斯合著的《“真正的社会主义”》、《反对克利盖的通告》以及《致倍倍尔、威·李卜克内西、威·白拉克等人（“通告信”）》等 9 篇著作；书信部分包括马克思、恩格斯写的书信 37 封。本书一部分译文采用已有中译文，一部分译文是新翻译的。

《马克思恩格斯军事文选》（三卷本）。中国人民解放军军事科学院编译，中国人民解放军总参谋部出版部于 1961 年 12 月出版。这是我国自行编译的第一部马克思恩格斯军事著作选集，共三卷，约 160 万字。第一卷选收的是理论性文章，如关于马克思主义军事理论基本原理方面的论述（军事与经济的关系、军事与政治的关系、战争与革命的关系、技术与军事学术的关系等），关于无产阶级武装斗争的策略、无产阶级对待战争的态度等问题的论述，关于军事学术史、军事技术史等方面的论述。第二卷和第三卷选收的是马克思和恩格斯对当时军事事件的评论文章。

《马克思恩格斯列宁斯大林政治经济学文选》。王惠德主编，人民出版社 1962 年出版，约 77 万字。本书是为高等学校经济系政治经济学专业的“马克思、恩格斯、列宁、斯大林著作选读”课程而编辑的，供该专业的学生使用。本书的内容分为四个部分：马恩列斯关于政治经济学的对象和方法的论述，关于前资本主义的论述，关于资本主义的论述，关于社会主义和共产主义的论述。全书分上、下册。

《斯大林文选（1934—1952）》。《斯大林全集》俄文版原计划出版 16 卷，但 13 卷以后没有出版，所以斯大林 1934 年至 1952 年这段时期的著作没有收录。为了补齐这段时期的著作，中央编译局收集斯大林公开发表过的有关著作 103 篇，内容包括《论党的工作缺点和消灭托洛茨基两面派及其他两面派的办法》、《论辩证唯物主义和历史唯物主义》、《苏联社会主义经济问题》等重要著作，以及在卫国战争时期的一些书信、电报、演说、命令等文献资料，编译了一册《斯大林文选（1934—1952）》作为补卷，其内容与《斯大林全集》相衔接。全书 46.4 万字，人民出版社于 1962 年 8 月出版。

《马克思恩格斯论艺术》（共四卷）。曹葆华译，人民文学出版社出版，1960 年至 1966 年之间出齐。本书是我国翻译出版的篇幅最大的一部马克思恩格斯论文学和艺术问题的文集，根据俄文本《马克思恩格斯论艺术》（两卷本）翻译的，中译本分为四卷，共 120 多万字。

上述文选、专题文集由于使用方便，出版后受到广大读者的热烈欢迎。

第二节　马列著作单行本

1. 马克思著作

1957年7月出版何思敬译《哲学的贫困》，本书1949年9月由解放社出版，原名《哲学底贫困》，1953年11月第2版时改为人民出版社出版，至1957年7月为2版7次。

1961年12月出版《雇佣劳动与资本》，本书正文、注释、附录根据《马克思恩格斯全集》中文版排印，书前恩格斯写的序言根据《马克思恩格斯文选》（两卷集）中文版排印。

1962年8月出版《路易·波拿巴的雾月十八日》，本书正文据《马克思恩格斯全集》中文版排印，两篇序言据《马克思恩格斯文选》（两卷集）中文版排印。

1962年11月起出版刘潇然译《政治经济学批判大纲》（共五册），本书是根据柏林狄茨出版社1953年德文版翻译，内部发行。

1965年3月出版中央编译局译《1848年至1850年的法兰西阶级斗争》，本书采用《马克思恩格斯文选》（两卷集）中文版译文，但本版译文根据《马克思恩格斯全集》俄文版重新校订。

2. 恩格斯著作

1961年出版曹葆华、于光远、谢宁译《自然辩证法》，本书正文根据苏联马恩列研究院1935年德文版《马克思恩格斯全集》和1953年的俄译本译出，个别地方参考了英译本，全书编排次序按照俄译本。

1962年9月出版《德国农民战争》，本书正文据《马克思恩格斯全集》中文版排印，原译文是熊伟根据德文版译出，洪谦校订。

1962年2月出版《德国的革命和反革命》，本书正文据《马克思恩格斯全集》中文版排印，三篇附录按《马克思恩格斯全集》中文版和《马克思恩格斯文选》（两卷集）中译文排印。

1962 年 6 月出版中央编译局译《共产主义原理》，本书是根据 1958 年《马克思恩格斯全集》中文第一版排印。

3. 马克思、恩格斯合著

1958 年 7 月出版中央编译局译《神圣家族，或对批判的批判所做的批判》，本书是马克思和恩格斯合写的第一部著作，书中部分内容涉及生产方式对社会发展起决定性作用这一历史唯物主义的基本思想。本书是根据《马克思恩格斯全集》俄文第二版，并参照德文原文翻译的，其中第五章、第八章曾参考郭沫若的中译文。

1961 年 2 月出版中央编译局译《德意志意识形态》，马克思和恩格斯在本书中第一次详尽地论述了历史唯物主义的基本原理，但二人在世时这部著作只发表少量内容，1932 年至 1933 年才第一次由苏联马恩列研究院分别用德文原文和俄译本全部出版。本版中译本是根据《马克思恩格斯全集》中文第一版排印。

1964 年 9 月出版中央编译局译《共产党宣言》。本版的译文来自《马克思恩格斯全集》中文版第四卷，前有 7 篇序言，后有注释 29 条。

4. 列宁著作

1960 年 4 月出版中央编译局译《唯物主义和经验批判主义》，本书按照《列宁全集》中文第一版排印，卷首收有《向报告人提十个问题》，书后有第四章第一节的补充：《车尔尼雪夫斯基是从哪一边批判康德主义的?》一文。

1960 年出版中央编译局译《怎么办?（我们运动中的迫切问题）》，本书根据《列宁全集》中文第一版排印。

1960 年出版中央编译局译《进一步，退两步（我们党内的危机）》，本书根据《列宁全集》中文第一版排印。

1960 年 3 月出版中央编译局译《什么是“人民之友”以及他们如何攻击社会民主主义者?（回答“俄国财富”杂志反对马克思主义者的论文）》，本书根据《列宁全集》中文第一版排印。

1960年3月出版中央编译局译《俄国资本主义的发展（大工业国内市场形成的过程）》，本书根据《列宁全集》中文第一版第三卷排印。

1963年5月出版中央编译局译《国家与革命》，本书根据《列宁全集》中文第一版排印，它是中译本最多的列宁著作，至20世纪90年代初中译本已有18种。

1965年2月出版中央编译局译《黑格尔〈逻辑学〉一书摘要》，本书根据《哲学笔记》1963年中文版排印，排印时又经译者校订。

5. 斯大林著作

1957年3月出版中央编译局译《无政府主义还是社会主义》，本书根据《斯大林全集》中文版排印。

1961年7月出版《苏联社会主义经济问题》，本书未署译者。

1959年8月出版《论列宁主义基础（在斯维尔德洛夫大学的讲演）》，本书根据《斯大林全集》中文本排印，未署译者。

1964年5月出版李立三、曹葆华、齐望曙、毛岸青译《马克思主义与语言学问题》。

第三节　1963年出版干部选读“三十本书”

1963年5月，为了提高党内高级干部的马克思主义的思想水平，党中央指示党内高级干部要进一步深入学习马列著作。中央宣传部根据这一指示拟定了“干部选读马恩列斯著作目录”（简称“三十本书”）。

“三十本书”包括马克思著作8篇，恩格斯著作3篇，列宁著作11篇，斯大林著作5篇，普列汉诺夫著作3篇。

“三十本书”的译文大部分是根据《马克思恩格斯全集》中文版的译文排印的，也有根据苏联外国文书籍出版局出版的《马克思恩格斯文选》（两卷集）中文版的译文，由中央编译局重新校订后排印的，或是根据我国著名翻译家的译本排印的。

具体书目如下：

1.《共产党宣言》；

2.《马克思、恩格斯书简》；

3.《工资、价格和利润》；

4.《雇佣劳动与资本》；

5.《〈政治经济学批判〉序言、导言》；

6.《1848—1850 年的法兰西阶级斗争》；

7.《法兰西内战》；

8.《哥达纲领批判》；

9.《反杜林论》；

10.《自然辩证法》；

11.《费尔巴哈和德国古典哲学的终结》；

12.《怎么办?》；

13.《社会民主党在民主革命中的两种策略》；

14.《唯物主义和经验批判主义》；

15.《黑格尔〈逻辑学〉一书摘要》；

16.《帝国主义是资本主义的最高阶段》；

17.《国家与革命》；

18.《无产阶级革命和叛徒考茨基》；

19.《共产主义运动中的“左派”幼稚病》；

20.《论马克思恩格斯及马克思主义》；

21. 列宁论战争、和平的三篇文章；

22. 列宁论民族殖民地问题的三篇文章；

23.《列宁主义问题》；

24.《论反对派》；

25.《马克思主义与语言学问题》；
26.《苏联社会主义经济问题》；
27.《联共（布）党史简明教程》；
28.《论一元论历史观之发展》；
29.《论个人在历史上的作用》；
30.《论艺术》(《没有地址的信》)。

第四节　出版马列著作16开“大字本”

为了便于阅读，1964年2月，毛泽东同志还指示，“三十本书”要尽快出版大字本，并具体地提到大字本书要分册印装，即篇幅大的书分装为十册八册，中本书也要分装成几册。按照这一要求，中央编译局、人民出版社及有关印装部门抓紧工作。“三十本书”的大字本仅用了一年时间全部印完出版。此外还增印了《哲学的贫困》和《马克思恩格斯列宁斯大林论文艺》两书的大字本。这32本大字本书各印行20000册。

此外，人民出版社也出版了以下这些书的大字本：

1. 马克思著《哲学的贫困》，本书未署译者名，正文和注释根据《马克思恩格斯全集》中文版的译文排印，书前两篇序言译者是徐坚。1964年10月出版16开大字本，分成3册。

2. 专题论述汇编本《马克思恩格斯列宁斯大林论文艺》，原由人民文学出版社出版，曹葆华译。人民出版社出版时所收篇目略有调整，主要内容换用《马克思恩格斯全集》中文版译文。1964年12月出版16开大字本，分成2册。

3. 恩格斯著《家庭、私有制和国家的起源》，本书根据《马克思恩格斯全集》中文版排印，中央编译局对译文做了一些修改。1966年3月出版16开大字本，分成2册。

4. 马克思著《资本论》（第一至三卷），郭大力、王亚南译，1968年5月，第一至三卷出16开大字本，分别分成9册、7册、13册，共计29册。

图23-4 20世纪60年代还编译出版了《马克思恩格斯列宁斯大林论巴黎公社》

5.《马克思恩格斯列宁斯大林论巴黎公社》，中央编译局编译，其中马克思和恩格斯著作大部分采用已有的中译文并作校订，少部分是新翻译的。列宁和斯大林的文章分别采用《列宁全集》、《斯大林全集》中文版的译文。1971年3月出版16开大字本，分印13册。

大字本出版后受到读者欢迎，特别是受到老年同志的欢迎。粗略统计，约20种16开大字本马列著作于1970年至1973年间重印。

第五节　出版马列著作直排线装本

“三十本书”除上述16开大字本之外，个别书目还印刷了12开大字直排线装本，于1965年至1966年间出版。例如：

《共产党宣言》，中央编译局根据狄茨出版社《马克思恩格斯全集》德文版第4卷译出，书前有7篇序言，书后有29条注释，1965年12月出版12开线装直排大字本，分为2册。

《国家与革命》，中央编译局译，采用《列宁全集》中文版第25卷译文，1964年9月出第七版时译者对译文进行修订，1965年12月出版12开线装直排大字本，分为2册。

《论列宁主义基础（在斯维尔德洛夫大学的讲演）》，本书原按解放社版《斯大林选集》排印，1959 年 8 月改为人民出版社出版，根据《斯大林全集》中文版排印，1966 年 3 月出版 12 开线装直排大字本。

《苏联社会主义经济问题》，中央编译局译，本书由斯大林写于 1952 年 2 月至 9 月，多次再版重印，1966 年 3 月出版 12 开直排线装大字本。

12 开线装直排大字本，正文使用四号繁体字，采用中国传统印刷装订术，手工线装，十分精美。其在当时定价较高，例如《共产党宣言》16 开大字本定价为 0.5 元，而 12 开直排线装大字本定价 3.8 元。《国家与革命》16 开大字本定价为 0.85 元，而 12 开大字直排线装本定价 6.8 元。

马克思主义经典著作在我国传播近百年来，大多沿用 32 开本。这在有些人看来是“小图书”。我国出版马列著作 16 开大字版和 12 开线装直排大字版，意义重大。从此以后，马列著作在中国出版的历史中有了新品种。可以说，16 开大字版和 12 开线装直排大字版体现了中国传统、中国风格。

第六节　出版多种马列书信集

书信是了解革命导师生平事迹的珍贵资料，从列宁开始，书信被列为马列著作的重要组成部分。我国这个时期先后出版多种书信集，其中主要是 6 种：

1.《马克思致库格曼书信集》。本书收录 1862 年 12 月 28 日至 1874 年 8 月 10 日马克思给路·库格曼医生的全部书信（共 59 封），信中包含了有关工人运动和世界政治的诸多问题的材料；也包含了许多马克思传记方面的材料。信中谈得最多的是法国工人运动的问题，特别是巴黎公社的问题。

本译本由天蓝据 1934 年苏联外国工人出版社出版的英文本转

译，又据柏林狄茨出版社 1952 年的德文本原文校订。卷首有苏共中央马恩列研究院的“英译本前言”和列宁写的 1907 年俄译本序言，书后有人名索引及译后记，全书共 10.2 万字。

本书初版于 1957 年 4 月。

2.《马克思恩格斯通信集》（四卷本）。三联书店在 1957 年至 1958 年出版了李季翻译的四卷本《马克思恩格斯通信集》，这是新中国成立后出版的第一部马克思恩格斯之间的书信集，四卷本书信集共收录 1500 多封信，基本上包括了马克思和恩格斯之间的全部书信。

这四卷本书信集，实质上反映了在列宁支持下，当年阿多拉茨基编译马克思恩格斯书信的主要成果，第一次在中国系统出版。这部通信集是根据柏林狄茨出版社 1949 年出版的四卷本《马克思恩格斯通信集》德文版翻译的。

图 23-5　李季翻译的《马克思恩格斯通信集》四卷本

第一卷收录马克思以及燕妮·马克思和恩格斯在 1844 年至 1853 年间的 286 封通信。卷首收录有列宁《论马克思恩格斯通信集》，是按苏联外国文书籍出版局中文版《论马克思恩格斯及马克思主义》一书中的译文排印。书后有常见的绰号、别号及昵称表及人名索引。本卷于 1957 年 3 月出版。

第二卷收录马克思以及燕妮·马克思和恩格斯在 1854 年至 1860 年间的 437 封通信。本卷于 1957 年 12 月出版。

第三卷收录马克思和恩格斯在 1861 年至 1867 年间 365 封通信。书后有人名索引。本卷于 1958 年 3 月出版。

第四卷收录马克思以及燕妮·马克思和恩格斯在 1868 年至 1883

年间的 481 封通信。书后有人名索引。本卷于 1958 年 8 月出版。

3.《马克思恩格斯给美国人的信》。本书中的书信是从马克思和恩格斯同美国人的许多通信中选出来的，共 168 封。这些信大多数是在 1848 年至 1895 年期间写给在美国的工人运动和社会主义运动中担负重要任务的德籍美国人的，如魏德迈、左尔格、弗罗伦斯·凯利、库诺、梅耶、克卢斯等人。通信中谈到许多重大的事件和论题。正是在这些书信中，恩格斯强调马克思主义不是教条，而是行动的指南。

本译本由冀如根据 1953 年纽约国际出版社英文本译出。卷首有英译本编者序，书后附录恩格斯《美国旅行札记（1888 年 9 月）》，书末有人名索引及“译后记”。本书初版于 1958 年 6 月。

4.《列宁家书集（1893—1922 年）》。列宁在 1893 年至 1922 年间给亲属的私人书信、电报和便笺，其中有很大一部分没有保存下来，本书编入的仅是一部分，共计 274 封。书前刊载有玛·伊·乌里杨诺娃和安·伊·乌里杨诺娃写的两篇序言。附录中有克鲁普斯卡娅的信 54 封，谈到列宁在流放地和侨居国外时的生活情况，并对列宁书信中的若干事实做了说明。本译本是根据《列宁全集》中文版第 37 卷译文排印的。本书于 1960 年 1 月出版。

5.《马克思恩格斯书信选集》。本书收录书信 244 封，其中既有马克思和恩格斯之间的书信，也有马克思和恩格斯写给别人的信。其中 74 封是全文，其余都是摘录。马克思和恩格斯的这些书信是在 19 世纪 40 年代到 90 年代中期这段时间内写的。其中相当大的一部分书信是探讨理论问题的，如关于《资本论》的创作过程和商讨有关政治经济学理论问题的，论述辩证唯

图 23-6　《马克思恩格斯书信选集》

物主义和历史唯物主义哲学问题的，以及关于无产阶级革命的理论和策略问题的。书信集是研究马克思和恩格斯生平的宝贵资料，也是研究马克思主义理论和工人阶级政策的最宝贵的资料之一。

本书中译文除一部分由刘潇然根据德文译出外，其余大部分书信过去已有译文。这些书信有的由中央编译局在原有译文的基础上进行校订，有的是参考原有译文重新译校的。本书于 1962 年 10 月出版。

6.《马克思恩格斯书简》。本书选辑了马克思、恩格斯从 1846 年至 1894 年间的 20 封书信，有两封是马克思和恩格斯之间的通信，其余是马克思、恩格斯给其他人的信。这些书信的内容涉及国际共产主义运动史和对蒲鲁东、拉萨尔、巴枯宁等人的批判，并阐述了历史唯物主义的一些基本原理。

本译本由中央编译局编译，1965 年初版采用 1963 年版《马克思恩格斯文选》（两卷集）第 2 卷中的译文。1973 年再版时，换用了《马克思恩格斯选集》第 4 卷中所载的译文，增加了注释（73 条）及人名索引。

本书于 1965 年 2 月出版。

第七节　专题言论汇编本被滥用的“左”的历史教训

这个时期从中央到地方、从部委到基层、从专家到群众、从军队到地方等等，都有一些部门、集体和个人，根据各自的专业分工，编译出版马列主义专题言论汇编本。专题言论汇编本是学习马列著作的一种很好的方式，但如果从中断章取义，割裂内容，实质是在歪曲篡改马列主义。这里介绍几例专题言论汇编本被滥用的历史教训。

1. 为“大跃进”等运动推波助澜。

1958 年 6 月，中宣部选编的《马克思恩格斯列宁斯大林论共产主义社会》出版。由于时值“大跃进”期间，各种“紧跟”的图书很快出版：1958年9月黑龙江人民出版社出版，黑龙江省委编《马克思恩格斯列宁斯大林论共产主义社会》；1958年11月湖北人民出版社出版《马克思恩格斯列宁斯大林论共产主义社会》（删节本）；1958年12月河北人民出版社出版，河北省委宣传部编《马克思恩格斯列宁斯大林论共产主义社会》（选本）；1958年12月江西人民出版社出版《马克思恩格斯列宁斯大林论共产主义社会》（简本）；1959年11月北京出版社出版《马克思恩格斯列宁斯大林论共产主义社会》（简本）等。

图23-7　1958年“大跃进”中出版了《马克思恩格斯列宁斯大林论共产主义社会》

各地出版上述图书，表明各地区坚决紧跟党中央快步跑入“共产主义”的态度，为“大跃进”制造强大声势，起到了推波助澜的不良作用。

2. 为打倒彭德怀制造舆论。

1959年8月庐山会议上，《马克思主义者应当如何对待革命的群众运动》等书被用于打击彭德怀等对“三面红旗”持有不同意见的同志。马列著作语录成了最高准绳，评定是非不是以事实为根据，而是以马列著作中的几条语录为标准。

这次庐山会议之后，1959年9月《马克思主义者应当如何对待革命的群众运动》再次出版，1959年11月和12月又分别出版了《马克思主义者应当怎样对待新生事物》、《马克思主义经典作家论反对右倾机会主义》等书，以配合庐山会议对右倾机会主义的批判。

3. 成为文化艺术界大批判的工具。

毛泽东在1962年和1964年对文化艺术工作做过两个批示，严厉地批评了新中国成立以来文化艺术领域存在的突出问题。此后，文化艺术界立即掀起大批判浪潮，一大批文化艺术界代表人物和领导人受到批判。在大批判中，马列著作语录被当作了大批判的批判武器。《马克思恩格斯列宁斯大林论文艺》等书中的许多论述，往往被断章取义地引用。在这些语录面前，被批判者、被冤屈者甚至没有辩解的余地，如果辩解则可能被加上攻击马克思列宁主义的罪名。

这个时期之后出版的多种专题言论汇编本，由于选编者受极左的影响，许多论资产阶级法权、论继续革命、论无产阶级专政等方面的语录被歪曲、篡改，不仅在当时当起到极坏的作用，还为发动“文化大革命”制造了舆论声势。

第二十四章　十年动乱中的曲折磨难

1966年至1976年，中国发生了“文化大革命”的十年动乱。

“文化大革命”持续十年，使党、国家和各族人民遭到新中国成立以来时间最长、范围最广、损失最大的挫折。马列著作出版事业也同样遭受了几乎是前所未有的磨难。

造成“文化大革命”十年动乱的深刻根源，是指导思想上背离了马克思列宁主义，是“左”的错误导致的。这段错误思潮的一个重要表现形式，就是用“左”的教条主义、僵化观念来处理毛泽东思想与马列主义的关系、活学活用毛主席语录与系统翻译出版马列著作的关系，简单化、庸俗化地抬高前者，而否定后者。

这方面的一个典型，就是林彪别有用心地鼓吹毛泽东思想是马克思主义的“思想顶峰”，是“最高最活的马列主义”，“一句顶一万句”，应“百分之百地学习毛主席著作”。林彪的讲话很明确地告诉人们，没有必要学习马列著作了，只学毛泽东著作就够了，“学好了毛主席的著作，就等于学好了马克思列宁主义”。尽管此时“文化大革命”尚未正式开始，却已经是黑云压城、风声鹤唳了。此时谁还敢主张系统出版马列经典著作呢？这种主张当时必然要被扣上以马列著作压毛泽东思想的大帽子。

林彪这种做法完全破坏了理论本身的系统性和理论学习的系统性，只从主观需要出发，抽取理论中能够满足主观需要的只言片语，作为应付环境、实现主观愿望的工具。

林彪、“四人帮”推行的一整套极左思潮、极左做法，对于马列著作的翻译出版事业产生严重冲击。

第一节 《马克思恩格斯全集》中断出版

1966年开始的“文化大革命”，使《马克思恩格斯全集》的翻译出版工作受到了严重干扰。林彪鼓吹“百分之百地学习毛主席著作”，从而造成马列著作翻译出版工作停顿的严重局面。当时《马克思恩格斯全集》有好几卷已经译完校好，也不得不把这些译稿封存起来。直到1969年才恢复全集的翻译工作。

如前所述，《马克思恩格斯全集》于1956年12月出版第1卷，到1966年“文化大革命”开始前，第1至22卷已全部译出，共1300多万字。其中除第20卷之外，均已出版。照此进度，在60年代末当可出齐39卷。但是“文化大革命”中断了翻译出版工作达5年多的时间。直到1971年周恩来主持召开全国出版工作会议，提出继续出版《马克思恩格斯全集》之后，1971年3月才出版了以前译好而没有出版的第20卷。此后，在1972年至1974年间，又陆续出版了17卷。至1974年12月，出齐了第23至39卷。《马克思恩格斯全集》中文第一版（1—39卷）翻译出版前后经历了18个年头，共收录马克思、恩格斯著作1500多篇，书信4000多封，约2600万字。印数达540多万册。

第二节 《马克思恩格斯选集》（四卷本）已印成书但被搁置

中央编译局从1965年开始翻译《马克思恩格斯选集》（四卷本），这是广大读者盼望已久的一套书，因为《列宁选集》（四卷本）从 1960 年 4 月出版以来，先后出版过三种版本，而《马克思恩格斯选集》（四卷本）却一直没有出版。

1966 年年初，《马克思恩格斯选集》第 1 至 4 卷刚刚印好，由于当时大批判已经在文艺界开始，出版界也是山雨欲来风满楼了。“文化大革命”开始后，这套政治性很强、第一次出版的选集，只好锁在书库里，出版计划被搁置了。

直到 1971 年年初召开了全国出版工作座谈会。会议期间周恩来明确指示，要尽快出版《马克思恩格斯选集》（四卷本）。此后，这套书的编译出版工作才得以恢复。

《马克思恩格斯选集》第 1 至 4 卷于 1972 年 5 月出版。本书包括了马克思主义的三个组成部分（哲学、政治经济学和科学社会主义）的主要著作。1963 年中央规定学习的“三十本书”中的马恩著作，基本都收入选集。有些著作篇幅过长，则摘选了其中一部分。如《资本论》选了第 1 卷第 24 章，《德意志意识形态》选了第 1 卷第 1 章，《哲学的贫困》选了第 2 章。

选集基本是按著作的写作年代编排的：

第 1 卷是 1843 年至 1852 年的著作，即马克思主义形成和发展时期、1848 年至 1849 年革命时期和对这次革命的总结的著作。

第 2 卷是 1853 年至 1875 年的著作，其中包括有关中国的一组文章、几篇经济学著作、论巴黎公社的著作和第一国际时期的文章。

第 3 卷是 1875 年至 1883 年的著作，包括有《哥达纲领批判》、《反杜林论》、《自然辩证法》等重要著作。

第 4 卷是 1884 年至 1895 年，即马克思逝世后恩格斯写的重要著作，以及马克思和恩格斯的书信。

列宁在 1914 年为《格拉纳特百科辞典》写的长篇条目《卡尔·马克思》，以及在 1895 年写的悼念恩格斯的文章《弗里德里希·恩格斯》，作为本选集的代序言，编在第 1 卷卷首。

选集中每卷正文之后都附有注释、人名索引、文学著作和神话中的人物索引。

选集采用人民出版社《马克思恩格斯全集》的译文，有些著作的译文，如《共产党宣言》等经过重新校订。

《马克思恩格斯选集》是我国自行编辑的第一部马克思和恩格斯的著作选集。总共收录马克思、恩格斯在各个时期的主要著作110篇，书信96封，共180万字。本选集的装帧形式包括纸面精装、纸面平装、布面特精装、影印袖珍精装，另外还出版了一种每卷印装为上下册的纸面平装的普及本。

在这里应该提到的是，1972年5月初版《马克思恩格斯选集》（四卷本）之后，中央编译局重新选编了《列宁选集》（四卷本）第二版，于1972年10月出版。《列宁选集》第一版是1960年4月出版的，第二版经过重新选编、增删和调整内容，对注释做了较大的增补和修订，于1972年10月出版。第一版总共出版三种版本，第二版先后出版五种版本，包括大32开纸面精装、平装，32开字典纸面精装、平装（1975年6月），32开平装普及本（1975年9月，四卷本分印八册），同读者见面。

《列宁选集》第二版的一个重大变化就是改写、新写了340条注释。这表明本书的编译者能以实事求是的态度，以对读者高度负责的精神，修改过时的、已被实践证明是不正确或不准确的内容，并根据社会的发展、科学技术的进步，补充新材料、新成果。而这正是以马克思主义精神编译马克思主义理论的具体表现。

《列宁选集》第二版与《马克思恩格斯选集》同年出版，这在我国思想理论界是一件大事。从此这两套选集就成为我国广大干部群众使用最多的经典著作，除了单位的图书馆和资料室一般都必备这两套选集之外，许多干部群众个人也都拥有这两套选集，它们也是书刊引用转载率很高的图书。两套选集篇幅不很大，但汇集了各个时期的主要著作，在我国发挥了重要作用，产生了深远影响。

第三节　马列著作单行本的出版

“文化大革命”十年间，马列著作出版受到严重破坏。在过去几十年间，许多介绍马列著作出版的图书和文章都谈到这十年间中文马列著作“中断出版”的问题，但说法很不一致：有人笼统地说“中断出版”或“中断多年”；有人说“中断5年”或“1968年、1969年两年间中断了单行本出版”；也有人说“中断两年”等。在撰写本书过程中，笔者重新梳理有关材料，发现只有1969年一年没有出版任何种类、任何一部马列著作。下面列出“文化大革命”十年间，每年出版的一部主要马列著作，说明除1969年之外，每年至少有一种单行本出版。

1.1966年3月出版中央编译局译校《家庭、私有制和国家的起源》；

2.1967年4月出版中央编译局译《社会主义从空想到科学的发展》；

3.1968年5月出版郭大力、王亚南译《资本论》（1—3卷，16开大字本）；

4.1970年12月出版中央编译局译《反杜林论》；

5.1971年3月出版中央编译局译《苏联社会主义经济问题》；

6.1972年出版中央编译局译《路德维希·费尔巴哈和德国古典哲学的终结》；

7.1973年出版中央编译局译《谈谈辩证法问题》；

8.1974年出版中央编译局译《唯物主义和经验批判主义》；

9.1974年出版中央编译局译《黑格尔〈逻辑学〉一书摘要》；

10.1975年出版中央编译局译《国家与革命》；

11.1976年出版中央编译局译《无产阶级革命和叛徒考茨基》。

1969年中断了单行本出版，这在马列著作出版史、传播史上是不寻常的事情。恩格斯曾指出：《共产党宣言》在一个国家发行的份数，从一定程度上表明该国工人运动的状况。“文化大革命”时期这次中断马列著作出版的状况，从一个方面反映此时的中国曾一度偏离了马克思主义的正确方向。

好在这只是历史发展中的一个插曲，百年历史长河中的一段小小曲折。

另一方面，“文化大革命”开始后，少数民族文字版的马列著作的翻译出版也同汉文版一样受到严重干扰，但是总体来说，这方面的翻译出版一直没有中断。

这个时期，每年都有多种马列著作民族文字版出版。这里仅以列宁著作在“文化大革命”后5年的出版情况为例，据不完全统计，1972年出版5种，1973年出版15种，1974年出版29种，1975年出版49种，1976年出版30种。在遭受磨难的年代，每年能出版这么多的马列著作，是要克服很大困难的。举例如下：

1972年出版：《国家与革命》朝鲜文版、哈萨克文版、维吾尔文版，《唯物主义和经验批判主义》维吾尔文版。

1973年出版：《唯物主义和经验批判主义》蒙古文版、朝鲜文版，《共产主义运动中的“左派”幼稚病》朝鲜文版、蒙古文版，《无产阶级革命和叛徒考茨基》朝鲜文版、蒙古文版、维吾尔文版，《无产阶级专政时代的经济和政治》蒙古文版。

1974年出版：《无产阶级专政时代的经济和政治》维吾尔文版、藏文版、朝鲜文版，《帝国主义是资本主义的最高阶段》蒙古文版、维吾尔文版、哈萨克文版，《共产主义运动中的“左派”幼稚病》哈萨克文版、维吾尔文版，《国家与革命》维吾尔文新文字版，《唯物主义和经验批判主义》藏文版。

1975年出版：《帝国主义是资本主义的最高阶段》藏文版，《国家与革命》蒙古文版、托忒蒙古文版，《共产主义运动中的“左派”幼稚病》维吾尔文新文字版。

1976年出版：《无产阶级革命和叛徒考茨基》藏文版，《共产主义运动中的“左派”幼稚病》藏文版、哈萨克文版，《帝国主义是资本主义的最高阶段》维吾尔文新文字版。

这个情况表明，即使在中华民族遭受严重磨难之际，党和国家也十分重视对少数民族干部群众的宣传，同时也表明我国少数民族心向祖国、热爱马克思主义、坚持走社会主义道路的情感和信念。

这里应谈到的是，为了进一步加强少数民族版图书翻译工作，党和国家1974年批准在北京成立了专门翻译少数民族版图书的机构——中央马列著作毛泽东著作民族语文翻译局（简称中央民族语文翻译局），该局1975年初开始筹建，用蒙古文、藏文、维吾尔文、哈萨克文、朝鲜文等5种文字翻译马列著作。除了翻译单行本之外，他们还把翻译《马克思恩格斯选集》、《列宁选集》的艰巨任务提上了日程，准备用几年时间完成马列选集的少数民族文字版的翻译工作。

第二十五章　马列著作出版生机的恢复

第一节　十年磨难中的两次力挽狂澜

1970 年 8 月，中共中央在庐山召开九届二中全会。为了实现抢班夺权的政治野心，林彪集团成员在小组会上，提出设立国家主席的建议，陈伯达还在会上散发他编选的《恩格斯、列宁、毛主席关于称天才的几段语录》材料。

历史经验告诉我们，真马克思主义者注重完整准确地运用马克思主义理论，而假马克思主义者则利用马克思主义的词句以打击别人。因此，如何选编"语录"是十分重要的问题，所选语录内容一定要完整、准确。1942 年延安整风时期，毛泽东亲自选编的《马克思恩格斯列宁斯大林思想方法论》一书，注重内容完整准确，深受广大干部的欢迎，后来曾多次重印。而《恩格斯、列宁、毛主席关于称天才的几段语录》等，则是断章取义，专选对自己有利的词句。这样的语录，割裂内容的前后联系，没有论证只有结论，不可能使人们正确地、深入地掌握马克思主义的精神实质，这是对马克思主义的歪曲和篡改。

1970 年年底，在全党全军开展"批陈整风"运动当中，毛泽东建议在全党特别是高级干部中开展学习马列著作活动，要求学习 6

本马列著作和5篇毛泽东著作。6本马列著作是：《共产党宣言》、《哥达纲领批判》、《法兰西内战》、《反杜林论》、《唯物主义和经验批判主义》、《国家与革命》。

这6本书经过中央编译局重新译校后出版，在全国各地新华书店发行，发行数量都很大。

为了以马克思主义理论武装广大干部和群众，周恩来顶着巨大压力，力挽狂澜，在1971年主持召开了全国出版工作座谈会。会议期间他明确指示，要继续出版《马克思恩格斯全集》，重编出版《马克思恩格斯选集》，供广大干部群众学习马克思主义。

这是周恩来在艰难时期，为马列著作出版争取到的一个难得的发展机遇。从1971年4月下旬起，中央编译局在以前工作的基础上，开始了重编《马克思恩格斯选集》的工作，于1972年5月5日——马克思诞辰日一次出版《马克思恩格斯选集》（四卷本）精装本和平装本，前后印行了920万套。同年，中央编译局再接再厉，修订出版了《列宁选集》（四卷本）中文第二版。在“文化大革命”开始后，马列选集中断出版达6年之久，这两套选集的出版，是中国人民政治生活中的一件大事，更是思想理论界期盼已久的大事，许多同志奔走相告，竞相选购。

在编辑出版选集的同时，中央编译局的同志在周恩来的指示鼓舞下，加班加点艰苦奋战，仅用了3年时间出版了《马克思恩格斯全集》第20卷、第23至26卷包括《资本论》在内的重要著作以及27卷以后的各卷书信集，至1974年底出齐了《马克思恩格斯全集》中文第一版的第1—39卷。

此外，这个时期还出版了其他多种文集、单行本、书信集、专题言论汇编本等图书。

1975年四届人大一次会议后，邓小平受命于危难之时，主持中央日常工作，开始对各个方面工作进行全面整顿。

图 25-1 《马克思恩格斯列宁斯大林论科学技术和科学技术史》、《马克思恩格斯列宁斯大林论党的群众工作》、《马克思恩格斯列宁斯大林论资本主义经济危机》

图 25-2 《马克思恩格斯列宁斯大林论沙皇俄国的侵略和扩张》

图 25-3 《马克思恩格斯列宁斯大林关于农业问题的部分论述》

出版业在“文化大革命”中遭受严重的破坏。随着邓小平全面整顿的开展，出版业开始出现更大的生机。例如，仅在 1975 年当年就出版各种马列著作十多种。其中多卷本包括 1975 年 6 月出版中央编译局译的《资本论》（三卷本）、1975 年 11 月出版中央编译局译的《剩余价值理论》（三卷本）、1975 年 12 月至 1978 年 10 月出版郭大力、王亚南译的《剩余价值学说史》（三卷本）等书。单行本包括 1975 年 2 月出版中央编译局译的《伟大的创举》、1975 年 4 月出版中央编译局译的《全俄中央执行委员会会议》、1975 年 2 月出版北京大学马克思《数学手稿》编译组译的《数学手稿》、1975 年 12 月出版中央编译局译的《进一步，退两步：我们党内的危机》等书。专题言论汇编本包括 1975 年 12 月出版中央编译局译的《马克思恩格斯列宁斯大林论经济危机》、1976 年 10 月出版自然科学史研究所编的《马克思恩格斯列宁斯大林论科学技术和科学技术史》（供内部学习用）等书。

第二节　两年徘徊期马列著作出版事业复兴的春风

“文化大革命”结束后，中国社会进入了两年徘徊期。广大干部和群众痛定思痛，深深感到系统学习和研究马克思主义理论的重要性。中央编译局、人民出版社等出版机构抓紧出版各类马列著作来满足人们的需求。尽管当时还处在两年徘徊期，却已经能让人感受到马列著作出版复兴的春风习习与无限生机。

经统计，1977 年至 1978 年这两年出版的马列著作，其品种和数量都超过了“文化大革命”十年出版的总和。

图 25-4　《马克思恩格斯列宁斯大林毛泽东论正确对待马克思主义》

第一，同时开始翻译出版“两大补卷”。

《马克思恩格斯全集》中文第一版的补卷，即第 40 至 50 卷，于 1977 年开始翻译。这 11 卷书是根据苏联 1968 年开始出版的《马克思恩格斯全集》俄文第二版补卷翻译的，卷次与第 1 至 39 卷相衔接。补卷内容包括马克思、恩格斯的早期著作，新发现的著作和书信，以及其他一些没有编入第 1 至 39 卷的著作，共约 600 万字。人民出版社在 1979 年至 1985 年间出版了 11 卷补卷，书的编排方法、装帧设计等均与第 1 至 39 卷相同。《马克思恩格斯全集》正卷和补卷共 50 卷，基本上包括了马克思和恩格斯的全部论著、书信和手稿，50

图 25-5　《马克思恩格斯列宁斯大林毛泽东关于认识和实践关系的论述》

卷共 3200 万字，已经逐步接近于真正的全集了。

《列宁文稿》第 1 至 17 卷，即《列宁全集》中文第一版第 1 至 39 卷的补卷，主要汇集《列宁全集》俄文第五版（共 55 卷）收录而在第四版没有收录的列宁著作。《列宁文稿》第 1 至 10 卷为内部发行，第 11 至 17 卷改为公开发行。《列宁文稿》各卷字数差别较大，例如第 3 卷和第 5 卷都只有 36 万多字，而第 8 卷和第 9 卷则分别在 60 万字和 70 万字以上。补卷共约 800 万字。

《列宁文稿》由中央编译局和人民出版社组织我国十几所大学的俄语教师分卷译出，最后由中央编译局统一校订。人民出版社于 1977 年 11 月开始出版第 1 卷，至 1978 年 12 月共出版 6 卷。

第二，重印和新出版了多种多卷本。

1975 年至 1978 年人民出版社出版《政治经济学批判大纲（草稿）》（共 5 册），本书是刘潇然根据柏林狄茨出版社 1953 年德文版翻译，内部发行。

1977 年 8 月中国人民解放军战士出版社出版《马克思恩格斯列宁斯大林军事文选》，本书是由中国人民解放军军事科学院编，选录了马克思、恩格斯、列宁、斯大林关于战争、军队和战略战术等方面的基本论述。

1978 年 3 月重印《资本论》（1—3 卷），本书由中央编译局译，译文根据《马克思恩格斯全集》中文版排印，并参考《马克思恩格斯全集》德文版、《马克思恩格斯全集》俄文第二版进行译校，还参考了郭大力、王亚南的译本。

第三，重印和新出版了多种单行本。

这两年出版单行本也较多，其中包括：

1978 年 1 月出版马克思《机器、自然力和科学的应用》，本书是马克思《1861—1863 年经济学手稿》的一部分，书中论述了科学技术在社会发展中的作用，深刻地分析了资本主义生产中机器和科学的应用对于物质生产和社会经济发展的意义，以及对于阶级斗争的影响。书后有注释及人名索引。全书共19.3万字。本译本由自然科学史研究所根据《马克思恩格斯全集》俄文版翻译，由中央编译局校订。

1978年7月出版马克思《科瓦列夫斯基〈公社土地占有制，其解体的原因、进程和结果〉一书摘要》，本书写作于1879年至1880年间，当时马克思正在写作《资本论》第三卷的地租部分，需要广泛阅读和研究有关俄国和美国的材料，而俄国社会学家和历史学家马克西姆·马克西莫维奇·科瓦列夫斯基的《公社土地占有制，其解体的原因、进程和结果》一书正在那时出版。马克思在阅读科瓦列夫斯基这书以后不仅摘录了书中的要点，而且做了很多重要的评注。全书9.5万字。译本由邹如山和世雄据《亚非人民》1962年第2期、《苏维埃东方事务》1958年第3至5期和《东方事务问题》1959年第1期中所载俄文译出。

1978年11月出版成仿吾校译《共产党宣言》，本译本是在1938年译本的基础上对照德文本做了校订，并参照1848年德文原版修订再版。这里应谈到的是，1978年11月中国人民大学出版了《哥达纲领批判》、《路德维希·费尔巴哈与德国古典哲学的结局》两部重要著作，作为校内用书，署名为成仿吾小组校译。在同一个月内出版同一个人翻译的三部马列著作的情况十分罕见。

第四，出版多种书信集。

《马克思恩格斯和白拉克通信集》（1869—1880年），本书收录1869年11月至1880年3月间，马克思和恩格斯同威廉·白拉克之间的通信73封，附录包括马克思、恩格斯和社会民主工党委员会的通信5封。全书共18.7万字。威廉·白拉克是德国社会民主工党的创建人之一。马克思和恩格斯同白拉克的通信，是研究马克思主义思想和国际共产主义运动史的重要材料。

本译本是中央编译局根据1963年柏林狄茨出版社出版的德文单行本译校的。马克思和恩格斯给白拉克的信采用《马克思恩格斯全集》中文版的译文，白拉克给马克思和恩格斯的信根据德文译出。本书于 1978 年 12 月出版。

第五，连续出版并重印两套选读本。

选读本将马列重要著作分门别类，便于系统地集中地进行研读。在 1977 年、1978 年，每年有一套选读本出版。

1977 年 10 月，人民出版社出版了本社编辑部选编的《马列著作选读》（共三册），第一册为《马列著作选读（辩论唯物主义和历史唯物主义）》，第二册为《马列著作选读（政治经济学）》，第三册为《马列著作选读（科学社会主义）》。这套书按照马克思主义三个组成部分选编了相关著作，大部分是摘编，有少量完整著作。编者对每篇著作都写了内容提要，并加了一些注释。本书作为试编本，内部发行。由于本书使用比较方便，受到广大读者欢迎，1978 年 3 月曾再版。

1978 年 6 月人民出版社出版了中央党校编、中央编译局校订的《马列著作毛泽东著作选读》（共四册），本书是中央党校根据教学计划规定的阅读书目编印的。分为哲学、政治经济学、科学社会主义、党的学说四个部分，分册印制出版。书中选收了马克思、恩格斯、列宁、斯大林、毛泽东五位革命导师的重要著作，选收每位导师著作约 10 篇，大部分是整篇著作，篇幅太大的著作采取摘编最重要内容的方式。书中的大部分马列著作译文，由中央编译局重新校订。本书出版后受到广大干部和群众的欢迎，曾多次再版。

第六，选编专题言论汇编本。

这两年出版的专题言论汇编本也较多，其中包括：

1978 年 2 月人民出版社出版了《马克思恩格斯论翻译》，全书 11.9 万字，辑录了马克思和恩格斯关于翻译外文及学习外文的有关论述和书信，附录部分请我国两名专家写了马克思和恩格斯学习外语和论述翻译的文章，意在给读者树立榜样，学习马克思和恩格斯刻苦学习外语、精益求精进行翻译的精神。本书由人民出版社资料室编，编译时参考了柏林狄茨出版社《马克思恩格斯论语言、修辞、翻译》1974 年版。

1978 年 12 月中国财政经济出版社出版了《马克思、恩格斯、列宁、斯大林有关社会主义制度下商品生产的部分论述》，本书是国务院财贸小组理论组编，内容包括马克思、恩格斯、列宁、斯大林有关社会主义制度下商品生产问题的一些论述，及有关其他社会中商品货币关系特点的一些论述。书中译文，由中央编译局重新进行了校订。

1978 年 7 月人民出版社出版了《马克思恩格斯列宁斯大林论无产阶级革命政党》，本书是人民出版社编辑的，摘编了马列著作中的有关论述，帮助读者比较系统地了解马克思列宁主义关于党的建设基本理论。

通过上述介绍，我们可以看到，两年徘徊时期出版的多种马列著作中译本，比“文化大革命”十年出版的品种和数量都要多。

从 1949 年新中国成立至 1978 年改革开放前夕，除以上章节所述之外，还有多项重要的马列主义著作出版方式，例如：

报刊上发表的马列著作中译文。报刊在 1949 年至 1976 年间发表马列著作中译文数量较多，其中新发现的马列著作大多是首先在报刊上发表。例如，1956 年至 1958 年《史学译丛》多期发表了《未发表的恩格斯的书信》，收录书信 55 封；1960 年 1 月《教学与研究》第 1 期发表《新发表的列宁的文献》；1977 年 10 月《植物杂志》第 5 期发表潘吉星《恩格斯〈自然辩证法〉准备材料手稿——关于弗腊斯〈各个时代的气候和植物界〉的札记》等。

盲文版马列著作。如《共产党宣言》、《国家与革命》、《唯物主义和经验批判主义》、《无产阶级革命和叛徒考茨基》、《论马克思和恩格斯》、《帝国主义是资本主义的最高阶段》等重要马列经典著作，在新中国成立初期就译成了盲文出版。成立了盲文出版社以后，盲文版马列著作出版的品种和数量就更多了。

外文版马列著作。外文出版社用英、法、德、西、俄五种文字出版了大量马列主要著作。例如《共产党宣言》、《国家与革命》等主要马列著作，都有上述文字译本。

新中国成立之初30年的历史证明，中国共产党一贯重视马列著作中译本出版工作，并把这项工作看作党和国家整个革命事业的重要组成部分。作为马克思主义载体的马列著作中译本，与中国革命和社会主义建设休戚相关：革命和建设事业发展顺利，马列著作出版便呈现繁荣景象；革命和建设事业遭受挫折，马列著作出版工作便遭受损失。

第四篇　马列著作出版的“中国奇迹”

改革开放和社会主义现代化建设新时期

（1978—2012）

从1978年十一届三中全会到2012年党的十八大，是改革开放的35年，构成了中国历史发展的新起点、新阶段：

这是中国突破传统计划经济、开创社会主义市场经济的新阶段；

这是中国突破苏联僵化模式，探索中国特色社会主义的新阶段；

这是中国经济以每年9%速度持续发展、实现现代化起飞的新阶段。

改革开放的实质是什么？是创新，是体制的创新、科技的创新、文化的创新，乃至全面系统的综合创新。

改革开放35年，使中国共产党进一步成为创新型政党，中华人民共和国进一步成为创新型国家。

改革开放35年，也是马列著作在中国出版史开创全新局面的时代，主要特点是文本上突破俄文版的历史局限，更多地注意吸收国际文献学、版本学最新成果，出版或开始出版《马克思恩格斯全集》中文第二版、《列宁全集》中文第二版等马列著作新译本。大体上是每个十年为一个阶段，一共三个阶段，各有特点。

第一个十年，20世纪80年代，改革开放起步阶段，由于邓小平理论旗帜鲜明地强调坚持四项基本原则，马列著作出版事业没有因改革开放而放弃、中断，反而克服了十年动乱时期的中断衰退现象，重新启动。

第二个十年，20世纪90年代，中国把建立社会主义市场经济作为改革目标，虽然出现了苏联解体、东欧剧变，再加上国际制裁，但我们的党和国家沉着冷静，处变不惊，马列著作出版为中国体制转轨创新提供了强大的理论支持。

第三个十年，在21世纪新起点头十年，中国面临着新挑战、新选择，要在国际环境日益复杂的情况下，实现科学发展，构建和谐社会，全面实现小康，马列著作出版的新开局，成为“中国道路”创新的重要源头活水。

第二十六章　改革起点上马列著作出版的重新启动

第一节　邓小平一生对马列主义的三次学习

邓小平是中国改革开放的总设计师，中国特色社会主义理论的主要奠基人，他提出的“一个中心，两个基本点”的基本路线，像泰山石、擎天柱一样，有力地保证了中国的改革开放始终走在正确的道路之上。这与他一生始终坚持学习马列主义是分不开的。

邓小平一生有三个时期，比较系统地学习与研究了马列著作、马克思主义理论。

第一个时期，是他世界观形成的关键期。1920 年至 1926 年，他先是在法国巴黎开始接触马克思主义，对出国前抱有的“实业救国”幻想，逐步有所扬弃。从 1922 年起，他开始自觉地接受马克思主义、科学社会主义理论。青年邓小平曾获“油印博士”的绰号，这是他在油印小报上坚持学习宣传马克思主义的历史见证。

第二个时期，是 1926 年这一年，22 岁的邓小平来到莫斯科东方大学，专门学习了一年马克思列宁主义理论。其中包括辩证唯物主义和历史唯物主义哲学、马克思《资本论》中的政治经济学以及列宁主义等。邓小平说：“我过去在西欧团体工作时，每每感到能力的不足，以致往往发生错误，因此我便早有来俄学习的决心”，

“我更感觉到而且大家都感觉到我对于共产主义的研究太粗浅”，“所以，我能留俄一天，我便要努力研究一天，务使自己对于共产主义有一个相当的认识”。[①] 邓小平所在的第7班，号称是理论水平最高的“理论班”；而在那里展开的国共两党理论争论中，邓小平又独得了“小钢炮”的绰号，足见其“政治思想强”的个性特征。这次系统学习马克思列宁主义理论，对于他一生的人生道路、政治道路、思想道路，产生了不可磨灭的决定性影响。1992年，年近九十的邓小平，还满怀深情地回忆起自己的这段学习经历：“我的入门老师是《共产党宣言》和《共产主义ABC》。”[②]

第三个时期，是“文化大革命”中的反思期。从1969年10月至1973年2月，在下放江西的日子里，一生忙碌、年近七十的邓小平又“忙里偷闲”式地重新学习了一遍马列经典、马克思列宁主义基本理论。在邓小平的这个反思期里，他有四个重新：像青年时代和革命战争时代一样重新直接和普通群众结合在一起；重新系统地学习马克思列宁主义、毛泽东思想基本理论；重新反思社会主义的历史经验；重新反思“什么是社会主义，怎样搞社会主义”的基本问题。他的女儿毛毛在1984年写成的回忆录《在江西的日子里》，以白描的方式，真实地记下了历史这一幕：“父亲和母亲非常喜爱看书。离开北京时，经过批准，他们带来了几乎全部的藏书。在那谪居的日子里，父母抓住时机，勤于攻读。特别是父亲，每日都读至深夜。那几年之中，他们读了大量的马列著作，读了‘二十四史’以及古今中外的其他书籍。对他们来说，能有时间如此坐下来读书，确也是难得的机会。我们到江西探亲时，父亲常给我们讲一些历史典故，有时还出题考我们。母亲也时常给我们讲述、议论一些书中精辟之处。在读书中，他们抚古思今，收益不浅。”[③] 这次理

---

① 中共中央文献研究室邓小平研究组编：《邓小平自述》，北京：解放军出版社，2005年，第25页。

② 《邓小平文选》（第三卷），北京：人民出版社，1993年，第382页。

③ 毛毛：《在江西的日子里》，周明主编：《历史在这里沉思》（第一卷），北京：华夏出版社，1986年，第94页。

论学习，比第一次意义更重大——这三年多的学习反思期，是邓小平力倡全面整顿和改革开放的理论准备期。

第二节　“不丢老祖宗，发展老祖宗”
——邓小平对马列主义的再三强调

在20世纪80年代改革开放的起步阶段，几乎前进的每一步都伴随着重大而激烈的思想争论。

1979年3月30日，邓小平在党的理论工作务虚会上发表讲话，强调在中国实现四个现代化，必须坚持四项基本原则。第一，必须坚持社会主义道路；第二，必须坚持无产阶级专政；第三，必须坚持共产党的领导；第四，必须坚持马列主义、毛泽东思想。这四项基本原则是我们党长期以来所一贯坚持的。如果动摇了这四项基本原则中的任何一项，那就动摇了整个社会主义事业，整个现代化建设事业。他指出，粉碎“四人帮”后，社会上和党内出现一些思想动向，一方面，坚持“左”倾错误的人攻击三中全会以来所实行的方针政策违反马列主义、毛泽东思想；另一方面，党内和社会上产生一种怀疑或反对四项基本原则的思潮。因此，要在继续批判极左思潮的同时，对怀疑或反对四项基本原则的思潮进行批判。

邓小平强调的四项基本原则来自哪里？它不是无源之水，无本之木，这四项基本原则恰恰是对近一个半世纪以来马克思主义基本理论与基本实践的科学总结和简要概括。邓小平在提出这四项基本原则时，就毫不含糊地指出了这种思想渊源关系：“大家知道，这四项基本原则并不是新的东西，是我们党长期以来所一贯坚持的。粉碎‘四人帮’以至三中全会以来，党中央实行的一系列方针政策，一直是坚持这四项基本原则的。”①

① 《邓小平文选》(第二卷)，北京：人民出版社，1994年，第165页。

1982年，党的十二大召开之际，对于“中国向何处去”的问题，有种种不同看法，如固守苏联模式论、照搬南斯拉夫自治社会主义模式论、移植匈牙利模式论、全盘西化论等。而邓小平在党的十二大开幕词中，第一次明确提出了“建设有中国特色社会主义”这个科学概念，既反对了“左”的僵化倾向，又防止了右的资产阶级自由化倾向，使“中国改革开放向何处去”的大问题，迎刃而解。

邓小平还用“不丢老祖宗，发展老祖宗”来表述中国改革开放同马克思主义密不可分的渊源关系。

针对企图割裂中国改革开放同马克思主义继承关系的错误思潮的不同表现形式，邓小平有过多次论述。

在20世纪80年代初，邓小平首先强调了建设有中国特色社会主义的改革开放进程，同毛泽东思想之间不可割裂的继承关系。

他一而再、再而三地反复强调这个中心问题：“第一，确立毛泽东同志的历史地位，坚持和发展毛泽东思想。这是最核心的一条。不仅今天，而且今后，我们都要高举毛泽东思想的旗帜”；“三中全会以后，我们就是恢复毛泽东同志的那些正确的东西嘛，就是准确地、完整地学习和运用毛泽东思想嘛。基本点还是那些。从许多方面来说，现在我们还是把毛泽东同志已经提出、但是没有做的事情做起来，把他反对错了的改正过来，把他没有做好的事情做好。今后相当长的时期，还是做这件事”。①

20世纪80年代中期，邓小平突出强调了有中国特色社会主义，有计划的社会主义商品经济，在核心观念和基本思路上，同列宁主义，尤其是列宁后期新经济政策思路，有着不可忽视的历史渊源与思想继承关系。1984年十二届三中全会做出经济体制改革决定后，他说：“我们的同志编辑出版了一本小册子《建设有中国特色的社

---

① 《邓小平文选》(第二卷)，北京：人民出版社，1994年，第291页，第300页。

会主义》，里面是我的一些讲话，有十二大的开幕词，不知你读过没有？社会主义究竟是个什么样子，苏联搞了很多年，也并没有完全搞清楚。可能列宁的思路比较好，搞了个新经济政策，但是后来苏联的模式僵化了。”[①] 这里特别提出了有中国特色社会主义的改革思路，与列宁后期的新经济政策道路，在基本思路上的渊源关系和继承关系。无论在当时，还是现在，这都是一种真知灼见，一种闪光思想，一种理论点化，一种智慧升华。

20 世纪 90 年代初期，邓小平在南方谈话等一系列重要论述中，高屋建瓴地提出了改革开放中“老祖宗不能丢”的重要原则。20 世纪的 80 年代末 90 年代初，世界格局发生了急剧变化。当代马克思列宁主义、社会主义事业，发生了前所未有的大曲折。在 1991 年 8 月 20 日谈话和 1992 年初的视察南方的谈话中，邓小平针锋相对地提出：“我们搞改革开放，把工作重心放在经济建设上，没有丢马克思，没有丢列宁，也没有丢毛泽东。老祖宗不能丢啊！问题是要把什么叫社会主义搞清楚，把怎么样建设和发展社会主义搞清楚。”[②]

这三次提法，有一个一以贯之的基本思想：以改革开放为显著特征的中国特色社会主义，同马克思主义、列宁主义，毛泽东思想之间有着不可割裂的继承关系。

1985 年 9 月，召开了中国共产党十二届四中全会。邓小平在讲话中，把马克思主义的理论建设、理想信念，作为我们的真正优势与制胜法宝：“不加强精神文明的建设，物质文明的建设也要受破坏，走弯路。光靠物质条件，我们的革命和建设都不可能胜利。过去我们党无论怎样弱小，无论遇到什么困难，一直有强大的战斗力，因为我们有马克思主义和共产主义的信念。有了共同的理想，也就有了铁的纪律。无论过去、现在和将来，这都是我们的真正优势。这个真理，有些同志已经不那么清楚了。这样，也就很难重视

① 《邓小平文选》（第三卷），北京：人民出版社，1993 年，第 139 页。
② 《邓小平文选》（第三卷），北京：人民出版社，1993 年，第 369 页。

精神文明的建设。"①

邓小平在讲话的尾声之处，画龙点睛，特别强调了新老交替中马克思主义理论学习、思想建党的极端重要性："现在我还想提出一个新的要求，这不仅是专对新干部，对老干部也同样适用，就是要学习马克思主义理论。或者会有同志问：现在我们是在建设，最需要学专业知识和管理知识，学马克思主义理论有什么实际意义？同志们，这是一种误解。马克思主义理论从来不是教条，而是行动的指南。它要求人们根据它的基本原则和基本方法，不断结合变化着的实际，探索解决新问题的答案，从而也发展马克思主义理论本身。俄国的十月革命和我们中国的革命，不就是这样成功的吗？我们现在要建设有中国特色的社会主义，时代和任务不同了，要学习的新知识确实很多，这就更要求我们努力针对新的实际，掌握马克思主义基本理论。因为只有这样，才能提高我们运用它的基本原则基本方法，来积极探索解决新的政治经济社会文化基本问题的本领，既把我们的事业和马克思主义理论本身推向前进，也防止一些同志，特别是一些新上来的中青年同志在日益复杂的斗争中迷失方向。因此，我希望党中央能作出切实可行的决定，使全党的各级干部，首先是领导干部，在繁忙的工作中，仍然有一定的时间学习，熟悉马克思主义的基本理论，从而加强我们工作中的原则性、系统性、预见性和创造性。只有这样，我们党才能坚持社会主义道路，建设和发展有中国特色的社会主义，一直达到我们的最后目的，实现共产主义。"②

第三节　马克思逝世百年的三大学术盛事

1983 年，中国改革开放的第 5 个年头，恰逢马克思逝世 100

① 《邓小平文选》(第三卷)，北京：人民出版社，1993 年，第 144 页。

② 《邓小平文选》(第三卷)，北京：人民出版社，1993 年，第 146—147 页。

周年。

这一年有三件大事，表明马克思著作、马克思主义理论在中国改革开放历史长河的起点上，有着巨大的活力、创造力与影响力。

第一是《马克思恩格斯全集》中文第一版50卷译文全部完成，出版至第43卷。

图26-1　1983年，马克思逝世100周年之际，《马克思恩格斯全集》50卷全部译出。图为其中一部分

1983年，《马克思恩格斯全集》中文第一版50卷已经全部译成中文，并出版至第43卷，不久就全部出版。在这50卷中，有很大一部分是第一次与我国读者见面，对于我国人民了解、研究马克思的经济学说及其形成、发展过程，无疑具有重大的意义，它的出版也是对革命导师的最好纪念。

当时，中国改革开放已经历5个年头，马克思主义著作出版势头在解放思想、实事求是、拨乱反正、正本清源过程中，克服了“文化大革命”十年动乱带来的困境，走向复兴。

第二是经马克思亲自修订、有独立科学价值的法文版《资本论》第一卷，第一次译成中文出版。

中央编译局在1981年即开始准备人力，根据马克思在世时出的《资本论》法文版复印件进行译校，该书由中国社会科学出版社于1983年3月出版。

《资本论》第一卷的法文版是马克思亲自校订的，他为了使叙述变得更加通俗易懂，更易为法国人所接受，付出了大量的劳动，重新改写了许多段落。同时，他在校订过程中增加了许多新的论述、新的材料和注释，并对原来德文版的结构做了很大改动，把原来德文版的 7 篇 25 章改为 8 篇 33 章。马克思自己说过，法文版本在“原本之外有独立的科学价值”。

恩格斯在编辑出版《资本论》第一卷的德文第三版和第四版时，曾经把马克思对法文版所做的重要改动和注释补充了进去，即使如此，《资本论》第一卷的第四版依然和法文版有很大差别。国外只有日本于 1979 年出版了法文版的日译文。《马克思恩格斯全集》中文第一版第 49 卷也只是收录一些改动片段。因此，《资本论》第一卷法文版的中译文的出版，具有重要意义，为研究《资本论》提供了一个非常重要的版本。

中译本是根据法国拉沙特尔出版社出版的法文本原文翻译的。在翻译过程中遵循的原则是：凡是法文版的论述和现在通行的德文第四版的论述不一致的地方，则尽量保持《马克思恩格斯全集》第 23 卷的译文。这样，读者可以从两种译文的对照中较准确地了解法文版的修改情况。

第三是为纪念马克思逝世 100 周年，在北京举行了规模盛大、长达 4 天的全国学术研讨会，并就马克思著作与思想，展开广泛深入的学术研讨。其中对马克思人道主义与异化思想的思想争论，成为引人注目的重大话题。

除了上述三大盛事外，在改革开放起点上，党和国家还加强了马列著作的出版工作，以多种多样的形式，出版了一批马列主义的专题文选。这一切都有力地说明，在开始走上改革开放道路的中国，马克思的著作与思想没有死，依然保持着巨大生机活力。

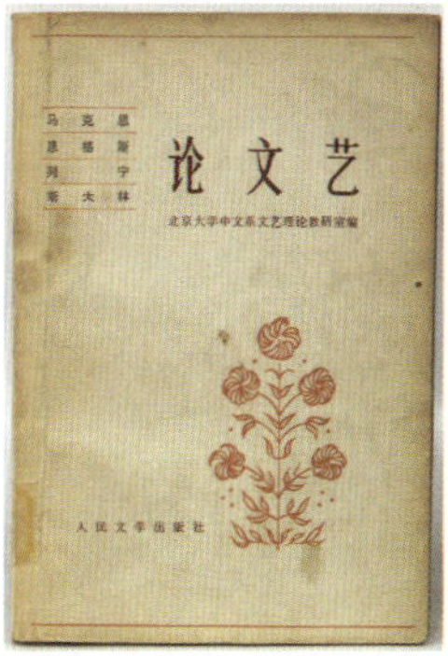

图 26-2 《马克思恩格斯列宁斯大林论文艺》

图 26-3 《马克思恩格斯列宁斯大林毛泽东论历史唯物主义》

图 26-4 《马克思恩格斯列宁斯大林论人口问题》

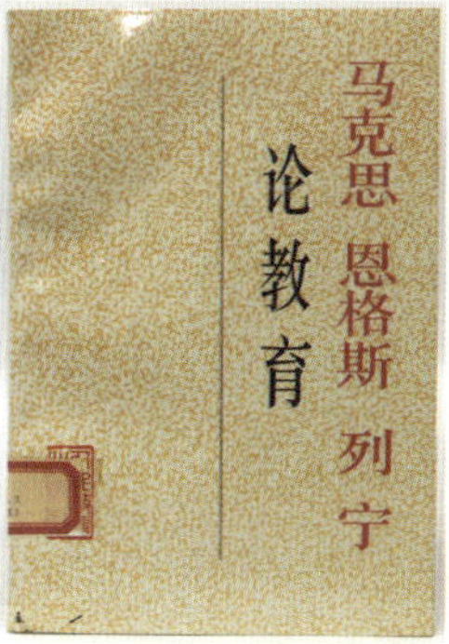

图 26-5 《马克思恩格斯列宁论教育》

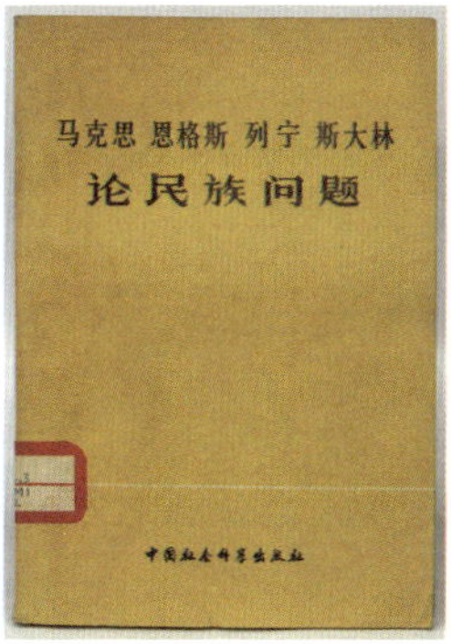

图 26-6 《马克思恩格斯列宁斯大林论民族问题》

第二十七章 《资本论》文本群的系统出版

马克思创作《资本论》，花费了40年工夫，参阅了1500多种书籍文献，直接引用的就有600多种，有些手稿还穿插着德文、英文、法文等不同文字，其翻译难度可想而知。

由于《资本论》是马克思一生主要著作、系统之作、创新之作，因而中国学人把《资本论》文本群的翻译出版，作为马克思主义著作出版的重头戏，做出了薪火相传的持续努力。

中华人民共和国成立后，中央编译局集中了几十位专家，集体配合，持续工作，利用局内外专家集体的力量，来攻克这个翻译难关，比较系统、完整地翻译出版了《资本论》文本群。

在《马克思恩格斯全集》中文第一版50卷中，《资本论》和经济学手稿占了9卷12册，约占全书四分之一的篇幅。其中，《马克思恩格斯全集》第23、24、25卷，是《资本论》第1、2、3卷；第26卷（共3册）是《剩余价值理论》，即《资本论》第4卷；第46卷（上下册）是《1857—1858年经济学手稿》；第47、48卷是《1861—1863年经济学手稿》；第49卷包括1863年至1864年写的《直接生产过程的结果》、1864年写的《资本论》第2卷第1稿等4篇经济文献；第50卷有一半是1868年至1870年写的《资本论》第2卷第2稿，其余为马克思、恩格斯书信等著述。

第一节 《资本论》的重新翻译出版

1956 年年底，中央编译局把各室多年翻译经济理论著作并有志于研究政治经济学的同志集中起来，成立了经济室。该室的主要任务就是翻译《资本论》。经济室下设两个组，一是翻译组，直接译校《资本论》；一是注释组，对书中不易查到的事件、典故等进行注释。当时设想出版一种译文比较流畅易懂又有大量注释的译本。由于编译局当时缺乏掌握德语的干部，这个译本只能从俄文转译。依据的版本是苏联 1949 年出版的斯克沃尔佐夫-斯切潘诺夫的俄译本。

到 1960 年底至 1961 年初，中央编译局考虑到《资本论》国内影响较大的郭大力、王亚南译本是从德文原文直译过来的，如果编译局出新译本是从俄文转译，那是不妥当的，因此决定，准备收进《马克思恩格斯全集》的《资本论》也应从原文翻译。从 1969 年起，经过两年多时间的努力，第一卷终于译校完毕。又过了一年多时间，第二卷译校工作也结束了。这样，1972 年，《马克思恩格斯全集》第 23 卷和第 24 卷先后出版，即《资本论》第 1 卷和第 2 卷。

图 27-1 在中华人民共和国成立之后，郭大力、王亚南合译的《资本论》三卷本，曾经长期流传，起了重大作用

第 1、第 2 卷工作一结束，全组就全力以赴译校第 3 卷。尽管第 3 卷的难度很大，由于有了前两卷的译校经验，工作进展比较顺利。全组十几个同志齐心协力，花了两年多工夫，终于完成了第 3 卷的任务。1974 年底，《马克思恩格斯全集》第 25 卷，即《资本论》第 3 卷也问世了。这样，马克思的这一毕生巨著在我国又有了

图 27-2 中央编译局依据德文原版，重新翻译出版了《资本论》第 1 卷

图 27-3 经过 15 年的持续努力，中央编译局依据德文原版，重新翻译出版了《资本论》三卷本

一种新译本。

《资本论》第 4 卷曾由郭大力译成中文，于 1949 年出版，书名是《剩余价值学说史》，他是根据 1905 年至 1910 年卡尔·考茨基编辑的版本编译的。《马克思恩格斯全集》俄文第二版的编者按马克思的手稿重新进行了编辑，并于 1954 年至 1961 年出版了新版本，以后作为《马克思恩格斯全集》第 26 卷（共三册）出版。中央编译局在开始译校《资本论》第 1 卷的同时，也着手第 4 卷的翻译工作。依据的版本是《马克思恩格斯全集》俄文第二版。

该卷的译校工作直接由当时编译局副局长陈昌浩负责。工作程序是先由两位翻译经验较丰富的同志分别译成中文，然后进行互校，把稿子定下来。打印后交给陈昌浩最后审校。经过几年的时间，到“文化大革命”前夕，第 1 册大体已译校完毕。

1969 年业务工作恢复后，陈昌浩已去世，该卷的全部翻译任务由马恩室的哲学组承担。由于当时要求尽快翻译出版，懂德语的人力又不足，该卷只好根据俄文版并参考德文版译校。经过十几位同志埋头苦干，先后于 1972、1973、1974 年出版了全卷三册。这是苏联新编辑的《资本论》第 4 卷的第一个中文译本。

第二节 《资本论》三大手稿的翻译出版

说到马克思《资本论》，可能许多人会想到这只是一本书，一部著作；或者认为马克思两大发现，是他一生两大阶段性成果，19世纪40年代完成了哲学创新，六七十年代完成了经济学创新，写成了《资本论》。

这些说法都是片面的，无法反映马克思《资本论》相关文本的多样性、丰富性、复杂性，也无法反映马克思几乎用一生心血创作《资本论》的特殊性、艰巨性、系统整体性。马克思从1843年至1883年独立研究40年，这是一个统一的过程，而“《资本论》逻辑”是这40年一以贯之的思想主旨，也是马克思理论创新的一个主题。

《资本论》创作文本群，主要包括四类文本：第一，《资本论》相关论著7部——马克思本人，或经恩格斯修改后公开发表的《资本论》各卷论著；第二，《资本论》6部手稿——创作《资本论》过程中写出的手稿；第三，为创作《资本论》而做的6组读书笔记；第四，马克思、恩格斯等人关于《资本论》的书信。

与《资本论》相关的7部论著：1849年发表的小册子《雇佣劳动与资本》、1859年发表的《政治经济学批判》（第一分册）、《资本论》第一卷、《资本论》第一卷法文版、1885年经恩格斯加工整理的马克思《资本论》第二卷、1894年经恩格斯加工整理的《资本论》第三卷、《资本论》第四卷《剩余价值学说史》。

《资本论》的6部手稿，包括三大手稿与三卷手稿。按创作过程来讲，1867年《资本论》第一卷出版前，主要留下了综合性的不分卷的三大手稿：《1857—1858年经济学手稿》是哲学色彩最浓的第一手稿；《1861—1863年经济学手稿》是《资本论》最完整的第二手稿；《1863—1865年经济学手稿》是深加工的第三手稿。其次，按各卷结构把握，1867 年《资本论》第一卷发表前后，主要是发表后留下的分卷式的、再研究式的《资本论》三卷手稿：《资本论》第二卷手稿、《资本论》第三卷手稿和《资本论》第四卷手稿（唯有此手稿，主要包含在 1867 年第一卷发表以前写成的《1861—1863 年手稿》中）。

把《资本论》手稿纳入《马克思恩格斯全集》是非常必要的，也是非常重要的。尤其是《资本论》第一手稿《政治经济学批判 1857—1858 年手稿》，应当视之为马克思一生最重要、最有代表性的哲学著作之一，其哲学意义并不亚于《1844 年经济学哲学手稿》或《德意志意识形态》，甚至有过之而无不及，可以称之为名副其实的“马克思思想大纲”。

《马克思恩格斯全集》补卷的最后 5 卷，主要就是《资本论》三大手稿。

其中，第 46 卷（上下两册），首次收录《资本论》第一大手稿，即《政治经济学批判　1857—1858 年手稿》。这是哲学色彩、哲学意味最强的一部《资本论》手稿，也可称作《1857—1858 年经济学手稿》，与《1844 年经济学哲学手稿》构成上下篇，并且思想更成熟，哲学意义更重大。第 47 卷、第 48 卷，则补充了《资本论》第二大手稿——《资本论　1861—1863 年手稿》，也很有哲学意义，尤其是其中蕴含的创新论、近代科技创新论。第 49 卷，发表了经马克思亲自修订、有独立科学价值的《资本论》第一卷法文版片段，补充了《资本论》第二手稿的一部分，即《资本论　1863—1865 年手稿》中关于《资本论》第二卷手稿《资本的流通过程》。第 50 卷，则补充发表了 1868 年至 1870 年间，马克思为《资本论》第二卷写的第二稿《资本的流通过程》的第一章和第三章。

1974 年，《马克思恩格斯全集》第 1 至 39 卷中文版全部出版后，编译局着手翻译构成第 46 卷的马克思《1857—1858 年经济学手稿》，也就是《资本论》的最初稿本。这一手稿曾于 1939 年至

图 27-4 《政治经济学批判大纲》，即《1857—1858 年经济学手稿》等《资本论》手稿，也先后在中国系统出版

1940 年在苏联用原文出版，编者加的标题是《政治经济学批判大纲（草稿）》。这一手稿的《导言》已收入《马克思恩格斯全集》第一版第 12 卷。有关资本主义生产以前的形式的章节，则有日知的译文，于 1956 年由人民出版社出版，标题是《马克思资本主义生产以前各形态》。全部手稿国内已有刘潇然的译文，分五册，以《政治经济学批判大纲（草稿）》为题，由人民出版社出版，内部发行。为了使这一手稿有更好的译文，中央编译局经济组从 1974 年起用近两年时间，根据德文翻译了上册，同时局内组织几十人根据俄文译出下册初稿。从 1976 年起，经济组根据德文原文重新做了译校，上册中《资本主义生产以前的各种形式》这一节的译文，还经原译者日知校阅。这项翻译任务经过近五年的辛勤劳动，先后于 1978 年、1979 年完成，并于 1979 年、1980 年作为《马克思恩格斯全集》第 46 卷上、下册问世。

马克思的《1861—1863 年经济学手稿》收入《马克思恩格斯全集》俄文第二版第 47 和 48 卷，先后于 1973 年、1980 年出版。这是马克思这一手稿在中国的首次公之于世。1977 年，中国科学院自然史研究所几位同志打算把第 47 卷中有关科学技术的应用部分的手稿翻译出来。人民出版社马列著作编辑室的同志得知这一消息后，希望编译局与他们合作，把这一部分先译出，作为向预定于 1978 年 2 月召开的科学大会的献礼。这一部分手稿经过两个单位有关同志的积极努力，以《机器、自然力和科学的应用》为标题，于 1978 年

1月以小册子形式与读者见面了。

之后，中央编译局经济组继续翻译第47卷中的其余部分，并于1979年出版。

这一手稿的另一部分收入第48卷。编译局从1981年下半年起陆续开始翻译，1983年2月付排。

由于马克思的这一手稿没有用原文发表过，而《马克思恩格斯全集》国际版这一部分尚未出版，这一手稿只有一部分可根据原文翻译，大部分是根据俄文翻译的。

《马克思恩格斯全集》第49卷包括4篇马克思经济学文献：(1)《直接生产过程的结果》，是马克思1863年至1864年写的第一卷部分手稿。该文第一次发表于1933年苏联出版的《马克思恩格斯文库》第二卷，我国有田光的译本，出版于1964年。(2)《价值形式》，是《资本论》第一卷德文第一版的附录，1957年人民出版社出过单行本，书名为《价值形态》，译者是刘静。(3)著者亲自修订的《资本论》第一卷法文版的一些片段，这是由《马克思恩格斯全集》俄文版编者整理的法文版中有重大改动的部分。(4)《资本的流通过程》，这是《资本论》第二卷的一个稿本，这一手稿是第一次发表，由于当时手头没有德文原文，本篇也只能根据俄文转译。

图27-5　英国古典政治经济学作为马克思主义《资本论》经济学理论来源，也成为重要的翻译、出版、研究对象

这一卷的翻译是从1979年底开始的，于1981年第一季度交付人民出版社，1982年出版。

《马克思恩格斯全集》第50卷有一半是马克思的经济学手稿，即《资本论》第二卷第二稿的第一章和第三章。这一手稿也是第一次发表，并只能从俄文翻译过来。译校工作主要是在1982年进行的。

图 27-6　《资本论》中的国际贸易理论，也成为出版与研究对象

图 27-7　《资本论》的基本原理，也用来研究社会主义经济，包括社会主义市场经济

第三节　《资本论》手稿哲学意义新发现

今天我们必须注意发掘《资本论》手稿的独特哲学意义，尤其是作为《资本论》第一大手稿的《1857—1858 年经济学手稿》，其哲学意义并不亚于《1844 年经济学哲学手稿》。

有些西方马克思学家认为，只有早期的《1844 年经济学哲学手稿》，才是马克思的中心著作与哲学思想制高点。事实上，这一手稿是《资本论》的最初手稿与雏形，它与作为《资本论》第一大手稿的《1857—1858 年经济学手稿》，可以看作马克思哲学与经济学综合创新的“姊妹篇”、“上下篇”，或可称之为马克思哲学创新的两部主要代表作，而后者比前者更成熟、更丰富、更深刻。比如后者不仅讲了异化劳动原有的四个规定，而且还补充了本质上非常重要的四个新规定。

也有些苏联、东欧的马克思学家认为，只有 1859 年《〈政治经济学批判〉序言》，才是马克思主义唯物史观思想的制高点。实质上，蕴含在《资本论》三卷及其三大手稿中的唯物史观，才是马克思唯物史观的真正制高点，其在总体结构、范畴序列、基本原理、整体内容上，都有超越前者的重大发展。因此，这个手稿非常重要，在整个《资本论》创作中起了决定性的奠基作用，并且有完全独立、非常独特的哲学意义。

这一手稿有两大突破、两大创新，从而为整个《资本论》的创作乃至整个马克思主义政治经济学的创立奠定了两大基石：一是第一次明确形成了劳动二重性理论，分析了物化在商品二重性中的劳动二重性，从而为整个马克思政治经济学提供了一把钥匙、一块基石；二是第一次比较系统地展开了资本范畴，提出了剩余价值学说，区分了绝对剩余价值与相对剩余价值，为《资本论》核心内容乃至整个体系奠定了基础。

由此可见，《资本论》第一大手稿《1857—1858 年经济学手稿》在创立经济学体系的同时，还探索了哲学方法论问题，因而在《资本论》三大手稿乃至六部手稿中，其哲学色彩、哲学底蕴、哲学比重、哲学意义，都是最突出的。

这一手稿的独特哲学意义，在于把“人的劳动实践活动自我创造过程—社会发展合乎规律的自然历史过程—现实的人的发展过程”有机地统一在一起，升华出现实的人的发展的三大历史形态理论。或许这便是贯穿这部手稿的一条哲学红线，是马克思新唯物主义在哲学上的一大创新。

《资本论》哲学是马克思主义唯物史观的主要代表与思想高峰，体现了“自然存在前提的发展过程—人的劳动实践、社会交往活动自我创造过程—社会发展自然历史过程—现实个人的发展过程”这四大世界历史过程的有机统一。《资本论》哲学也对透视马克思“写出辩证法”的哲学夙愿，再现他关于唯物辩证法“大逻辑”的构想，具有不可取代的独特地位与历史作用。《资本论》哲学还是马克思哲学创新在当代的主要生长点、当代哲学思想交锋的聚焦点、哲学发展的前沿问题，因而是我们创造马克思主义哲学中国化新形态的首要源头活水。

正因为有了《资本论》三大手稿的翻译出版，20世纪八九十年代，中国开始出现一批专门研究这三大手稿的学术专著，如孙承叔、王东合著的《对〈资本论〉历史观的沉思》，顾海良的《马克思“不惑之年”的思考》等，为中国改革开放、开创中国特色社会主义市场经济新型体制，开掘了重要的理论基础。

进入新世纪以来，随着《资本论》研究的深入，相关的普及读物出版也方兴未艾。据不完全统计，我国2000年以来出版的《资本论》选读本和导读本就多达十几种：中国财政经济出版社2001年4月出版《〈资本论〉选读讲座》；辽宁大学出版社2000年5月出版《〈资本论〉第一卷难句试解》；经济科学出版社2001年9月出版《〈资本论〉选读课教材》；中国经济出版社2001年10月出版《马克思〈资本论〉》（选读本）；黑龙江教育出版社2002年7月出版《〈资本论〉原著篇章选读及理论结构》；中国财政经济出版社2002年7月出版《〈资本论〉选读》；高等教育出版社2003年6月出版《〈资本论〉选读》（附光盘一张）；山西经济出版社2003年11月出版《〈资本论〉讲义》；南开大学出版社2003年11月出版《〈资本论〉导读》；人民出版社2004年6月出版《〈资本论〉导读》；中国人民大学出版社2005年1月出版《〈资本论〉历史典据注释》；经济科学出版社2005年5月出版《〈资本论〉的现代解析》等书。

另据不完全统计，仅2008年出版《资本论》单行本近十种：人民出版社2008年2月出版《资本论》（1—3卷）；中国财经出版社2008年6月出版《资本论》；北京出版社2008年10月出版姜晶花等编译《资本论》（通俗本）；南海出版公司2008年12月出版朱登编译《资本论》（缩译彩图珍藏本）；人民日报出版社2008年12月出版《资本论》（缩译彩图典藏版），附图439幅；华文出版社2009年3月出版谢洪波编著《图说〈资本论〉》，附大量图表、图画、图片。

上述数据说明，《资本论》文本群的翻译出版事业正在走向一个新的阶段。

可以说，中国改革开放时期，根本突破了传统计划经济的苏联模式，但没有丢掉马克思，没有丢掉马克思主义的经典著作《资本论》。甚至应该说，正是中国的改革开放，有了社会主义市场经济的体制创新、制度创新的迫切需要，中国的《资本论》及其手稿的出版研究事业，都开始走在国际前沿。

第二十八章　《列宁全集》中文第二版出版

第一节　《列宁文稿》的出版

《列宁文稿》作为《列宁全集》中文第一版1—39卷的补遗卷，由人民出版社从1977年11月开始出版，到1990年12月出齐17卷，约930万字。《列宁文稿》补充了《列宁全集》中文第一版没收录的著作，它是给编译《列宁全集》中文第二版做准备的。其中，前10卷为内部发行，从第11卷开始公开发行。

图28-1　中文译本《列宁文稿》

《列宁文稿》属于"文库"性质，前10卷收载《列宁文集》俄文第五版中新发表的文献（相对于《列宁全集》俄文第四版，即《列宁全集》中文第一版而言），按照俄文第五版的卷次编排；后7卷收载《列宁文集》俄文版第1至40卷中未收录《列宁全集》中文第一版的文献，完全按照列宁写作的时间顺序编排、分卷。

中央编译局与人民出版社在卷首出版说明中，对《列宁文稿》

这17卷的翻译出版缘起，做了简要说明：

> 《列宁全集》中文版（第1—39卷）是据《列宁全集》俄文第四版翻译的。1958—1965年，苏联又出版了《列宁全集》俄文第五版，共五十五卷。此外，从二十年代起，苏联还出版了《列宁文集》，到1975年先后出版了三十八卷。据查对的结果，《列宁全集》第五版和《列宁文集》中，有一些著作、演讲和相当多的书信、便条、笔记、写作的准备材料等，是《全集》俄文第四版所没有的。为了便于研究使用，现将这一部分著作和材料翻译出来，汇编为《列宁文稿》，内部印行。

《列宁文稿》17卷的翻译出版，主要有三重意义：

第一，出版了许多《列宁全集》中文第一版39卷中没有的新文献；

第二，在改革开放初期，有重大的启迪意义；

第三，为编译出版《列宁全集》中文第二版做了重要的铺垫准备工作。

第二节　《列宁全集》中文第二版的翻译出版

《列宁全集》第一版的编辑出版，正赶上1958年“大跃进”，使得该版存在许多不足。如译文不够完美，大量列宁文献没有收录，参考资料偏少，内容过于简略等。其中最致命的缺陷是该版以苏联的《列宁全集》俄文第四版为底本。《列宁全集》俄文第四版是以斯大林的主张作为编辑指导原则，根据斯大林的标准取舍列宁文献。斯大林直接干预俄文第四版的具体编辑工作，曾指示哪些列宁文献可以编入，哪些不可以编入。因此，不仅大量新发现的、本该进入全集的文献未能进入，而且连此前的《列宁全集》俄文版本已收载的一些文献，也遭删除。编者还在编辑过程中去掉对斯大林不利的词语、句子、段落。参考资料（即整版总说明和各卷说明、注释、《列宁生平事业年表》）的编写更是贯穿着对斯大林的个人迷信。

为了出版质量更高、更权威的全集，1982年中共中央决定出版《列宁全集》中文第二版，由中央编译局编译。中文第二版以第一版为基础，吸收1958年至1965年苏联出版的55卷本《列宁全集》俄文第五版和《列宁文集》俄文版等书中的大量文献编译而成。

图28-2 《列宁全集》中文第二版

《列宁全集》中文第二版不仅内容丰富，而且编译质量较高，从1984年10月开始出版，至1990年12月出齐。中文第二版同中文第一版相比，文献篇幅增加三分之一以上，是目前世界上规模最大的《列宁全集》。新版《列宁全集》共60卷，全书分成著作（第1—43卷）、书信（第44—53卷）、笔记（第54—60卷）三大部分，共收入列宁文献9000多件，约3000万字。第二版在编辑体例、注释资料方面，跟第一版有很大不同，增加了大量新文献，译文也是经过校订，精益求精的，全面提高了质量，并且提供了重要的参考资料。在增加我国早期列宁著作译本的封面书影等方面，也体现了中国版的特色。

具体负责这一工作的中央编译局副局长林基洲，在谈到《列宁全集》中文第二版时说：新版各卷的编译工作，从编定目录到最后付型，整个工作流程大小工序60道，其中工作量最大也最重要的，是重新校订已有的译文和翻译大量新文献。在前6年做准备的期间，中央编译局组织局内外力量译出了不见于中文第一版的全部列宁新文献，编成17卷《列宁文稿》，由人民出版社陆续出版。校订人员力求译文意思准确、文字顺畅。负责统一译名、译语的同志们，将列宁著作中出现的各类术语和经常使用的词语词组制成20万张卡片，通过查阅大量资料，并向有关专家求教，对列宁著作中20000多个专用名词和大量译语、引用过2000多次的各种典故和文学形象做了考订，然后提出统一译法的方案，编写出版了140多万字的《列宁著作资料汇编》和约50万字的《列宁著作典故》。此外，还由专人对全书的引文和技术规格做了统一规范。由于校订集体的共同努力，新版译文质量有了明显的全面提高，可以在相当长时间内保持稳定，为学习研究列宁思想提供了精确可靠的译文。

在这一工作中发挥了重要作用的中央编译局资深翻译家岑鼎山、何宏江、李洙泗，在《丰富的思想宝库　珍贵的理论遗产》一文中，介绍《列宁全集》第二版时也说：

> 可以说，第1版已经完成了它的历史使命。今后列宁著作的学习、研究和引用，都应当以第2版为标准本。第2版之所以取代第1版，原因就在于它的内在质量大大超过了第1版，具有许多显著的新特点。[①]

1991年在庆祝《列宁全集》中文第二版60卷出版发行座谈会上，李瑞环同志发表讲话，给予高度评价。他说：这是马列经典著作编译出版的一大成果，也是中国共产党人对传播马列主义的一大贡献。它的出版，对于我们更好地坚持和发展马克思主义，推动国内各项工作，实现第二步战略目标，具有非常重要的意义。

---

① 《中国出版年鉴（1992）》，北京：中国出版年鉴社，1993年，第181页。

第二十九章　向市场经济转轨中的马列著作出版

20 世纪 80 年代末 90 年代初，国际上发生了苏联解体、东欧剧变这样极其重大的历史性事件，使社会主义建设事业面临前所未有的挑战，马克思主义的思想遭到严重的质疑。

1992 年春天，已是耄耋之年的邓小平，接连视察武昌、深圳、珠海、上海等地，发表南方谈话，在外人看来，似乎是没有想到的惊人之举；而对这位中国改革开放的总设计师来说，却是深思熟虑的一着棋子。

1992 年是很不寻常的一年：从 1987 年党的十三大以来，已经过了五年，需要召开党的第十四次代表大会，分析现状，总结经验，制定纲领；而从 1978 年党的十一届三中全会算起，中国改革开放已经走过了近 15 年，取得了举世瞩目的伟大成就，也发生了重大风波，对这一时期的实践经验与认识经验，需要做出科学总结；20 世纪 80 年代末和 90 年代初，一些社会主义国家遭受了前所未有的大曲折。在这个关节点上，“中国向何处去”的历史抉择，不仅影响到整个 90 年代发展态势，而且必将深刻影响 21 世纪中华民族的历史命运。

邓小平在南方谈话中，旗帜鲜明地表明了自己对于马克思主义、科学社会主义的坚定信念：“一些国家出现严重曲折，社会主义好像被削弱了，但人民经受锻炼，从中吸收教训，将促使社会主义向着更加健康的方向发展。因此，不要惊慌失措，不要认为马克思主义就消失了，没用了，失败了。哪有这回事！”①

邓小平更一语道破了马克思主义的哲学精髓：“实事求是是马克思主义的精髓。要提倡这个，不要提倡本本。”“最近，有的外国人议论，马克思主义是打不倒的。打不倒，并不是因为大本子多，而是因为马克思主义的真理颠扑不破。”②

正是这些掷地有声的铿锵语言、真知灼见，成为 20 世纪 90 年代社会主义在中国稳步发展的强有力保障！

第一节 1992 年社会主义市场经济体制创新

——马列著作出版研究为理论创新奠基

以 1992 年邓小平南方谈话为契机，党的十四大破天荒地把建立社会主义市场经济体制作为中国改革开放的目标，中国经济体制改革迈出了根本突破的关键一步。

1999 年 1 月 11 日，江泽民在中共中央举办的省部级主要领导干部全面研究班上的讲话《论加强和改进学习》，回忆了当时的情况：

> 一九九二年春，邓小平同志视察南方发表重要谈话，从理论上深刻回答了长期困扰和束缚人们思想的许多重大认识问题，进一步指明了我国改革和发展的方向，明确了以“三个有利于”作为判断是非的根本标准，提出发展才是硬道理。……
>
> “一九九二年六月九日，党的十四大召开之前，我到中央党校作过一个报告，提出了建立社会主义市场经济体制的问题。六月十二日，我去向小平同志汇报。他听了以后说赞成这

---

① 《邓小平文选》(第三卷)，北京：人民出版社，1993 年，第 383 页。

② 《邓小平文选》(第三卷)，北京：人民出版社，1993 年，第 382 页。

个提法，并说：我怕在这个关头引起争论，引起争论不合算。实际上我们是在这样做。我讲过深圳有四分之一和四分之三的问题，四分之三就是社会主义的，深圳就是社会主义的市场经济。不搞市场经济，没有竞争，没有比较，连科学技术都发展不起来。产品总是落后，也影响到消费，影响到对外贸易和出口。我对小平同志说，提出建立社会主义市场经济体制，根据就是他关于社会主义也有市场、资本主义也有计划，计划多一点还是市场多一点，不是社会主义与资本主义的本质区别的思想。我在党校的讲话没有公开发表，正在征求各地的意见。小平同志说，可以先发内部文件，反映好的话，就可以讲。这样十四大也就有一个主题了。后来，各省区市都同意这个提法。党的十四大正式确定了我国经济体制改革的目标是建立社会主义市场经济体制。”①

这就表明，从邓小平到江泽民，中国共产党的两代领导核心，一开始就十分明确、十分清醒，我们搞的市场经济，是中国特色社会主义市场经济，是市场经济资源配置、运行机制，与社会主义社会关系、基本制度的有机结合，绝不是所谓打着市场经济旗号，走上资本主义道路。

后来江泽民对此做了一个科学总结，强调讲社会主义市场经济，“社会主义”在这里不是可有可无的，而是画龙点睛的。

而使市场经济与社会主义相结合的一个重要思想理论前提，就是马克思列宁主义，为此，马克思列宁主义著作出版事业不能中断，必须加强。

这个问题在当时，的确曾经一度面临严峻挑战。1994 年，时任人民出版社社长的薛德震深有感触地提到，由于受到国际思潮影响，加上国内体制转轨，一度也曾产生思想解放与思想混乱并存的

① 《江泽民文选》第二卷，北京：人民出版社，2006 年，第 289—290 页。

状态，致使当时《马克思恩格斯选集》、《列宁选集》中译本的发行征订工作，遇到极大困难，有的只有几百本，甚至几十本。这种情况任其发展下去，实在令人忧虑。

好在从上到下，中国共产党的主流力量还在力挽狂澜，坚持与发展马克思列宁主义著作的出版事业。

1996年1月24日，江泽民在《宣传思想战线的主要任务》这篇讲话中，首先强调“以科学的理论武装人”，并且特别点明重新出版与学习马克思列宁主义著作的重要意义：

> 《马克思恩格斯选集》、《列宁选集》、《毛泽东选集》和《邓小平文选》这几部书，选得比较精，我是摆在案头经常翻阅的，希望省部级以上领导干部也经常学习，这很有好处。[①]

后来，他总结历史经验，提出两个“坚定不移”的基本要求。江泽民在国防大学军队高级干部理论研讨班上的讲话中指出：“进行理论创新，必须坚持两个基本要求：一是必须坚持马克思主义的立场、观点和方法，坚持马克思主义的基本原理。这一点，要坚定不移，不能含糊。二是一定要贯彻解放思想、实事求是的思想路线，坚持勇于追求真理和探索真理的革命精神。这一点，也要坚定不移，不能含糊。这两个‘坚定不移、不能含糊’，始终是检验我们是不是真正的马克思主义者的试金石。”[②]

图29-1　1992年前后改革开放关键时期出版的《资本论》

在20世纪八九十年代之交，乃至世纪之交，苏联解体、东欧剧变，马克思列宁主义著作出版与传播事业，在许多国家中出现低潮、断裂，乃至中断。唯独在中国，由于有了中国特

① 《江泽民文选》(第一卷)，北京：人民出版社，2006年，第498页。

② 江泽民：《论党的建设》，北京：中央文献出版社，2001年，第537页。

色社会主义这面旗帜不倒，有了社会主义市场经济的体制支撑，有一批马克思主义中坚力量的支持，马列著作出版事业不仅没有中断，而且努力开创新的局面。

第二节　《马克思恩格斯选集》第二版、《列宁选集》第三版出版

历史和现实告诉我们，只有用马克思主义的立场、观点、方法来正确认识经济社会发展的大势，正确认识社会思想意识中的主流和支流，才能在错综复杂的社会现象中看清本质、明确方向。我们坚持马克思主义，是坚持发展着的马克思主义。只有坚持用发展着的马克思主义武装全党、教育人民，才能使马克思主义真正发挥认识世界和改造世界的强大思想武器的作用，才能使马克思主义真正成为我们的行动指南。要把坚持和发展马克思主义统一于中国特色社会主义实践中，在坚持中发展，在发展中坚持，自觉做到“两个坚定不移、决不含糊”：坚持马克思主义的立场、观点、方法，坚持马克思主义的基本原理，这一点要坚定不移，不能含糊；贯彻解放思想、实事求是的思想路线，坚持勇于追求真理和探索真理的革命精神，这一点也要坚定不移，不能含糊。

《马克思恩格斯全集》和《列宁全集》的出版，主要是供研究工作者、理论工作者以及具备一定理论和知识水平的读者使用。对于广大渴望学习马克思主义的普通读者来说，阅读选集是便捷了解马列主义基本原理的一个方法。我国自行编辑过多次《马克思恩格斯选集》、《列宁选集》，篇幅不很大，但汇集了各个时期的主要著作。一般读者使用较多的是选集，选集在我国发挥了重要作用，产生了深远影响。

改革开放的新时期，伴随着人们生活水平的提高，越来越多的

人渴望学习马克思主义。为了满足人们的需求，中央编译局在《马克思恩格斯选集》第一版基础上，根据《马克思恩格斯全集》俄文版和德文版的新版本译校而成了《马克思恩格斯选集》的第二版。与第一版相比，第二版文字改动较多，但涉及实质内容的改动不多。选集由人民出版社于1995年6月出版。1997年5月第3次印刷，印数达32000册。2004年5月第5次印刷，印数达42000册。2008年11月第7次印刷，印数达52000册。本书为纸面精装本，比第一版装帧更精美。《马克思恩格斯选集》中文第二版书前有“编者的话”，对于编辑出版的缘起、版本演化的轨迹，做了简要说明：

图29-2　1995年，在向社会主义市场经济体制转轨关键期，《马克思恩格斯选集》中文第二版郑重出版

《马克思恩格斯选集》第一版出版于1972年，译文选自《马克思恩格斯全集》第一版。……

本选集对第一版所选文献作了调整，增删了若干篇著作和书信，特别是首次节选了马克思的基本著作《资本论》的相当多的篇章，以便更全面地反映马克思主义哲学、政治经济学和科学社会主义的理论体系。

本选集分为四卷。第一卷是1843—1859年的著作，第二卷是1857—1871年的著作以及《资本论》节选，第三卷是1871—1883年的著作，第四卷是1884—1895年的著作以及马克思和恩格斯的书信。

编入选集的文献一般按写作或发表时间顺序编排。为方便读者阅读，马克思和恩格斯在不同时期为某一著作写的序言、导言，一般同原著作编在一起；论述中国问题的10篇文章以及从《资本论》第一、二、三卷中节选的篇章，也分别编在一起；马克思和恩格斯的书信按时间顺序集中编排在第四卷。[①]

图 29-3　1995 年，在中国改革开放、经济起飞关键期，《列宁选集》中文第三版正式出版

《列宁选集》第三版于 1995 年 6 月与《马克思恩格斯选集》第二版同期出版，至 2004 年 3 月 4 次印刷，印数达 33000 套。本书纸面精装，装帧设计与新版《马克思恩格斯选集》相同。

第三节　《列宁论新经济政策》、《列宁最后的书信和文章》的及时出版

改革开放的实质是什么？在改革开放历史过程中，这个根本问题被一再提出来，1992 年转向市场经济之后，它以更加尖锐的形式，摆到国人世人面前。

如前所述，早在 1985 年，在一篇主题为《改革是中国发展生产力的必由之路》的重要谈话中，邓小平就已强调列宁后期新经济政策道路与思想，对于中国特色社会主义的启迪作用：

> 我们的同志编辑出版了一本小册子《建设有中国特色的社会主义》，里面是我的一些讲话，有十二大的开幕词，不知你读过没有？社会主义究竟是个什么样子，苏联搞了很多年，也并没有完全搞清楚。可能列宁的思路比较好，搞了个新经济政策，但是后来苏联的模式僵化了。中国革命取得成功，就是因为把马列主义的普遍原则用到自己的实际中去。[②]

① 《马克思恩格斯选集》(第一卷)，北京：人民出版社，1995 年，第 1 页。
② 《邓小平文选》(第三卷)，北京：人民出版社，1993 年，第 139 页。

1984 年全国首届列宁哲学思想研讨会上，北京大学学者黄枬森、王东合作发表了论文《列宁对社会主义革命和建设的道路的创造性探索》，从学术层面率先提出，列宁晚年论著中的思想是改革开放道路的重要源头活水。1990 年，王东又发表学术专著《改革之路的真正源头》，更加明确地提出这个问题。不仅如此，杨承训、俞良早等专家学者，也先后发表系统性的论著，阐发这一问题。

在关键性的 1992 年，由中央编译局翻译、人民出版社出版的列宁后期的两本重要论著集《列宁论新经济政策》、《列宁最后的书信和文章》，再次向世人展现了列宁实行的新经济政策，是中国改革开放，建立社会主义市场经济体制的理论来源。

《列宁论新经济政策》可称为列宁后期重要论著的上篇。正如编译者在该书说明中介绍的："本书收载的是列宁 1921 年 3 月至 1922 年 11 月论述苏维埃俄国新经济政策的主要文章和报告。这些著作充分反映了列宁探索适合俄国具体情况的社会主义建设道路的曲折过程和列宁对科学社会主义学说的重大理论贡献。"①

全书收录关于新经济政策的列宁重要论著 13 篇：

1. 关于以实物税代替余粮收集制的报告　在俄共（布）第十次代表大会上的报告（1921 年 3 月 15 日）；

2. 论粮食税（新政策的意义及其条件）（1921 年 4 月 21 日）；

3. 《关于实行新经济政策的提纲草案》和列宁的修改意见（1921 年 7 月 21 日）；

4. 十月革命四周年（1921 年 10 月 14 日）；

5. 新经济政策和政治教育委员会的任务在全俄政治教育委员会第二次代表大会上的报告（1921 年 10 月 17 日）；

6. 在莫斯科省第七次党代表会议上关于新经济政策的报告

① 《列宁论新经济政策》，北京：人民出版社，1992 年，第 1 页。

(1921年10月29日)；

7.《在莫斯科省第七次党代表会议上关于新经济政策的报告》提纲（1921年10月29日以前）；

8. 论黄金在目前和在社会主义完全胜利后的作用（1921年11月5日）；

9. 关于工会在新经济政策条件下的作用和任务的提纲草案（1921年12月30日—1922年1月4日）；

10. 关于司法人民委员部在新经济政策条件下的任务　给德·伊·库尔斯基的信（1922年2月20日）；

11. 俄共（布）中央委员会政治报告　在俄共（布）第十一次代表大会上的报告（1922年3月27日）；

12. 俄国革命的五年和世界革命的前途　在共产国际第四次代表大会上的报告（1922年11月13日）；

13. 在莫斯科苏维埃全会上的讲话（1922年11月20日）。

杨祝华等编译者简要阐明了编译这本论著的重大意义：

（1）列宁在探寻落后国家建设社会主义经济的道路的过程中所提出和谋求解决的问题，仍然是当今时代社会主义改革所遇到的问题。

（2）列宁从俄国国情出发的求实作风，大胆探索的开拓精神，重视实践精神和勇于修正错误的科学态度，丰富和发展科学社会主义理论的创造精神，仍然是我们今天探寻改革道路的方法论原则。

（3）列宁提出的新经济政策的理论和基本原则，对我们思考和解答在建设有中国特色的社会主义的道路上遇到的理论问题和实践问题具有启迪和指导意义。过去在国内外都存在对列宁的新经济政策理论做简单化理解乃至错误解释的情况。现在，重新学习和认真研究列宁有关新经济政策的著作，完整准确地理解新经济政策的真谛，深入发掘列宁的社会主义建设构想，是非常有现实意义的。

同年编译出版的《列宁最后的书信和文章》，可称为列宁后期重要论著的下篇，也可称为列宁重要论著的终篇。本书收藏的3封书信和5篇文章，是列宁一生中的最后著作。

本书是列宁在1922年12月至1923年3月病重期间通过口授留下来的一系列重要文献。1922年12月，列宁的健康状况日益恶化，右臂和右腿不能活动。他清楚地意识到病情危险，因而决定口授一系列札记，把他认为“最重要”的想法写出来。

《列宁最后的书信和文章》，在1992年重新编译出版，有何重大意义呢？

列宁社会主义理论在十月革命后的七年之中，走过了“之”字形曲折发展道路，在最后著作中得到了理论升华，形成了“建设社会主义道路的列宁构想”。这个列宁构想，尽管只是粗线条的、雏形状态的，却包含着相互支撑的三大理论支点：国家调节下的新型市场经济——党领导的新型民主法治——马克思主义指导的新型精神文明建设。其中每一个方面，又包含着一系列基本原则，包含着丰富深刻的理论底蕴。也可以说，列宁后期不仅提出了新经济政策，还在最后构想中补充了应当与此配套实行的“新政治政策”和“新文化政策”。列宁新经济政策时期的最后构想，从一定意义上可以说，就是萌芽之中、初具雏形、独具特色的建设社会主义道路的“列宁模式”，它既不同于马克思主义创始人的理论社会主义的一般设想，也从根本上有别于后来形成的过于集中的苏联模式。列宁在这里提出的问题、解决的问题和遗留的问题，对于当代社会主义改革，都有重大的方法论上的启迪意义。从探寻社会主义建设道路的基本观念、基本思路上看，列宁的最后构想乃是当代社会主义改革的历史源头和理论渊源。

列宁后期实行的新经济政策，是社会主义历史上的第一次重大经济改革，是打破国家垄断制集权体制雏形的第一次尝试。列宁最后构想，是进一步改革政治制度的总体规划，是社会主义历史上最早出现的全盘改革计划。这是列宁全部思想发展的制高点，把它作为我们的思想出发点、生长点，有助于创造改革开放时期的新观念、新思维。

中国改革的实践，呼唤着改革的总体规划，呼唤着强化改革的系统性思维，呼唤着具有现代水平的整体改革论。改革的最大困难，也许并不在于障碍机制的强大，保守势力的顽固，文化背景的落后，而在于改革者自身的盲目性，背着僵化观念的历史包袱，看不清改革之路上的难点所在，难以形成富于想象而又符合实际的总体构想。

要制定改革的整体构想，创造改革的系统理论，必须借助于马克思主义历史长河中的思想遗产，尤其是列宁后期的新经济政策思想和最后总体构想。正是在这里，在社会主义的历史画卷中，形成了“经济—政治—文化”全盘改革的第一个伟大构想，在列宁的天才头脑中进行了社会主义全面改革的第一次“思想实验”。

与列宁晚年两部文集出版相呼应，更与1992年邓小平南方谈话、十四大、中国开创社会主义市场经济新型体制相呼应的是，在此前后中国学术思想界先后推出一系列研究列宁晚年理论创新的学术专著。如杨承训、余大章著《新经济政策理论体系——论列宁对社会主义经济的再认识》，河南人民出版社1985年版；商德文、王志伟、宋新柳编《列宁的新经济政策学说》，经济科学出版社1987年版；志华著《历史的启示——苏联新经济政策时期农村经济（1921—1930）》，华夏出版社1988年版；王东著《改革之路的真正源头》，北京大学出版社1990年版；沈志华著《新经济政策与苏联农业社会化道路》，中国社会科学出版社1994年版；俞良早著《列宁后期思想探要》，湖北人民出版社1995年版；高继文著《新经济政策理论研究》，中国人民公安大学出版社2000年版。

在列宁新经济政策道路和最后构想中，我们可以找到今天社会主义改革之路的历史渊源和思想源头；而在当代社会主义和中国改革实践中，我们可以看到列宁后期构想在当代现实生活中新的发展、新的创造。深入开掘这个思想源头，创造性地发展列宁后期思想，会使我们在深化改革的道路上前进得更自觉，更大胆，更稳健，更富于开拓探索精神。

第三十章　积极借鉴历史考证版第二版的国际新成果

——21 世纪马恩著作出版新走向

20 世纪 90 年代和 21 世纪头 10 年，马克思恩格斯著作中文版翻译出版工作遇到的一个新问题：随着 1991 年前后东欧剧变、苏联解体，马克思、恩格斯著作在国际上的主流版本，迅速由俄文版，转向历史考证版第二版（简称 MEGA2），特别是 1992 年以后陆续推出的历史考证版第二版新版本、新成果。

第一节　《马克思恩格斯全集》历史考证版第二版的国际新动向、新走势

《马克思恩格斯全集》历史考证版第二版，从 1975 年开始出版，进而在 20 世纪 90 年代初确立了“学术化、非意识形态化、国际化”的新编辑方针，逐渐上升为国际范围内的主导版本。这个版本由于使用马克思、恩格斯写作时使用的文字出版，因而又被称作“原文版”，或叫作供研究使用的“历史考证版”。

历史考证版编辑部十分注意新资料的搜集工作，并准备以最新的科技手段来处理、保存资料和编辑、出版全集。另外由于许多原始手稿是用极小的草体书写的，很难辨认，无法用电脑识别，只好由人工辨认，所以进度很慢。阿姆斯特丹国际马克思恩格斯基金会出版了专门的定期期刊《MEGA 研究》。出版工作中遇到的争议性

问题和其他相关的重大问题都可以在这一刊物上进行讨论，编辑出版的思路往往是在一定的研究基础上形成的，显示了出版工作的科学性和学术性。

第一，从整体内容方面来看，历史考证版第二版包含了马克思和恩格斯的所有文稿，即不同发展阶段的文稿、全部通信以及他们在阅读过的书页上所作的摘要、笔记、批注等。

第二，从文字语言方面来看，历史考证版第二版展现的是原始语言，即马克思和恩格斯本人在创作时使用的语言，有德语、英语、法语等。而且语法也是当时的语法，有些可能并不规范，甚至现在看来存在语法错误，这些都是按照原始样式加以展现的。

第三，历史考证版第二版忠实地展现文稿原始的发展进程，这些发展进程是用现代方法编排和体现的。例如创作过程中的第一稿、第二稿等，以及修改的过程和痕迹，包括作者自己已经涂改掉的部分。这些部分在使用现代技术充分辨认后，都基本上按照其自然发展步骤再现出来。这种编辑方法力争将马克思和恩格斯本人的创作思路发展进程向世人展现。

第四，历史考证版第二版在文稿前面只是加以必要的、客观的说明和解释，力争避免带有主观的和意识形态色彩的评注。

历史考证版第二版共分为四个部分，每一卷均分为正文和参考资料两本。四个部分分别是著作、《资本论》及手稿、书信和笔记。

第二节　《马克思恩格斯全集》中文第二版的新探索、新进展

1986年7月，中共中央书记处正式决定由中共中央编译局编译《马克思恩格斯全集》中文第二版，以更好宣传、普及马克思主义思想。中央编译局通过对国外各种版本的仔细比较，以《马克思恩格斯全集》历史考证版第二版为底本，并参考英文、俄文等其他版

本，制定了编辑基本原则，提出了具体计划。第二版主要是供理论研究、教学、宣传工作者使用的版本。它收录所有对研究马克思、恩格斯的思想有价值的文献，估计会有近 70 卷。

中央编译局编辑、翻译、校订的《马克思恩格斯全集》第二版分四部分。第一部分包括马克思、恩格斯生前所有公开发表过的著作以及手稿、草稿、提纲等（《资本论》及其手稿除外），共 29 卷。

这部分除了马克思和恩格斯的著作外，还在附录中收录在他们帮助下或经他们修改过的由别人撰写的文章和其他资料。这类著作的数量远远多于中文第一版。尽管它们并非都出自马克思和恩格斯之手，但有助于了解他们的一些思想。附录还收录与马克思和恩格斯生平有关的文献。所有著作都按照原著文字重新进行校订，凡是马克思、恩格斯的著作在生前有多种版本的，以他们审阅过的最后版本为准，不同版本中有重大出入的地方，在脚注中加以标明。

图 30-1　《马克思恩格斯全集》中文第二版的第一部分第 1 至 29 卷（部分）

第二部分包括《资本论》及其直接有关的著作和准备材料。这里收入 1857—1858 年、1861—1863 年以及 1863 年以后的各种经济学手稿、《资本论》3 卷。其中《资本论》第 1 卷除收录恩格斯生前最后负责审定并于 1890 年出版的、世界各国通用的德文第四版外，还收入德文第一版和法文版。这是由于马克思在 19 世纪 70 年代出版这两个版本时，对第一版不论在编排上还是在文字上都做了很大修改，它们对于研究马克思的《资本论》本身及其经济思想的发展，具有很大的价值。这部分预计 17 卷，为第 30 至 46 卷。

第三部分收录马克思和恩格斯的全部书信，为第 47 至 59 卷。

图 30-2 《马克思恩格斯全集》中文第二版的第 30 至 46 卷，为《资本论》及其手稿（部分）

第四部分是马克思主义创始人的笔记。这部分数量很大，包括哲学、经济学、历史、政治、自然科学等各个方面。从体例上看，可分为两类，一类是他们写的札记，如马克思写的《反思》，或在阅读某一著作时一边摘录一边做了批注的部分，如马克思的《巴枯宁〈国家制度和无政府状态〉一书摘要》；另一类是对某一著作大段大段的摘录，偶尔加上自己的批注；此外还有在某个著作上做的记号和个别批注。中文第二版原则上只收入第一类笔记部分。这部分如何编，是按时间编排，或按内容分类编排，卷次多少尚待确定。笔记部分从第 60 卷开始，估计会有 10 来卷，全集总数近 70 卷。

在编辑方面，新版《马克思恩格斯全集》也做了调整，第一、二、三部分基本上按照著作的写作时间编排，纠正了第一版分为正卷和补卷的做法，把两部分文献统一起来，努力做出科学编排。扬弃了俄文第二版、中文第一版把马克思、恩格斯文献截然划分为“早期不成熟阶段”与后来的“成熟阶段”的简单化方针，借鉴历史考证版第二版的编排方针，注重历史地、真实地再现他们的创作过程、发展过程、变化过程，注重再现“马克思文本创作 50 年（1833—1883）”、“恩格斯文本创作 62 年（1833—1895）”的历史过程。在创作过程中、并不成熟的手稿与公开发表、加工成熟的论著并重，手稿的发表占据了重要的一席之地，如 19 世纪 40 年代马克思哲学创新的三大手稿，即 1843 年《黑格尔法哲学批判》手稿、《1844 年经济学哲学手稿》、《德意志意识形态》手稿等，都成了重中之重。

《马克思恩格斯全集》第二版的资料部分比第一版有很大改进。

首先每卷都有前言，介绍本卷收录的著作的写作背景，即有关的历史时期、当时的国际形势、某些国家的内部情况、工人运动的状况、马克思和恩格斯的各方面活动以及重要文章的内容和主要论点。注释与第一版相比，范围扩大了，数量增加了，而且资料更翔实，内容更充实。

图 30-3　《马克思恩格斯全集》中文第二版相当重视马克思早期三大手稿

其中，介绍手稿文本历史源流、版本演化的题注，中文第一版只有三五百字，比较简略；而第二版则增为两千字长注，比较具体地介绍了手稿的保存原貌、具体写作过程、主要版本等。中文第二版还特别介绍了1982年历史考证版第二版著作部分第2卷采用了两种编排方法：一种是严格按照写作时间、写作顺序来编排的；另一种则是试图按照马克思计划方案、逻辑结构来编排的。中文第二版采取了第二种编排方式。但在历史考证版第二版的参考资料卷中，对写作过程的许多具体考证，中文第二版则大都省略了。

此外，中文第二版主要是在第一版的基础上做好4种主要索引：人名索引、文学作品与神话中的人物索引、文献索引、报刊索引。人名索引都经过逐条审定，对人物的评价尽量做到客观、恰当。每卷都加上文献索引、报刊索引，有的卷次附有的名目索引也都经过重新修订和补充。

图 30-4　《马克思恩格斯全集》中文第二版书影

《马克思恩格斯全集》中文第二版自20世纪80年代

代始至2019年底，共出30卷，接近一半。

《马克思恩格斯全集》第二版与《列宁全集》第二版的重新编译出版，具有十分重要的理论和政治意义，它标志着我国改革开放新时期马列著作翻译出版工作新的迈进、质的飞跃。

第三节　1845年马克思《关于费尔巴哈的提纲》

——更靠近历史考证版的新版本

《关于费尔巴哈的提纲》是大家较为熟悉的马克思的文本，这篇幅短小的“千字文”，初看起来好像是那么通俗易懂、简明扼要，无须探究；然而如果把它放到“理论思维的显微镜”下，就会发现许许多多问题有待研究，有待澄清，这都和版本学密切相关。

首先是需要原原本本地弄清马克思文本，尤其是哲学文本的来历。

这个提纲，马克思生前并没有发表，直至1888年恩格斯《费尔巴哈论》出单行本时，才把它作为附录，第一次公开发表出来。发表时基本保持了马克思文本原貌，但在个别文字上恩格斯做了一点修改。标题由原来的《关于费尔巴哈》，改为《马克思论费尔巴哈》。后来苏共中央马列主义研究院根据恩格斯在《费尔巴哈论》1888年单行本序言中讲到提纲时的提法“十一条关于费尔巴哈的提纲”，将标题改为《关于费尔巴哈的提纲》。20世纪后期在历史考证版第二版中，马克思笔记本上的原始文本也公开问世，“马克思原始文本——恩格斯修订文本”，这两种版本微妙差异的比较研究，也随之成为一个需要做出解析的学术问题。

第四节　《德意志意识形态》第一章的编排问题

《德意志意识形态》在马克思主义哲学，尤其是唯物史观形成过程中具有标志性作用。但对其最重要的第一章的结构，却先后形成十来种不同的编排方案，分别为：

1. 1926 年梁赞诺夫版。此版的编辑方针倾向于“保存原貌，原汁原味”。按三大层次、六个部分发表，共有十来个片段之多。

2. 1932 年阿多拉茨基版。此版的编辑方针基本上倾向于“彻底打乱，逻辑重组”，强调要加强逻辑加工，使这一章文稿更像一部完整著作，一个完整体系。分三大部分、七个层次。此版影响很大，《马克思恩格斯全集》俄文第二版、《马克思恩格斯全集》中文第一版、《马克思恩格斯选集》中文第一版都是照此编排的。

3. 1932 年朗兹胡特、迈耶尔版。此版与梁赞诺夫版接近，与阿多拉茨基版相距甚远。

4. 1966 年巴加图利亚版。此版的基本方针是“纠正过度加工，恢复手稿原貌”，此次编排也有三个新变化。把原有五份手稿分成四大部分，共 27 小节。

5. 1966 年新德文版。此版总体上采用巴加图利亚版编排新成果、新结构，但也有两点新的改变。

6. 1972 年历史考证版第二版试编本版。此版编排总体上与 1966 年俄文版大同小异，但也有一个重要的变化：按照手稿写作过程与保存原貌，肯定手稿由七个部分组成，或叫七个手稿。

7. 1974 年广松涉版。他将自己的编辑方针概括为“将手稿中每页的状态以及手稿的内在构成能在直观上一目了然地体现出来的编辑方针”。

8. 1996 年、1998 年韩国郑文吉、日本涩谷正、日本小林召人等版本。涩谷正认为，广松涉并未独自调查，而是综合以往版本信息，所以像其他版本一样，很难说将手稿复原；而他力求再现手稿原始风貌，甚至细到包括批注符号在手稿中原来的高度等。小林召人继承广松涉、借鉴涩谷正研究成果，对广松涉的编排，做了较大调整。

9. 中国学者侯才版。他提出重建第一章结构的三原则——依据内在逻辑线索、从抽象上升到具体的辩证法叙述方式、“新唯物主义”基本思路，由此把原有内容概括为22个要点或小段，主张按10节重建第一章结构。

10. 陶伯特等人为历史考证版第二版提出的有关编辑框架大纲版。她认为过去各种版本的编辑者都力图把此章作为一部完整著作或手稿来看待，这就意味着要去完成马克思、恩格斯所没有完成的东西，由于缺少足够的线索和根据，结果只能是改编者的主观随意结构。她提出一种全新的编辑方针，把流传下来的独立成篇的文稿收录进来，并编成独立成篇的著作；流传下来的刊印稿则照原样收录。

早在1938年，我国就已有郭沫若的译本，但只译了其中的一章：《唯物主义观点和唯心主义观点的对立》。新中国成立后，广大干部迫切希望读到该书的全译本。中央编译局刚成立的头几年，由于抽不出适当力量，直到1957年下半年，该书的翻译才被提上日程。后来，中央编译局决定集中力量翻译《列宁全集》，向国庆十周年献礼，《德意志意识形态》的译校工作只好暂时搁下。直到1959年下半年这项工作又恢复，到1960年年底，这部50多万字的巨著终于面世。这部著作当时是根据俄文、参考德文翻译的。

在翻译的过程中，不仅中央编译局内部的同志花费了大量心血，外部的不少专家学者也都付出了努力，有的校阅过部分译文，有的对译文提过意见，有的帮助解决过疑难问题，这是集体劳动的成果，集体智慧的结晶。在翻译时，虽然没有把郭沫若译的第一章作为基础，但遇到难以处理的地方时，也参考他的译文并从中得到启发。例如，这本著作的译名就很难。马克思、恩格斯在这里使用的 Die Deutsche Ideologie 有其特殊的含义，是指当时德国出现的一种反映小资产阶级幻想的特殊思潮，他们用精神领域里的批判来代替推翻现存制度的斗争。经过讨论，中央编译局采用了郭沫若的译法，就是“德意志意识形态”。《德意志意识形态》的文字艰深、内容广博，其中的《圣麦克斯》一章特别难译。在这一部分，马克思、恩格斯按照施蒂纳的《唯一者及其所有物》一书的结构和思想脉络，对施蒂纳进行批判。施蒂纳的这本书文字晦涩、思想怪诞，读起来十分费劲。中央编译局在完成初定稿后，求助于北京大学哲学系，得到了他们的热情支持与帮助。熊伟和芮沐根据德文把这一部分译稿校阅了一遍，郑昕、宗白华和洪谦也对译稿提了意见。熊伟花了不少时间研读德文版的《唯一者及其所有物》，把马克思、恩格斯在批判中引用的施蒂纳的大量言论同施蒂纳的原著进行核对，根据上下文的意思修改译文，译文经熊伟加工润色，更符合原意、更传神了。他还纠正了俄译文中的一些错误。例如，施蒂纳说：“刚才发现我即精神的这个我，立即又丧失了我，因为我向完善的精神，即不是我自有的而是彼岸的精神屈膝，并感到自己的空虚。”在俄译本中将“不是我自有的而是彼岸的精神”译成“不是我自有的而是彼岸的我”，这就很难理解了。芮沐着重校阅了与法学理论有关的部分，施蒂纳在谈国家和法的问题时，用德文 Recht 一词的多义性搞诡辩和文字游戏。时而在“法”的意义上使用这个词，时而在“权利”意义上使用这个词，时而两个含义并用。可是汉语中没有一个既可作“法”理解又可作“权利”理解的词，因此给翻译造成很大的困难。芮沐在修改译稿时，凡能判明指“法”就译为“法”，凡能判明指“权利”就译“权利”，而两种含义兼而有之的地方译成“法”，括弧中写上“权利”，或译“权利”，括弧中写上“法”，这使得译文大大增色，质量明显提高。①

《德意志意识形态》的内容非常广博，知识不足也是翻译的一大障碍，老一辈的翻译者们就循着原著去探求他们所不熟悉的知识。比如，施蒂纳在《唯一者及其所有物》中引证了《圣经》中有

---

① 中共中央马克思恩格斯列宁斯大林著作编译局马恩室编：《马克思恩格斯著作在中国的传播》，北京：人民出版社，1983 年，第 197—198 页。

关精神统治的种种无稽之谈。马克思、恩格斯在批判时就把他的这部著作比作圣书，用了《旧约》、《新约》、《创世纪》、《启示录》、《所罗门之歌》等《圣经》标题来称呼该书的相应部分，引用《圣经》典故来讽刺挖苦施蒂纳。为了翻译，他们不得不去读《新旧约全书》。马克思、恩格斯还使用了大量的文学历史典故，在他们笔下施蒂纳时而以堂·吉诃德的面貌出现，时而以潘扎·桑乔的身份登场。他们还套用塞万提斯的笔法对施蒂纳进行冷嘲热讽。我国的翻译者们花了不少时间查阅各种文学典故，阅读《堂·吉诃德》这部小说。恩格斯在批判"真正的社会主义"时，把它的代表人物讽刺性地比作社会主义天空中的群星，用了各种星座的名称来称呼他们，翻译者们翻译时又不得不去熟悉天文学资料。他们就是凭着这样一股工作热情，加上科学精神，克服重重困难，抱着德语词典，一字字一句句地啃，保证了译文的质量。但是，由于《德意志意识形态》当年是参考俄译文翻译的，先天不足，有些地方俄译文出错，中译本也跟着出错，特别是在表达方式上与原著有不少出入。

1988年，中央编译局重新根据原民主德国按手稿重新编辑出版的德文单行本，编译出版了《德意志意识形态》的第一章《费尔巴哈》，但这仅仅是一小部分，全书仍需按原文重新校订。

《德意志意识形态》及其第一章的翻译出版研究工作，在21世纪初期也遇到一个新问题，这就是在历史考证版第二版编辑工作中专门负责这一块的德国专家陶贝特等人及其继任者，对于《德意志意识形态》作为一部书稿的存在形态，对其第一章《费尔巴哈》的存在形态，都持比较大的甚至是带根本性的保留态度，认为以往的处理方式夸大了其作为书稿和相对独立的章节的成熟性。这种观点在国际学术界引起了较大争论，我们也不能回避，有必要做出适当的积极回应。

第三十一章　马列著作在中国出版的新局面

2002年12月，胡锦涛带领新一届党中央领导集体，重访西柏坡，并发表了《坚持发扬艰苦奋斗的优良作风，努力实现全面建设小康社会的宏伟目标》的重要讲话。讲话一开头，就开门见山地突出强调了马克思主义的指导地位：

> 这次，我和中央书记处的几位同志一起到西柏坡来，主要目的是回顾我们党带领人民进行伟大革命斗争的历史，重温毛泽东同志在党的七届二中全会上的重要讲话，牢记毛泽东同志当年倡导的“两个务必”，首先从自身做起，并号召全党同志特别是领导干部，大力发扬艰苦奋斗的作风，为实现党的十六大确定的目标和任务开拓进取、团结奋斗。
>
> 刚刚闭幕的党的十六大，全面分析新世纪新阶段党和国家面临的新形势新任务，把“三个代表”重要思想同马克思列宁主义、毛泽东思想、邓小平理论一道确立为我们党必须长期坚持的指导思想。[①]

西柏坡之行，具有重要的象征意义，向全中国、全世界传递了一个重要信息：新世纪，中国共产党的新一代领导集体，将一方面特别强调自主创新、科学发展，另一方面也特别强调继承弘扬党的

---

① 中共中央文献研究室编：《十六大以来重要文献选编》（上），北京：中央文献出版社，2005年，第76页。

优秀传统，包括马克思主义的指导地位与理论基础作用。

因而在21世纪起点上，在中华人民共和国成立的第六个10年，马列著作出版事业走向新阶段，开创新局面，主要是出现了以下四个方面的新举措、新进展：

1. 实施马克思主义理论研究和建设工程，作为国家加强马克思主义理论建设的重大举措；

2. 推进马列著作编译、出版、传播的信息化、网络化，把多媒体等现代手段引入马列著作出版事业；

3. 在学术层面提出创建中国马克思学、列宁学，使马列著作出版史、版本学成为科学研究对象；

4. 系统出版《马克思主义文库》，为一批重要马列著作出版开辟新园地。

第一节　实施马克思主义理论研究和建设工程

——《马克思恩格斯文集》十卷本和《列宁专题文集》五卷本

2004年1月，党中央下发了《中共中央关于进一步繁荣发展哲学社会科学的意见》，提出了繁荣发展哲学社会科学的指导方针和目标，其中重要内容之一是决定在全国实施马克思主义理论研究和建设工程，这对于广大干部群众学习、研究马克思主义具有很大的推动作用，同时对马列著作翻译出版工作也具有很大的促进作用，甚至堪称改革开放新时期所采取的对马列著作出版史影响深远的一项战略举措。

在阐述“繁荣发展哲学社会科学的指导方针”时，文中旗帜鲜明、特别突出地强调了坚持马克思主义指导地位的重大意义：

> 繁荣发展哲学社会科学必须坚持马克思主义的指导地位。马克思主义揭示了人类社会历史发展的规律，是我们认识世界、改造世界的强大理论武器。坚持以马克思列宁主义、毛泽

东思想、邓小平理论和“三个代表”重要思想为指导，是我国哲学社会科学沿着正确方向发展的根本保证。要用马克思列宁主义、毛泽东思想、邓小平理论和“三个代表”重要思想统领哲学社会科学工作，善于把马克思主义的基本原理同中国具体实际相结合，把马克思主义的立场、观点和方法贯穿到哲学社会科学工作中，用发展着的马克思主义指导哲学社会科学。决不能搞指导思想多元化。①

而在阐明“实施马克思主义理论研究和建设工程”时，文中更为具体地指出了加强马列著作编译研究工作的极大迫切性：

加强马克思主义基本原理研究是繁荣发展哲学社会科学的一项极为重要的工作。要深入研究马克思主义发展史，深入研究马克思主义基本原理，深入研究马克思主义的立场、观点和方法，深入研究马克思主义与时俱进的理论品质，破除对马克思主义的教条式理解，澄清附加在马克思主义名下的错误观点。要立足新的实践，加强马克思、恩格斯、列宁经典著作的编译和研究工作，准确阐述经典著作中的基本观点。引导人们用科学的态度对待马克思主义，用发展着的马克思主义指导新的实践。②

实施马克思主义理论研究和建设工程的一项重要任务，是对马克思主义主要著作基本观点进行全面、系统、深入的研究。中央编译局、中央党校、教育部、中国社会科学院、北京大学、中国人民大学等单位的专家学者共计近200人，承担了这项任务。

北京大学当年曾是马克思主义在中国传播的发源地，在新世纪起点上，在马克思主义著作的研究方面，这里依然起着开风气之先

① 中共中央文献研究室编：《十六大以来重要文献选编》（上），北京：中央文献出版社，2005年，第686页。

② 中共中央文献研究室编：《十六大以来重要文献选编》（上），北京：中央文献出版社，2005年，第689—690页。

的作用。1993 年，北京大学创立了马克思主义学院，2000 年又创立了北京大学马克思主义文献研究中心，专门加强对马列著作的翻译、出版、研究工作。

2005 年 12 月 25 日，经党中央批准，中国社会科学院在原马列主义毛泽东思想研究所的基础上，扩大组建了马克思主义研究院。新组建的马克思主义研究院人员多、规模大，研究领域更加广泛。该院专门成立了马列主义原理研究部，下设马克思恩格斯思想研究室和列宁主义研究室，深入研究马列原著是该部的重要任务之一。

实施马克思主义理论研究和建设工程当然不能缺少对马列原著译文的审核和修订任务。其中的一个重点项目，就是重新审核和修订马克思、恩格斯、列宁重点著作的译文，编成十卷本《马克思恩格斯文集》和五卷本《列宁专题文集》，为深入学习和研究马克思主义理论，提供选材更精当、译文更准确、资料更翔实的基础文本。

2004 年 4 月，上述两部文集作为中央理论工程的重点项目正式启动。中央编译局积极落实、周密部署两部文集的编译工作，在中央编译局马克思主义经典作家重点著作译文审核和修订课题组下分别成立《马克思恩格斯文集》编审委员会和《列宁专题文集》编审委员会。马列部动员组织整个部门的力量，同时返聘多位老专家负责有关卷次的工作。课题组和编委会的同志时刻铭记党中央的嘱托，在中共中央宣传部的大力支持下，以高度的政治责任感和历史使命感，全力以赴投入这项重要工程，精心选材，精心审核修订译文，精心编写题注和各种资料，确保文集的准确性和权威性。

从 2004 年启动，经过 5 年努力，《马克思恩格斯文集》十卷本和《列宁专题文集》五卷本终于在 2009 年年底开始正式出版。

《马克思恩格斯文集》十卷本，正文约 580 万字，各种资料约 190 万字，总字数约 770 万。

《马克思恩格斯文集》十卷本，具有十分鲜明的四个特点：

一是选文精审，内容完整，既全面反映经典作家的思想体系，又充分体现马克思主义与时俱进的理论品格。文集精选了马克思和恩格斯在各个时期的代表性著作，内容涵盖马克思主义哲学、政治经济学和科学社会主义，同时还包含马克思主义创始人在政治、法学、史学、教育、新闻、科技、文艺、军事、民族、宗教等方面的重要论述。

图 31-1　《马克思恩格斯文集》十卷本

二是体例新颖，结构严谨，既反映经典作家理论创造的历程，又突出重点著作的地位。文集首次采用按年代编排与重要专著单独设卷相结合的编辑方法。第一卷为马克思主义形成时期的著作；第二卷为欧洲 1848 年革命前后时期的著作；第三卷为第一国际成立至马克思逝世前的著作；第四卷为恩格斯在马克思逝世后所写的著作；第五、六、七卷为《资本论》；第八卷为《〈资本论〉手稿选编》；第九卷为恩格斯的《反杜林论》和《自然辩证法》；第十卷为书信专卷。这种新的编排方法，既体现了马克思主义基本理论形成发展的历史进程，同时又突出了《资本论》、《反杜林论》等著作在马克思主义科学体系中的重要地位。

三是精心修订译文，认真统一译名，既保证理论上的准确性，又增强表述上的可读性。文集选择最权威、最可靠的外文版本作为审订依据，吸收国内外最新研究成果，采纳理论界的合理意见，对收入文集的全部译文逐字逐句严格审订，努力使译文做到忠实确切而又明白晓畅。

四是各类资料详备，贴近读者需要，既为学习研究原著提供必要的辅助材料，又对把握理论精髓起到引导作用。文集各卷均附有注释以及人名、文献和名目等各种索引，最后一卷还附有马克思恩格斯年表。所有的注释和索引都根据国内外最新研究成果进行修订，努力做到考证严谨、内容翔实。编审委员会还重新编写了全部著作的题注，简明扼要地概述各篇著作的主要观点，帮助读者领会这些著作的理论要义。同时，在对各篇文献写作出版情况的说明中，增加了对重点著作中译本的介绍，以便读者了解和研究这些著作在中国传播的情况。①

《列宁专题文集》五卷本，正文约 120 万字，各种资料约 30 万字，总字数约 150 万。同以前出版的列宁著作相比，这部文集的编译工作具有更加鲜明的时代特色、实践品格和创新意识。

图 31-2　《列宁专题文集》五卷本

《列宁专题文集》有以下三个显著特色：

一是主题突出，现实针对性强。文集分专题编为五卷，即《论马克思主义》《论辩证唯物主义和历史唯物主义》《论资本主义》《论社会主义》《论无产阶级政党》。这些专题紧紧扣住什么是马克思主义，怎样科学地对待马克思主义；什么是资本主义，怎样正确认识资本主义；什么是社会主义，怎样建设社会主义；建设一个什么样的无产阶级政党，如何加强无产阶级政党建设，以及怎样理解和把握马克思主义的世界观和方法论等中国特色社会主义理论发展中的重大理论和现实问题，把系统反映列宁主义的科学内涵与密切联系新时期理论武装工作的需要有机统一起来。五个专题基本上体现了列宁主

① 俞可平主编：《马列经典在中国六十年》，北京：中央编译出版社，2010 年，第 15 页。

义的基本内容、主要特征以及列宁对发展马克思主义的巨大贡献。

图 31-3　《列宁专题文集》之一：《论马克思主义》

图 31-4　《列宁专题文集》之二：《论辩证唯物主义和历史唯物主义》

图 31-5　《列宁专题文集》之三：《论资本主义》

图 31-6　《列宁专题文集》之四：《论社会主义》

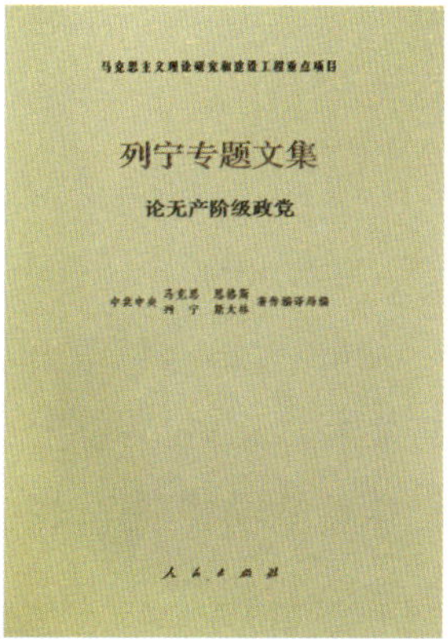

图 31-7　《列宁专题文集》之五：《论无产阶级政党》

二是体例新颖，收文精当。文集采用文章选编和重要论述摘编相结合的形式，从 60 卷《列宁全集》中精选 115 篇最具代表性的著作（包括整篇和节选），同时从其他著作中摘选 127 条与专题有关的重要论述，编成《重要论述摘编》，作为对所收文献的补充。这种新的编辑体例有利于反映列宁重要理论思想的完整性和系统性，同时又体现了收文“少而精”的原则。

三是资料更充实，题注有创新。为了帮助读者掌握各篇著作的理论主旨，文集各卷除附有详细的注释和人物小传外，每篇文章还有一个导读性的题注，对文中同本专题有关的要点做出提纲挈领、简明扼要的介绍。

《马克思恩格斯文集》十卷本和《列宁专题文集》五卷的编译出版工作，受到党中央领导集体的高度关注与持续支持。两部文集的出版是党的思想理论建设的一件大事，标志着马克思主义理论研究和建设工程取得突破性成果，引起广泛社会反响，得到充分肯定和高度评价。

第二节　马列著作编译的网络化、信息化

2004 年，《中共中央关于进一步繁荣发展哲学社会科学的意见》提出要注意在互联网上传播马克思主义著作与思想，加强对互联网上哲学社会科学网络和论坛的引导和管理，使其健康发展。

2007 年，党的十七大政治报告，在讲到“文化创新”任务时，更进一步明确提出：运用高新技术创新文化生产方式，培育新的文化业态，加快构建传输快捷、覆盖广泛的文化传播体系。

随着社会进步和科技发展，电脑和网络的普及程度越来越高，学习、宣传和研究马克思主义的方式也不断改进。人类正在进入数字化、网络化时代。我国思想理论界开始应用电脑、网络、电视、光盘等现代科技手段来研究和传播马克思主义。

1998 年，中央编译局首次与中央电视台联合创作了电视文献专题片《共产党宣言》。目前，中央编译局、中央党校和中国社科院及全国许多单位先后建立了马克思主义研究网站，许多网站都设立了马列经典著作数据库。在马克思主义传播史上，这是一个创举，具有重大意义。高科技成果给人类带来福音，也为传播马克思主义

提供了便利。中央编译局编译出版《马克思恩格斯全集》是为了更好地学习、研究和发展马克思主义，为了更快更好地实现这个目的，他们考虑在出版中文第二版同时配套出版电子版光盘，并且在互联网上建立相关数据库，为读者提供文献资料和检索服务。这将对我国实施马克思主义理论研究和建设工程，对推进当代中国马克思主义大众化、通俗化工程起到重要作用。

中央编译局正在建设一个全国性的马克思主义理论网站，这是一个包括多语种的马克思主义文献数字化资源库，主要有马克思主义经典文献库、中国化马克思主义文献库，以及国内外马克思主义理论研究文献资料库。将信息技术和网络技术应用到马克思主义理论研究，必将使研究手段更大改进、研究效率更大提高，更好地推进马克思列宁主义学习、研究和发展，这在马克思主义传播史上具有重大意义。

如今马克思主义公共课的教学也开始使用多媒体，改变了传统的教学模式，使思想理论教育与现代科学技术教育相融合，借助多媒体教学的直观性、形象性、丰富性等特点，加大了课堂信息量，激发青年学生的学习兴趣，提高了上课效率。

第三节　创建中国马克思学、列宁学

改革开放头30年，马列著作的研究，主要是先后迈出了两大步：

第一步，是在改革开放起点上，提出创建中国的马克思主义哲学史科学，使马克思主义经典著作成了历史著作与研究对象，显著标志是1979年北京大学黄枬森、中国人民大学庄福龄等专家学者创立了马克思主义哲学史学会，1981年出版了由中山大学哲学系与中国人民大学马列主义发展史研究所主编的《马克思主义哲学史稿》。

第二步，是在新世纪起点上，提出创建中国马克思学，马克思主义著作出版史与版本学比较进而成了科学研究对象，显著标志是2006年北京大学王东教授发表《马克思学新奠基——马克思哲学新解读的方法论导言》一书，以及2007年由北京大学、中央编译局、中国人民大学、清华大学、中国社会科学院等单位的王东、杨金海、安启念、鲁克俭、聂锦芳、魏小萍、韩立新等人创立的马克思学论坛。

《马克思学新奠基——马克思哲学新解读的方法论导言》一书是北京大学哲学系教授、博士生导师王东的著作，是他独立研究马克思原著40年、在北大讲授马克思主义哲学20年的集大成之作，也是一部精心之作与创新之作。思想主旨是强调，必须大大加强对马克思本人文本、思想与哲学的系统深入研究，实现马克思哲学解读模式的重大创新，并且开创中国特色马克思学，才能为21世纪马克思主义哲学创新、理论创新，重新开掘与奠定坚实可靠的文献学基础和理论研究基础。

2008年，为纪念列宁《唯物主义和经验批判主义》出版100周年，北京大学王东等人还举办了首届中国列宁学论坛。

第四节　《马克思列宁主义文库》的出版

自《马克思恩格斯全集》、《列宁全集》、《马克思恩格斯选集》、《列宁选集》问世以来，广大读者迫切需要出版马列著作的单行本。为此，中央编译局编译，人民出版社出版了《马克思列宁主义文库》，选收马克思列宁主义经典作家的主要著作，以单行本的形式陆续出版。

这些著作凡可独立成书者，则一文一书。有些重要文章和书信则按专题编成文集。有些著作还设有附录，收编作者本人的有关论著和与本书直接有关的材料。在每本书的正文之后，都附有注释和人名索引，有些著作还附有名目索引。其译文和资料均以新版全集、选集为准。有些著作尚无新版的，则按照新版要求重新校订译文，编写资料。其中已经出版的列举部分如下：

1. 马克思《1844年经济学哲学手稿》，2000年第3版；

2. 马克思《路易·波拿巴的雾月十八日》，2001年第3版；

3. 恩格斯《恩格斯论宗教》，2001年第1版；

4. 马克思、恩格斯《德意志意识形态（节选本）》，2003年第1版；

5. 列宁《帝国主义是资本主义的最高阶段》，人民出版社2001年第3版；

6. 列宁《国家与革命》，2001年第3版；

7. 《列宁论新经济政策》，2001年第3版；

8. 列宁《列宁最后的书信和文章》，2001年第1版。

这套文库的出版，有力地推动了全国马克思主义的学习和研究，有助于广大干部群众用马克思主义的立场、观点和方法，研究解决改革开放与社会主义现代化建设中的新问题，促进我国社会主义物质文明和精神文明的建设。

第三十二章　马克思晚年笔记、列宁六大笔记的出版

第一节　数量庞大的马克思读书笔记

马克思文本，有一个特殊系列，就是读书笔记、札记、摘录。鲜有人像马克思这样，把记读书笔记的习惯贯穿到自己的一生，写了如此大量、如此系统的读书笔记，涉猎方面、研究对象又如此广博、如此深入。因此，这方面文本的数量巨大，意义重大。

马克思留下的笔记本虽有 220 本之多，但其中《资本论》手稿应属于手稿系列，而不应算在读书笔记系列中。因此，马克思读书笔记系列文献，大约是 30 组、一百六七十个笔记本，译成汉字可能近 1000 万字之多。

在马克思一生 30 组笔记中，前期的笔记约 8 组，晚年为写《资本论》续篇而做的笔记主要是 4 组，剩下的近 20 组笔记，几乎都是围绕《资本论》创作而写的，主旨都是剩余价值学说的理论创新，以及以此为主题的一系列理论创新。

历史考证版第二版原来计划将以马克思为主的读书笔记部分分 40 卷出版，后来调整压缩为 32 卷。计划中除了专门写的札记外，还要出马克思、恩格斯（以马克思为主）在自己家中藏书上所做的读书笔记、批注、符号等，也有 30 卷之多。但 1995 年以后，调整

压缩为1卷，绝大部分难以在这一版中刊出。

第二节　马克思晚年的四组笔记

马克思的晚年笔记，其中最主要有四组笔记、札记，苏联马克思学界称之为“古代社会笔记”，西方马克思学界称之为“民族学”或“人类学”笔记；其实，它们都是围绕着“世界史观”这个大主题展开的，可以说是为写出《资本论》续篇而做的四组准备材料，蕴含着马克思晚年试图做出的四大理论创新，今天看来意义特别重大。

第一组笔记，以摩尔根《古代社会》一书摘要为核心笔记，蕴含着从唯物史观、历史哲学高度，创立国家与文明起源论的重大理论创新。

第二组笔记，关于前资本主义的国际关系体系形成发展的世界历史笔记，蕴含着近代国际关系体系与世界历史形成史论的重大理论创新。

第三组笔记，关于俄国村社制度、改革道路与东方社会发展道路的笔记，蕴含着从世界史观高度，重新探索俄国与东方等非欧国家走向社会主义独特发展道路的重大理论创新。

第四组笔记，从《哥达纲领批判》开始，包括对毛勒等人关于西欧发展道路论述的笔记，蕴含着从世界史观高度，重新探索西方社会发展道路与走向社会主义道路的重大理论创新。

1. 关于国家与文明起源的历史哲学笔记

以马克思《摩尔根〈古代社会〉一书摘要》为核心的这组笔记，收录了1879至1882年间马克思所写的5篇读书笔记：马·柯瓦列夫斯基《公社土地占有制，其解体的原因、进程和结果》（第1册，1879年莫斯科版）一书摘要；路易斯·亨·摩尔根《古代社会》一书摘要；约翰·菲尔爵士《印度和锡兰的雅利安人村社》

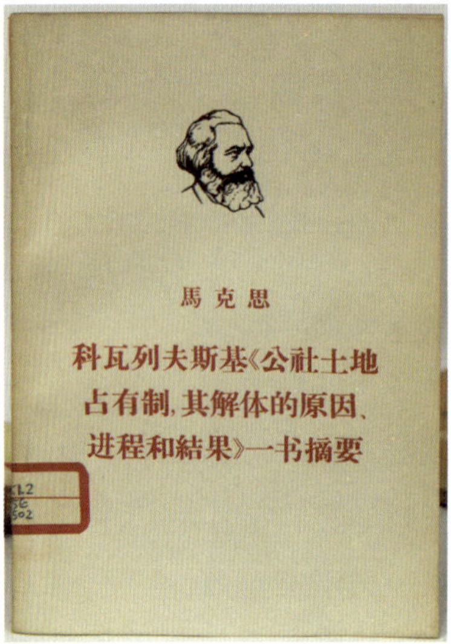

图 32-1　马克思晚年笔记之一

（1880 年版）一书摘要；亨利·萨姆纳·梅恩《古代法制史讲演录》（1875 年伦敦版）一书摘要；约·拉伯克《文明的起源和人的原始状态》（1870 年伦敦版）一书摘要。人民出版社以《马克思古代社会史笔记》为题，于 1996 年出版。在苏联、东欧学者那里，它曾被称为“古代社会史笔记”，远未得到应有重视；而在美国学者劳伦斯·克拉德、诺曼·莱文那里，倒是受到极大重视，被称为“人类学笔记”，或“民族学笔记”，他们认为马克思青年时代从哲学、人类学出发，中间搞《资本论》创作只是一段思想岔道，晚年向经验人类学复归，因而人类学才是马克思一生思想的主旨。

我们认为，晚年马克思不仅没有中断或放弃《资本论》写作，而且有从“四卷构想”向“六册构想”复归意向，“资本论—国家论—生产关系国际化—世界市场与世界历史”是其走向新综合的新轨迹。因而从《资本论》到《国家论》是其思想发展的必然逻辑，国家与文明起源问题、国家的本质问题，是其题中应有之义。因此此组笔记的思想主旨，应称作“国家与文明起源笔记”。

2. 关于前资本主义的世界历史笔记

中国人民大学出版社 2005 年出版的《卡尔马克思历史学笔记》，是马克思晚年写的一部历史学手稿，大概写于 19 世纪 70 年代末和 80 年代初，共有 4 个笔记，约合汉字 180 万字。马克思对世界史各种问题的研究在他的科学研究中占有重要地位。他始终主张只有仔细研究具体的事实才能了解真正的历史。他一生阅读过许多历史书籍，做了大量的提要和摘录，这部篇幅巨大的笔记只是其中一部

图 32-2　马克思晚年笔记之二

分，也是马克思生前写下的最后一部史学笔记。本书 1992 年由红旗出版社出版，2005 年重印时译校者对译文进行了修订。由于马克思晚年一些著作没来得及出版，这些笔记成为研究马克思晚年思想的珍贵资料。

3. 俄国与东方国家：村社制度与发展道路笔记

这方面笔记只有个别翻译出版成果，如关于 1861 年俄国改革后发展道路的札记，马克思与俄国女革命家查苏里奇通信的 4 份手稿等。其他大量文献未见翻译出版。

4. 西方历史发展与社会主义道路笔记

这方面的马克思晚年笔记，基本上尚未取得翻译出版成果。尤其是马克思关于毛勒 3 部著作的笔记，有 300 页之多，至今还一点没有译出，实在是可惜之至。

第三节　列宁的六大笔记

列宁所作的读书笔记，虽然没有马克思那么多，但也不少，同样是一座蕴藏丰富、潜力巨大的思想富矿。其中最有代表性的是他的六大笔记。列宁六大笔记的中译本出版成果：

1.《哲学笔记》

早在 1939 年，在延安《解放》第 60 至 62 期上，最先发表了艾思奇译的《列宁关于辩证法笔记》（3 篇）、柯柏年译《列宁论战斗唯物主义底意义》。

1956 年，以林利为主，中央编译局译校了完整的列宁《哲学笔记》中译本，由人民出版社正式出版。

1958 年，俄文第四版《列宁全集》中的第 38 卷，对《哲学笔记》做了新的编排，又增加了一些新的材料。因而，1960 年，中央编译局又根据这一新版，编译了列宁《哲学笔记》中文第二版。

改革开放新时期，列宁《哲学笔记》又出了新的中译本，列举如下：

列宁《哲学笔记》，林利等译校，中共中央党校出版社，1990 年 4 月版；

列宁《哲学笔记》，中央编译局顾锦屏、吴达琼校订，人民出版社，1990 年 12 月版。

林利在出版说明中对于 1990 年版变化，做了三点说明：

> 本书是根据《列宁全集》俄文第 5 版第 29 卷翻译的。
>
> 与过去的《列宁全集》第 38 卷相比，《哲学笔记》在这一版中有重要的变动。主要是：（一）编排体例作了调整。全书分为“摘要和短文”，“关于书籍、论文及书评的札记”，“读书批注”三个部分，每部分都按时间顺序编排。（二）纠正了过去版本中的若干差错，并对“读书批注”中的原著作了必要的删节。（三）增加了不少内容。如在第三部分中增加了列宁读狄慈根《短篇哲学著作集》和斯捷克洛夫著《车尔尼雪夫斯基，生平与活动》两书的批注，并增加了许多注释的内容和新的条目。

2. 列宁关于克劳塞维茨《战争论》笔记

1939 年，延安八路军军政杂志社以《列宁读〈战争论〉的笔记》为题，发表了列宁读克劳塞维茨《战争论》一书的摘录和批注。

1940 年，该笔记又由重庆生活书店出版，书名为《战争论笔记》，译者署名为“平生”。

通常以为，这一笔记的最早译者，其实就是著名翻译家何思敬，这一问题尚待研究。

中华人民共和国成立后，这一笔记又有了新译本，由人民出版社 1960 年出版，1978 年再次印刷。

3.《马克思主义论国家》

这一笔记作于 1917 年，是为写作《国家与革命》的准备材料。苏联 1958 年出了单行本，1965 年由宋书声等翻译，人民出版社出了中译本，以后多次印刷。改革开放新时期更进一步得到关注。

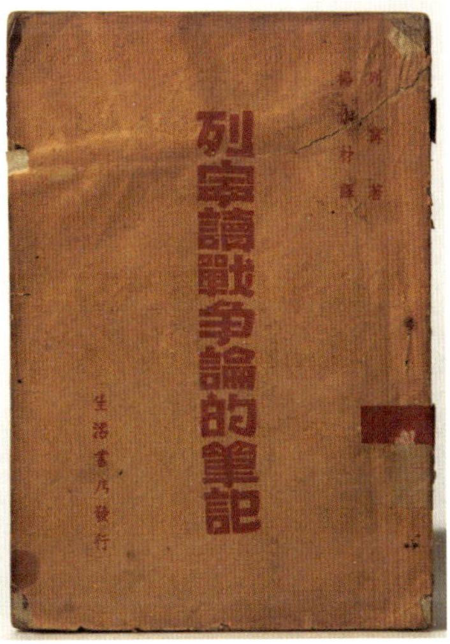

图 32-3　列宁六大笔记之二——《列宁读战争论的笔记》

4.《关于帝国主义的笔记》

1963 年根据俄文版翻译出，收入《列宁全集》中文第一版第 39 卷。

改革开放新时期，又作为《列宁全集》中文第二版第 54 卷的一部分，出了新的中译本。

5.《〈马克思和恩格斯通信集（1844—1883 年）〉提要》

这一笔记直至 1959 年才第一次以俄文公布，始终未收入各版《列宁全集》，1982 年，中央编译局岑鼎山等编译出版了这一笔记的中译本。改革开放新时期，收入《列宁全集》中文第二版第 58 卷。

6.《对布哈林〈过渡时期的经济〉一书的评论》

这一笔记也引起中国学术界关注，1958 年由人民出版社出了中文第一版单行本，1976 年出了中文第二版。

第三十三章　《1844年经济学哲学手稿》的出版与研究

——中国马克思学的独特见解

《1844年经济学哲学手稿》是马克思青年时代最富于原创性的哲学手稿之一，甚至是他开创新唯物主义的起点，是新唯物主义思想基本范畴——实践观的奠基之作。

自1932年首次公开出版以来，其思想主题、哲学精髓及其历史地位等问题，一直是理论界研究的热点问题。中国学界自20世纪50年代起，就开始了对这一手稿的关注与探讨。他们并非简单地跟在苏联马克思学、西方马克思学后面，亦步亦趋，照抄照搬；而是从马克思的文本出发，从马克思自身思想发展的内在逻辑出发，提出了许多具有创新性和启发性的重要观点。

第一节　何思敬：首倡突破俄文版历史局限

老一辈学者对《1844年经济学哲学手稿》的译介和研究，以何思敬、宗白华、贺麟、朱光潜四位学者为代表。

最早翻译出版《1844年经济学哲学手稿》并且精心研究的中国学者，首推著名翻译家、哲学家、法学家何思敬。

何思敬1896年出生在浙江杭县一个贫苦家庭，通过自学取得了官费留学的资格，在日本刻苦学习了十余年，当时就曾受过堺利彦的社会主义思想以及河上肇的早期马克思主义经济学说的影响，

1927年2月何思敬回国后，在中山大学校园内公开宣传马克思主义。1938年他到延安，在延安期间担任过抗大教授、延大法学院院长、新哲学会负责人之一和中央政策研究室的负责成员。1945年他当选为中共七大候补代表。1945年至1946年何思敬任中共代表团法律顾问，随毛泽东、周恩来参加国共谈判。毛泽东同志曾高度评价他是一位“有正义感、有勇气、有学问”的人，称誉他是“全国第一流的法学家”。

这位大革命家与大学问家，从20世纪30年代起到50年代，始终不赞成跟在苏联模式与僵化观念后面，他要求走出中国人自己的路、自主创新的路、独立探索的路。

新中国成立以来，何思敬利用有更多机会接触到德文原版书刊的条件，大量从原文阅读了马克思和恩格斯的著作，并做了介绍。1956年前后，他向人民大学党委提出过书面建议，积极提倡学习德文，学习马克思、恩格斯等经典作家的原著，而不能只局限于第二手材料。他认为应当明确一点：马恩著作的俄文本也只是第二手的材料。

同样地，在新中国成立初期学习苏联建设经验时，他在领导教学和科研工作中，也始终是运用自己掌握的马克思主义理论，具体分析外国专家的学术观点和教学方法，吸取他们的长处但又反对盲从，在对待外国人的关系上做到不卑不亢。

1956年9月人民出版社出版的，由何思敬翻译、宗白华校订的《经济学—哲学手稿》一书，成为何思敬翻译马克思经典著作中的一部颇有代表性的译作。

第二节　宗白华：何思敬译本的精心校订者

著名美学家宗白华虽然没有关于《1844年经济学哲学手稿》研究的专题论著，但是他同样对此倾注了极大的热情和心血，形成了自己独特而深刻的领悟。他以其深厚的德国古典哲学素养，为何思敬翻译的第一个中文译本进行了精心校订，为相关研究奠定了良好的基础。

《1844年经济学哲学手稿》是马克思在他的科学世界观形成的转折时期写的，带有承前启后的特点，很值得重视。翻译完成后何思敬考虑到这部著作艰深费解，为了更加慎重稳妥，主动向出版社提出要“请一位德文好的人校正一番”。他一再要求出版社务必做到这一点，并提名请北大的宗白华教授担任校订，宗白华也欣然同意。何思敬这种虚心求教、对工作负责的精神，是很为人们称道的。

在这本书的译校过程中，何、宗二位通过出版社编辑部交换了多次信件，他们相互都表示从对方的译校文字中吸收了不少好的意见。这里仅举一个例子。此书的一部分曾以《疏远化了的劳动》为名，先行刊载于《新建设》1955年第11期。何思敬在译稿中把Entfremdung译为“疏远化”。《新建设》杂志的读者来信建议这个词以贺麟翻译的“异化”为好。何思敬虽然对这个“异”字表示欣赏，但对“异化”这个译法表示了顾虑，打算改译为“异己化”，并为此征求校订者宗白华的意见。宗白华在回信中表示，翻译Selbstentfremdung的意义时，译作“异己化”“是很确当的”，但不宜普遍使用，一般仍以原译“疏远化”或“生疏化”为好。何思敬继而又表示，经过重新考虑后，译作“异样化”比“异化”更为切近些，但在最后的定稿中他仍然尊重了宗白华的意见。

经过何思敬的翻译、宗白华的校阅，又再由何思敬复核，这样反复几次的认真勘订，这本书终于在1956年问世。我们今天在翻阅这部译作时，处处可以看到这两位译界前辈辛勤劳动、反复订正的痕迹。例如在该书第132、133、137、146页，译者和校者各自在注文中表示了自己对Wesen一词不同的译法。

第三节　贺麟：发现手稿中相对独立的哲学部分

在《1844年经济学哲学手稿》的译介者、播火者的行列中，还有一位以专门研究西方哲学著称的大家宿儒——贺麟先生，他的独立治学之道，决定了他不甘于简单模仿苏俄学者；而对手稿尾声之处画龙点睛的哲学升华《黑格尔辩证法和哲学一般的批判》，他则独具慧眼地判定其有相对独立的哲学意义。

贺麟，1902年生于四川金党县，1919年考入清华学堂，师从梁启超、吴宓，后先后在美国、德国留学5年，在德国时专门就读于费希特、黑格尔、马克思所在的柏林大学，回国后以译介黑格尔哲学、西方哲学为专长，且在哲学理论上首倡现代新儒学，卓然自成一家，号称现代"新心学"创建者。

《1844年经济学哲学手稿》虽然在1932年首次发表于苏联，但被贬斥为"不成熟著作"，基本上无人问津。

最早重新发现了《1844年经济学哲学手稿》，尤其是其《黑格尔辩证法和哲学的一般批判》一章的独特哲学意义的，是我国学者贺麟。贺麟在自叙中写道：

> 一九五一年，我在图书馆里从德文本的《马恩全集》里看到了马克思的《黑格尔辩证法和哲学的一般批判》一文，认为对黑格尔哲学批判研究很有指导作用。我根据德文版的《马恩全集》和狄茨出版社一九五三年版《神圣家族及其它早期著作》将这篇文章译成中文。译出后，我将译稿交给当时《新建设》杂志主编费青同志（费青同志已于一九五七年去世，他在一九五五年曾翻译出版了马克思的《黑格尔法哲学批判导言》和《论犹太人问题》）。他和我在一起，共同仔细认真、逐字逐句、互相商酌，讨论了两三次，才把大约二万字的文章修改出来。这样，这篇难译的文章终于一九五四年在《新建设》上发

表出来，次年出版了单行本。

正是在《黑格尔辩证法和哲学的一般批判》这篇文章里，我们碰见了专门名词“异化”（“自我异化”或“自我异己化”）。其后，何思敬同志在他所译的《经济学—哲学手稿》里，又用“疏远化”一词。此外还出现“异化”的反面“同化”（Vereignen）或“自我化”的译名，感到唯物辩证法特别注重范畴，马克思在文内曾明白提出“逻辑学—精神的货币，人和自然的思辨的、思想的价值”有深刻义蕴的名言。因而在唯物主义基础上的“精神的货币”就扬弃了黑格尔的唯心辩证法范畴。①

从上文可以看出，贺麟与何思敬完成了《1844 年经济学哲学手稿》最早的中文翻译工作。贺麟独具慧眼最早发现了手稿中的哲学部分具有相对独立性，他翻译的手稿最后一章《黑格尔辩证法和哲学的批判》发表在《新建设》1954 年第 11 期。次年，人民出版社出版了单行本《黑格尔辩证法和哲学一般的批判》。

此外，在 1975 年 5 月，中央编译局副局长师哲召开的一次马列著作翻译出版工作座谈会上，贺麟根据自身治学之道，针对苏联教条主义盛行的普遍问题，提出马列著作翻译出版工作的中国化目标，并且进一步提出要赶上和超过国际水平，走向独立创新的远大目标：

解放后，党和政府重视这项工作，广大读者也迫切需要翻译。我自己素来感到翻译工作的重要。它是科学研究的基本建设，它是向科学进军的后勤工作。它的特殊意义尤其在于使思想家特别（是）马克思主义经典作家说中国话，使马克思主义思想和外国学问中国化，在中国生根。这次发言的某些想法在一九五九年九月二十二日《文汇报》发表的《十年来西方哲学

① 中共中央马克思恩格斯列宁斯大林著作编译局马恩室编：《马克思恩格斯著作在中国的传播》，北京：人民出版社，1983 年，第 173—174 页。

的翻译工作》一文中也有所反映。我又谈到：为了要科学技术、哲学研究赶上国际水平，作为资料准备的翻译工作也必须赶上国际水平。就时间而言，有许多大部头的著作如丛书、文库、全集等，我们的翻译出版也要力争赶在别国之前完成。

此外我着重谈了翻译与研究相结合的问题，说：有了科学研究作基础的翻译，译文自然有较高的质量，也可以做出有研究和批判意义的导言、引言、注释和注解，这样也就可以赶上和超过外国较好的标准译品。①

第四节　朱光潜：从手稿中发掘马克思美学观

真正开始对手稿的理论思想进行系统深入研究与探讨的，是著名的美学家朱光潜。

早在20世纪50年代，他就以独到的眼光发现了《1844年经济学哲学手稿》的重要历史地位和价值。在与他人进行辩论时，他常常用手稿中马克思关于人的主体性的论述来驳斥“美与客观存在”的观点。

20世纪70年代末，朱光潜把马克思关于人与自然关系和人的劳动的论述同美的本质问题联系起来，将其作为自己美学理论的支撑和基石，创作了标志中国美学和文艺复兴的《谈美书简》。

他还依据1956年柏林出版的马克思、恩格斯《经济学短著》本，参照英、法、俄、中等多种译本，完成了《1844年经济学哲学手稿》中关于异化劳动和共产主义的一个节译本，并发表在上海文艺出版社的《美学》丛刊1980年第2期。

可以说，朱光潜是中国深入研究《1844年经济学哲学手稿》的第一人，他为手稿的宣传与继续深入探索，做出了重大的带头作用

---

① 中共中央马克思恩格斯列宁斯大林著作编译局马恩室编：《马克思恩格斯著作在中国的传播》，北京：人民出版社，1983年，第175—176页。

和奠基作用。

除了朱光潜，宗白华也对手稿倾注了极大的热情，形成自己独特而深刻的领悟。

由此，也引发了改革开放时代，中国学界对马克思《1844年经济学哲学手稿》及青年马克思早期著作的研究热潮。人们找到《1844年经济学哲学手稿》和马克思早期著作、《资本论》最初手稿等，去发掘马克思的美学观、艺术观、文学观、人学观，乃至更为根本的基本理念，如劳动观、实践观、异化观、自由观。

第五节　刘丕坤等人的三种新译本

改革开放之后，马克思《1844年经济学哲学手稿》的翻译出版工作没有停止，更没有中断，先后出现了三种新的中译本：

第一种新的中译本，是1979年6月由刘丕坤翻译、人民出版社出版的《1844年经济学—哲学手稿》单行本。

这部译稿原来是根据《马克思恩格斯早期著作选》1956年俄文版译出的。校订时参考了德文版《马克思恩格斯全集》补卷第1分册，日文版《马克思恩格斯全集》第40卷，苏联外文出版社出版的英文版单行本《Economic and Philosophic Manuscripts of 1844》和《马克思恩格斯全集》俄文第二版第42卷。文章编排次序、分段、标题基本上依上述德文版，但是德文版上的一些说明手稿情况的脚注，因过于烦琐，一般未予译出。此外，在译文的处理上，除了实质性的出入尽量根据德文版做了修改以外，在译者认为是属于理解和表达方式的问题的地方，则并不强求在形式上与德文原文符合，因而在某种程度上仍然保留了俄译本的一些特点。

书中的注释基本上是根据《马克思恩格斯全集》俄文第二版第42卷译出的。这是因为该版注释较多（几乎比全集德文版多一倍），提供了较多的资料，在理解原著内容上可能有一定的帮助。但同时也根据《马克思恩格斯全集》德文版和《马克思恩格斯早期著作选》俄文版做了一些补充（包括个别词句的补充）。由于正文参考德文版做了校订，故注释中的个别措辞做了相应改变，没有逐字按照俄文版直译。[①]

第二种新的中译本，见于中央编译局编译的《马克思恩格斯全集》第一版第42卷，1979年9月由人民出版社出版。在书尾的版权页上，对于这个版本的来历及演化，做了一个极为简易的说明："《1844年经济学哲学手稿》是根据刘丕坤译文校订的，并承朱光潜、熊伟同志提过意见。"

中央编译局校订本，在版本结构和主要译文上，没有什么大的变化，但在某些地方，做了一些校订。

第三种新的中译本，是由中央编译局翻译、人民出版社2000年出版，并列入《马克思列宁主义文库》的《1844年经济学哲学手稿》单行本。同前两种中译本相比，这一版在版本来源、版本结构上，都有显著变化，最明显、最主要的变化，就是从依据俄文版为主，转向依据历史考证版为主。

图33-1 中央编译局在刘丕坤译文基础上校订《1844年经济学哲学手稿》，收入《马克思恩格斯全集》第一版第42卷

进入新世纪，中国学界更加重视对该手稿的研究，在手稿的解读与评价上，形成了"百花齐放，百家争鸣"的生动局面。

① 参见马克思：《1844年经济学—哲学手稿》，北京：人民出版社，1979年，第148—149页。

例如，北京大学王东教授等人，在《马克思学新奠基》等论著中，提出了四点中国马克思学新见解：

第一，对《1844年经济学哲学手稿》版本结构的新见解——区分出相对独立的“第四手稿”或“哲学手稿”，即“对黑格尔的辩证法和整个哲学的批判”；

第二，对《1844年经济学哲学手稿》哲学主线的新见解——从异化观到实践观；

第三，对《1844年经济学哲学手稿》哲学底蕴的新见解——不仅包含马克思异化观，而且包含着新唯物主义实践观的四个基本观点，即自然存在前提论、对象化活动论、异化劳动论、人化自然论；

第四，对《1844年经济学哲学手稿》历史地位新见解——既不赞成苏联马克思学的主流观点“不成熟论”，也不赞成西方马克思学的主流观点“巅峰论”，而主张马克思哲学创新起点论，手稿中的新唯物主义实践观是马克思哲学创新的历史起点与逻辑起点。

《1844年经济学哲学手稿》在现代中国近60年的翻译、出版、研究轨迹，是集中反映马克思在中国历史命运的一面镜子。

在马克思主义著作出版研究历史长河中，中国学人以其独特深厚的历史文化底蕴，以其伟大鲜活的实践基础，不仅努力借鉴苏联马克思学、西方马克思学的出版研究成果，而且以自主创新精神，做出独立的探索与创新！

第三十四章　《共产党宣言》的中译本概况

——马列著作在中国命运的一面镜子

《共产党宣言》在中国的出版与传播，是马克思主义在中国传播的缩影，更深刻地反映了马克思主义著作在中国传播的历史命运，表明马列著作在中国的出版事业是马克思主义出版史上的“东方奇葩”，表现出独特魅力与巨大活力。

恩格斯在《共产党宣言》1892 年波兰文版序言中曾说过：“近来宣言在一定程度上已成为欧洲大陆大工业发展的一种尺度。一个国家的大工业越发展，该国工人中想认清自己作为工人阶级在有产阶级面前所处地位的要求就越增加，他们中间的社会主义运动也越扩大，因而对宣言的需求也越增长。”①

2008 年适逢《共产党宣言》发表 160 年，2009 年又适逢中华人民共和国成立 60 周年，一些专家学者对《共产党宣言》在中国的出版轨迹，进行了专门梳理与研究，如中国人民大学高放和中央编译局杨金海、胡永钦等人，就此发表了资料翔实的专题论文。我们在此基础上做出概括，并同苏联等国进行比较研究，借以揭示中国马列著作出版在世界历史上的独特地位。

《共产党宣言》在中国翻译出版的历史大体上可分为四个历史阶段。

---

① 马克思、恩格斯：《共产党宣言》，北京：人民出版社，1978 年，第 20 页。

第一阶段，是五四时期之前，《共产党宣言》只有个别的、片断的中译文的出现，尚未见完整的中译本。

第二阶段，从1920年陈望道翻译的第一版《共产党宣言》中译本开始，到1949年中华人民共和国成立，主要有9种《共产党宣言》中译本，各种地方翻印版本达上百种；

第三阶段，中华人民共和国成立之初30年，主要出了8种版本的《共产党宣言》中译本。

第四阶段，改革开放30年，新时期又有多家出版社出了15种《共产党宣言》新版本，尤其是1998年、2008年纪念《共产党宣言》发表150周年、160周年，《共产党宣言》版本研究百花齐放，方兴未艾。

第一节　《共产党宣言》的中译文片段

五四时期之前，《共产党宣言》只有的个别的、片断的中译文出现，尚未有完整的中译本。这种片断的、个别的中译本，目前看来至少有12种。

1. 赵心振译，载上海广智书局于1903年3月出版的《近世社会主义》（日本福井准造著）一书中，摘译《共产党宣言》中一段话，中译文见该书第二编第一章《加陆马科斯及其主义》。

2. 蛰伸（朱执信）摘译《共产党宣言》10项纲领，载日本东京1905年11月出版的《民报》第2号《德意志社会革命家小传》一文中。这一般被认为是中国人第一次著文介绍《共产党宣言》。

3. 雾斋（宋教仁）摘译《共产党宣言》中一段话，载日本东京1906年出版的《民报》第5号《万国社会党大会史略》一文中。

4. 梦蝶生（叶夏生）摘译《共产党宣言》的10项纲领主要内容，载日本东京1906年出版的《民报》第7号《无政府党与革命党之说明》一文中。

5. 震述（何震）摘译《共产党宣言》中关于家庭和婚姻制度的论述，载日本东京1907年12月《天义报》第13、14卷《经济革命与女子革命》一文的附录中，附录篇名为《马尔克斯焉格尔斯合著之共产党宣言》。

6. 民鸣摘译《共产党宣言》第一章以及恩格斯写的英文版序言，篇名分别为《共产党宣言》和《共产党宣言序言》，载1908年《天义报》第15至19卷中。

7. 蛰伸（朱执信）摘译《共产党宣言》第二章中10项纲领，载上海1912年《新世界》第二期《社会主义大家马儿克之学说》一文中。

8. 舍摘译《共产党宣言》第二章最后部分，标题为《共产党的宣言》，载1919年4月6日出版的《每周评论》第16号。

9. 渊泉摘译《共产党宣言》若干段落，载北京《晨报》1919年5月5日—8日《马克思的唯物史观》一文中。

10. 张闻天摘译《共产党宣言》第二章中10项革命措施，载1919年8月19日—21日《南京学生联合会会刊》《社会问题》一文中。

11. 李泽彰摘译《共产党宣言》第一章，标题为《马克斯和昂格斯共产党宣言》，文前译者加了序，载北京1919年11月出版的《国民》第2卷第1号。

12. 李大钊主编《新青年》1919年第6卷第5号“马克思号”，并在《我的马克思主义观》一文中引用了《共产党宣言》8个自然段，后来还特别注明“以上的译语，从河上肇博士”。

其中，前7种译文，只是阐发马克思基本观点于论述之中；后5种译文，已有将《共产党宣言》理论观点和五四运动革命实践结合起来的意向。

或可说明，20世纪前期《共产党宣言》已在中国思想界中，引起多种共鸣、多种关注。

第二节　革命战争时代的 9 种主要版本

从 1920 年至 1949 年，《共产党宣言》中译本在中国主要有 9 种。

1. 陈望道译，上海社会主义研究社于 1920 年 8 月初版，32 开，竖排平装本，书名为《共产党宣言》，封面印有“社会主义研究小丛书第一种”字样，还印有马克思的坐像，未印目次，著者译为“马格斯”和“安格尔斯”。这是《共产党宣言》最早的中文全译本，内容包括正文部分的四章，没有附著者的序言。1920 年 9 月由社会主义研究社再版。

图 34-1　陈望道译《共产党宣言》，上海社会主义研究社，1920 年 8 月第一版

2. 李达摘译，在《马克思学说与中国》一文中详细介绍了《共产党宣言》，摘译了许多段落，该文发表在《新时代》1923 年 5 月第 1 卷第 2 号。

3. 华岗译，1930 年初版（编者未见到书），1932 年上海中外社会科学研究社出版第 3 版，32 开，横排平装本，书前有 1872 年、1883 年、1890 年德文版的三个序。本译文另有英汉对照本，没有目次，没有版权页，未署出版者，未印出版时间，书前有勘误表 1 页，英文 60 页，中译文 40 页，英文在前，中译文在后。

4. 潘鸿文译，篇名为《一八四七年共产主义宣言》，载《马克斯主义的基础》（上海社会科学研究社刊行，1930 年 3 月版）第 39 至 104 页，又载彭汉文（潘鸿文）译《马克斯主义的基础》（上海社会科学研究社刊行，1938 年 5 月版）

第 39 至 104 页，文后有 1872 年、1883 年、1890 年德文版的三个序言。

5. 陈瘦石译，未署出版者，未印出版时间，64 页，64 开，竖排平装袖珍本，正文包括四章，未附著者序言，书前有译者序言，书后有注释 8 条。

6. 成仿吾、徐冰合译，新文化书房于 1938 年出版，32 开，竖排平装本，书前有马克思、恩格斯像，书中有注释，内容包括 1872 年、1883 年、1890 年德文版的三个序言以及正文四章，根据德文本译出。

1938 年 8 月再版，32 开，横排平装本，未注明出版社，封面上附有英文书名，并印有“马克思恩格斯丛书第四种”字样。

7. 博古校译，1943 年 8 月延安解放社印行，32 开，竖排平装本，包括 1872 年德文版、1882 年俄文版、1883 年德文版、1890 年德文版四篇序言（第四篇序言是摘要）以及正文四章，附有注释，注明校正本，书后有勘误表。博古主要根据俄文版翻译。1946 年 5 月太岳新华书店重印，32 开，竖排平装本。1946 年 6 月华北新华书店重印，37 开，竖排平装本。1946 年 9 月山东新华书店重印，32 开，竖排平装，印有“干部学习丛书”字样。

图 34-2 彭汉文（潘鸿文）译《一八四七年共产主义宣言》，载《马克斯主义的基础》

图 34-3 成仿吾、徐冰合译《共产党宣言》，新文化书房，1938 年版

8. 集体翻译、唯真校订，载 1954 年莫斯科外国文书籍出版局出版《马克思恩格斯文选》（两卷集）第 1 卷，包括 1872 年德文版、1882 年俄文版、1883 年德文版、1890 年德文版四篇序言以及正文四章。

9. 莫斯科外国文书籍出版局中译本，1949 年《共产党宣言》百周年纪念版，32 开，竖排平装本，本书包括著者写的七篇序言和正文四章，书前有马克思恩格斯像，还有列宁、斯大林两段语录，书前印有苏联外国文书籍出版局的声明。

图 34-4 博古校译《共产党宣言》，延安解放社，1943 年 8 月版

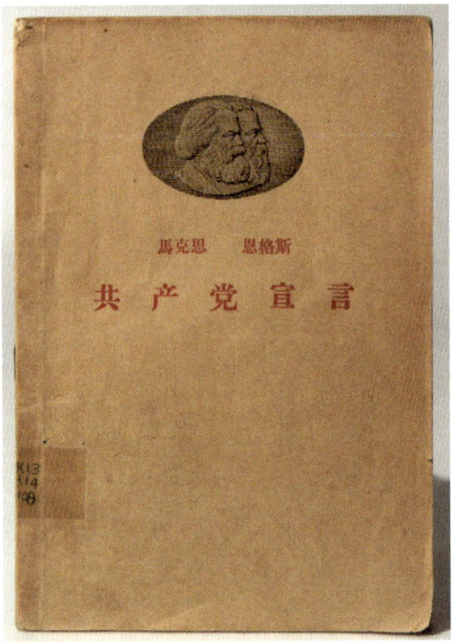

图 34-5 集体翻译、唯真校订《共产党宣言》，载《马克思恩格斯文选》（两卷集）

图 34-6 《共产党宣言》百周年纪念版，苏联外国文书籍出版局，1949 年版

第三节 新中国成立之初的8种主要版本

中华人民共和国成立之初30年，马克思主义著作出版基本上由人民出版社一家经营，主要有8种版本的《共产党宣言》问世。

1. 根据莫斯科外国文书籍出版局1949年出版的最新中文版翻印，由解放社在北京重印，注明“初版”。书前印有解放社编辑部于1949年11月10日写的“再版例言”，封面印有“干部必读”字样。

2. 1949年12月解放社出版“干部必读”普及版。32开，竖排平装本。

3. 1951年4月人民出版社出版，大32开，竖排精装本。

4. 1951年10月人民出版社出版，32开，竖排平装本。1957年2月该版第11次印刷，32开，横排平装本，有插图两幅。中译文根据1954年莫斯科外国文书籍出版局出版的《马克思恩格斯文选》（两卷集）第1卷上的译文，做了部分改动。

5. 1959年8月人民出版社出版，大32开，横排平装本。包括七篇序言以及正文四章，附注释五条，序言部分是根据苏联外国文书籍出版局1949年中文版《共产党宣言》一书排印的，正文部分和书后注释是根据《马克思恩格斯全集》第4卷的中译文排印的。

6. 1964年9月人民出版社出版。大32开，横排平装本，插图三幅，根据16开本的译文排印，又收进1972年5月版《马克思恩格斯选集》第1卷。

以上6种版本，主要的母本都是俄文版《共产党宣言》。

7. 1964年5月人民出版社出版。16开大字本，横排平装本，包括七篇序言和正文四章，书后附注释29条，正文是在《马克思恩格斯全集》第4卷中译文的基础上根据狄茨出版社出版的《马克思恩格斯全集》德文版第4卷重新校订的，注释是根据《马克思恩格斯全集》俄文第2版有关部分编译的，书后附《校后记》。

8. 1953年12月中国人民大学出版社出版。由成仿吾主要依据德文版校译，包括正文以及七篇序言，书后有成仿吾于1953年10月7日写的“重校后记”。

第四节 改革开放时代主要的15种新版本

改革开放后，包括《共产党宣言》在内的马列著作的出版主体，由人民出版社一家走向多样化、多元化，至少有15种《共产党宣言》新的中译本在这期间问世。

1. 1978年11月人民出版社出版，由成仿吾根据德文原版重新校订，大32开，横排平装本，包括七篇序言和正文四章，文内有译者脚注，另有插图一幅，附注释38条，书后附成仿吾于1978年6月26日写的《译后记》。

2. 中央编译局1978年的新译本。初版收入1978年人民出版社出版，中共中央党校所编的《马列著作毛泽东著作选读》（科学社会主义部分）。

3. 与第2种同为中央编译局译本，人民出版社出版，译文内容略同于1978年初版，特点是更靠近马克思、恩格斯原始文本的德文版。

4. 中央编译局1995年译本，收入1995年出版的《马克思恩格斯选集》中文第二版。

5. 中央编译局1997年译本，1997年8月人民出版社出版。

6. 中央编译局为纪念《共产党宣言》发表150年而出版的纪念版，1998年中央编译出版社出版。

7. 1998年7月山东大学出版社出版《共产党宣言》绘画本。

8. 1998年10月北方妇女儿童出版社以“高中生必读书”的形式出版《共产党宣言》。

9. 1998年香港新苗出版社出版。基本采用中共中央编译局1995年版译文。

10. 1998年台湾《当代》杂志第128期刊载。基本采用中共中央编译局1958年版译文。

11. 1999年中国社会出版社出版。该书与列宁《国家与革命》、考茨基《无产阶级专政》、《格瓦拉日记》合订在一起。

图34-7 中央编译局1998年为纪念《共产党宣言》发表150周年而出版的纪念版

12. 2001年台湾脸谱文化出版社出版。唐诺译。

13. 2004年台湾左岸文化出版社出版。管中琪、黄俊龙译。

14. 2005年中央编译局出版社出版，特别纪念版。

2005年中央编译出版社重新包装《共产党宣言》(纪念版)，第一次采用多媒体技术设计，用纸考究，印制精美，而且第一次在书中收录《共产党宣言》德文第一版原书影印本和世界多国出版的20种版本原件的封面影印件等资料，使得该书具有极高的纪念与收藏价值。

15. 2009年，中央编译局为出版《马克思恩格斯文集》(十卷本)而编译的最新版本。这是《共产党宣言》当时在我国编译的最新版本。

第三十五章　成仿吾五次翻译《共产党宣言》

——中国共产党人理想信念的一个典型

20 世纪 20 年代，成仿吾与郭沫若等人一起创立创造社，并与鲁迅展开论战；他参加了红军长征，1937 年出任陕北公学校长。改革开放之际，他继老一辈著名教育家吴玉章之后，担任中国人民大学校长。

正是这样一位大名鼎鼎的学者、教育家，与马列著作在中国的出版事业结下了不解之缘。

1983 年，在马克思逝世 100 周年纪念日的前夕，这位年已 86 岁、献身马列著作翻译事业 56 年的老一辈著名学者、大翻译家，满怀深情地写下一篇短文《我翻译〈共产党宣言〉的经历》，以朴素生动的文笔，介绍了他自己 50 多年来，五次翻译《共产党宣言》的生动故事。

第一节　成仿吾四译《共产党宣言》

——从大革命失败到建国初期

成仿吾第一次翻译《共产党宣言》，是 1927 年大革命失败后，尤其是在 1929 年留学德国柏林期间。正如他自述中写到的：

> 1927 年大革命失败，我被迫离开广州，经日本渡海先抵海参崴，接着又乘了十几天的火车到达莫斯科。在莫斯科与张闻

天同志相见，他写了一封信给巴黎支部，介绍我到法国去。1927年下半年我在巴黎开始翻译马克思主义书籍，但那时翻译的大多是马恩著作的一些章节，而且主要是供我们中国同志学习用的。我真正译书是1929年的事。那时，我在柏林编辑中共巴黎—柏林支部的《赤光》报。这年年初我收到蔡和森同志从莫斯科寄来的信，他要我把《宣言》译成中文，说莫斯科外文出版社准备出版。我现在还记得他在信上的署名是：Watson。我用了当时流行的德文《宣言》版本，参考了英、法文译本，花了几个月时间把《宣言》译出来了。可是怎样把译稿送到莫斯科，当时是颇费周折的；最后，我找了德国共产党中央，请一个德共党员将《宣言》译稿带往莫斯科。由于和森同志此时已调回国内，任广东省委书记，不久壮烈牺牲，这稿子也就石沉大海了。这是我第一次翻译《共产党宣言》。①

成仿吾第二次翻译《共产党宣言》，是在1938年，正如他写到的：

我第二次翻译《宣言》是1938年在延安与徐冰同志合作的。徐冰当时是《解放日报》编辑，我在陕北公学工作。这一年中央宣传部弄到了《宣言》的一个德文小册子，让我们翻译出来。于是我们把书分成两部分，我译前半部，徐冰译后半部。我们利用工作之余进行翻译，条件也很差，连像样的德文字典都没有找到。译出来后，我把全部译文通读了一遍就交了卷。1938年8月这译本在延安曾经作为“马恩丛书”第4集出版过，在上海和其他敌占区也出版过，1938年8月和10月由中国出版社印行，有横排和竖排两种。我在敌后解放区得到这个译本时，发现译文的缺点是很多的，但是没有机会校正了。后来博古同志根据俄文出版了一种校译本，改正了某些缺点，

① 中共中央马克思恩格斯列宁斯大林著作编译局马恩室编：《马克思恩格斯著作在中国的传播》，北京：人民出版社，1983年，第120—121页。

但离开德文原著似乎远了些。①

成仿吾第三次翻译《共产党宣言》，是在1945年七大期间：

1945年我回延安参加党的“七大”，有时间对《宣言》作了较大的修改，可以说这是我第三次翻译《共产党宣言》。定稿后交给了解放社，胡宗南进攻延安时，这部修改稿可能遗失了。《宣言》百年纪念时，我本想再校正一遍出版，后来因事未能如愿。②

成仿吾第四次翻译《共产党宣言》是1953年，中华人民共和国成立初期：

全国解放后，我又抽空将延安版的《宣言》稍加校正，作为马克思诞生一百三十五周年纪念版，由中国人民大学和东北师范大学印了很少份数，供校内使用。这次校正是我一人作的，我没有去麻烦徐冰同志。当我校完清样时，他刚去朝鲜做慰问工作。我在重校后记中说过，译文还是很难满意的，好在《宣言》是宜于细嚼的珍品，对那些细心研究或反复钻研的同志们，我相信还是会有帮助的。③

第二节　成仿吾八十高龄第五次重译《共产党宣言》

——毛泽东、朱德的晚年关注

成仿吾第五次重翻《共产党宣言》等基本著作，曾得到毛泽东、朱德支持，并在改革开放新时期得到新发展。

1974年，毛泽东在一份批示中要成仿吾到中央党校专门从事

① 中共中央马克思恩格斯列宁斯大林著作编译局马恩室编：《马克思恩格斯著作在中国的传播》，北京：人民出版社，1983年，第121页。

② 中共中央马克思恩格斯列宁斯大林著作编译局马恩室编：《马克思恩格斯著作在中国的传播》，北京：人民出版社，1983年，第121页。

③ 中共中央马克思恩格斯列宁斯大林著作编译局马恩室编：《马克思恩格斯著作在中国的传播》，北京：人民出版社，1983年，第121—122页。

"马恩著作中文译本的校正工作"，中央组织部根据毛泽东的指示，给成仿吾安排几名助手。从1975年开始，在助手的协助下，他开始对《共产党宣言》进行了严格的校正工作。许多老同志知道后，都热情地支持他、鼓励他。成仿吾与助手们遵照毛泽东教导的关于正确性、鲜明性与生动性的原则，对修改稿逐字逐句进行了研究。他们还学习了马列主义经典著作中的有关文章，并查阅了一些历史资料，以加深对《共产党宣言》的理解。成仿吾每天与助手们讨论三个小时，前后修改了三遍，直到1975年9月才初步定稿。中央党校在印出讨论稿后，他送给了胡乔木、范若愚、张仲实等同志，请他们指正。除此之外，他们还邀请了在京的26个有关单位的同志们一起座谈，并到工厂、公社和部队中去征求广大群众的意见，综合各方面意见又对译文做了修改。

与此同时，成仿吾对照了我国外文出版社、民主德国狄茨出版社、莫斯科外文出版社和《共产党宣言》1848年、1883年、1890年版共6个德文版本，发现国内外的德文版本同1848年的德文版本都有数目不等的差异，于是区分情况对其进行了必要的修改。

1976年《共产党宣言》在中央党校印出试用时，成仿吾呈报了中央政治局。已90岁高龄的朱德在收到其送去的译本的第三天就在电话中说要去看望成仿吾。朱德在当天下午，到了成仿吾的住处，一见面就说，"你们重新校译的《共产党宣言》，我昨天一口气看完了，很好，很好懂，主要问题都抓住了。如果看不懂，我就读不下去了。""现在许多问题讲来讲去，总是要请教马克思与恩格斯，总得看《宣言》是如何讲的。"朱德还问了小组的情况和工作计划，鼓励说，"你这个工作是根本工作，做好了，对世界都有影响，有世界意义。……我把你这里当个点，我以后常来。"可惜一个多月后朱德病逝，而成永别！[①] 这短暂的见面，对成仿吾的鼓励却是非

---

① 参见中共中央马克思恩格斯列宁斯大林著作编译局马恩室编：《马克思恩格斯著作在中国的传播》，北京：人民出版社，1983年，第122—123页。

常大的。

遵照党中央、毛泽东、朱德的嘱托，成仿吾除了重新翻译了《共产党宣言》外，还依据德文原版校译了《哥达纲领批判》、《社会主义从空想到科学的发展》、《路德维希·费尔巴哈和德国古典哲学的结局》、《马克思恩格斯关于历史唯物主义的通信选》等马列经典著作。

第三十六章　马克思、恩格斯、列宁书信出版的新阶段

——窥见历史巨人心灵奥秘的一面透镜

第一节　马克思恩格斯书信的系统发表

马克思留下的文本，除了论文著作、论文手稿、读书笔记这三大系列之外，还有一个既与之相互联系，又有相对独立性的文本系列，这就是马克思的书信。

马克思所写书信总共有 1700 封以上，一说相关书信有近 3000 篇之多。马克思留下的书信，具有不可忽视的独特史料价值、理论价值、哲学价值、科学价值和政治价值，然而却鲜见有专门、系统、深入的研究成果。

马克思、恩格斯书信在国外的出版工作，主要是经历了三个历史阶段。

第一阶段，从考茨基到倍倍尔、伯恩施坦，从马克思书信个别发表，到 1913 年第一次比较完整地发表马克思书信核心部分《马克思和恩格斯通信集》。

1913 年，由倍倍尔、伯恩施坦编辑的《马克思和恩格斯通信集》，由狄茨出版社在斯图加特出版。共分四卷本，收集了 1844 年至 1883 年近 40 年间，马克思和恩格斯之间的书信 1386 封。这是马克思书信核心部分第一次比较完整的发表，意义重大。

第二阶段，列宁开创性地推动马克思书信出版研究。

列宁是充分理解马克思书信巨大意义的第一人，他的《马克思和恩格斯通信集提要》一文虽然没有写完，但因为开头是一个总体概述，基本观点还是开门见山地亮了出来，包含着列宁独特深刻的“马克思恩格斯书信观”。其中有两个观点引人注意：一是认为这些通信有特别巨大的科学价值和政治价值，其中探讨了马克思主义学说最新、最重要、最困难的问题；二是认为整个马克思和恩格斯的通信，有一个思想聚集点、中心点，这就是辩证法。

第三阶段，在列宁的倡导与支持下，阿多拉茨基、梁赞诺夫等早期苏联马克思学家，积极推进马克思书信的出版与研究工作。

经阿多拉茨基、梁赞诺夫等人的努力，1935 年终于出版了四卷本《马克思恩格斯通信集》。这是在 1913 年倍倍尔、伯恩施坦编辑的版本基础上，力争“更全、更准”的一个新版本。

在梁赞诺夫（1913 年前）、阿多拉茨基先后主持下，还出版了《马克思恩格斯全集》的历史考证版第一版，原预定出 40 卷，实际上后来只出了 12 卷，其中第三部分为书信，收录了马克思和恩格斯之间的通信。

在 1928 年至 1948 年间出版的俄文第一版《马克思恩格斯全集》中，在原定的 39 卷中，书信为第 31 至 39 卷。后来又出了补卷第 40 至 50 卷，第 40 卷和第 50 卷中仍有一部分是新发现的马克思、恩格斯的书信。

第二节　改革开放时期马列书信出版新成果

《马克思恩格斯全集》中文第一版中，第 27 卷至第 39 卷，这 13 卷全部为马克思与恩格斯的书信。其中尤为重要的是第 27 卷至 35 卷这 9 卷，以马克思与恩格斯之间的通信为主体内容。加之补卷的，共收录二人之间通信 1545 封，其中马克思致恩格斯信 900 封，恩格斯致马克思信 645 封。

改革开放 30 年，马克思、恩格斯、列宁书信出版有四点新进展：

第一个新进展，是更多更广的书信结集出版。例如：

《马克思恩格斯和白拉克通信集》，人民出版社，1978 年版，收录马克思、恩格斯同威廉·白拉克之间的信件 73 封；

《恩格斯与保尔·拉法格、劳拉·拉法格通信集》，人民出版社，1979 年后陆续出版，收录来往信件 606 封；

《恩格斯与伯恩施坦通信集》，人民出版社，1982 年版，收录双方往来信件 174 封；

《马克思恩格斯和哈尼通信集》，人民出版社，1984 年版；

《恩格斯和倍倍尔通信集》，人民出版社，1985 年版；

《马克思恩格斯给美国人的信》，人民出版社，1986 年版。

这一时期出的一些通信集与过去出版的各种通信集不同之处是，不仅收录马克思、恩格斯的书信，也收录了白拉克和拉法格夫妇等人给他们的信，这对了解、研究马克思、恩格斯书信的背景和内容有十分重要的作用。类似这样的书，还有马克思、恩格斯与李卜克内西、弗莱里格拉特、拉萨尔、考茨基、左尔格等人以及与俄国政治家的往来书信集。

图 36-1　《马克思致库格曼书信集》

图 36-2　《马克思恩格斯和哈尼通信集》

图 36-3　《马克思恩格斯和白拉克通信集》

图 36-4 《马克思恩格斯给美国人的信》

图 36-5 《恩格斯和倍倍尔通信集》

图 36-6 《恩格斯和伯恩施坦通信集》

图 36-7 《恩格斯与保尔·拉法格、劳拉·拉法格通信集》（第三册）

第二个新进展，是比较系统地出版了马克思、恩格斯、列宁的家书集。例如：

《马克思家书集》，人民出版社，1985 年版；

《恩格斯家书集》，人民出版社，1985 年版；

《马克思女儿家书》，湖南人民出版社，1985 年版；

《马克思的女儿们——未发表的信札》，人民出版社，1985 年版。

图 36-8　《马克思家书集》

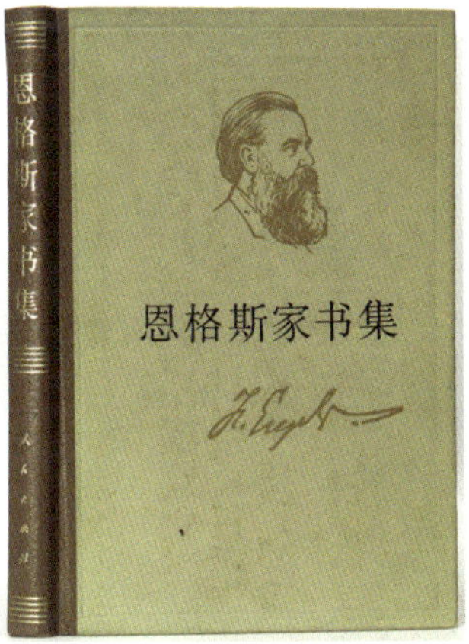

图 36-9　《恩格斯家书集》

图 36-10　《马克思女儿家书》

图 36-11　《马克思的女儿们——未发表的信札》

其中，《马克思家书集》，为我们了解马克思生平，提供了非常珍贵的第一手历史文献。这些信件，犹如一扇独特的窗口，可以看见鲜为人知的马克思的内心世界、情感世界和精神世界。另外，马克思书信不仅仅讲私人琐事、日常生活，还透露了当时世界历史、世界政治中的一些重大的政治事件内幕，有不可忽视的政治价值。

第三个新进展，是 1989 年 1 月，由中国人民公安大学出版社出版了徐吉升等人主编的《马克思恩格斯书信论哲学》，为马克思恩

图 36-12 《马克思恩格斯书信论哲学》

格斯书信的研究，开创了专题化、系统化与深入化的新路子。

第四个新进展，《马克思恩格斯全集》中文第二版中的书信部分开始由人民出版社出版。

在《马克思恩格斯全集》中文第二版第 47 卷的前言中，交代了这书信部分的版本来源：

《马克思恩格斯全集》第 2 版第 3 部分为书信卷，包括第 47 卷至第 60 卷，收入了留传下来的马克思恩格斯之间的书信和他们给别人（包括团体、机构）的书信。

……本卷收入的所有书信，是根据《马克思恩格斯全集》1975 年历史考证版第 3 部分第 1 卷，1979 年历史考证版第 3 部分第 2 卷，《马克思恩格斯年鉴》第 1、3、4 和 13 卷，以及《〈马克思恩格斯全集〉历史考证版研究》第 1 辑翻译或重新校订的。

前言还对这些书信的意义与价值做了新的阐发：

马克思恩格斯的书信是他们的文献遗产的重要组成部分。他们的书信是个巨大的思想宝库。这些书信内容极为丰富，涵盖面十分广泛，涉及政治、经济、哲学、历史、军事、科学技术、文学艺术等领域，其中许多精辟的见解、深邃的思想是对马克思主义基本理论和基本原理的补充、丰富和发展。不少书信对某些重大理论问题作了新的探索，提出一些有待进一步发挥的闪光思想，具有独立的理论价值。他们的书信是他们为无产阶级锻造理论武器的思想实验室。在书信中他们通过交流思想、沟通信息、切磋讨论不断提出新思想新观点，不断修正和完善自己的科学理论。这些书信为研究马克思主义理论的形成和发展提供了重要的材料。他们的书信是呈现在人们面前的有关他们生活和斗争的绚丽多彩的画卷。这些书信展示了他们刻苦勤奋的学习精神、崇高的理想抱负、对真理的执著追求、对反动制度的深恶痛绝、对无产阶级解放事业的无限忠诚、对被压迫民族和人民的深切同情、对错误思潮的鲜明立场和透彻剖析；还展示了他们在日常生活中的情趣爱好、亲情友情、对同志的关爱，特别是他们患难与共、终生不渝的伟大友谊。这些书信是研究他们生平、活动和事业的最珍贵的资料。

第五篇　马列著作出版新气象

中国特色社会主义新时代

（2012年至今）

2012年中国共产党的第十八次全国代表大会，标志着中国特色社会主义进入新时代，同时也标志着马列著作在中国的出版史、传播史进入一个新时代。

我们欣喜地看到，正是在中国特色社会主义新时代，我们党和国家总结中国共产党建党100年、中华人民共和国成立70年的历史经验，从而把马列著作出版工作的重大深远意义，提到一个前所未有的新高度。

2021年2月，在全国上下迎接建党100周年的日子里，习近平同志发表重要讲话，指出：

> 我们党的历史，就是一段不断推进马克思主义中国化的历史……[①]

2021年11月，党的十九届六中全会，通过了建党以来第三个重要的历史问题决议《中共中央关于党的百年奋斗重大成就和历史经验的决议》，其中提到：

> 马克思主义是我们立党立国、兴党强国的根本指导思想[②]。

---

① 《学党史悟思想办实事开新局，以优异成绩迎接建党一百周年》，《人民日报》2021年2月21日，第1版。

② 《中共中央关于党的百年奋斗重大成就和历史经验的决议》，《人民日报》2021年11月17日，第1版。

2022年10月，党的二十大召开，习近平同志《高举中国特色社会主义伟大旗帜　为全面建设社会主义现代化国家而团结奋斗——在中国共产党第二十次全国代表大会上的报告》，更对我们建党百年成功之道、历史经验，有一段科学揭示，从而把马列著作出版工作的重要意义，提高到新高度：

> 马克思主义是我们立党立国、兴党兴国的根本指导思想。实践告诉我们，中国共产党为什么能，中国特色社会主义为什么好，归根到底是马克思主义行、是中国化时代化的马克思主义行。拥有马克思主义科学理论指导是我们党坚定信仰信念、把握历史主动的根本所在。①

这个新时代的一个显著特点，就是以习近平同志为核心的党中央旗帜鲜明、高屋建瓴地提出了新时代马克思主义观。

这个新时代另一个显著特点，是马列著作在中国的出版又掀起了一个新的高潮，特别是在2018年纪念马克思诞辰200周年、2020年纪念列宁诞辰150周年之际，其中《列宁全集》中文第二版增订版60卷本的全部出齐，也堪称是国内国际马列著作出版史上的一件大事。

这个新时代还有一个重要的历史特点，就是马克思、恩格斯著作的出版，更加注重突破俄文版局限，更加注重借鉴历史考证版的国际新成果。

总而言之，马列著作的系统创新出版，是开创中国特色社会主义新时代的伟大理论奠基工程。

---

① 习近平：《高举中国特色社会主义伟大旗帜　为全面建设社会主义现代化国家而团结奋斗——在中国共产党第二十次全国代表大会上的报告》，2022年10月16日。

第三十七章　新时代马克思主义观

第一节　马克思主义观的科学奠基

——从马克思、恩格斯到列宁

马克思主义创始人在创立马克思主义科学理论体系的同时，也为怎样正确理解和运用这一理论体系，提出了科学指南，这就是科学的马克思主义观。马克思奠定了基础，恩格斯则在马克思传略、《反杜林论》及晚年书信与论著中，对马克思主义观做了最初的具体阐发。列宁在19世纪末20世纪初，针对第二国际中流行一时的庸俗马克思主义观，第一次简要、鲜明、系统地阐明了什么是“科学的马克思主义观”。

马克思不仅为马克思主义理论体系的创立奠定了基础，而且为科学的马克思主义观的确立奠定了基础。不过，由于他把主要精力集中于《资本论》创作，对于马克思主义观的具体阐发，留给后人的并不太多。他晚年还曾三番五次地一再重申，他并不是一个马克思主义者，其深刻含义恰恰在于强调：必须扬弃流行的庸俗马克思主义观，必须树立科学的马克思主义观，以科学态度对待马克思主义科学理论。

如果说，在整个创立马克思主义科学理论体系方面，恩格斯是辅助马克思工作的“第二提琴手”的话，那么，在具体阐发马克思主义观方面，恩格斯有时在一定意义上就成了“第一提琴手”。

在恩格斯为马克思写的两篇传记和《在马克思墓前的讲话》中，都意在强调马克思一生最大的理论贡献和理论创新、马克思主义理论体系最核心的内容，就是唯物史观与剩余价值学说这两大发现，由此为社会主义从空想变为科学，奠定了两大理论基石。

1876 年 9 月至 1878 年 6 月写成的《反杜林论》，主要执笔完成者固然是恩格斯，马克思也是其重要合作者，并且亲自执笔写了其中政治经济学编的尾声部分“《批判史》论述”。恩格斯在 1878 年 6 月 11 日写的第一版序言中申明，“这本书的目的并不是以另一个体系去同杜林先生的‘体系’相对立，可是希望读者也不要忽略我所提出的各种见解之间的内在联系”①。正是在这里，恩格斯首创按照“哲学编—政治经济学编—社会主义编”的三编结构，来阐发马克思主义科学理论体系。

马克思当年就特别强调，我们的学说不是教义，而是方法。针对当时第二国际中已经出现的把马克思主义教条化、庸俗化、简单化的倾向，恩格斯在晚年论著、晚年书信中，还特别强调了对待马克思主义的科学态度问题，由此也构成了科学的马克思主义观的一个重要方面。

列宁的新特点、新贡献在于，他写了一系列专题论文，力图科学、全面、系统地阐明马克思主义观，根本扬弃超越第二国际的庸俗马克思主义观。列宁专门集中阐发其马克思主义观的文本群，主要是以下 7 篇：《马克思主义和修正主义》（1908 年）；《论马克思主义历史发展中的几个特点》（1910 年）；《马克思学说的历史命运》（1913 年）；《马克思主义的三个来源和三个组成部分》（1913 年）；《马克思和恩格斯通信集》（1913 年底）；《卡尔·马克思（传略和马

① 《马克思恩格斯选集》（第三卷），北京：人民出版社，1995 年，第 344 页。

克思主义概述）》（1914年）；《论我国革命》（1923年）。

列宁提出了马克思主义三大理论来源问题，他针对的是第二国际“理论家”企图把马克思主义同西方19世纪前期三大流行思潮混为一谈的庸俗见解。其中，考茨基把马克思主义哲学基础混同于康德哲学、新康德主义，伯恩施坦把马克思哲学基础混同于黑格尔唯心主义辩证法，普列汉诺夫则把马克思新唯物论混同于费尔巴哈旧唯物论。还有人把马克思主义政治经济学混同于斯密、李嘉图的经济学，把科学社会主义混同于法国空想社会主义等等。列宁则明确揭示出，德国古典哲学、英国古典经济学、法国空想社会主义这三大思潮，是马克思主义三大理论来源。马克思主义创始人既继承了他们的思想精华，又对他们进行了根本性的改造和扬弃，从而实现了这三大源头的综合创新和新的飞跃。

列宁还提出马克思主义理论体系的三个组成部分的问题。他针对的是第二国际“理论家”对马克思主义的简单化、片面化、单一化、贫乏化的流行见解：把马克思主义全部理论内容归结为哲学；又把马克思主义哲学归结为唯物史观；最后再把唯物史观归结为几条社会历史的研究方法。列宁针锋相对地提出，马克思主义是由哲学、政治经济学、科学社会主义三个组成部分构成的严整科学理论体系。其中辩证唯物主义、历史唯物主义哲学世界观是基础，马克思主义政治经济学是主体部分，科学社会主义的理论与实践则是其归宿。

列宁还提出并从三个层面回答了对待马克思主义的根本态度和科学方法问题。

第一层，要想真正把握马克思主义真谛，就必须注意到贯穿马克思全部理论内容的，是一个立足实践的活生生的灵魂——辩证法。《论马克思主义历史发展中的几个特点》、《马克思和恩格斯通信集》和列宁最后政治遗嘱《论我国革命》，都一再着重谈了这一点，他晚年甚至还说，根据书本来谈论社会主义的时代已经一去不复返了，现在一切都取决于实践，“马克思主义的精髓，马克思主义的灵魂：对具体情况作具体分析”[①]。

第二层，马克思身后的马克思主义，必须实现“两个结合”：一是与时代特点相结合；二是与本国国情相结合。

第三层，1916 年 11 月 30 日，列宁在《致伊・费・阿尔曼德》中，提出了科学理解马克思主义的三原则：“马克思主义的全部精神，它的整个体系，要求人们对每一个原理只是（α）历史地，（β）只是同其他原理联系起来，（γ）只是同具体的历史经验联系起来加以考察。”[②]

列宁还为马克思主义观，增添了一个新的方面的内容，即在世界历史发展三大时期的广阔历史背景下，马克思主义发展经历着时代主题不同的“两个 50 年”，有着不同历史命运和历史形态。[③]

第二节　把马克思主义守正创新提到新高度

——习近平关于宣传思想工作与哲学社会科学工作的重要讲话

2012 年党的十八大后，中国进入中国特色社会主义新时代，举什么旗帜，走什么道路，怎样对待马克思主义，成为举世瞩目的焦点问题。

以习近平同志为核心的党中央领导集体立场坚定，旗帜鲜明，更高地举起了坚持与发展马克思主义的伟大旗帜，并且把对这一重大问题的认识，提高到新高度。这一点，特别集中、特别鲜明地表现在习近平两篇重要讲话中：一是 2013 年 8 月 19 日，习近平在全国宣传思想工作会议上的重要讲话《把宣传思想工作做得更好》；二是 2016 年 5 月 17 日，习近平在哲学社会科学工作座谈会上的重要讲话《加快构建中国特色哲学社会科学》。

2013 年 8 月，在《把宣传思想工作做得更好》这篇重要讲话

① 《列宁选集》（第四卷），北京：人民出版社，2012 年，第 213 页。

② 《列宁全集》（第四十七卷），北京：人民出版社，1990 年，第 464 页。

③ 《列宁选集》（第二卷），北京：人民出版社，2012 年，第 1—2 页。

中，把系统掌握马克思主义基本理论，作为中国共产党人的看家本领与制胜法宝，把巩固马克思主义在意识形态领域的指导地位，作为全党宣传思想工作的首要根本任务：

> 宣传思想工作就是要巩固马克思主义在意识形态领域的指导地位，巩固全党全国人民团结奋斗的共同思想基础。党员、干部要坚定马克思主义、共产主义信仰，脚踏实地为实现党在现阶段的基本纲领而不懈努力，扎扎实实做好每一项工作，取得“接力赛”中我们这一棒的优异成绩。领导干部特别是高级干部要把系统掌握马克思主义基本理论作为看家本领，老老实实、原原本本学习马克思列宁主义、毛泽东思想特别是邓小平理论、“三个代表”重要思想、科学发展观。党校、干部学院、社会科学院、高校、理论学习中心组等都要把马克思主义作为必修课，成为马克思主义学习、研究、宣传的重要阵地。新干部、年轻干部尤其要抓好理论学习，通过坚持不懈学习，学会运用马克思主义立场、观点、方法观察和解决问题，坚定理想信念。①

2016 年 5 月，党中央专门召开了哲学社会科学工作座谈会，习近平发表了题为《加快构建中国特色哲学社会科学》的重要讲话。他再次开宗明义，把把握好马克思主义思想资源，作为加快构建中国特色哲学社会科学的三大资源之首：

> 哲学社会科学的现实形态，是古往今来各种知识、观念、理论、方法等融通生成的结果。我们要善于融通古今中外各种资源，特别是要把握好 3 方面资源。一是马克思主义的资源，包括马克思主义基本原理，马克思主义中国化形成的成果及其文化形态，如党的理论和路线方针政策，中国特色社会主义道路、理论体系、制度，我国经济、政治、法律、文化、社会、生态、外交、国防、党建等领域形成的哲学社会科学思想和成

① 《习近平谈治国理政》，北京：外文出版社，2014 年，第 153—154 页。

果。这是中国特色哲学社会科学的主体内容，也是中国特色哲学社会科学发展的最大增量。①

也正是在这篇重要讲话中，习近平把马克思《资本论》、列宁《帝国主义论》、毛泽东农村调查报告，作为哲学社会科学坚持科学性与创新性统一的三个最高典范，让我们更加深刻地认识到，认真学习运用马列经典著作的重要意义：

马克思、恩格斯在建立自己理论体系的过程中就大量吸收借鉴了前人创造的成果。对现代社会科学积累的有益知识体系，运用的模型推演、数量分析等有效手段，我们也可以用，而且应该好好用。需要注意的是，在采用这些知识和方法时不要忘了老祖宗，不要失去了科学判断力。马克思写的《资本论》、列宁写的《帝国主义论》、毛泽东同志写的系列农村调查报告等著作，都运用了大量统计数字和田野调查材料。②

2021 年，在总结中国共产党建党百年历史经验时，习近平同志又把坚持马克思主义中国化作为贯穿百年党史的一条红线，他还十分透辟地指出："中国共产党为什么能，中国特色社会主义为什么好，归根到底是马克思主义行。"③

这就在中国特色社会主义新时代，把独立、科学、正确、系统的马克思主义观的问题，提高到了一个前所未有的新高度。

第三节　新时代的马克思主义观

2018 年 5 月 4 日，纪念马克思诞辰 200 周年大会在人民大会堂隆重举行。中共中央总书记、国家主席、中央军委主席习近平发表

---

① 《习近平谈治国理政》（第二卷），北京：外文出版社，2017 年，第 338—339 页。

② 《习近平谈治国理政》（第二卷），北京：外文出版社，2017 年，第 341 页。

③ 习近平：《在庆祝中国共产党成立 100 周年大会上的讲话》，《人民日报》2021 年 7 月 2 日，第 2 版。

了长篇重要讲话。

这篇重要讲话，在纪念马克思诞辰200周年的关键节点上，阐释了中国共产党人在新时代的马克思主义观，作为新时代中国特色社会主义的理论基础与思想灵魂。也正是新时代马克思主义观这条思想红线，使马列著作出版在新时代开创出新境界。

什么是“马克思主义观”？它是对于马克思主义的基本看法、基本态度、基本理念。马克思主义观，主要是回答相互联系的两大基本问题：一是“什么是马克思主义”，即怎么理解马克思主义的基本问题、思想实质和理论体系；二是“怎样对待马克思主义”，也就是运用与发展马克思主义的根本态度与方法。这样两个基本问题，紧密联系在一起，像椭圆形的两个焦点那样，构成马克思主义观的基本内容、核心理念。单讲一个层面，是远远不够的。

由此还衍生出一个新的问题，就是如何在新时代中，坚持和发展马克思主义。

习近平这篇重要讲话，紧密围绕这两个焦点问题，科学系统地阐明了中国共产党人在中国特色社会主义新时代的马克思主义观。

具体分析起来，由于把中国共产党人怎样对待马克思主义的科学方法与根本态度，做了特别具体的重点展开，整个讲话也可以说包含着对上述两大问题以及三个层面、六个要点的系统论述，我们逐层做些深入解析。

讲话的第一大部分，主要是从理论高度，科学、全面、系统地回答了“什么是马克思主义”的基本问题，集中阐明马克思主义是世界历史上的伟大理论创新，并分三个层次逐层深入地阐明了马克思的人生之道及其理论创新的意义。

讲话开门见山，用四句话，对马克思的独特历史功绩、历史地位，做出一锤定音式的评价：

> 马克思是全世界无产阶级和劳动人民的革命导师，是马克思主义的主要创始人，是马克思主义政党的缔造者和国际共产

主义的开创者，是近代以来最伟大的思想家。①

第一层次，讲话生动具体概括了马克思一生的人生道路，展现出马克思人生境界的三大特点：

马克思的一生，是胸怀崇高理想，为人类解放不懈奋斗的一生；

马克思的一生，是不畏艰难险阻，为追求真理而勇攀思想高峰的一生；

马克思的一生，是为推翻旧世界，建立新世界而不息战斗的一生。

第二层次，讲话总结出马克思主义理论的四大特点——科学性、人民性、实践性、开放性。

马克思主义是科学的理论，创造性地揭示了人类社会发展规律；

马克思主义是人民的理论，第一次创立了人民实现自身解放的思想体系；

马克思主义是实践的理论，指引着人民改造世界的行动；

马克思主义是不断发展的开放的理论，始终站在时代前沿。

第三层次，讲话概述了《共产党宣言》发表以来170年的世界历史进程，包括20世纪列宁主义诞生以来的翻天覆地的历史巨变与曲折进程，证明了马克思主义经受了实践经验，具有伟大历史意义，不愧是“改变世界”的伟大理论创新：

> 《共产党宣言》发表170年来，马克思主义在世界上得到广泛传播。在人类思想史上，没有一种思想理论像马克思主义那样对人类产生了如此广泛而深刻的影响。……
>
> 列宁领导的十月革命取得胜利，社会主义从理论变为现实，打破了资本主义一统天下的世界格局。……
>
> 今天，马克思主义极大推进了人类文明进程，至今依然是具有重大国际影响的思想体系和话语体系，马克思至今依然被

① 习近平：《在纪念马克思诞辰200周年大会上的讲话》，《人民日报》2018年5月5日。

公认为“千年第一思想家”。[①]

讲话的第二大部分，则从理论与实践统一的高度，回答了马克思主义观的第二个基本问题——“怎样对待马克思主义”，集中阐明了中国共产党人与马克思主义的特殊历史渊源：马克思主义中国化的三次飞跃、三大成果，是中华民族现代复兴三部曲“站起来—富起来—强起来”的理论基础与科学指南。

> 中国共产党诞生后，中国共产党人把马克思主义基本原理同中国革命和建设的具体实际结合起来，团结带领人民经过长期奋斗，完成新民主主义革命和社会主义革命，建立起中华人民共和国和社会主义基本制度，进行了社会主义建设的艰辛探索，实现了中华民族从东亚病夫到站起来的伟大飞跃。这一伟大飞跃以铁一般的事实证明，只有社会主义才能救中国！
>
> 改革开放以来，中国共产党人把马克思主义基本原理同中国改革开放的具体实际结合起来，团结带领人民进行建设中国特色社会主义新的伟大实践，使中国大踏步赶上了时代，实现了中华民族从站起来到富起来的伟大飞跃。这一伟大飞跃以铁一般的事实证明，只有中国特色社会主义才能发展中国！
>
> 在新时代，中国共产党人把马克思主义基本原理同新时代中国具体实际结合起来，团结带领人民进行伟大斗争，建设伟大工程、推进伟大事业、实现伟大梦想，推动党和国家事业取得全方位、开创性历史成就，发生深层次、根本性历史变革，中华民族迎来了从富起来到强起来的伟大飞跃。这一伟大飞跃以铁一般的事实证明，只有坚持和发展中国特色社会主义才能实现中华民族伟大复兴！[②]

---

① 习近平：《在纪念马克思诞辰200周年大会上的讲话》，《人民日报》2018年5月5日。

② 习近平：《在纪念马克思诞辰200周年大会上的讲话》，《人民日报》2018年5月5日。

不仅如此，要实现马克思主义中国化第三次飞跃，就必须特别注意抓住马克思主义基本理论、科学体系中的九个要点：

一是关于人类社会发展规律的思想——唯物史观；

二是关于坚守人民立场的思想——人民主体观；

三是关于生产力和生产关系的思想——科学发展观；

四是关于人民民主的思想——新型民主观；

五是关于文化建设的思想——文化观；

六是关于社会建设的思想——社会关系观；

七是关于人与自然关系的思想——生态文明观；

八是关于世界历史的思想——世界史观；

九是关于马克思主义政党建设的思想——新型政党观。

这九个要点的内在逻辑是什么，怎样才能更好地把握呢？

其主体部分是第三条至第七条，讲的是“新时代中国特色社会主义”五位一体总布局的指导思想、理论来源和哲学基础；

最前面的两条，讲的是“五位一体总布局”的两大理论前提、理论基石；

最后的两条，是指把握国际、国内两个大局，并使之统一起来的两个关键环节。

这篇讲话的第三部分，实际是第二部分的延续与发挥，专门谈到要充分认识学习马克思主义理论的重大意义，并且采取实事求是、联系实际的学风，更深化、更具体地谈了以什么样的根本态度对待马克思主义的问题。

在这一部分的开头，为了更加突出全党学习马克思主义的重大意义，特别引用了1938年毛泽东在六届六中全会上名言：

> 如果我们党有一百个至二百个系统地而不是零碎地、实际地而不是空洞地学会了马克思列宁主义的同志，就会大大提高我们党的战斗力量。[①]

① 习近平：《在纪念马克思诞辰200周年大会上的讲话》，《人民日报》2018年5月5日。

讲话中提出了学思统一、知行统一的学习之道、人生之道：

共产党人要把读马克思主义经典、悟马克思主义原理当作一种生活习惯、当作一种精神追求，用经典涵养正气、淬炼思想、升华境界、指导实践。[①]

讲话结尾，画龙点睛，提出了守正出新，开创当代中国与21世纪马克思主义新境界的远大目标：

理论的生命力在于不断创新，推动马克思主义不断发展是中国共产党人的神圣职责。我们要坚持用马克思主义观察时代、解读时代、引领时代，用鲜活丰富的当代中国实践来推动马克思主义发展，用宽广视野吸收人类创造的一切优秀文明成果，坚持在改革中守正出新、不断超越自己，在开放中博采众长、不断完善自己，不断深化对共产党执政规律、社会主义建设规律、人类社会发展规律的认识，不断开辟当代中国马克思主义、21世纪马克思主义新境界！[②]

第四节　读经典、悟原理，首在守正创新

1919年，李大钊在《新青年》上发表的，在中国传播马克思主义的第一篇标志性文献，就是《我的马克思主义观》；而在100年后，习近平在纪念马克思诞辰200周年大会上的讲话，则阐明了中国特色社会主义新时代的马克思主义观。在这里，一以贯之的一条思想红线，就是中国共产党人的马克思主义观，表现出这种独树一帜的马克思主义观经历了百年风雨、历史巨变之后，在新时代的新发展。

---

① 习近平：《在纪念马克思诞辰200周年大会上的讲话》，《人民日报》2018年5月5日。

② 习近平：《在纪念马克思诞辰200周年大会上的讲话》，《人民日报》2018年5月5日。

今天，我们需要从这个新高度、新视野，深入理解习近平《在纪念马克思诞辰200周年大会上的讲话》，层层深入地把握其思想深层底蕴，特别是蕴含其中的中国共产党人新时代马克思主义观的精髓要义。

在纪念马克思诞辰200周年之际，郑重其事地向全中国乃至全世界公开宣示了中国共产党人在新时代的马克思主义观，这在我们党和国家历史上，在170年的国际共产主义历史和当代社会主义历史上，都是一个引人注目、影响深远的大事。

这篇重要讲话，一开头就开宗明义，点明了这位世界伟人的崇高历史地位，以此表明，马克思主义仍是我们中国共产党人和中国人民开创新时代的伟大旗帜与理论基础，在当代世界社会主义仍处于低潮时期的背景下，如一道思想闪光，昭示着21世纪马克思主义必将走出低谷、走向复兴。

对于“什么是马克思主义”的重大理论问题，努力吸收国内外近百年来学术研究成果，做出富有时代精神与民族特色的新回答，讲话要求我们以“两大发现”为焦点，系统把握马克思的一生思想历程，深刻体悟马克思人生的三大境界，马克思主义理论的四大特点。

对于“怎样对待马克思主义”这个重大基本问题，讲话总结了中国共产党人把马克思主义中国化一百年的丰富历史经验，不仅重申了“实事求是”的科学态度，而且提出了“守正出新”的核心理念，要求中国共产党人全党上下走出一条“守正出新”大道，不断开辟当代中国马克思主义、21世纪马克思主义新境界。

在怎样把握“马克思主义历史形态、历史命运”的这个全新的重大问题上，更是提出了一系列引人注目的新观点，如马克思主义中国化的三次飞跃观，马克思主义在当代中国的九大生长点等观点。

正是中国共产党人的新时代马克思主义观，成为习近平新时代中国特色社会主义思想的灵魂，也为马列著作出版在新时代开创新局面，指明了前进方向。

第三十八章 《马克思恩格斯全集》中文第二版新进展

2012年党的十八大以来，马列著作出版工作也开创了一个新阶段。集中表现出的首要成果，就是《马克思恩格斯全集》中文第二版取得了较为重大的新进展，截至2019年，新出了10卷之多，总数达到30卷。

新出的《马克思恩格斯全集》中文第二版10卷，不是零星随意分布的，而是紧密围绕两个思想聚焦点展开的：

一是《资本论》及其手稿；

二是恩格斯主要著作。

这种出版格局的形成，不是随意形成的，恰恰反映了出版组织者的精心布局。由此从数量到质量，都推动《马克思恩格斯全集》中文第二版出版工作走向一个新阶段，也为马列著作研究开创新时代提供了坚实可靠的文本支撑。

第一节 《马克思恩格斯全集》中文第二版出版新成果

2012年党的十八大以来，《马克思恩格斯全集》中文第二版，共出10卷，分别是：

第14卷（2013年出版）；

第35卷（2013年出版）；

第 26 卷（2014 年出版）；
第 36 卷（2015 年出版）；
第 49 卷（2016 年出版）；
第 42 卷（2016 年出版）；
第 43 卷（2016 年出版）；
第 28 卷（2018 年出版）；
第 37 卷（2019 年出版）；
第 38 卷（2019 年出版）。

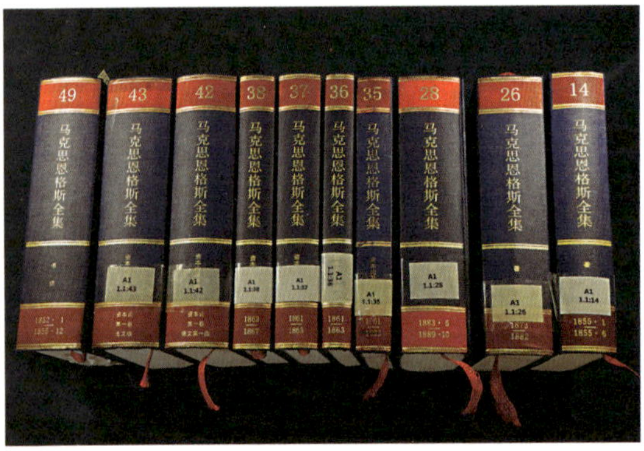

图 38-1　2013 年至 2019 年，中央编译局编译、人民出版社出版的《马克思恩格斯全集》中文第二版，新出 10 卷

初看起来，这个卷次编目有点散乱，让人一时摸不着头脑。我们如果按《马克思恩格斯全集》中文版的三个主要部类，排列一下，或许可以帮我们初步理出一个头绪来：

第一部分著作卷，共新出 3 卷：第 14 卷、第 26 卷、第 28 卷。

第二部分经济学卷，《资本论》及其相关经济学文献，共新出 6 卷：第 35 卷、第 36 卷、第 37 卷、第 38 卷、第 42 卷、第 43 卷；

第三部分书信卷，新出 1 卷：第 49 卷。

按照《马克思恩格斯全集》中文第二版这三个部分一一归类，可以看清楚在马克思、恩格斯著作出版取得的新成果，主要集中在两大部分上：

首先是第二大部分经济学卷，新出 6 卷，10 卷之中半数以上集中在这一部分；其次是第一部分著作卷，新出 3 卷，恩格斯主要著作集中在这一部分。

经济学卷部分，实质上就是《资本论》文本群或叫文本系列的出版，包括《资本论》手稿，《资本论》三卷本的理论部分，《资本论》第一卷的德文、法文、英文等不同版本等。这6卷《资本论》文献的最新出版，把《资本论》在中国的翻译出版史推向了一个新阶段，大大超越了《马克思恩格斯全集》中文第一版及俄文第二版的水平，紧紧跟上了国际上最领先的历史考证版第二版的新成果、新潮流。

而恩格斯重要著作的编辑出版，为2020年纪念恩格斯诞辰200周年，提供和奠定了重要的文献基础。

2013年新出的《马克思恩格斯全集》第14卷，主要是收录马克思和恩格斯在1855年1月至6月，以克里木战争为主题的一些政论文章，其中相当一部分是恩格斯执笔写成的军事评论文章。

2014年新出的《马克思恩格斯全集》第26卷，实际上收录了恩格斯在19世纪七八十年代写的两部重要著作，一是《反杜林论》及其材料，二是未能完成出版的《自然辩证法》手稿。

2018年新出的《马克思恩格斯全集》第28卷，则收录了恩格斯在1883年5月至1889年10月间写成或发表的论著，其中最主要的就是恩格斯的两部重要著作：《家庭、私有制和国家的起源》、《路德维希·费尔巴哈和德国古典哲学的终结》。

2018年是马克思诞辰200周年，2020年是恩格斯诞辰200周年，《资本论》文本系列和恩格斯主要著作的重新出版，为这两次学术盛典提供了坚实厚重的经典文本基础，由此构成新时代马列著作出版的两大思想热点。

第二节 《资本论》两大手稿和第一卷德法文版

2012年党的十八大以来，马列著作出版的新成果，最大最集中的体现，就是马克思《资本论》文本体系的出版取得重大进展。这一点突出表现在两个方面：一是基本出齐《资本论》三大手稿；二是根据历史考证版第二版的出版新成果，在第42卷、第43卷中，分别出版了《资本论》第一卷德文版和法文版。比起《马克思恩格斯全集》中文第一版来说，《资本论》文本群得以更加完整、系统、统一地呈现出来。

中文第一版《马克思恩格斯全集》依据的主要是俄文第二版，既反映了20世纪中期的国际新成果、新潮流，同时也有俄文第二版的历史局限。表现在《资本论》文本群编排上，主要存在的问题就是，由于整部全集分成正卷39卷和补卷11卷，《资本论》文本群因此也被一分为二：第23至26卷，为《资本论》理论部分；而《资本论》手稿则被编辑在补卷的第46至50卷中，一般读者较难把握。另外，《资本论》创作的最大的一部手稿《1861—1863年经济学手稿》的系统完整性受到严重破坏，难窥全貌，有些文献甚至没有编入。至于《1863—1865年经济学手稿》是否存在，主要内容是什么，让人难以判断。

马克思《资本论》四大手稿中，《1861—1863年经济学手稿》结构最全，篇幅也最大：

从1861年8月到1863年7月，马克思在写作《政治经济学批判》第二分册的过程中，不断扩展理论内容，结果写成了一部篇幅更加庞大的手稿，即《1861—1863年经济学手稿》。手稿包括23个笔记本，共1472页。其中仅《剩余价值理论》部分的篇幅约占全部手稿一半以上。按照马克思当时的设想，“资本一般”的内容是论述资本的本质，即一切资本的共性，暂不涉及资本相互作用的特殊复杂问题（这些问题以后将由《竞争》、《信用》和《股份资本》册去论述）。

依据俄文第二版编排的中文第一版《马克思恩格斯全集》，把《1861—1863年经济学手稿》一分为二：一部分编为《资本论》第4卷（《马克思恩格斯全集》第26卷第3册），另一部分则在《马克思恩格斯全集》第47至49卷中刊出，但又不太完整，有所遗漏。

这次《马克思恩格斯全集》中文第二版，则借鉴历史考证版第二版编辑新成果，从第32卷开始到第37卷为止，用整整6卷篇幅，原原本本地把《资本论》这部最大手稿，完完整整地呈现出来。其中第32至34卷三卷是前一段出版的，第35至37卷，则出版于2012年后，完整展现了《1861—1863年经济学手稿》的后半部分。

图38-2 《马克思恩格斯全集》新出10卷中，有《资本论》及其手稿6卷

《剩余价值理论》部分篇幅庞大。人们通常是按其内容和写作顺序，把它的基本部分分别收入三册书中。在本版中，《剩余价值理论》的开头部分（第VI—X笔记本）收入第33卷，内容是关于资产阶级政治经济学向上发展直至其顶峰时期的理论，主要涉及亚当·斯密的理论。《剩余价值理论》的中间部分（第X—XIII笔记本）收入第34卷，内容是关于资产阶级古典经济学的顶峰时期李嘉图的理论，主要涉及的是价值理论和广义的剩余价值理论的完成，论述的是剩余价值在资本主义社会表面上表现出来的各种特殊形式。

2013年新出的第35卷，收录《剩余价值理论》的结尾部分（第XIII—XV笔记本），分析的是资产阶级政治经济学作为一门科学的衰落过程及其向庸俗经济学的转化。在这里，马克思分析了古典经济学解体过程中的三个主要派别：第一，以马尔萨斯为代表的一派对劳动价值理论进行的带有敌意的攻击；第二，李嘉图的模仿者们为李嘉图理论所进行的“辩护”，他们为了使李嘉图理论中的矛盾能够自圆其说而不惜歪曲其科学成分，从而加速了古典经济学的没落；第三，以李嘉图的劳动价值理论为依据，直接得出有利于无产阶级的结论的那些空想社会主义者。

2015 年新出的第 36 卷，收录《1861—1863 年经济学手稿》的第五部分，源自马克思的第 XV 个笔记本最后部分及第 XVII、XVIII 笔记本，也就是马克思自己统一编码的第 1029 页之后的近于尾声的部分。

这一卷有正副两个主题：正主题是专门考察“商业资本和货币经营资本”，大体相当于《资本论》第二卷中讲的资本的流通过程；副主题则是剩余价值理论的结尾部分——马克思对资产阶级古典经济学的后期代表人物乔·拉姆赛、安·埃·舍尔比利埃和理·琼斯的评述。

2019 年新出的第 37 卷，收录《1861—1863 年经济学手稿》结尾部分，包括马克思第 V 笔记本的第 211 至 219 页，及第 XIX 至第 XXIII 笔记本的内容。

这一卷的内容很重要，专门探讨剩余价值生产的问题。对此问题，马克思的基本思路是：从绝对剩余价值入手，先上升到相对剩余价值，最后上升到相对剩余价值与绝对剩余价值的综合考察。这一卷的内容，是这一研究思路的第二、三个阶段，因而是取得理论突破、重大创新的关键文本。

这一卷的理论内容中，蕴含着一个重大的理论创新，却至今在国内外尚未引起足够注意，就是在《资本论》写作计划中，马克思试图按照“简单协作—分工—机器”三个阶段，来研究相对剩余价值的生产发展过程。他运用的标题是“3. 相对剩余价值”，下面的第一个小标题是“机器。自然力和科学的应用（蒸汽、电、机械的和化学的因素）　［续］”。因而，或许我们今天也可简称之为《1861—1863 年经济手稿》中的“相对剩余价值篇”或“机器篇”。

这一卷的这一部分，有相对独立的学术价值和特别重大的现实意义：从世界历史高度讲到火药、罗盘、活字印刷术这三大发明，对于“突破中世纪，走向近代化”的意义；描述了“公元 1000 年—

1500 年前后文艺复兴时代—1750 年英国产业革命”这三次近代化来潮的创新过程；蕴含着马克思独有的“科学—技术—制度”综合创新论的基本思想。

这是比熊彼特企业创新论早约半个世纪的马克思主义创新理论源头，对于我们今天有更加重要的历史意义、指导意义。

有趣的是，马克思本人做出的标记以及他给恩格斯的信，都提示我们应特别重视新版第 37 卷中的这些闪光思想。

在拟定了上述计划之后，马克思于 1863 年初又回过头来分析机器在资本主义生产中的应用，并写了第 V 笔记本的最后部分，以及第 XIX 和 XX 笔记本。关于这一点，可参看马克思在 1863 年 1 月 24 日和 23 日给恩格斯的信。因此，按照写作时间，第 V 笔记本的一部分被包括进本卷。在第 XX 笔记本的封面上，马克思亲笔写着“1863 年 2 月”；后来又加上“4 月、5 月”。马克思在 1863 年 1 月 23 日给恩格斯的信中这样写道：“我正在对论述机器这一节作些补充。在这一节里有些很有趣的问题，我在第一次整理时忽略了。”① 这就标志着，此时马克思对机器的研究进入了一个新阶段，其特点是同时较深入地研究了机器本身的发展。

美中不足的是，编者注意到这些内容的重要性，而对其理论创新意义的强调仍有不足，更未能注意到这里蕴含着马克思最独特、最重要的科学、技术、制度综合创新论。

2019 年新出的第 38 卷，也有不可忽视的重大意义。如果说第 32 至 37 卷是一个单元，集中展现《1881—1863 年经济学手稿》的话，那么，第 38 至 39 卷则是又一个新的单元。其中，第 39 卷尚未见出，2019 年出版的第 38 卷，卷首目录中则明确标明了其文献来源及其历史定位：

资本论

① 《马克思恩格斯全集》（第三十七卷），人民出版社，2019 年，第 597 页。

（1863—1865 年手稿）

第一册

第二册（第一稿）

应当说，如此简单明了地标明《资本论（1863—1865 年手稿）》，这在中文版《马克思恩格斯全集》中还是第一次。马克思是否有《资本论（1863—1865 年手稿）》，这在国际学术界是一个争论多年、悬而未决的疑难问题；俄文第二版、中文第一版补卷中，这个问题也比较含糊，难以做出明晰判断；而这次新版第 38 卷，则对这个历史之谜做出了彻底解答。

特别值得注意的是，第 38 卷刊出的《资本论（1863—1865 年手稿）》，还首次展现了马克思自己的《资本论》分册构想："第一册资本的生产过程"，"第二册资本的流通过程"，马克思还特别在第二册封面右上角，显著地标上了"I"，似乎意在强调这是《资本论》第二册"资本流通过程"的第一稿。

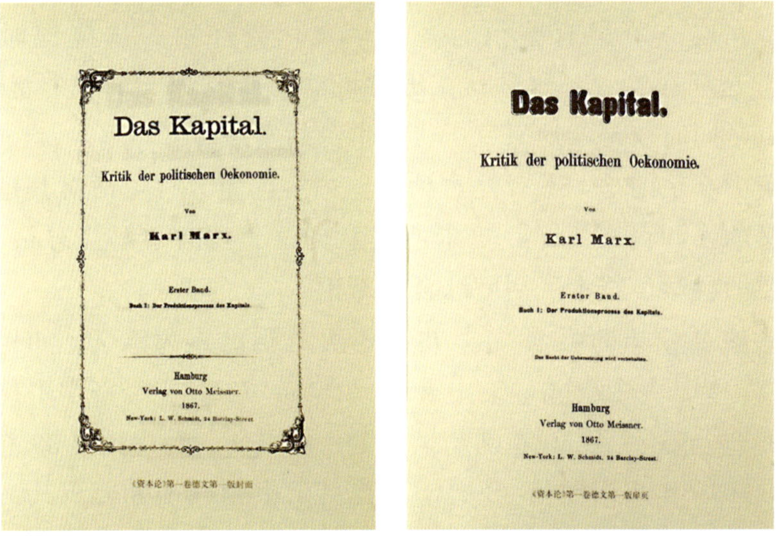

图 38-3　新出第 42 卷，第一次收入 1867 年马克思本人原创的《资本论》德文第一版，这是其封面与扉页

除以上所说的以外，《马克思恩格斯全集》中文第二版取得的又一项新成果，是在 2016 年出版的第 42 卷。该卷根据历史考证版

第二版第二部分《资本论》及其准备著作，首次出版了1867年德文第一版《资本论》第一卷。其篇章结构与后来各版有较大不同，尚保持马克思当年原创时期的原始结构。在一定意义上，也可以说是《资本论》逻辑的“母结构”。这个母结构，还是比较简单的，没有分篇，也没有分成诸多章节，只是6章结构。在1872年德文第二版中发展为7篇25章的多层次结构。通过该卷，有助于我们回到马克思《资本论》逻辑体系的原点。

图38-4 新出第43卷，收入了“有独立科学价值的”《资本论》1873—1875年法文版，这是其封面与扉页

《马克思恩格斯全集》中文第二版的另一项新成果，是在2016年还出版了第43卷。再版了《资本论》1872年至1875年的法文版，马克思当年曾判定这一法文版“在原本之外有独立的科学价值”。①《资本论》第一卷总体结构，在1875年法文版中进而演化为8篇33章。在这里，不仅总体结构有所发展变化，有些重要细节，也有较大完善变化。比如，在劳动社会化大趋势下，“重建个人所有制”的未来社会主义社会基础，在这里加上了一个新的关键词

① 《马克思恩格斯文集》（第五卷），北京：人民出版社，2009年，第27页。

"劳动者"，变成了"在协作和共同占有包括土地在内的一切生产资料的基础上，重新建立劳动者的个人所有制"。[①]

毫无疑问，《资本论》法文版的这个新表述，起了画龙点睛的作用，有助于我们更好更精准地理解把握马克思社会主义观，尤其是其关于社会主义本质及其所有制的思想精髓。

第三节　汇聚恩格斯主要著作

中文第二版《马克思恩格斯全集》新出版的第 14 卷、第 26 卷、第 28 卷，初看起来，都是各自独立的、各有主题的，并没有什么直接的内在联系。但如果我们走进这新出 3 卷的理论内容深处，就可以找到一条思想红线贯穿其中，就是这 3 卷新书，特别集中地反映出恩格斯与马克思的合作关系与独特贡献。因而，从一定意义上可以说，这是献给 2020 年纪念恩格斯诞辰 200 周年的一份学术厚礼。

2013 年出版的第 14 卷，刊出了 1855 年 1 月到 6 月这半年期间，马克思、恩格斯所写的政论、时评和军事文章，共 107 篇，当年多发表在德国《新奥得报》和美国《纽约每日论坛报》上。这一卷在内容上，有一个高度集中的主题，就是克里木战争。在 107 篇文章中，马克思署名之作是 63 篇，恩格斯署名之作是 31 篇，还有 13 篇是二人联合署名的。

在这一卷中，马克思一方面主要关注英法与俄国间的克里木战争，另一方面还以《工商业危机》、《英国工商业的危机》、《英国的危机》、《金融市场》等题目，以见微知著的敏感性，预见了 1857 年将要来到的首次世界性经济危机，"英国的大工商业危机又一次来到了，而且其破坏性的规模比 1847 年和 1836 年危机还要大"[②]。

这一卷的最大特点，是首次集中展现了恩格斯的军事理论研

① 《马克思恩格斯全集》（第四十三卷），北京：人民出版社，2016 年，第 827 页。

② 《马克思恩格斯全集》（第十四卷），北京：人民出版社，2013 年，第 24 页。

究，表明了他正在把新唯物主义世界观和唯物史观，应用于战争领域，正在努力开创军事辩证法的新领域。

本卷收录的文献与《马克思恩格斯全集》第一版相应时期的有关卷次相比，增加了恩格斯的 11 篇文章：《克里木战局》、《克里木的前景》、《对塞瓦斯托波尔的围攻》、《塞瓦斯托波尔城外的局势》、《德国与斯拉夫民族》、《欧洲的斗争》、《塞瓦斯托波尔之围势在必撤》、《塞瓦斯托波尔。——最近的轰击》、《必败无疑的围攻》、《新任法军总司令》、《克里木的消息》。

在这一卷，特别值得注意的是恩格斯的一篇长篇军事论文，约合汉字 6 万字，这是他为纽约《普特南氏月刊》写的一篇文章《欧洲军队》。在这篇文章中，恩格斯详细评述了欧洲各国的军队，分析了各国军队在组织、编制、训练制度和官兵的战斗素质等方面的特点。恩格斯揭示了近代以来各国军事信息互相公开和军事制度趋于一致的新情况、新趋势："从前每一个大国都出于猜忌而把自己军队的情况神秘地掩盖起来，如今已不再是这样了。""由于这种公开性的原因，文明世界各国的陆军部在平时可以说是组成了一个大的军事委员会，目的在于讨论一切新提出的改革措施的优点，使每一个成员都能够利用所有其他成员的经验。这样一来，几乎一切欧洲军队的体制、组织和一般管理制度就大体上趋向一致……"①

2014 年新出的第 26 卷，则集中展现了 19 世纪七八十年代恩格斯的两部主要著作：一是 1876 年至 1878 年间集中写的《反杜林论》；二是 1873 年至 1882 年间写的《自然辩证法》手稿。

第 26 卷的开头，就是 1876 年至 1878 年间，恩格斯受马克思委托而写成的论战性著作《反杜林论》。该书副标题表明了其论战对象的特殊性："欧根·杜林先生在科学中实行的变革"。这部著作，按照"哲学—政治经济学—社会主义"三篇结构，用近 30 章篇幅，第一次

① 《马克思恩格斯全集》（第十四卷），北京：人民出版社，2013 年，第 529—530 页。

图 38-5 《马克思恩格斯全集》中文第二版第 26 卷，收录了恩格斯晚年两部重要著作：《反杜林论》和《自然辩证法》手稿，图为书中插图恩格斯像

比较系统地阐明马克思主义、科学社会主义基本观点、基本原理。可以说是学习研究马克思主义的简明读本，或者说是一部简要通俗的马克思主义百科全书。

第 26 卷的一个显著特点是，不仅原原本本刊载了《反杜林论》全文，而且还根据历史考证版第二版的新成果，刊载了《反杜林论》的准备材料，其中包括恩格斯为反驳杜林所做的准备材料、恩格斯在《社会主义从空想到科学的发展》中对《反杜林论》正文所做的修改补充等。特别值得注意的是，马克思亲自执笔为《反杜林论》的政治经济学篇写了第十章《〈批判史〉论述》，恩格斯为了全书需要，对此做了大幅度删节，而马克思原文是有独立理论价值的。在第 26 卷的准备材料中，多数中文读者得以第一次看到马克思的原文，并理解其中两大独特理论意义：一是在《评杜林〈国民经济学批判史〉》中，看到马克思对经济史、经济学思想史的许多闪光思想；二是在《〈经济表〉及若干批注》中，对重农学派魁奈的《经济表》这个经济学史上的“不可解的斯芬克斯之谜”，马克思做出的独特破解、独到分析。

第 26 卷的后半部分，则集中刊出了恩格斯的《自然辩证法》手稿。这部手稿，虽然后来因恩格斯全力从事《资本论》第二卷、第三卷出版工作而未能最终完成，却是恩格斯最富于原创性、独创性的一部学术著作。新出的第 26 卷，努力汲取历史考证版第二版国际新成果和中国学界长期研究成果，在《自然辩证法》的编排上，比起中文第一版的相应编排来说，有了令人耳目一新的新变化。

中文第一版第 20 卷的《自然辩证法》手稿编排，还是拘泥于形式，把恩格斯相关手稿分成两大部分。第一部分是加工比较成熟的“论文”，共10篇；第二部分则是加工还较不成熟的准备材料，类似读书笔记，称为“札记和片断”，也有约10篇，如科学历史摘要，自然科学和哲学等。新版第26卷对恩格斯《自然辩证法》手稿的编排，做了重大调整与革新，主要表现在：

> 《自然辩证法》的全部手稿参照恩格斯《1878年的计划》编为六个部分：“历史导论”，“黑格尔以来的理论发展进程。哲学和自然科学”，“辩证法作为科学”，“物质的运动形式以及各门科学的联系”，“各门科学的辩证内容”，“自然界和社会”。……为便于读者研究，本卷还附有按手稿写作时间和按手稿内容分别编排的《自然辩证法》细目。[①]

不仅如此，新版第26卷还提供了手稿目录及三种目录索引，对于自学研究者有很大帮助。

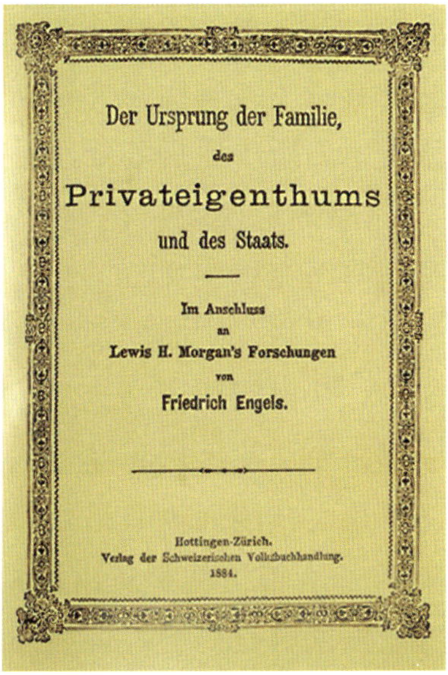

图38-6 《马克思恩格斯全集》中文第二版第28卷，收录了恩格斯晚年先后写出的两部著作：《家庭、私有制和国家的起源》和《费尔巴哈论》。图为书中插图《家庭、私有制和国家的起源》第1版封面

2018年新出的第28卷，收录了恩格斯在马克思逝世之后，1883年5月至1889年10月写的文章、手稿和笔记。其中最主要的是两篇：1884年在晚年马克思对摩尔根《古代社会》一书笔记基础上写成的小型学术专著《家庭、私有制和国家的起源》（简称《国家起源论》）；另一篇是1886年发表的《路德维希·费尔巴哈和德国古典哲学的终结》（简称《费尔巴哈论》）。

《国家起源论》，是恩格斯晚年之

① 《马克思恩格斯全集》（第二十六卷），北京：人民出版社，2014年，第12页。

作，也是他富于理论原创性的著作之一。乃至列宁在《论国家》中称之为“现代社会主义的基本著作之一，其中每一句话都是可以相信的，每一句话都不是凭空说的，而是根据大量的史料和政治材料写成的”[①]。这一著作有一个副标题：“就路易斯·亨·摩尔根的研究成果而作”。实际上，恩格斯既参考了摩尔根《古代社会》一书原著，又重点参考了马克思1880年至1881年间对上述著作的笔记。对于这一点，在该书1884年第一版序言一开头，恩格斯就做出了明确交代。恩格斯这一著作在中国历来受到重视，出版过不同译者的多个版本。中文第一版《马克思恩格斯全集》将其收入1965年出版的第21卷中，当时主要依据的是俄文第二版的《马克思恩格斯全集》。由于恩格斯创作时原文是德文，因而，中文第二版主要依据的是《马克思恩格斯全集》历史考证版第二版第一部分第29卷，同时还参考了《马克思恩格斯全集》俄文版第二版。恩格斯在1891年德文第四版中所做的修改补充，都在注释中做了说明。

《费尔巴哈论》是晚年恩格斯最重要的著作之一，其思想主旨是阐明马克思主义哲学世界观、唯物史观的形成过程，对德国古典哲学中黑格尔唯心辩证法和费尔巴哈旧唯物主义的思想借鉴与根本超越，从而阐明了马克思主义哲学世界观，特别是唯物史观的基本原理。中文第一版将其收入1965年出版的第21卷，并表明因其原文是德文，因而没有采用俄文第二版，而是根据《马克思恩格斯全集》1962年柏林狄茨出版社德文版第21卷译出的。中文第二版主要依据的则是历史考证版第二版第一部分第30卷，上述德文版也起了参考作用。历史考证版第二版主要依据的是1888年在斯图加出版的德文单行本，恩格斯对部分文字做了一些修改补充，并加写了序言，还把马克思1845年春天写的《关于费尔巴哈的提纲》作为附录首次公之于世，并称之为“包含新世界萌芽的第一份天才文献”。

① 《列宁全集》(第三十七卷)，北京：人民出版社，2017年，第64页。

第四节 第49卷：新出版书信一卷

新版《马克思恩格斯全集》第49卷收录的文献，主要是1852年1月至1855年12月间马克思与恩格斯之间的通信以及他们给他人的书信，共291封。而在附录部分，则首次收录了燕妮给马克思、恩格斯的书信以及燕妮受马克思委托给其他人的书信19封等，为我们了解这位伟大女性的心灵世界，提供了一面难得的镜子。

在马克思主义传播史上，列宁首倡特别重视马克思、恩格斯书信的优良传统，因而在梁赞诺夫、阿多拉茨基领导编纂的俄文版《马克思恩格斯全集》中，已经开始把马克思、恩格斯书信作为相对独立的重要部分。而历史考证版第二版的一个新成果、新尝试，是不仅收录马克思和恩格斯之间通信，而且收录了其他人给马克思、恩格斯的书信，从而便于人们更完整深入地了解马克思、恩格斯书信的历史背景与理论内容。

1852年至1855年这4年时间，一个重要历史特征，是1848年欧洲革命高潮已经过去了，工人运动走向低潮，欧洲政治进入一个反动时期。马克思、恩格斯在这个低潮时期，没有放弃斗争精神与理想目标，但采取了全新的斗争方式和斗争策略。

马克思与恩格斯的友人魏德迈，则把工人运动、社会主义运动的火种从欧洲传播到北美洲。马克思、恩格斯对此表示了热情支持。马克思总结1848年革命历史经验与历史教训的重要著作《路易·波拿巴的雾月十八日》，从通信中可以看出，最初就是想通过魏德迈，在美国率先发表问世。也正基于此，马克思1852年3月5日给魏德迈的信具有重要理论意义，他在信中写道："无论是发现现代社会中有阶级存在或发现各阶级间的斗争，都不是我的功劳。在我以前很久，资产阶级历史编纂学家就已经叙述过阶级斗争的历史发展，资产阶级经济学家也已经对各个阶级作过经济上的分析。

我所加上的新内容就是证明了下列几点：（1）阶级的存在仅仅同生产发展的一定历史阶段相联系；（2）阶级斗争必然导致无产阶级专政；（3）这个专政不过是达到消灭一切阶级和进入无阶级社会的过渡。”①

这卷书信，对于中国读者的一个最特殊、最新颖的价值在于，收录了燕妮在1852年给马克思写的6封书信，相当于燕妮与马克思的“两地书”。

从这些书信中，可以看到，虽然已经结婚十年之久，但燕妮对马克思还是一往情深、倾心支持的。当然，也可看出他们生活的清贫艰难以及燕妮的内心痛苦煎熬。

这一卷还收录了1852至1854年间，燕妮写给恩格斯的8封书信，有助于我们从这一特殊视角，了解恩格斯与马克思的伟大友谊，也了解燕妮这位伟大女性的心灵世界。

本卷收入的所有书信，都是根据《马克思恩格斯全集》历史考证版第二版第三部分第5卷、第6卷和第7卷翻译或重新校订的。

① 《马克思恩格斯全集》（第四十九卷），北京：人民出版社，2016年，第79页。

第三十九章　出版《马列主义经典作家文库》

党的十八大后，党和国家更加重视马克思列宁主义著作的出版工作与学习研究。经过一番认真筹备，从2014年起，陆续推出《马列主义经典作家文库》。截至2019年，先后推出5批经典著作，共27种，在中国马列著作出版史上别开生面。这是继新中国成立之初推出“干部必读”12本书，20世纪60年代“30本书”之后，再一次重点推出的马列主义经典著作文本群、文献库。

第一节　出版缘起

2012年党的十八大后，以习近平同志为核心的党中央高度重视马克思列宁主义经典著作的编辑出版工作，带头在党员干部中倡导读原著、学原文、悟原理。

正是在这种形势推动下，中共中央编译局决定陆续推出《马列主义经典作家文库》。为此，集中了中央编译局内的骨干力量，成立了《马列主义经典作家文库》著作单行本和专题选编本编审委员会。

中央编译局《马列主义经典作家文库》编委会，对于这一文库的出版缘起、思想主旨，做了言简意赅的概要说明：

马克思、恩格斯和列宁的著作是马克思主义的理论原典，是学习、研究、宣传和普及马克思主义的基础文献。为了适应马克思主义中国化、时代化、大众化不断推进的形势，满足广大读者多层次的需求，我们总结了迄今为止的编译经验，考察了国内外出版的有关读物，吸收了理论界提出的宝贵建议，精选马克思、恩格斯和列宁的重要著述，编成《马列主义经典作家文库》。

入选《马列主义经典作家文库》的文献，编成了三个系列，对此编委会也做了简要说明：

文库辑录的文献分为三个系列：一是著作单行本，收录经典作家撰写的独立成书的重要著作；二是专题选编本，收录经典作家集中论述有关问题的短篇著作和论著节选；三是要论摘编本，辑录经典作家对有关专题的论述，按逻辑结构进行编排。

编委会还对编辑准则及追求目标，做了一个简要说明：

文库编辑工作遵循面向实践、贴近群众的原则，力求在时代特色、学术质量、编排设计方面体现新的水准。[①]

《马列主义经典作家文库》的出版意义，不在于收集了新的文献资料，采取了新的编排方式，而在于以文库这种独特形式持续推进马列著作出版工作，为党员干部、广大群众深入学习马克思列宁主义提供了文献基础，为更好地理解贯彻习近平新时代中国特色社会主义思想开掘了源头活水。

第二节　2014 年《马列主义经典作家文库》第一批出版

经过一段时间的认真准备，2014 年开始推出了《马列主义经典作家文库》第一批论著，包括《共产党宣言》《1844 年经济学哲学手稿》《1848 年至 1850 年的法兰西阶级斗争》《社会主义从空想到

① 马克思、恩格斯：《共产党宣言》，北京：人民出版社，2014 年，编辑说明第1 页。

科学的发展》《路德维希·费尔巴哈和德国古典哲学的终结》《帝国主义是资本主义的最高阶段》《列宁论新经济政策》7 种马克思列宁主义经典著作。

图 39-1　2014 年《马列主义经典作家文库》（简称“马列文库”）第一批 7 本书

不难看出，文库第一批推出上述这 7 本书不是随意的，而是精挑细选的。

其中第一部《共产党宣言》，是马克思主义两位创始人马克思和恩格斯合作完成的主要经典之作，也是马克思主义公开问世的开山之作，更是一代又一代中国共产党人作为信仰之基的奠基之作。

接下来的两部著作，是马克思的两部重要著作：一是《1844 年经济学哲学手稿》，二是马克思在 1848 年革命中写成的经典之作《1848 年至 1850 年的法兰西阶级斗争》。二者的核心观点，是 19 世纪 40 年代马克思主义创立过程中的两个核心观点：新唯物主义实践观和唯物史观。

再接下来的两部著作，是恩格斯晚年首倡马克思主义观的两部奠基之作：一是在《反杜林论》基础上写成的《社会主义从空想到科学的发展》，集中回答了“什么是社会主义，怎么搞社会主义”的科学社会主义基本问题；二是1886年发表的《路德维希·费尔巴哈和德国古典哲学的终结》，集中回答了马克思主义哲学是怎样从借鉴与批判黑格尔唯心辩证法、费尔巴哈旧唯物主义中产生的，什么是马克思主义哲学，尤其是唯物史观的基本问题、基本观点、基本原理。

最后的两部著作，集中反映了列宁的两大理论创新：一是1916年写成的《帝国主义是资本主义的最高阶段》，二是1921年后写的《列宁论新经济政策》。

图 39-2 “马列文库”第一批中列宁著作2本：《帝国主义是资本主义的最高阶段》和《列宁论新经济政策》

这里特别值得一提的是，把列宁这两部论著，列入文库首批书目，是十分切当的，足见编委会的政治立场与理论眼光。

大家知道，《帝国主义是资本主义的最高阶段》是列宁在1915年至1916年间，在第一次世界大战隆隆炮火中写成的一部重要理论著作，集中表现了马克思列宁主义时代观。由于种种复杂原因，该书也在当代世界范围引起了广泛争议，成了一部分人的攻击对象。在这种情况下，中国共产党人是否坚持列宁该书所表现的基本立场、基本观点，也就成了一个举世瞩目的重大问题。把列宁这部重要著作列入首批书目，正是旗帜鲜明地回答了这个问题。由此表明中国共产党人与马克思主义学界，坚持列宁主义基本立场、基本观点、基本原理毫不动摇，坚持与发展马克思列宁主义时代观毫不动摇，具有鲜明的旗帜作用、导向作用。

最后一部著作是《列宁论新经济政策》，这是把 1921 年列宁开辟新经济政策道路以后的创新之作，集中起来，编纂而成，反映了列宁晚年社会主义观的新发展、新飞跃。

应当说，编辑出版《列宁论新经济政策》这一专题文集，是中国马列著作出版史上的一个重要成果；将其列为文库的首批书目，更是很有思想、很有胆识、很有意义的一步，值得充分肯定，重点探讨。

该书不仅在所附插图中再现了列宁逝世前后《论粮食税》等关于新经济政策的论著在中国出版中译本的书影，还在卷首编者引言结尾，专门写了一段，交代了列宁新经济政策著作与理论在新中国建设中的历史命运：

> 列宁关于新经济政策的思想在我国受到高度重视。早在 1949 年 6 月，中外出版社就编辑出版了《列宁论新经济政策》一书，书中选收了《论粮食税》等七篇著作或者著作节选和列宁的两封书信。2001 年 4 月，人民出版社出版了中央编译局编辑的《列宁论新经济政策》，其中选收了《论粮食税》等 16 篇著作或者著作节选。本版《列宁论新经济政策》对 2001 年版本的选文略作调整，译文和资料采用了《列宁全集》中文第 2 版和《列宁选集》第 3 版修订版的最新编译成果。①

第三节　2015 年《马列主义经典作家文库》第二批出版

2015 年，《马列主义经典作家文库》又推出了第二批，共有 7 本，包括：《路易·波拿巴的雾月十八日》《哥达纲领批判》《反杜

① 《列宁论新经济政策》，北京：人民出版社，2014 年，《编者引言》第 6 页。

林论》《自然辩证法》《唯物主义和经验批判主义》《国家与革命》《马克思恩格斯论中国》。

图 39-3 2015 年“马列文库”第 2 批 7 本书（部分）

这 7 本书，我们重点介绍马克思两部著作《路易·波拿巴的雾月十八日》和《哥达纲领批判》。

马克思 1852 年写成的《路易·波拿巴的雾月十八日》，对 1851 年 12 月 2 日路易·波拿巴发动政变，推翻法兰西第二共和国、复辟帝制的历史事变做了鞭辟入里的深刻分析，成了运用唯物史观、验证唯物史观的光辉典范、历史名篇。将其列入文库重新出版，意在强调我们今天处在 21 世纪新时代，在瞬息万变的历史变局中，仍然需要像马克思当年那样，创造性地运用与发展唯物史观。

《哥达纲领批判》是马克思在 1875 年写成的晚年之作，虽然篇幅并不长，当年又不是以完成的论著形式发表，而只是一组读书笔记式的批注，但理论内容却极端重要，集中表达了马克思晚年的时代观、国家观、社会主义观。因而在今天，对于开创新时代具有特别重大的理论意义、现实意义、实践意义，文库将其收入完全必要。

正是在这里，马克思表达了自己独特深刻的时代观，提出近代资本主义世界历史发展的一个基本矛盾，就是科学技术、经济发展超前，构成了统一的一体化的世界市场，而国家制度创新滞后，仍存在不同的国家体系：

> 不言而喻，为了能够进行斗争，工人阶级必须在国内作为阶级组织起来，而且它的直接的斗争舞台就是本国。所以，它的阶级斗争不就内容来说，而像《共产主义宣言》所指出的"就形式来说"，是本国范围内斗争。但是，"现代民族国家的范围"，例如德意志帝国，本身又在经济上处在"世界市场的范围内"，在政治上"处在国家体系的范围内"。……
>
> 而且纲领还荒谬地滥用了"现代国家"、"现代社会"等字眼，甚至更荒谬地误解了向之提出自己要求的那个国家！
>
> "现代社会"就是存在于一切文明国度中的资本主义社会，它或多或少地摆脱了中世纪的杂质，或多或少地由于每个国度的特殊的历史发展而改变了形态，或多或少地有了发展。"现代国家"却随国境而异。它在普鲁士德意志帝国同在瑞士不一样，在英国同在美国不一样。所以，"现代国家"是一种虚构。[①]

正是在这里，马克思集中表述了自己的国家观，包括对普鲁士专制主义国家的深刻无情批判，对近代资本主义国家与国家体系二重性的深刻揭示，特殊过渡时期无产阶级专政过程的必要性，社会主义第一阶段国家的二重性，未来国家长远发展的消亡趋势等。

又是在这里，马克思集中地表达了自己的社会主义观，探讨了未来社会发展的不同阶段，在社会主义初级阶段上"新社会"与"旧痕迹"势必历史共存的特殊矛盾，未来共产主义社会的发展趋势与基本特征等。

中国共产党人与马克思主义学界，历来十分重视马克思《哥达

---

① 马克思：《哥达纲领批判》，北京：人民出版社，2015 年，第 19 页、第 26—27 页。

纲领批判》这部经典之作，此前几十年间已出过多种不同版本。而这次新版本，从出版史、编纂学的角度来看，有两个超越以往各种版本，包括中文第一版、第二版《马克思恩格斯全集》的新特点：

第一，为了帮助大家了解马克思《哥达纲领批判》的写作缘起、理论内容、思想精髓和历史命运，在马克思批注后，还集中荟萃了恩格斯相关的书信十来封，可以称之为“恩格斯论马克思《哥达纲领批判》”。包括：《致奥古斯特·倍倍尔》（1875 年 3 月 18—28 日）、《致威廉·白拉克》（1875 年 10 月 11 日）、《致奥古斯特·倍倍尔》（1875 年 10 月 12 日）、《致卡尔·考茨基》（1891 年 1 月 7 日）、《致卡尔·考茨基》（1891 年 1 月 15 日）、《致卡尔·考茨基》（1891 年 2 月 3 日）、《致弗里德里希·阿道夫·左尔格》（1891 年 2 月 11 日）、《致卡尔·考茨基》（1891 年 2 月 11 日）、《致卡尔·考茨基》（1891 年 2 月 23 日）、《致弗里德里希·阿道夫·左尔格》（1891 年 3 月 4 日）、《致奥古斯特·倍倍尔》（1891 年 5 月 1—2 日）。

第二，本版马克思《哥达纲领批判》，还把德国党历史上相关的三部主要纲领作为附录发表于后，称之为“德国社会民主党有关纲领选编”：《德国社会民主工党纲领》（1869 年在爱森纳赫通过），《德国工人党纲领》（1875 年 3 月 7 日发表在《人民国家报》上），《德国社会主义工人党纲领》（1875 年在哥达通过）。

图 39-4 “马列文库”第二批收入的列宁两部著作：《唯物主义和经验批判主义》和《国家与革命》

文库第二批书目也收录了列宁的两部著作。第一部是列宁在 1908 年写成的《唯物主义和经验批判主义》，第一次系统阐明了辩证唯物主义实践观、真理观，乃至辩证唯物主义的认识论，为实事求是的思想路线奠定了哲学基础，集中体现了马克思列宁主义哲学精髓。

第二部是列宁在 1917 年十月革命前夕写成的《国家与革命》，集中表述了马克思列宁主义国家观，对于我们的革命、建设与改革，都有统摄全局、不可替代的重要指导作用。

第四节 2016 年《马列主义经典作家文库》第三批出版

2016 年，《马列主义经典作家文库》第三批著作推出，包括：《资本论》（节选本）、《法兰西内战》、《德国农民战争》、《德国的革命和反革命》、《共产主义运动中的“左派”幼稚病》、《什么是“人民之友”以及他们如何攻击社会民主党人？》。

图 39-5 2016 年“马列文库”第 3 批 6 本书

对于第三批书目，首先应当提到的就是，马克思一生主要著作《资本论》，首次以节选本形式问世，为中国读者更好地把握马克思这部思想巨著，提供了一条便捷路径。

《马克思恩格斯全集》中文第二版中《资本论》三卷本的总字数，约合汉字230万字。如此大的篇幅，对于普通读者，确实难以一下子完整读下来。而《资本论》又是马克思一生主要著作，不读《资本论》，就很难完整理解马克思，乃至整个马克思主义、科学社会主义理论体系。

看来，正是出于这种考虑，文库编委会专门成立一个专家小组完成《资本论》三卷本的节选本出版工作。本书卷首的编者引言，以言简意赅的方式，分三个部分，简要叙述了《资本论》概况。第一部分，简明概述了《资本论》三卷的基本内容、理论结构和展开逻辑；第二部分，介绍了《资本论》创作40年的艰辛历程及出版的历史过程；第三部分，则介绍了《资本论》在中国的历史命运，各种中译本的问世过程以及这部最新节选本的编辑原则。

《资本论》三卷本的中文节选本的问世，应当说是《资本论》出版史上的一个新成果，为广大中文读者初识《资本论》，开辟了一条便捷途径。

第三批书目中还收录了一部马克思晚年的重要著作，即1871年在总结巴黎公社革命实践经验基础上所著的《法兰西内战》。

早在延安时期，《法兰西内战》的第一个中译本，就由吴黎平与张闻天（署名为刘云）合作译出，1938年11月作为“马克思恩格斯丛书”第五种，由延安解放社出版。1939年，又由上海海潮社出版了郭和依据日文译本翻译的中译本，题目改为《巴黎公社》。1961年5月，为了纪念巴黎公社90周年，人民出版社还出版了中央编译局编译的《马克思恩格斯列宁斯大林论巴黎公社》，其中还首次收录了《法兰西内战》的初稿和二稿这两份原文。这些文献的主要部分都收在这次新版《法兰西内战》中，卷首还特别收录了恩格斯1891年为纪念巴黎公社20周年所写的“1891年版导言”，集中阐明了马克思这一经典著作的巨大意义及“巴黎公社原则”的巨大意义。

在马克思《法兰西内战》与恩格斯所写导言中，特别突出了巴黎公社创新国家制度时的两大原则——人民民主选举、民主监督，并具有对官吏行使罢免权的原则，具有特别突出的现实意义。

文库第三批还收录了恩格斯的两部著作：1850 年写成的《德国农民战争》；1851 年 8 月至 1852 年 9 月写成的，由 19 篇文章组成的《德国的革命和反革命》。这是恩格斯首次运用唯物史观新方法，系统研究德国农民战争与 1848 年革命的重要尝试与重要成果。

文库第三批也收录了列宁的两部重要论著：

一部是 1894 年写成的，为列宁主义奠定重要理论基础的《什么是“人民之友”以及他们如何攻击社会民主党人?》。

该书不仅彻底批判了自由主义民粹派的错误观点，而且还第一次简要提出了列宁的马克思主义观，特别是他对马克思主义哲学世界观、唯物主义历史观的基本观点。

图 39-6　“马列文库”第三批收入的列宁两部著作：《什么是“人民之友”以及他们如何攻击社会民主党人?》和《共产主义运动中的“左派”幼稚病》

另一部是 1920 年，从战时共产主义转入新经济政策道路过程中写成的《共产主义运动中的“左派”幼稚病》。本书在共产国际第二次代表大会前夕推出，旨在进一步阐发马克思列宁主义新型政党观，特别是党的战略策略观，借以克服党内存在的“左派”幼稚病。

这两部著作，对理解列宁主义理论基础与理论创新，都具有不可替代的重要作用，而且其基本思想至今仍有鲜活的现实意义与启迪作用。

第五节　2018年、2019年《马列主义经典作家文库》第四批、第五批出版

2018年，适逢马克思200周年诞辰，文库第四批，也在2018年推出。

2019年，文库第五批出版。

第四批书目包括：《德意志意识形态》（节选本）、《雇佣劳动与资本》、《家庭、私有制和国家的起源》、《怎么办?》、《进一步，退两步》。

第五批书目包括：《论住宅问题》、《社会民主党在民主革命中的两种策略》。

图39-7　2018年“马列文库”第四批5本书

这两批书目，共7种著作，大体上可以分为三组：

第一组，马克思、恩格斯合著的《德意志意识形态》（节选本），再加上马克思1849年所著的《雇佣劳动与资本》，突出的主题

是马克思两大发现——19世纪40年代唯物史观的伟大发现，19世纪中后期《资本论》中剩余价值学说的伟大发现；

第二组，恩格斯1872年至1873年所写的《论住宅问题》，1884年在摩尔根《古代社会》及其马克思晚年笔记基础上写成的学术专著《家庭、私有制和国家的起源》；

第三组，列宁的三篇论著，主题是新型政党观和党的策略、政治建设三部曲：1902年的《怎么办?》，1904年的《进一步，退两步》，1905年革命中的《社会民主党在民主革命中的两种策略》。

图39-8　“马列文库”第四批收入的列宁两部著作：《怎么办》和《进一步，退两步》

列宁1901年至1902年间写成的重要著作《怎么办?》，回答的是党的建设的理论基础问题，做出了思想建党、理论建党的重大理论创新，为现代新型无产阶级政党建设奠定了理论基础。

列宁在1904年写成的《进一步，退两步》，主题仍是新型政党观，重在解决新型政党的组织建设、政治建设问题，首次阐明了民主集中制是现代新型政党最基本的组织原则，其精神实质是“思想自由，行动一致”，以保证新型政党在革命实践中的高度统一，克敌制胜。

列宁在1905年俄国革命中写成的《社会民主党在民主革命中的两种策略》，提出在民主革命中，敢于革命、敢于争取群众、敢于争取思想政治领导权的革命策略，旨在反对消极放弃领导权、消极放弃群众、消极放弃革命的右倾机会主义策略。

第四十章 《纪念马克思诞辰 200 周年 马克思恩格斯著作特辑》

——2018 年推出的 15 种马恩经典著作

第一节 2018 年中国隆重纪念马克思诞辰 200 周年

2018 年，适逢马克思诞辰 200 周年，2020 年又适逢恩格斯诞辰 200 周年。

中国共产党人与中国马克思主义学界，历来有郑重纪念马克思主义创始人的优秀历史传统。在改革开放、探索中国特色社会主义的历史起点上，1983 年就由党和国家出面，组织了纪念马克思逝世 100 周年的隆重纪念活动，并且进行了广泛深入的学术讨论。

2018 年 5 月 4 日，在人民大会堂举行了隆重的纪念马克思诞辰 200 周年大会。与此相应的是，经过精心策划与认真准备，从 2018 年 3 月起，陆续推出《纪念马克思诞辰 200 周年 马克思恩格斯著作特辑》，简称“纪念马克思特辑”。

卷首的编辑说明中，对于这部特辑的出版缘起与编辑宗旨，做了说明：

> 2018 年 5 月 5 日，是马克思诞辰 200 周年。在人类历史上，马克思是对世界现代文明进程影响最深远的思想家和革命家。他和恩格斯共同创立的科学理论体系，是人类数千年来优秀文化的结晶，是工人阶级及其政党的行动指南，是中国人民

为实现中华民族伟大复兴而团结奋斗的思想基础。为了缅怀和纪念这位伟大的革命导师，推进新时代马克思主义中国化、时代化、大众化事业，我们精选了马克思和恩格斯在各个时期写的具有代表性的重要著作，编成《马克思恩格斯著作特辑》，奉献给广大读者，以适应新形势下学习和研究马克思主义理论的需要。

《马克思恩格斯著作特辑》的编辑宗旨是面向实践、贴近读者，坚持“要精、要管用”的原则，既涵盖马克思主义哲学、政治经济学和科学社会主义的理论体系，又体现马克思和恩格斯创立和发展科学理论的历史进程；既突出他们对国际共产主义运动和民族解放运动的正确指导和有力支持，又反映他们对中华民族发展前途的深情关注和殷切期望。

《纪念马克思诞辰 200 周年 马克思恩格斯著作特辑》共收录马克思、恩格斯经典著作 15 部，其中 14 部是马恩著作单行本，还有一本是中央编译局编译的《马克思恩格斯论中国》。具体书目如下：

图 40-1 2018 年纪念马克思诞辰 200 周年特辑标志

1.《共产党宣言》；

2.《资本论》（节选本）；

3.《1844 年经济学哲学手稿》；

4.《德意志意识形态》（节选本）；

5.《雇佣劳动与资本》；

6.《1848 年至 1850 年的法兰西阶级斗争》；

7.《路易·波拿巴的雾月十八日》；

8.《法兰西内战》；

9.《哥达纲领批判》；

10.《马克思恩格斯论中国》；

11.《反杜林论》;

12.《自然辩证法》;

13.《社会主义从空想到科学的发展》;

14.《家庭、私有制和国家的起源》;

15.《路德维希·费尔巴哈和德国古典哲学的终结》。

图 40-2 "纪念马克思特辑"15 种(部分)

第二节 特辑中的马克思七部著作

这次的出版缘起与宗旨,首先是纪念马克思诞辰 200 周年,因而在书目编排上,突出了马克思经典著作的首要地位。

这部特辑,首先收录了 19 世纪 40 年代马克思创立唯物史观过程中,以马克思为第一作者、恩格斯为第二作者的两部著作。

第一部是 1845 至 1847 年间,马克思和恩格斯合作写成,标志着马克思创立唯物史观的著作——《德意志意识形态》。这里参照历史考证版第二版的编辑成果与编辑方式，收录《德意志意识形态》第一卷《序言》和《费尔巴哈》章，并且以唯物史观基本观点、系统表述为主线，辑录了“第一卷和第二卷重要论述摘编”。

第二部是1847年底至1848年初，马克思和恩格斯合作完成的《共产党宣言》。在一定意义上可以说，这是包含马克思主义哲学、政治经济学、科学社会主义三个组成部分的马克思主义、科学社会主义理论体系第一次公开问世的重要标志。

书中以“附录”形式，收录了恩格斯的《共产主义信条草案》、《共产主义原理》，表明在最初第一稿、第二稿中，恩格斯曾是主要执笔者，而到第三稿，马克思对于该文的理论升华、重大飞跃，的确是起了关键作用。

另一方面，这部特辑的独特之处在于，集中展现了马克思的7部个人专著，从而呈现了马克思作为马克思主义“第一提琴手”的首要地位，这7部著作从19世纪40年代，一直延续到19世纪七八十年代，绵延40年：

第一部，《1844年经济学哲学手稿》；

第二部，1849年所写的、为后来《资本论》起奠基作用的《雇佣劳动与资本》；

第三部，1849年至1850年写成的《1848年至1850年的法兰西阶级斗争》；

第四部，1851年至1852年写成的《路易·波拿巴的雾月十八日》；

第五部，1871年写成的总结巴黎公社革命历史经验的《法兰西内战》；

第六部，在1875年就德国两个工人政党合并问题及其理论纲领写成的《哥达纲领批判》。

此外，还有《资本论》。这是贯穿马克思一生的主要著作，是马克思主义、科学社会理论体系一以贯之的主要理论奠基之作。

第三节　隆重推出《共产党宣言》和《资本论》纪念版

图 40-3　2018 年隆重推出两大经典纪念版之一——《共产党宣言》

2018 年 3 月，为了纪念马克思诞辰 200 周年、《共产党宣言》发表 170 周年，人民出版社出版了《共产党宣言》纪念版。这部纪念版《共产党宣言》的书脊是金色的，特精装 16 开本，典雅大气。封面右上角有一行烫金小字“马克思诞辰 200 周年纪念版”。封面正中，有马克思与恩格斯像，作者署名，中间是鲜红夺目的书名《共产党宣言》。

卷首编者引言，介绍了《共产党宣言》纪念版出版的特殊纪念意义：

> 在半个世纪时间内，一部译作经过如此精心的反复推敲和集体定稿，这在中外翻译史上是不多见的。五十年间，五次修订，目的就是为了使《共产党宣言》的中文译本日臻完善，让《宣言》的精辟思想进一步广泛传播、深入人心、代代相承。上述相继问世的版本就像一座座里程碑，昭示了马克思主义经典著作的影响力和生命力，见证了中国共产党人对理论建设的高度重视，体现了编译工作者为传播真理而奋斗的精诚与恒心，同时也从一个侧面反映了我们党运用马克思主义指导中国社会主义建设和改革的历程。在此期间，除了上述全国通用的译本之外，人民出版社还在 1978 年刊印过成仿吾的译本。①

① 马克思、恩格斯：《共产党宣言》，北京：人民出版社，2018 年纪念版，第 10 页。

不仅如此，2018年中央编译出版社还先后出了《共产党宣言》的中德俄英多语种纪念版及其特精装珍藏版。其特点是卷首有国画大师蒋兆和1954年所作的马克思肖像和恩格斯肖像，《共产党宣言》手稿的马克思手迹，以及十分珍贵的燕妮抄写的手迹。书后附有中德俄英四种文字的版本，还有各国出版的封面精选。

图40-4 《共产党宣言》中德俄英多语种纪念版及珍藏版

书末的出版后记，说明了这个多种文字纪念版的特殊意义及其在出版史上的新意所在。

与此同时，人民出版社还出版了马克思《资本论》三卷本的纪念版，包括两种装帧形式，分别是32开普精装本和16开特精装本。

图40-5 精装三卷本《资本论》

其中16开特精装本的《资本论》三卷本，书脊呈深褐色，封面则呈象牙白色，左上角是一行金色小字："马克思诞辰200周年纪念版"。上面正中还有马克思侧面肖像。肖像之下是马克思署名，以及红色的三个大字：资本论。

第四节 特辑中的恩格斯五部专著

在《纪念马克思诞辰200周年 马克思恩格斯著作特辑》中，不仅出版了马克思和恩格斯合著的两本书——《德意志意识形态》、

《共产党宣言》，编译出版了《马克思恩格斯论中国》，而且还将恩格斯的5部学术专著列入。

正是在这里，集中表现出中国共产党人与马克思主义学界对于马克思与恩格斯关系的科学正确的观点：既超越苏联马克思学的"绝对同一论"，又超越西方马克思学中流行一时的"马恩对立论"，从而走向马恩"共殊统一论"。就是在充分肯定马克思与恩格斯在马克思主义基本观点上根本一致的基础上，又承认二者的个性差异和独特贡献，注重恩格斯的独特贡献——把马克思主义、科学社会主义理论系统化，以及开创了三大辩证法：自然辩证法、军事辩证法、国家与文明起源辩证法。

收入特辑的恩格斯5部学术专著是：

1. 《反杜林论》；
2. 《自然辩证法》；
3. 《社会主义从空想到科学的发展》；
4. 《家庭、私有制和国家的起源》；
5. 《路德维希·费尔巴哈和德国古典哲学的终结》。

图40-6 恩格斯第一部经典之作——《反杜林论》

图40-7 恩格斯第二部经典之作——《自然辩证法》

图40-8 恩格斯第三部经典之作——《社会主义从空想到科学的发展》

图 40-9 恩格斯第四部经典之作——《家庭、私有制和国家的起源》

图 40-10 恩格斯第五部经典之作——《路德维希·费尔巴哈和德国古典哲学的终结》

这5部恩格斯著作，大体上是按写作或发表时间排列的，相当集中地表现出恩格斯对马克思主义的独特的重大理论贡献。

一是恩格斯创作于1876年至1878年间的《反杜林论》，以与杜林论战的方式，按照“哲学—政治经济学—社会主义”三个组成部分的总体框架，比较系统地阐发了马克思主义、科学社会主义理论体系及其基本观点。

二是恩格斯1873年至1882年间陆续写出，但未能最终完成的《自然辩证法》手稿。虽然形式上还只是一部未完成的手稿，但却是恩格斯最富于原创性的著作之一，不仅为马克思主义提供了基于唯物史观的自然观、科学观、科技史观、人与自然关系观，首次提出了资本主义生态危机观与新型生态文明观，而且还是实现马克思一生哲学夙愿，在改造黑格尔哲学基础上、创立唯物辩证法的第一次重大尝试。

三是恩格斯在《反杜林论》基础上，于1880年至1882年间整理出版的专著《社会主义从空想到科学的发展》，阐发了科学社会主义创立的三大理论来源——法国空想社会主义、英国古典经济学、从康德与黑格尔到费尔巴哈的德国古典哲学，由于有了马克思主义唯物史观与《资本论》中的剩余价值学说这两大发现，社会主义从空想变为科学，从而提出了科学社会主义一系列基本原理。

四是恩格斯在马克思晚年对摩尔根《古代社会》一书所作笔记的基础上，于1884年发表的学术专著《家庭、私有制和国家的起源》，提出了原始社会中两种生产统一的理论，阐明了国家与文明起源的辩证法，揭示了从原始社会到文明时代发展的普遍规律，还有国家起源中“雅典—罗马—日耳曼”三种模式。

五是恩格斯1886年发表、1888年出版单行本的《路德维希·费尔巴哈和德国古典哲学的终结》，第一次简明系统阐明了马克思主义哲学创新过程，及其对黑格尔唯心辩证法与费尔巴哈旧唯物主义的借鉴与超越，从而阐明唯物史观的思想实质与基本原理。

第四十一章　列宁著作出版新高潮

2013 年 1 月 5 日，在新进中央委员会的委员、候补委员学习贯彻党的十八大精神研讨班上，习近平发表重要讲话，纵论社会主义 500 年。他把“列宁主义”与“苏联模式”明确地区分为两个不同历史阶段，对列宁主义做出了满腔热忱的高度评价，而对“苏联模式”则进行了实事求是、一分为二的具体分析与历史反思。

他高度评价了列宁主义在社会主义 500 年历史上的重要地位与重大创新：

> 第三个时间段，列宁领导十月革命胜利并实践社会主义。20 世纪初，列宁把马克思主义基本原理同俄国具体实际相结合，创造性地提出社会主义可能在一国或数国首先取得胜利的理论，领导十月革命取得成功，建立了世界上第一个社会主义国家，使社会主义实现了从理论到实践的伟大飞跃。十月革命胜利后，究竟如何搞社会主义，没有先例，列宁进行了深入思考和艰辛探索。[①]

2016 年 5 月 17 日，习近平发表《在哲学社会科学工作座谈会上的讲话》，再次高度肯定了列宁主义的重要指导地位：

> 特别是十月革命一声炮响，给中国送来了马克思列宁主

---

① 中共中央宣传部：《习近平总书记系列重要讲话读本（2016 年版）》，北京：学习出版社，人民出版社，2016 年，第 21 页。

> 义。……需要注意的是，在采用这些知识和方法时不要忘了老祖宗，不要失去了科学判断力。马克思写的《资本论》、列宁写的《帝国主义论》、毛泽东同志写的系列农村调查报告等著作，都运用了大量统计数字和田野调查材料。[①]

正是在以习近平同志为核心的党中央领导下，列宁著作的出版在改革开放新时代的中国，也有了新成果，显示出新气象，甚至可以说，以 2017 年纪念十月革命 100 周年、2020 年纪念列宁诞辰 150 周年为契机，正在开创一个新时代、新阶段。

第一节　《列宁全集》中文第二版增订版

2017 年，适逢列宁领导俄国十月革命 100 周年。由于种种复杂的国际关系问题，这个话题显得格外敏感和错综复杂。但有一件大事，表达出中国共产党人对于这个复杂问题的基本态度，这就是经过长期策划、准备，由人民出版社出版了中共中央编译局编译的《列宁全集》60 卷本的中文第二版增订版。

从 1984 年起，由中共中央编译局编译的《列宁全集》第二版陆续出版，1990 年基本出齐，共 60 卷。这部全集收载列宁文献 9000 多件，是我国自行编辑的、在全世界各种列宁著作版本中收载文献最丰富的版本。全集出版后，中共中央编译局又将新发现的文献编为《列宁全集补遗》两卷。2017 年推出的增订版，在第二版基础上增补了新文献，即从《列宁全集补遗》中精选 44 篇文献，按时间顺序编入相应卷次中。其中 33 篇收入正文，11 篇收入附录。为了便于读者查阅，还在第 1 卷卷末刊出了《〈列宁全集〉第二版增订版新增文献一览表》，并在相关卷次对新增文献做了必要说明。

除此之外，增订版还对《列宁全集》第二版正文和注释中出现

---

① 习近平：《在哲学社会科学工作座谈会上的讲话》，北京：人民出版社，2016 年，第 5 页，第 19 页。

的马克思恩格斯著作引文进行全面校订；对列宁著作译文中的个别疏漏加以补正，对各类重要概念的译名进行复核和统一；对人名索引和注释的释文中不恰当的表述和评价加以修正，并且尽量统一不同卷次中相同人名条目和注释条目的释文；利用《列宁专题文集》的编辑和研究成果，对全集各卷的前言进行适当修订和完善；对文献索引、大事年表进行修订、统一等。此外，还补齐全集各卷前言后、正文前的列宁不同时期的照片。

《列宁全集》中文第二版增订版，有两种版本，分别是 32 开普通精装版和 16 开特精装版，灰褐色的精装封面，显得格外庄重大气，有重要的纪念意义与典藏价值。

《列宁全集》中文第二版增订版首批 7 卷的增补和修订工作于 2013 年完成，而全部工作的完成，60 卷巨著的最终出齐，恰巧赶在纪念十月革命 100 周年的 2017 年。党和国家还在人民大会堂为此举行了相应的活动。

可以说，在马列著作编译出版工作中，最有国际意义和中国特色的出版成果，首推《列宁全集》中文第二版增订版。

图 41-1 《列宁全集》中文第二版增订版 60 卷本，2017 年出齐

这是在党中央领导下，由中共中央编译局组成强大的专业队伍，乃至几代中国马列著作编译人共同努力的编译成果、心血结晶。

《列宁全集》中文第二版增订版，在每一卷的扉页上都郑重其事地表明了该书出版缘起以及党中央的高度重视——这不是个别人、个别思想家、著作家的个人行为，而是党和国家指导思想、意识形态的理论基础建设的重大举措：

> 《列宁全集》第二版是根据中国共产党中央委员会的决定，由中共中央马克思恩格斯列宁斯大林著作编译局编译的。①

1949年6月30日，在新中国成立前夕，庆祝中国共产党成立28周年之际，毛泽东发表《论人民民主专政》，其中有一句家喻户晓的名言，说的就是，“十月革命一声炮响，给我们送来了马克思列宁主义”②。而《列宁全集》中文第二版增订版则是在2017年纪念列宁领导十月革命100周年前夕郑重地全面推出的，这个时机是深思熟虑、意味深长的，也是用这种独特方式，表明中国共产党人与马克思主义学界对于列宁领导十月革命的充分肯定的基本态度。

第二节 《列宁著作特辑》出版发行

——集中反映列宁主义四大理论创新

2020年，恰逢列宁诞辰150周年。如何纪念这位马克思列宁主义伟大导师，俄国与世界工人阶级与社会主义运动的伟大领袖，成了举世瞩目的一件大事。

中国共产党人与马克思主义学界，在党中央领导下，通过中央编译局与人民出版社的通力合作，隆重推出《列宁著作特辑》，以纪念列宁诞辰150周年。全书包括《帝国主义是资本主义的最高阶

① 《列宁全集》(第一卷)，北京：人民出版社，2017，扉页。

② 《毛泽东选集》(第四卷)，北京：人民出版社，1991年，第1471页。

段》、《国家与革命》、《唯物主义和经验批判主义》和《列宁论新经济政策》四部著作。这四部著作合起来堪称“列宁四大经典”，集中反映列宁主义四大理论创新。

这套《列宁著作特辑》，堪称是继《列宁专题文集》5卷本、《列宁全集》中文第二版增订版之后，列宁著作编辑出版的又一新成果：在历史和逻辑的统一之中，集中展现了列宁从1894年至1924年这30年间，坚持和发展马克思主义，使之上升到列宁主义新阶段的历史过程与理论逻辑。

“列宁四大经典”之首，是列宁在1905年俄国革命失败后，为从哲学高度总结历史经验与历史教训，巩固党的革命队伍及其理论基础，于1908年完成的哲学创新之作——《唯物主义和经验批判主义》。列宁系统阐发了马克思、恩格斯创立的辩证唯物主义哲学世界观，以实践论、反映论为基石的辩证唯物主义认识论，从而为实事求是、一切从实际出发的思想路线、认识路线，奠定了坚实可靠的哲学基础。这里讲的辩证唯物主义、历史唯物主义哲学世界观，也为列宁主义一系列重大创新，奠定了哲学基础。

图41-2　“列宁四大经典”之首——《唯物主义和经验批判主义》

图41-3　“列宁四大经典”之二——《帝国主义是资本主义的最高阶段》

“列宁四大经典”之二，是在第一次世界大战隆隆炮火中，列宁在1916年集中写出的专著《帝国主义是资本主义的最高阶段》。

也正是在这里，列宁继承发展了马克思《资本论》的理论创新，专门研究了世纪之交的时代变化，揭示了从自由竞争资本主义时代走向垄断资本主义，即帝国主义时代的新趋势、新变化、新规律，从而坚持与发展了马克思主义时代观，为分析俄国特殊国情与世界各国国情，提供了科学可靠的理论前提和理论基础。这是列宁主义的第二大理论创新。

“列宁四大经典”之三，是在1917年十月革命前夕，在《马克思主义论国家》笔记基础上写成的《国家与革命》，第一次集中阐述和发展了马克思主义国家观，为十月革命胜利、成功夺取政权、巩固无产阶级专政，奠定了哲学基础与理论基础。这是列宁坚持与发展马克思主义国家观的重大理论创新，也为20世纪马克思主义史发展到列宁主义新阶段，奠定重要的哲学基石和理论基石。列宁国家观的理论创新，对于我们在新时代，实现国家治理体系与治理能力的现代化，仍有重大启迪作用。

图41-4 “列宁四大经典之三”——《国家与革命》

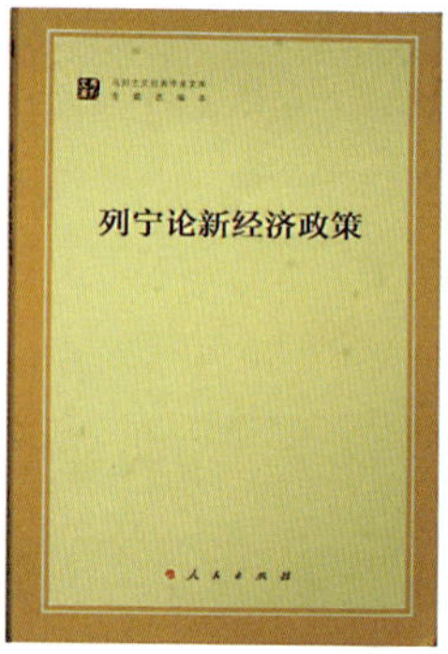

图41-5 “列宁四大经典”之四——《列宁论新经济政策》

“列宁四大经典”之四，是1921年从战时共产主义转向新经济政策之后列宁系统论证新经济政策道路的《列宁论新经济政策》，选编收录了《论粮食税》等列宁15篇文章，展现了列宁开创新经济政策道路的实践创新过程与理论创新过程。核心是社会主义观，尤其是列宁晚年新经济政策时期社会主义观的重大转变与观念创新。

“哲学世界观—时代观—国家观—社会主义观”，这是“列宁四大经典”关注的四大理念，是列宁主义理论创新的四大思想聚焦点，是列宁坚持与发展马克思主义基本理论的四大生长点，也是我们今天坚持和发展列宁主义的四大源头活水，更好地学习贯彻习近平新时代中国特色社会主义思想必不可少的四大辅助教材。

第三节　中国列宁思想研究的新高潮

中国的列宁著作出版与列宁思想研究，具有特别深厚的历史传统与思想土壤。国内有一个专门研究列宁著作与理论的列宁思想研究会，从黄枬森、庄福龄、林利等老一辈马克思主义哲学史学会开拓者，到王东、安启念、俞良早等人，几十年如一日，始终坚持这方面的学术研究。1978 年改革后，尤其是 1991 年东欧剧变、苏联解体后，即使受到一定冲击，中国列宁著作出版与思想研究，也始终没有中断，没有止步；并且在 2012 年党的十八大后，特别是 2017 年纪念十月革命 100 周年，2020 年纪念列宁诞辰 200 周年之际，还迎来了列宁思想研究的新高潮。

1984 年，在全国首届列宁哲学思想研讨会上，黄枬森与王东在国内外学术界率先提出，列宁晚年新经济政策道路与经济、政治、文化系统改革的最后构想，是中国改革实践创新与系统改革论的历史源头和理论源头。

进入 21 世纪以来，20 年间，中国列宁思想研究会发起并策划组织了多届列宁学论坛，针对列宁《唯物主义和经验批判主义》与当代马克思主义哲学创新、列宁主义思想中的活东西与当今时代新特点、新问题等诸多主题，进行了深入且广泛的研讨，影响很大，在国内外列宁思想研究中走在前沿，独树一帜。

2020 年 4 月 22 日，中国列宁思想研究会、北京大学马克思主义学院、教育部人文社会科学重点研究基地北京大学中国特色社会主义理论研究中心联合举办“开创新时代的源头活水”暨纪念列宁诞辰150周年学术研讨会。会议采取了视频会议的特殊形式。

会议重点研讨列宁主义在20世纪马克思主义史上的重大理论创新及其思想精髓，对于我们今天开创新时代有何重大现实意义，有哪些特别值得深入开掘的思想理论上的源头活水。

列宁诞辰150周年纪念活动的一场重头戏，是2020年8月21日，在党中央领导下，由中央党史和文献研究院牵头承办，中央党校（国家行政学院）、中央党史和文献研究院、教育部、中国社会科学研究院联合举办的“纪念列宁诞辰150周年理论研讨会”。中央党史和文献研究院院长曲青山，中央党校（国家行政学院）副校（院）长谢春涛，教育部副部长翁铁慧，中国社会科学院党组成员、当代中国研究所所长姜辉出席会议并讲话。会议由柴方国主持，约50人参加会议。

会上有5位特邀专家做了专题发言，分别是：

中央编译局原局长韦建桦：《让列宁的人格光辉映照我们的人生之路》；

教育部社会科学委员会副主任委员、北京大学马克思主义学院教授顾海良：《列宁对马克思主义政治经济学的重要贡献》；

北京大学哲学系教授王东：《列宁主义的哲学创新》；

中国人民大学哲学系教授安启念：《历史充分证明〈帝国主义论〉的科学性》；

南京师范大学公共管理学院教授俞良早：《列宁的东方社会发展理论为中国实践所证实》。

此外，2020年10月24日，中国列宁思想研究会与广西师范大学联合举办纪念“列宁诞辰150周年”学术研究会暨列宁思想研究会2020年年会，与会代表有来自全国各地专家学者近百人。会上，由列宁思想研究会会长、北京大学王东教授作学术报告，梳理了新时代列宁思想研究的重点，提出要面向新时代开创列宁思想研究的新阶段、新高度和新水平。列宁思想研究会副会长杨金海、俞良早等人也在大会上发言。

这一时期，还出版了一系列和列宁思想、列宁著作紧密关联的学术著作，例如：王东著《哲学创新的源头活水：〈哲学笔记〉中的列宁构想》（北京师范大学出版社，2017 年），王东、刘军编著《列宁思想在中国：中国列宁学百年轨迹与前沿问题》（人民出版社，2017 年），刘军著《〈国家与革命〉精学导读》（科学出版社，2019 年），李健著《〈共产主义运动中的“左派”幼稚病〉精学导读》（科学出版社，2019 年），王东著《〈论粮食税〉〈论我国革命〉精学导读》（科学出版社，2019 年），俞良早著《列宁十月革命重要思想重释》（红旗出版社，2020 年），中共中央党史和文献研究院编《列宁画传》（重庆出版社，2020 年），王东、刘军著《马克思列宁主义源头活水论——时代观、国家观、社会主义观》（辽宁人民出版社，2020 年）。

图 41-6　王东著《哲学创新的源头活水：〈哲学笔记〉中的列宁构想》

图 41-7　王东、刘军著《列宁思想在中国：中国列宁学百年轨迹与前沿问题》

图 41-8　刘军、李健、王东解说列宁著作的新书

图 41-9　王东、刘军著《马克思列宁主义源头活水论——时代观、国家观、社会主义观》

第四十二章　马列著作历史文献的系统再现

——《马藏》与《马克思主义经典文献传播通考》工作的开展

党的十八大以来，马列著作在中国的出版工作，还开辟了一个全新的领域。这就是由北京大学马克思主义学院顾海良、孙代尧、孙熙国、孙蚌珠等人带头，开展了《马藏》编纂工程；清华大学杨金海、艾四林、李惠斌等人则开始了《马克思主义经典文献传播通考》丛书相关工作。这两方面工作殊途同归，都是在做马列著作中文译本的"历史考证版"。

第一节　从总序看《马藏》

2015年，北京大学《马藏》编纂工程正式启动。

《马藏》的编纂工作，主要负责者是主编顾海良，副主编孙代尧、孙熙国、孙蚌珠。此外，还有一批北大马院博士后参与进来，做了大量基础性工作。2019年初，《马藏》第一部正式出版。

让我们先看看《马藏》工程的历史缘起，以更好地理解其思想主旨。正如《马藏》总序所言，马克思主义在中国的传播和发展已经有一百多年的历史，但学界至今仍然缺乏将这一历史过程中产生的相关文献汇集和编纂为一体的权威典籍，尤其缺乏对早期文献和相关数据的系统整理与汇纂，以致在中国马克思主义传播史和中国近现代思想文化史中大量的有价值的文本几被湮灭；已经发掘出来

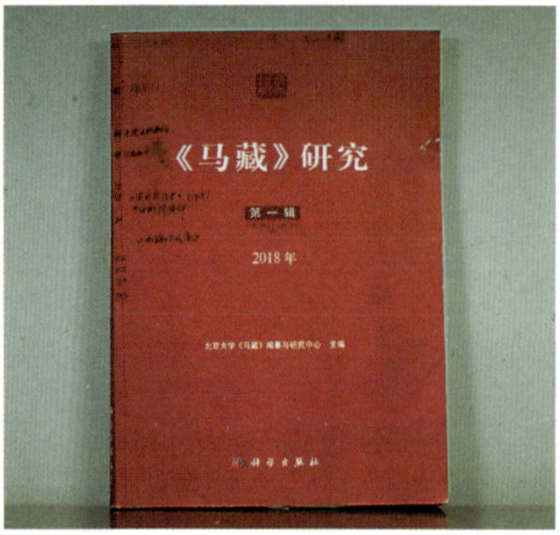

图 42-1　2019 年出版《〈马藏〉研究》第一辑

的一些原始文本，也由于种种原因，在转引转述中，多有讹夺、失真，造成有关理论研究的结论有失准确，缺乏说服力。编纂《马藏》，无论是对中国马克思主义发展史研究，还是对中国近现代思想文化史研究，都十分必要且刻不容缓。①

那么，究竟什么是“马藏”？顾海良主编在总序中给出了一个定义：

《马藏》是对马克思主义形成和发展过程中相关文献进行的汇集与编纂，旨在通过对文献的系统整理及文本的再呈现，把与马克思主义在中国和世界传播与发展的相关文献集大成地编纂荟萃于一体。作为马克思主义理论研究的重大基础性学术文化工程，《马藏》分为中国编与国际编：中国编是对马克思主义中国化历史进程中相关文献和研究成果的汇纂；国际编是对马克思主义在世界其他国家传播和发展过程中产生的历史文献和研究著述的汇纂。②

对于《马藏》中国编的编纂原则、基本内容、文本结构及其重大意义，总序中亦有详细的说明，在一定程度上，这也体现了主编顾海良教授的“马藏观”。

《马藏》中国编的编纂原则，一是突出思想性。按照毛泽东所揭示的马克思主义中国化历史过程中“使马克思主义在中国具体化”和“使中国革命丰富的实际马克思主义化”两个方面的基本特点，编纂坚持尊重历史、求真拓新，系统编排、科学诠释。二是体

① 北京大学《马藏》编纂与研究中心主编：《〈马藏〉研究》（第一辑），北京：科学出版社，2019 年，第 1 页。

② 北京大学《马藏》编纂与研究中心主编：《〈马藏〉研究》（第一辑），北京：科学出版社，2019 年，第 1 页。

现全面性。《马藏》力求全面搜集文献，这些文献主要包括马克思主义经典作家著作的中文译本、国外学者有关马克思主义和社会主义问题相关著述的中文译本、中国共产党领导人和重要理论家的著述、中国学者有关马克思主义和社会主义问题的研究著述与报纸杂志等媒体的通讯报道等、中国共产党成立以后有关马克思主义中国化的文献资料，以及其他相关的各种文本，如档案、日记、书信等。三是彰显学术性。编纂与研究过程，力求忠实于原始文本，完整呈现文献内容。对原始文本作学术考证和研究，注重对各种文本及其内容、作者、版本、出版者、流传和影响等作出基本的、必要的学术考证和研究，同时还对文本中的重要词汇、用语和关键词的内涵及其演化、流变等作基本的、必要的学术考证和说明。四是力求权威性。对相关文本作出准确说明，注意整理国内已有的研究成果，甄别有争议的问题，并且提供有助于问题解决的相关文本数据。通过文本再呈现，为进一步研究提供学术资源和理论依据。对一些有争议的问题，重于文本引导、考据说明，避免作简单的判断。

这些原则决定了《马藏》中国编的基本结构，是四大部分：第一部为著作（包括译著）类文本；第二部为文章类文本；第三部为各类通讯报道，各类档案、笔记、书信等文本；第四部为中国共产党有关文件类文本。各部之下，按照历史发展过程分别设卷。

至于具体到每个文本的编纂与研究工作，则分成三大板块：文本呈现、文本校注和文本述评。“一是文本呈现，坚持原始文献以原貌呈现。为有利于学术研究，凡与马克思主义在中国传播和发展相关的有思想价值、学术价值或文本价值的文献，在内容上依照原貌呈现。对于同一文献有不同版本的，如有思想价值、学术价值或文本价值，则逐一收录；对于不同时间出版的同一文献和数据，在内容上没有变化或变动较少的，只收录最初的版本。二是文本校注，以页下注释的方式，对原书中的误译、误写或误排之处，予以更正；对文本中出现的人名、地名、著述、历史事件、组织机构和报刊等名词给予准确而简要的说明。三是文本述评，以'编者说明'的方式附于相应文本之后，呈现编校者对该文本的述评。'编者说明'对文本形成和流传情况作出描述，如介绍文本原貌及来源、作者、译者、历史背景、出版情况、不同译本和版本演变情况、文中涉及的重要概念和史实、文本传播状况、文本的思想倾向等问题。'编者说明'也对文本研究状况作出述评，注重对与该文本及其主要内容相关的国内外学术界研究现状、主要观点和各种评价作出述评；力求对已有的研究成果作出思想性和学术性的总体述评。"①

第二节　《马藏》工程的初期成果

《马藏》工程从2015年开始启动文献搜集与整理研究工作，至2018年取得首批成果，编出了中国编第一部头四卷，2019年由科学出版社出版。

图42-2　《马藏》中国编：第一部第一卷

《马藏》第一部第一卷共有7本著作，分别是：

《百年一觉》，美国毕拉宓著，李提摩太译，1894年上海广学会出版。

《回头看》，美国威士著，刊载于《绣像小说》1904年第25至36期。

《富民策》，英国马林著，李玉

① 北京大学《马藏》编纂与研究中心主编：《〈马藏〉研究》（第一辑），北京：科学出版社，2019年，第2—3页。

书译，1899 年上海广学会出版。

《大同学》，英国器德著，李提摩太节译，蔡尔康纂述，1899 年上海广学会出版。

《俄罗斯大风潮》，英国克喀伯著，独立之个人译，1902 年少年中国学会出版。

《二十世纪之怪物帝国主义》，日本幸德秋水著，赵必振译，1902 年上海广智书局出版。

《帝国主义》，日本浮田和民著，出洋学生编辑所编译，1902 年上海商务印书馆出版。

《马藏》第一部第二卷共 5 本著作，分别是：

《十九世纪欧洲政治史论》，日本酒井雄三郎著，共收录有两种译本，分别为华文祺译本和作新社译本。华文祺译本 1902 年教育世界出版所出版；作新社译本 1902 年作新社出版。

《十九世纪大势变迁通论》，吴铭译自日本《太阳》杂志 1900 年第 6 卷第 8 号临时增刊，1902 年上海广智书局出版。

图 42-3　《马藏》中国编：第一部第二卷

《社会改良论》，日本岛村满都夫著，赵必振译，1902 年上海广智书局出版。

《近世社会主义》，日本福井准造著，赵必振译，1903 年上海广智书局出版。

《马藏》第一部第三卷共 4 本著作，分别是：

《近世政治史》，日本有贺长雄著，富士英译，1903 年作新社出版。

《社会进化论》和《人群进化论》，均节译自日本有贺长雄《社

图 42-4　马藏中国编：第一部第三卷

图 42-5　马藏中国编：第一部第四卷

会进化论》一书。《社会进化论》由萨端翻译，1903 年 5 月闽学会出版。《人群进化论》由麦仲华翻译，1903 年 7 月广智书局出版。

《世界进步之大势》，曾剑夫译自日本民友社“平民丛书”《十九世纪之大势》一书，1904 年上海文明书局、苏报馆出版。

《马藏》第一部第四卷共 5 本著作，分别是：

《社会主义神髓》，日本幸德秋水著，本卷共收录四种中文译本：第一种由达识译社译，1903 年浙江潮编辑所出版；第二种由社会主义研究社编译、蜀魂移译，1907 年乐群编译社出版；第三种由创生译，1907 年奎文馆书局发售；第四种由高劳译，连载于《东方杂志》1912 年第 8 卷（第 11、12 号）和第 9 卷（第 1、第 2、第 3 号）。上述译本分别称作“达识译社译本”、“蜀魂译本”、“创生译本”、“高劳译本”。

《万国历史》，编译者兼出版者为作新社，1903 年出版。

第三节　《马藏》工程的重大意义

《马藏》编纂工作，受到党中央领导的肯定与支持。2018 年 5 月 2 日上午，习近平总书记在北京大学考察时，在北京大学马克思主义学院国际马克思主义文献中心察看了馆藏的马克思主义典籍，并询问了“马藏工程”的进展情况，同时称赞这一工作是“非常有意义”的。

《马藏》总序结尾，阐明了这项文化工程的重大意义，包含三个要点：

> 《马藏》编纂意义重大，可谓是功在当代，利在千秋。《马藏》对于促进马克思主义学术研究和理论发展，增强马克思主义理论自信和文化自信，提升中国化马克思主义的影响力，推进中国哲学社会科学的繁荣发展有着重大而深远的意义；《马藏》对中国近现代思想文化史资料的收集与整理，对于促进中国近现代思想文化史、中外文化交流史的研究，对于展现真实而客观的中国近现代史具有重大意义；《马藏》翔实的文献将向人们展示近代以来中国人民是如何历史地选择马克思主义和社会主义，是如何执着地传播马克思主义和推进马克思主义中国化、时代化、大众化的，具有以史为镜、资政育人的重要意义。①

陕西师范大学马克思主义学院副教授王保贤，从自己切身体验出发，谈到了《马藏》编纂与出版的特殊意义：

> 《马藏》编纂与研究的工作也只是刚刚起步，而笔者所谈关于《马藏》编纂与研究对收集与整理中国近现代思想文化史资料的意义，也只是从目前刚刚完成的对《帝国主义》《社会改良论》《自由血》三书的校编和整理中得出的一些粗浅体会。但即使这样，我们还是从中深深认识到，我国是一个文明古国，中华文化源远流长，如同中国古代典籍一样，中国近现代史上的文化典籍也是非常浩瀚的。中华人民共和国成立以来，虽然学术界对马克思主义在中国早期传播史的研究，给予了越

① 北京大学《马藏》编纂与研究中心主编：《〈马藏〉研究》（第一辑），北京：科学出版社，2019年，第3页。

来越多的重视，但在这方面，仍然有大量文献资料需要我们不断地去挖掘和整理，而已经挖掘出来的一些原始文献，由于种种原因，在利用的过程中，多有讹夺、失真的现象发生，造成了有关历史和理论研究的结论失于准确，缺乏说服力。因此，编纂《马藏》无论是对马克思主义发展史的研究，还是对中国近现代思想文化史的研究，都是十分必要的，也是刻不容缓的。同时，《马藏》编纂并不是简单的资料汇编或者是对原有文本的简单复制，《马藏》的编纂过程也是一个重新学习、深入研究的过程。因此，只有沉下心来，认认真真地、踏踏实实地、仔仔细细地去进行相关的比较、辨析和考证，才能把这一工作做得更好，使这一工作真正发挥其在促进马克思主义学术研究和理论发展、增强马克思主义理论自信和文化自信、提升中国化马克思主义影响力等方面的重要作用。①

第四节 《马克思主义经典文献传播通考》的“通考观”

《马克思主义经典文献传播通考》的发起人，同时也是《通考》主编的中央编译局原秘书长杨金海，曾明确提出自己的“通考观”、“马藏观”。

他说：“‘马克思主义经典文献传播通考’在我国学术界是一个全新的概念。之所以这样说，是因为过去从未有人用过这一术语，甚至未曾有过这一理念。”为此，他从以下四个层面，初步阐发上述新概念：

第一，这里所说的“马克思主义经典文献”，主要是指中文版的马克思、恩格斯、列宁的著作……这些经典文献在中国

① 北京大学《马藏》编纂与研究中心主编：《〈马藏〉研究》（第一辑），北京：科学出版社，2019年，第25页。

的翻译传播，如果从1899年初马克思、恩格斯的名字和《共产党宣言》的片段文字传入中国算起，迄今已经有120年时间，而且经典著作的翻译传播今天仍然在进行中。但为了工作方便，我们这里主要收集整理1949年以前的经典文献。

第二，这里所说的马克思主义经典文献"传播"，主要是指上述经典文本的翻译、出版，有时也会涉及学习、运用这些著作及其社会影响的情况。……

第三，这里所说的马克思主义经典文献传播"通考"，主要是指对上述经典文本的考据性整理和研究。……

第四，"马克思主义经典文献传播通考"是一个跨学科、跨专业、综合性、基础性的概念。总体上说，它是马克思主义学科的范畴，但也是文献学、传播学、翻译学、语言学、历史学、文化学、思想史等学科的概念。所以，要深化考证研究工作，需要各个学科的学者共同努力。我们这里只能为各个学科的研究作一些基础性工作。[①]

杨金海还专门阐发了自己对于建构《马藏》体系的一些观点，也触及清华《马克思主义经典文献传播通考》与北大《马藏》工程的关系问题：

最近几年，笔者根据中央编译局马克思主义文献典藏情况，围绕《马藏》体系建立也提出了一些想法。我想《马藏》体系应当包括三个层次：一是核心层，即马克思、恩格斯、列宁等经典作家的手稿以及最初发表的文献；二是基本层，即《马克思恩格斯全集》历史考证版即原文版（亦称MEGA版）、《列宁全集》俄文版等经典著作的外文版本，《马克思恩格斯全集》中文第一、二版，《列宁全集》中文第一、二版，中国化

① 方红著：《〈共产党宣言〉陈望道译本考》，沈阳：辽宁人民出版社，2019年，杨金海总序第1页，第2—5页。

马克思主义经典著作；三是外围层，包括经典著作各种版本的选集、文集、专题读本、单行本，以及研究马克思主义经典的代表性著作。《马藏》体系的核心层、基本层实际上一直是由中央编译局在做的，也比较完善了。我们今天最需要做的就是“补短板”，即把外围层中的各种零散的历史性的经典文本文献收集整理起来，供大家作历史性研究之用。这些历史性的经典文献也很多，所以应当首先把新中国成立前比较完整的经典著作文本整理出来，以供马克思主义经典文本研究、版本研究、传播史考据等研究急用。

于是，我们的“马克思主义经典文献传播通考”文库也就应运而生了。可见，开展这项工作，不是我们一时激动的产物，而是我国学术界马克思主义理论研究逐步深化的逻辑必然，做好这项工作也是当务之急。这项工作做好了，不仅有助于马克思主义经典著作翻译和文本、版本、传播史的研究，也能够为建立完整的《马藏》体系提供历史上的各种基础文本，还有助于整个中国现代思想文化的研究和建设。[①]

第五节　《马克思主义经典文献传播通考》进展情况

《马克思主义经典文献传播通考》旨在立足于21世纪中国和世界发展的历史高度，对我国1949年以前马克思、恩格斯、列宁等重要著作的中文版本进行收集整理，并作适当的版本、文本考证研究，供广大读者特别是致力于深入研究马克思主义经典作家原著的读者阅读使用。计划出版100种，截至2019年，已由辽宁人民出版社推出首批20种，余下各卷于2021年全部问世。

---

① 杨金海：《马克思主义发展史学科群建设之思——马克思主义传播史研究视角》，《北京行政学院学报》2018年第1期。

图 42-6　《马克思主义经典文献传播通考》2019 年首批成果第一批 20 本（部分）

首批 20 种可分为五组。第一组，和唯物史观相关的著作：

《〈论犹太人问题〉郭和译本考》；

《〈神圣家族〉郭沫若节译本考》；

《〈德意志意识形态〉郭沫若译本考》；

《〈德意志意识形态〉克士译本考》；

《〈哲学的贫困〉杜竹君译本考》；

《〈哲学的贫困〉许德珩译本考》。

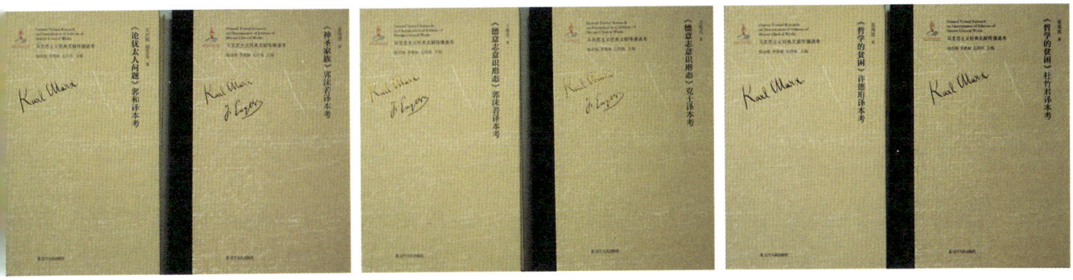

图 42-7　第一组，和唯物史观伟大发现相关的著作 6 本（部分）

第二组，《共产党宣言》三种译本：

《〈共产党宣言〉陈望道译本考》；

《〈共产党宣言〉成仿吾、徐冰译本考》；

《〈共产党宣言〉博古译本考》。

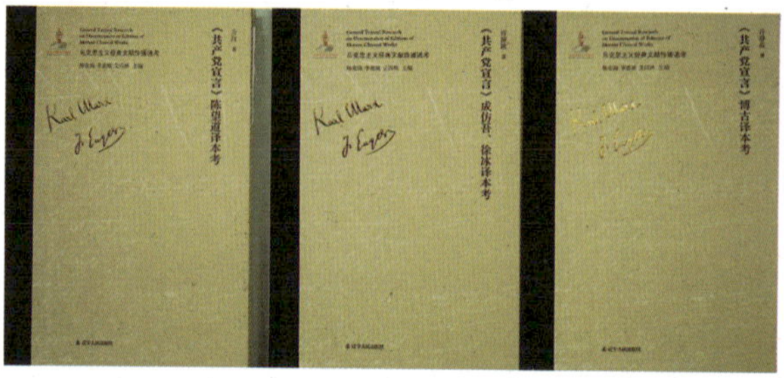

图 42-8　第二组，《共产党宣言》的陈望道、成仿吾、博古中译本考释

第三组，19 世纪 50 年代马克思 3 部著作的中译本：

《〈1848 年至 1850 年法兰西阶级斗争〉柯柏年译本考》；

《〈路易·波拿巴的雾月十八日〉柯柏年译本考》；

《〈政治经济学批判〉郭沫若译本考》。

图 42-9　第三组，马克思 3 部经典著作的中译本考释

第四组，恩格斯 6 部重要著作的中译本考辨：

《〈德国农民战争〉钱亦石译本考》；

《〈社会主义从空想到科学的发展〉吴黎平译本考》；

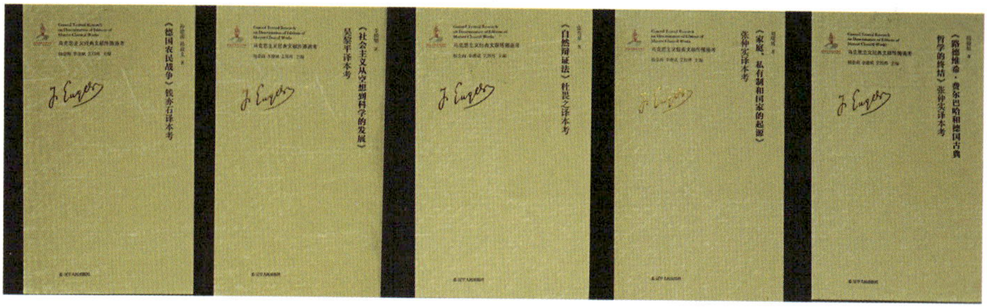

图 42-10　第四组，恩格斯 6 部经典之作的中译本考释（部分）

《〈自然辩证法〉杜畏之译本考》；

《〈家庭、私有制和国家的起源〉张仲实译本考》；

《〈路德维希·费尔巴哈和德国古典哲学的终结〉张仲实译本考》；

《〈反杜林论〉吴黎平译本考》。

第五组，列宁的重要著作《国家与革命》中译本考辨：

《〈国家与革命〉柯柏年译本考》；

《〈国家与革命〉苍木译本考》。

图 42-11　第五组，列宁重要经典之作《国家与革命》苍木译本考释

第六节　开创马列著作出版史新阶段

改革开放 40 年，中国马克思主义传播史研究渐成气候：1983 年，纪念马克思逝世 100 周年之际，中央编译局马恩研究室主编了《马克思恩格斯著作在中国的传播》一书；1988 年，中国人民大学庄福龄教授发表学术专著《马克思主义哲学在中国传播史》；2006 年、2009 年、2017 年，王东先后发表了《马克思学新奠基》、《马列著作在中国出版简史》、《列宁思想在中国》等学术专著。

2019 年，恰逢中华人民共和国成立 70 周年、五四运动 100 周年。我们欣喜地看到，在习近平新时代中国特色社会主义思想指引下，北京大学出版了《马藏》第一部前 4 卷，清华大学成立了马克思主义传播史研究中心，并且由辽宁人民出版社推出了《马克思主义经典文献传播通考》百卷本的首批成果。这是当代中国思想界、学术界、出版界的一件大事，为我们在新时代开创马克思主义传播史研究新阶段，举行了一个别开生面的奠基仪式。以《马克思主义经典文献传播通考》为例，其在马克思主义传播史研究上，至少做出了五点学术创新。

一是鲜活历史新再现。为了真实再现马克思主义经典著作在中国的百年传播史、出版史，编委会下了很大功夫，不惜人力物力，采取影印形式，尽量原汁原味，再现了每一部经典在中国面世的原始风貌。这是一个新的尝试。当年，在列宁的支持下，苏联专家梁赞诺夫、阿多拉茨基等人曾首创出版《马克思恩格斯全集》的历史考证版。在一定意义上可以说，《马克思主义经典文献传播通考》的推出，带有当年马列经典的历史风貌，堪称马列著作在中国传播的历史考证版，为研究者提供了一套非常珍贵的历史文献。

二是经典文本新汇总。该丛书之所以称为《马克思主义经典文献传播通考》，是因为它提供的不只是在中国传播的个别论著、个别语录、个别片段，而是全面系统地汇总了马列著作在中国传播的主要译本，可谓一览无遗、完整呈现。特别是马克思主义的一些主要著作，如《共产党宣言》，不仅有陈望道 1920 年的最早中译本，还荟萃了 1930 年版的华岗译本，1938 年版的成仿吾、徐冰译本，1943 年版的博古译本等。这就像一面历史镜子，映现出《共产党宣言》在中国的历史命运，展示出中国共产党人学习、理解、运用《共产党宣言》的创造性历史过程。

三是版本得失新评析。这套丛书并没有局限于简单收集和再现历史文献，而是做出了比较深入的研究。丛书有一篇很有分量的长篇总序，而且在每本文献前面，都邀请有关专家学者写了大约 5 万字篇幅的考证说明，介绍了相应马列原著的写作情况、翻译出版的历史背景、翻译出版过程、传播研究过程及其所产生的社会影响、发挥的历史作用等。对于一些重要的经典著作，如《共产党宣言》、《资本论》、《国家与革命》等，还做了比较深入的版本考证、译文疏证和历史的、具体的分析，从版本学、文献学角度，实事求是地认真评析。

四是理论建党新借鉴。《马克思主义经典文献传播通考》首批成果所辑录的马列经典著作，主要集中在三个时期：新文化运动后中国共产党建党时期、抗日战争前后的延安时期和1949年七届二中全会前后的新中国成立时期。总体看，这是马克思主义中国化的第一次伟大飞跃时期，产生了毛泽东思想这一伟大的理论成果。这是使中华民族在政治上站起来、迈向中华民族伟大复兴道路的具有决定意义的第一步，也是中国共产党在思想建党、理论建党、政治建党等方面积累了成功经验的第一个黄金时代。把这一时代的历史经验总结好、发扬好，就为我们今天“不忘初心、牢记使命”提供了很好的铺路石。丛书出版的重大现实意义，就在于从马克思主义经典文献传播史的角度为新时代加强党的建设、开创新局面，提供一面历史明镜。

五是建党百年新丰碑，人类历史新航标。我们应该从人类历史新高度来看待这个新问题。国际上有一些人对中国共产党及其马克思列宁主义指导思想、意识形态，提出根本质疑与理论挑战。在西方世界影响最大的是科拉科夫斯基《马克思主义的主要流派》三卷本，他们把中国共产党归在列宁主义这个圈子里，认为是虚假意识形态。而且认为，中国共产党水平不高，是“农民社会主义”、“山沟里的马克思主义”，没有真正的马克思主义。丛书的出版正是在国际范围内以正视听，为中国共产党正名，为中国化马克思主义正名！这件事是非常有意义的，树立了中国共产党的形象——顶天立地、知行合一，传播火种、开花结果。

总结历史，是为了更好地开创未来。《马藏》与《马克思主义经典文献传播通考》的出版，为中国特色社会主义进入新时代，加强马克思主义基本理论建设，开启了一项很有意义的基础工程。我们期待着，在这一基础上，能够进一步深入研究，薪火相传，共襄盛举，续写新时代，开创新局面！

第四十三章　《马克思恩格斯全集》三大版本系统的国际比较研究

——俄文版、历史考证版、中文版

从马列著作出版史，特别是马克思主义创始人著作出版史的角度来看，20 世纪在国际上占主流的主要是两大版本系统：20 世纪前期与中期，在大多数时间里，俄文版系统的马克思恩格斯著作曾占据主导地位；20 世纪 70 年代以后，按照马克思主义创始人原来使用的文字语种出版的原文版系统，又称国际版或历史考证版，逐渐兴起，东欧剧变、苏联解体后逐渐取代俄文版，占据国际上的主导地位，主旨是服从学术研究。

单纯从文字形式上看，马列著作的中文版系统并未超越上述两大系统自成一家；而从思想主旨、社会功能上看，马列著作的中文系统独树一帜、别开生面，开创了以知行统一为主旨的崭新版本系统。

第一节　20 世纪《马克思恩格斯全集》出版概况

20 世纪，许多国家用各自的文字，出版了多种《马克思恩格斯全集》。据统计，在世界范围内至少有 20 种版本。

从中可以梳理出影响较大的 9 种主要版本，它们也是其他各种版本的祖本、母本。

1. 梅林编的《马克思、恩格斯和拉萨尔遗著》四卷本；

2. 历史考证版第一版《马克思恩格斯全集》；
3. 俄文第一版《马克思恩格斯全集》；
4. 俄文第二版《马克思恩格斯全集》；
5. 德文版《马克思恩格斯全集》；
6. 日文第二版《马克思恩格斯全集》；
7. 英文版《马克思恩格斯全集》；
8. 历史考证版第二版《马克思恩格斯全集》；
9. 中文第二版《马克思恩格斯全集》。

纵观20世纪《马克思恩格斯全集》编辑出版的百年历程，或许可以用“三个阶段——两大系统——一条红线”，加以简明概括。

“三个阶段”，指20世纪《马克思恩格斯全集》编纂经历了三个历史阶段：

20世纪前期，是最初尝试阶段。最早一次尝试是1902年梅林版；最早开始出版的全集本是1927年开始的历史考证版第一版；最早出完的是1928年至1935年间出的日文第一版。而这一阶段，最有代表性的主流版本，则是1928年至1948年间出版的《马克思恩格斯全集》俄文第一版。

20世纪中期，是初步成型阶段。最有代表性的主流版本，是1955年至1975年间出版的《马克思恩格斯全集》俄文第二版，至今还是已经出齐的、收录文献最多的一种版本。1957年至1974年间在俄文第二版基础上出版的德文版，因相当于三分之二的原文版而有相对独立的特殊意义。这一时期出版的中文第一版等十多种语种的十多种版本，多半是以俄文第二版为基础，适当参照德文版编译出版的。

20世纪后期乃至21世纪前期，是第三阶段，也是历史考证版第二版的重新探索阶段。1975年前后，俄文第二版出齐了。同时从“正卷”到“补卷”的出版，也明显暴露出俄文第二版存在的重大历史局限。因而从1975年开始，苏联与民主德国马列主义研究机构开始联合出版历史考证版第二版，以马克思、恩格斯当年使用的原始文字出版，供深入研究使用。1990 年后，荷兰阿姆斯特丹国际社会史研究所与德国特利尔马克思故居研究所，也加入这一工作，并强调“国际化与学术化”这两条新的编辑方针。至今历史考证版第二版已出 50 多卷，成为这一时期在国际上占主导地位的主流版本。1975 年开始出版的英文版，开头以俄文第二版和德文版为基础，后来逐步向历史考证版第二版靠拢；又因马克思、恩格斯文献有近三分之一是用英文写作的，因而英文版《马克思恩格斯全集》也有独立特殊的版本学价值。从 1995 年开始出版的中文第二版，主要是借鉴历史考证版第二版的最新研究成果和编辑成果，对于以俄文第二版为基础的中文第一版做出改进与补充，并带有一定的中国特色。

“两大系统”，就是说众多版本不是孤立的，而是系统发展的。大体上可以把上述 9 种主要版本，甚至迄今为止的 20 多种版本，主要划分为两大版本系统：一是俄文版系统；二是原文版系统，或叫历史考证版系统。

俄文版系统，既包括 1928 年至 1948 年间出版，在 20 世纪前期占主导地位的俄文第一版；也包括在 1955 年至 1975 年间出齐，在 20 世纪中期起主导作用的俄文第二版；还包括在此阶段以俄文第二版为基础出版的，包括德文版、中文版等在内的十多种版本。其共同特点，是都以俄文版《马克思恩格斯全集》为基础，版本结构、注释说明、编排方式都向俄文版靠拢。

原文版系统，或叫历史考证版系统，其编辑方针、编排方式、版本结构、注释说明等方面，都自成系统，与俄文版系统相对独立，各有不同。其典型代表是两代历史考证版。历史考证版的基本特征是，原文出版，原样出版，原始资料丰富。如前文所述，1975 年开始出版的英文版，1995 年开始重新出版的中文第二版，都逐渐向历史考证版第二版系统靠拢，注重吸收历史考证版第二版的最新研究成果与编辑成果。

"一条红线"，就是说，在跌宕起伏的发展过程中，贯穿着一条红线：马克思、恩格斯留下的历史文献，并不是完全过时的历史陈迹，它有活生生的生命，其中跳动着时代脉搏，呼唤着时代精神。

更真实、更准确、更全面地出版马克思文献，乃至《马克思恩格斯全集》，是经久不息的时代呼唤与时代要求，是一代又一代人的艰辛努力，是一条生生不息的历史红线。

第二节 俄文第一版《马克思恩格斯全集》

1928年至1948年间，《马克思恩格斯全集》俄文第一版出版。这不仅是出版《马克思恩格斯全集》的一次正式尝试，而且为20世纪前半叶的马列著作出版提供了主要依据，并对后来的俄文第二版产生了直接而深刻的影响，因而值得我们做点比较具体的分析研究。

俄文第一版《马克思恩格斯全集》的特点，可以举出以下四点：

第一，国家大事，首部全集。由工人阶级执政党、社会主义国家，把马克思文献出版作为非常重要的国家大事，集中国家力量，出版《马克思恩格斯全集》，在世界历史上是一个新的创举，是第一次重大尝试。

而能够做到这一点，首先离不开列宁的重视和首倡，其次是梁赞诺夫和阿多拉茨基等苏联马克思学家的辛勤开拓。

第二，版本结构，三大部分。

《马克思恩格斯全集》俄文第一版，共计应有29卷34册（其中第11、12、13、16、19卷分上下两册）。其中原定第20卷的《剩余价值理论》，未能出版。

该版把马克思整个文本体系分为三大部分：一般论著、《资本论》创作和书信。

第一部分是第 1 至 16 卷，一般论著，主要是除《资本论》之外的哲学、历史、政治、经济学论著。其中，第 1 卷全是马克思著作，主要是早期著作，第 2 卷则是恩格斯早期著作，分两卷编排是分别反映他们在合作之前，各自的思想形成历程。从第 3 卷起，开始分专题，按时间顺序排列，恩格斯的著作占了其中相当大部分。长期被忽略的马克思、恩格斯合作的手稿《德意志意识形态》就是在这里第一次发表的。与此类似的还有《福格特先生》等论著。

第二部分是第 17 至 20 卷，专收《资本论》四卷。第 17 卷是《资本论》第一卷，第 18 卷是《资本论》第二卷，第 19 卷是《资本论》第三卷，第 20 卷则是《资本论》第四卷《剩余价值理论》。

第三部分是第 21 至 29 卷，则是书信部分。其中头 4 卷，专门收集了马克思与恩格斯之间的通信；后 5 卷，是马克思、恩格斯写给其他人的书信。

俄文第一版把《资本论》作为相对独立的第二部分，突出它是马克思的主要著作，马克思文献的重心所在。同时，它还把马克思、恩格斯书信，作为马克思文献的重要组成部分，相对独立的有机组成部分，这是非常正确的大胆尝试。

第三，囊括一生，文献大增。

俄文第一版《马克思恩格斯全集》，第一次试图囊括马克思、恩格斯一生的文献，尽管收文还远远不全，但毕竟是走向全集的特别重要的第一步。

更具体点说，俄文第一版第一部分，共发表马克思著作 555 篇，恩格斯著作 476 篇，二人合著 52 篇，未能准确判定作者的作品 53 篇；作为马克思、恩格斯遗稿收录的有 5 篇，附录 97 篇，另外还误收他人之作 26 篇——总共加起来是 1264 篇。第三部分，收录马克思与恩格斯之间通信 1569 封，马克思、恩格斯给其他人写的信件 1729 封，二者合起来共 3298 封。

三个部分加起来，俄文第一版共集中发表文献 4566 篇，比以往任何一次都丰富得多，是那个时代，甚至直至20世纪中期为止，收文最丰富的《马克思恩格斯全集》。

第四，注释说明，初具雏形。

除了收文多外，俄文第一版的另一特点是集中了相当多的力量，努力做了一些科学说明、科学注释工作。

在每一卷的开头，通常有较长篇幅的编者前言或编者说明，力图比较准确地说明这一时期的历史发展和文献的历史背景、基本内容、主要理论贡献以及如何科学评价其历史地位。这样的序言或说明，有时是由梁赞诺夫或阿多拉茨基亲自主持写成的，有重要的学术价值，基本上反映了那个时代对马克思文献研究的主要科学成果。

有些论著，如《新莱茵报》、《纽约每日论坛报》等报纸上发表的文章还增加了篇末说明，对文章首次发表时的情况以及作者、署名等情况做出说明，未署日期者，还对写作时间做出鉴定。

参考资料还包括简短的脚注，提供一些历史性、技术性、细节性的说明，帮助读者解决阅读中的具体困难。

这一版还试着编出了人名索引、名目索引和其他索引，对于阅读与研究，也有一定帮助。

当然，由于种种历史条件限制，俄文第一版编排工作也存在一些历史局限，较为突出的缺憾有四点：

一是全集不全，遗漏不少。最大的遗漏是两大类：一是遗漏了手稿，没有注意到手稿在马克思文本体系中的重要地位，其中包括马克思早期三大手稿、《资本论》三大手稿等文本，都没有考虑收入；二是遗漏了笔记，各式各样的读书笔记在马克思文本体系中也占有重要地位，尤其是其晚年笔记更有独特重大的理论意义，这些都被忽略了。

二是主要著作，突出不够。编者把《资本论》四卷，列为第二部分，排在第17至20卷，已经在一定程度上强调了《资本论》的重要地位。但是，这种强调仍然是不够的，而且是远远不够的。应当更加突出《资本论》是马克思主要著作，《资本论》创作是马克思文本体系重心所在，《资本论》才是马克思文献核心内容。

三是有些部分，编排不当。如青年马克思的许多早期著作都被删去不收，《黑格尔法哲学批判》手稿是残缺不全的，《1844 年经济学哲学手稿》仅仅被当作《神圣家族》准备材料，马克思写的《流亡中的大人物》和恩格斯写的《〈资本论〉第一卷纲要》等已发表的论著没有收录，有些文本做了随意修改。

四是注释说明，不够规范。前几卷说明比较详尽，后面的大多数卷次却过于简略；此外，还缺少必要的书目索引、地名索引、期刊索引等。

俄文第一版，是在梅林版《马克思恩格斯和拉萨尔遗著》基础上，于 20 世纪上半叶走向科学编排马克思恩格斯全集的一次重大历史性尝试，它的贡献与局限，都在历史长河中留下深深印记。

第三节　俄文第二版《马克思恩格斯全集》

俄文第二版《马克思恩格斯全集》是在第一版基础上，从 20 世纪 50 年代开始陆续出版的，至今还是收集相关文献最为丰富的一种版本，而且对中国影响特别深远。

整体来说，俄文第二版的编辑工作具有明显的二重性：一方面，他们做了大量工作，取得巨大的历史性成就；另一方面，传统计划经济的僵化模式、僵化观念、僵化哲学体系，又给他们的工作留下了根本性缺憾。

中国长期使用的中文第一版《马克思恩格斯全集》，以及由此脱胎而来的各种选集、单行本，主要母本还是俄文第二版《马克思恩格斯全集》。因而，该版的积极面与消极面，其巨大成就与重大缺陷，都长期影响着我国，值得实事求是地做点分析。

俄文第二版《马克思恩格斯全集》是在历史考证版第一版、俄文第一版基础上下了很大功夫编成的，具有以下四个明显历史特色。

第一，专业队伍，长期积累。

俄文第二版的编辑出版工作背后，有着一支集苏维埃国家力量的稳定强大的专家集体队伍。这个长期形成的专家集体，集中体现在由200多个人构成的马列主义研究院这个学术共同体上，其中包括了组织领导层的专家（早期以梁赞诺夫、阿多拉茨基为代表，之后又有费多谢耶夫等人），又包括了收藏保管、手稿辨认、外文翻译、文献研究、理论研究、文献注释以及编辑、出版等方面的专家。

以理论研究专家为例，这方面的一个典型，是1966年负责出版《德意志意识形态》第一章改编本的巴加图利亚。他既是一位马克思文献研究专家，又是一位哲学理论家。他以文献研究为基础，写了一系列系统阐发马克思主义哲学理论的论著，并在国际上产生了广泛影响。

第二，版本结构，三次扩展。

俄文第二版《马克思恩格斯全集》的版本结构，不是一次定型的，而是在20世纪50至70年代三个十年中，经历了三次结构演变，不断扩展的。

20世纪50年代，1955年俄文第二版第一卷开始正式出版，计划分三个部分，共30卷。与俄文第一版29卷本相比，版本结构大同小异，编排内容上可以说只是一次“小修小补”。

20世纪60年代，在俄文第二版编辑过程中，又不断发现了马克思、恩格斯的许多论著、手稿和书信，因而篇幅有较大幅度的增加，从30卷增加到39卷，至1966年出齐。也就是说，比原计划增加了近三分之一，可以说是版本结构上的中等程度的调整扩展，从“小修小补”走向“中修中补”。

20 世纪 70 年代，在 39 卷的正卷部分出齐以后，编者发现至少在四类文献上有重大遗漏，包括青年马克思、恩格斯文献，《1844 经济学哲学手稿》及其准备材料，《资本论》手稿以及马克思晚年笔记。因而从 1969 年到 1975 年，他们又出了 11 卷补卷。单独来看，这也是一次“中修中补”，但和 60 年代“中修中补”综合起来，实际上已经形成对原出版计划、版本结构的“大修大补”。然而，“正卷—补卷”的形式，或叫“两大板块式结构”，已经难以统一起来。

补卷部分不只是个别文献、个别内容的拾遗补阙，而且孕育着编辑原则、版本结构、总体框架上的重大补充、重大发展，在相当程度上改变了人们对马克思理论体系的解读方式与基本观念——只可惜，俄文第二版编者本身并未能做出如此深刻反思，后来人也还很少从这方面做出深入研究。这里只是提出这个问题，尚待今后做出专门研究。

第三，收文丰富，世纪之最。

俄文第二版《马克思恩格斯全集》，由于正卷部分 39 卷打下了较好基础，后来又有补卷部分 11 卷做了重要补充，而从 1975 年开始出版的历史考证版第二版当时远未出齐，因而，这 50 卷本的俄文第二版是整个 20 世纪收文最广泛、最丰富的版本。

据统计，俄文第二版正卷 39 卷，其中第一部分第 1 至 22 卷，是有关哲学、历史、政治、经济及其他著作，共计 1522 篇和附录 159 篇；第二部分第 23 至 26 卷，由《资本论》和《剩余价值理论》组成；第三部分第 27 至 39 卷，收录马克思、恩格斯书信 3899 封和附录 110 封信。比俄文第一版多收新发现的马克思、恩格斯论著 400 多篇，书信 700 多封，合起来共 1100 来篇。

补卷部分 11 卷，几乎全是原来，特别是俄文第一版中没有发表过的文献，连带青年马克思所写 100 多首诗歌算在内，总量在 500 篇左右。

俄文第一版《马克思恩格斯全集》，收文（论著和书信）共4566篇；俄文第二版《马克思恩格斯全集》收文总数在5000篇以上，堪称20世纪收录马克思、恩格斯文献数量最丰富的一种版本。

第四，注释说明，形式齐备。

俄文第二版《马克思恩格斯全集》有一支相当庞大的专家和专业工作者队伍，占有非常丰富的历史文献和图书资料，因而形成了相对独立完整的注释说明、学术资料系统，形式上已经比较齐备。

总体来说，该版的参考资料，由不同部分组成，每一部分都有一定的职能，并解答一定的问题。

首先，每卷前均有由主编人撰写的概括性说明，以概括本卷有关的历史背景、国际形势，并从总体上概述本卷涉及的基本问题、主要理论内容及其基本观点；总体评述这些历史文献的功过得失等。

其次，注释方面。注释的目的是双重的：一种是技术性注释，扫清具体难点，帮助顺利阅读；另一种是研究性注释，帮助理解文献的深层内涵。更具体地说，注释包括四种主要类型：传记性注释，历史性注释，图书资料性注释和版本考证性注释。仅正卷部分39卷，就有注释17500条，如果加上补卷部分11卷，俄文第二版总共有注释30000条左右。

再次，索引方面。哲学经济学著作中，对哲学、经济学、科学社会主义的许多基本概念、基本范畴，都做了专门的名目索引，便于对这些概念的用法与内涵，做深入研究。书信卷也列有名目索引，以便帮助对哲学有兴趣的读者捕捉通信中的哲学思想闪光，还列了300多个理论性条目，像“共产主义（社会经济形态）”这样重要的理论条目就有60多个分条；马克思、恩格斯的传记性条目，也内容丰富；书信卷中亦有《资本论》条目，这类条目是特别下功夫写成的，具体反映《资本论》各个手稿，各卷结构，历史作用等。

此外还有人名索引，引用和提到的著作索引，涉及的世界报刊索引等。

另外，还附有马克思、恩格斯生平事业年表。《马克思生平年表》，1934年曾用俄文、德文发表过，共28印张，可惜未同时列出恩格斯年表。

俄文第二版在广泛研究马克思、恩格斯全部论著与书信、手稿与读书笔记、各种回忆与史料的基础上，对阿多拉茨基制定的年表做了重要补充与修正，写成了新的年表，分阶段附在每卷之后。

这是很重要的一种学术资料，也有相当大的完整性、相对独立性与独创性。

最后，还有标题与俄文第一版不同的马克思、恩格斯著作一览表、日期经过考证的书信一览表等。

总之，俄文第二版各卷的参考资料约有500个印张，是研究马克思学的真正的百科全书。[①]

俄文第二版《马克思恩格斯全集》在编排工作中也存在一些历史局限，甚至是重大历史缺憾，主要原因是受传统计划经济僵化体制、僵化观念的影响，苏联传统教科书体系的影响，“以苏解马”解读模式的影响等。

主要表现是以下四条：

第一，正卷补卷，体例不一。

虽然俄文第二版正卷、补卷出的都是马克思、恩格斯文献，从出版对象、出版内容上看，应当说是统一的；然而，从编排方针、版本结构这样的重大问题来看，二者之间却存在着不可忽视的重大差异，并未构成一个统一整体。

这主要是由于正卷部分39卷出版时，思想过于僵化，后来有所改变的方向虽是对的，但主体部分却是“生米煮成熟饭”，因而难

---

① 《〈马克思恩格斯全集〉的编纂工作》，北京：人民出版社，1977年，第180—222页。

以构成一个统一整体。

第二，正卷部分定位失误，结构失调。

俄文第二版《马克思恩格斯全集》在出正卷部分时，把全集定位为“大众普及读本”，因而处处想让历史上的“马克思文献”，向苏联党和国家的意识形态看齐。这种削足适履的方式，使正卷部分39卷的编排方针、版本结构，过于僵化，形式落后。固守“《资本论》只有四卷本”这个认识，而将《资本论》手稿排除在外（实际上到后来这种僵化思想也无法固守，还是把《资本论》手稿收到补卷部分），从而使正卷的三分结构“两头大，中间小”，不均衡性比俄文第一版更明显。

第三，补卷部分提出问题，但未能解决到位。

1969年以后，在出补卷部分11卷时，已经在一定程度上看到正卷部分存在的问题，因而想有所改变，但一些重大问题，解决得并不完全到位，甚至很不彻底。

如在第40至41卷中，编者提出了要发表青年马克思历史文献的重要任务，但许多重要的读书笔记，如“柏林笔记”、“波恩笔记”、“克罗茨纳赫笔记”等，仍然未能发表。

在第42卷中，编者提出了发表《1844年经济学哲学手稿》相关文献的问题，但相关的“巴黎笔记”多数仍未发表。

在第45卷中，编者提出了发表马克思晚年笔记的重大问题，这个问题也只能说是少部分解决了，但远远未能完整发表马克思晚年笔记。这就更牵涉到马克思文献发表中一个事关全局的重大问题，马克思大量读书笔记该怎么办，是否应当作为一个相对独立的文本群来发表，并在全集中占有相对独立的重要地位等。

在第46至50卷中，编者提出要发表《资本论》手稿问题，这个问题部分解决了，但仍未完全解决。

第四，有些解释，思想僵化。

这方面的一个典型事例是，20世纪50年代中后期，在出版第3

卷（其中收录《德意志意识形态》）时，在有指导性的卷前说明中，非常武断地把“交往方式”、“交往形式”、“交往关系”这一系列重要范畴，全都贬低为“不太确切的术语”：“但是马克思和恩格斯所创立的理论的某些基本概念在《德意志意识形态》中还是用不太确切的术语来表达的，后来他们用比较确切表达这些新概念的内容的另一些术语代替了这些术语。例如，生产关系这个概念在这里是用‘交往方式’、‘交往形式’、‘交往关系’等术语来表达的……”①

像这样的例子，还有很多。他们不是通过发掘马克思文献与面对当代实践发展，修正与发展苏联哲学教科书体系框架，而是削足适履，企图用僵化框架来剪裁评判马克思思想与实践发展。

俄文第二版的历史贡献与历史局限，都对我国《马克思恩格斯全集》中文第一版及与此相关的诸多译著产生了深远影响。

第四节　历史考证版第一版《马克思恩格斯全集》

梁赞诺夫等人编纂的历史考证版第一版《马克思恩格斯全集》，是马克思文献出版史上的一朵奇葩。尽管它只是在1927年至1935年间绽放一时，没有最终完成，但其放出的异彩却在世界历史上留下了深刻影响，值得我们至今再做些深入探讨。

历史考证版第一版《马克思恩格斯全集》，具有六个鲜明历史特色，由此决定了它的重要历史地位。

第一，梁赞诺夫等人的长期准备。

如果要说到历史考证版第一版的出版，除了列宁的积极倡导支持之外，不能不首先说到它的主要奠基人梁赞诺夫。如果没有梁赞诺夫长期一贯、锲而不舍的搜集、编译、研究和组织，也许根本不会有历史考证版第一版的问世。

① 中央编译局译：《马克思恩格斯全集说明汇编》，北京：生活·读书·新知三联书店，1977年，第19页。

从1910年起，梁赞诺夫经德国社会民主党领袖倍倍尔特许，可以直接到档案馆里，接触马克思文献。同年12月30日，他到维也纳参加“马克思主义者会议”。1911年，他们提出“维也纳出版计划”，建议德国社会民主党执委会，建立一个委员会，目的是“Ⅰ.筹备这样一部马克思全集，它符合一切科学要求，绝对完全，经过了系统整理，与马克思著作的手稿和各种版本进行比较，具有序言和内容丰富的索引；Ⅱ.发表一部符合一切科学要求的马克思传记，如有可能把它编入全集”；同时还建议，“是否考虑应把马克思和恩格斯的著作编在一起出版，因为这两人的著作在个人、党史和科学方面有紧密的联系”。[①] 从这时起，出版马克思恩格斯全集，已经成了梁赞诺夫的一个学术理想。

此后梁赞诺夫开始扎扎实实收集资料，至1914年前他已通过伯恩施坦，复制了马克思和恩格斯之间的全部通信，乃至他后来可以颇为自信地说：“现在我可以说……我们有伯恩施坦所拥有的马克思给恩格斯以及恩格斯给马克思的所有信件的全部照片，而且我们也有伯恩施坦没有的信件。”[②]

1921年，他在列宁和党中央支持下，创立了马克思恩格斯研究院。1923年就形成了出版《马克思恩格斯全集》的初步构想。

1921年至1923年，1923年至1927年，梁赞诺夫两度到德国及其他国家，广泛搜集马克思文献，包括与马克思、恩格斯直接相关的文献4316份，原件437件，还有照原件复制的文献55000页。他搜集到与马克思、恩格斯相关文献的总数是15000多个文献原件，150000个拷贝。

研究院掌握的马克思相关文献，可以说已经是“资料成山”、

---

① ［德］齐格弗里特·巴恩：《论〈马克思恩格斯全集〉历史考证第1版的历史》，中共中央编译局马恩室编：《马克思恩格斯研究》，1993年第12辑，第213页。

② ［德］齐格弗里特·巴恩：《论〈马克思恩格斯全集〉历史考证第1版的历史》，中共中央编译局马恩室编：《马克思恩格斯研究》，1993年第12辑，第214页。

“浩瀚如海”，历史考证版《马克思恩格斯全集》正是建立在这种文献资料的雄厚基础之上的。

第二，各种文字的原文出版。

马克思、恩格斯自称是“世界公民”，学术目标是创造“现代世界哲学”，因而他们运用多种语言文字进行创作活动。据初步统计，在他们留下的文本中，约60%是用他们的母语德语写成的；30%是用近代世界流行最广的英语写成的；5%是用在西方文化世界影响甚广的法语写成的；还有5%则是用西班牙语、意大利文、拉丁文等文字写成的。

在翻译过程中，文字难免会失去不少原有的神韵。马克思文献翻译过程中，也会发生这个问题。

由此，梁赞诺夫萌生了一个学术理想，到后来又确立为历史考证版的理想目标与编辑主旨：以原始文字刊出其全部文稿，以最大的准确性，有系统地再现马克思、恩格斯全部精神遗产。因此，编入历史考证版的马克思、恩格斯文献，都要求按作者写作时使用的原始文字发表。

由于马克思、恩格斯写作过程中，先后使用过上述几种文字，因而该版本也被称为“国际版”、“原文版”，或叫“国际原文版”。

第三，手稿原貌的真实再现。

历史考证版不仅要求用原始文字发表作者原著，而且要求原汁原味、原封不动地真实再现作者的创作过程，其中也包括手稿、笔记、准备材料的创作过程。也就是说，不仅要发表最后定稿、定本，而且要把反映整个内在创作过程的各种版本、各个阶段的手稿、各个阶段的读书笔记和准备材料，都毫无例外按原始风貌发表。

因而，历史考证版的一大特点，是特别重视手稿的发表，尤其是《资本论》创作过程中每个阶段、每个时期的不同手稿，甚至包括不同版本，都要原原本本、原汁原味地加以发表。

1927年，当历史考证版第一版第一卷发表时，梁赞诺夫在序言中鲜明昭示了这一思想主旨：我们的任务是为每个从事马克思、恩格斯研究的人提供客观的基础，也就是说，通过一目了然的编排，可靠地再现马克思和恩格斯的全部精神遗产。

第四，供研究使用的注释说明。

这一版本也被称为“学术研究版”，它不是供普通大众使用的“普及版”，而是专门供深入进行学术研究使用的特殊版本。

它大大增加供研究使用的注释说明的分量。这一版的每一卷，都要附上较大篇幅的注释说明：前面有编者序言，系统说明文本产生的历史背景与理论贡献、历史地位；后面要附上传记性历史资料、历史批判性注释、版本注释、异文说明、名目、人名索引、图书索引等内容。

不仅如此，当时甚至计划在全集最后附上相对独立的两大卷学术参考资料：第一卷是大型的名目索引，相当于一部编纂翔实的《马克思恩格斯辞典》，“将把马克思和恩格斯著作中所讨论和研究的论题、术语、概念、问题尽行列入，并且每一项下按年代顺序标出与其有关的章节，以资对照”[①]；第二卷，则拟对全集各卷做出人名索引。

注释说明在这里已远不再是技术细节工作，而是整个历史考证版的相对独立的重要组成部分。

第五，版本结构分四大部分。

这一版拟出40卷，在版本结构上的一个重要尝试，就是首倡四分结构：

第一部分，一般论著，17卷；

第二部分，《资本论》及其手稿，13卷；

第三部分，书信，8卷；

---

① 《〈马克思恩格斯全集〉的编纂工作》，北京：人民出版社，1977年，第14页。

第四部分，学术研究参考资料，2 卷。

第一部分，是除《资本论》之外，马克思、恩格斯关于哲学、经济学、历史学、政治学等方面的一般论著，材料分类是按年代先后顺序排列。这部分大致计划出 17 卷，比梅林版或此前出版的其他马克思、恩格斯文集，篇幅大得多，容量大得多，文献全得多。

第二部分，则专收《资本论》相关文本，不仅要系统发表《资本论》四卷本，而且要原原本本地发表《资本论》创作过程中的各个阶段、各个时期的各种手稿，从而真实再现马克思这一主要著作的整个创作历史过程。通过系统全面地发表《资本论》各大手稿，更加突出《资本论》创作在马克思文本体系中的重心地位——这是历史考证版第一版在版本结构上的一大特色、一大创新。

第三部分，把马克思、恩格斯书信，作为他们文本体系的一个重要组成部分，分 8 卷加以发表：头 4 卷专门发表马克思和恩格斯之间，长达 40 年的通信，这是最重要的；后 4 卷，则收集他们和其他人之间的通信。应当说，把马克思、恩格斯书信作为他们文本体系、思想体系的一个重要组成部分发表出来，既忠实体现了马克思主义创始人的基本思想，又是《马克思恩格斯全集》历史考证版第一版在版本结构上首倡的一大特色。

第四部分，资料构成一个独立部分，提供一部《马克思恩格斯辞典》，作为马克思研究大资料库，为深入研究指引方向——这也是这一版版本结构构想的一大历史特色。

第六，最先开始出版的全集。

梅林版的《马克思、恩格斯和拉萨尔遗著》，虽然早在 1902 年出版，却不是名副其实的“全集”，只搜集了 1841 年至 1850 年间的著作。

20 世纪上半叶，最先出齐的《马克思恩格斯全集》，是 1928 年至 1935 年间，日本改造社出版的日文第一版，共 28 卷 31 册。

而历史考证版第一版则是最先启动、最先开始出版的《马克思恩格斯全集》，因为它在1927年最先出版了第一卷，比俄文与日文版的起点，都要早一年。

从1927年至1935年，这9年间历史考证版第一版共出版了12卷13册（第一卷分上下册）。虽然历史考证版第一版并没有出全，但它作为最先开始出版的《马克思恩格斯全集》，其历史地位是永久不可磨灭的。

历史考证版第一版《马克思恩格斯全集》在困难条件下开始起步，也留下了一些难以避免的历史缺憾，其中较为主要的有三条：

第一，最大的缺憾是虎头蛇尾，未能出全。从1927年开始出第一部分第一卷，到1935年，只出了12卷13册，大约只合原定规划40卷的四分之一强，就戛然而止了。前人论著，多半把主要原因归结到外部，即希特勒法西斯在德国上台。原来为了出版这一版，苏联和德国专门联合成立了马克思恩格斯出版社，但1933年希特勒上台，出版工作只能转移到苏联的出版社。实际上，这只是外因，主要的内因是苏联的指导方针从20世纪30年代起急剧向“左”转，1931年梁赞诺夫被撤销研究院院长职务，流放外地，1938年被迫害致死。如果有梁赞诺夫这样的领导人执着努力，外部困难其实并非不可战胜。“左”的抬头，迫使人们只去宣传《联共（布）党史简明教程》和斯大林的《论辩证唯物主义和历史唯物主义》等小册子，大大减弱了对马克思文献的理论兴趣。

第二，由于实际出版工作只进行了一小部分就中断了，因而历史考证版第一版多半还停留在理论构想上，列宁、梁赞诺夫、阿多拉茨基等人的许多闪光思想，尚未能在编排出版实践上得到真正体现。第一部分一般论著，原定17卷，只出了7卷；第三部分书信8卷，只出了一半；第二部分《资本论》及其手稿，甚至一卷未出；第四部分学术参考资料两卷本，也一本没出。这是历史考证版第一版的悲剧，也是马克思文献史上的历史悲剧。

第三，历史考证版第一版在版本结构上的重大缺憾，主要是大量读书笔记，尤其是马克思晚年笔记，没有相应的重要地位。梁赞诺夫本人其实已经意识到，马克思藏书与笔记具有相对独立的重大意义，可惜未能根本解决这个问题。

历史考证版虽然远远未能出全，却树立了一座丰碑。列宁、阿多拉茨基，特别是为马克思文献献出毕生精力与宝贵生命的梁赞诺夫，无意之中也把自己的英名留在了这块历史丰碑上，让我们永远记住他们，学习他们！

第五节　历史考证版第二版《马克思恩格斯全集》

1975 年开始出版的历史考证版第二版《马克思恩格斯全集》，是 20 世纪后期，乃至 21 世纪前期逐渐上升到主流位置的版本，对包括当代中国在内的许多国家，都有重大影响。

历史考证版第二版由苏联和民主德国的马列主义研究机构共同编辑出版。1972 年，首先推出一本试编本听取意见，包括编者前言、编辑准则、四个部分试编排样式、各种学术资料等内容。

随后，经过紧锣密鼓的筹备工作，终于在 1975 年推出了历史考证版第二版的第一部分第一卷。

1975 年开始出版历史考证版第二版时，当时的编者发表了一篇总前言，重申了新版本力求体现的完整性原则："原文版收入所有保存下来的和已能看到的马克思、恩格斯的著作遗产。它不仅收录《全集》俄文第 2 版和德文版中已经发表的著作、文章和书信，而且还收录了在此期间新发现的文章和信件。其次，从现在起还要发表马克思、恩格斯的全部手稿、草稿、摘要和摘录、边注和类似的研究材料，发表他们讲话和谈话的记录，马克思和恩格斯参与起草的民主运动和工人运动的文件以及类似的材料。此外，除马克思、恩格斯的书信以外，还收录第三者致他们的书信以及一些对马克思恩格斯的研究较为重要的第三者之间的书信。”[①] 这就确定了历史考证版第二版一个最显著的历史特色——力争收文最全。

1975 年至 1990 年，在这 15 年间，历史考证版第二版出版较为顺利，共出了 43 卷。

1989 年至 1991 年前后，东欧剧变、苏联解体，严重影响历史考证版第二版的出版工作，使这一计划一度搁浅。

在这严峻的形势下，阿姆斯特丹国际社会史研究所、特利尔马克思故居艾伯特基金会和莫斯科、柏林的马列主义研究机构联合举行会议，成立了“国际马克思恩格斯基金会”，以便将《马克思恩格斯全集》历史考证版第二版的编辑出版工作继续进行下去。

1990 年以后的新阶段，一个重要新特点，是更加强调“学术化”的编辑方针，要求超越政治的、党派的、意识形态的目的，使编辑出版工作更加突出“供科学研究者使用的科学版本”这个目的。

在 1994 年出版的《〈马克思恩格斯全集〉（历史考证版）研究》第一期上，历史考证版第二版编委会成员、俄罗斯学者巴加图利亚提出，历史考证版第二版的科学性质，源于贯彻到底的历史主义、始终如一的批判主义和完全性原则三者的统一。其中，历史主义原则甚至被当成了历史考证版的首要原则。没有历史主义的原则，就没有历史考证版第二版。

那么，究竟什么叫贯彻到底的历史主义原则呢？其实就是要在以下七个层次上，全部体现历史主义原则，重视再现发展的历史过程：

第一，重视马克思、恩格斯每篇文献、每个文本创作的历史过程，要把历史文献当成活生生的有生命的东西、有灵魂的东西，而不是没有生命、没有灵魂的东西，探寻历史文献的内在生命、内在

① 《〈马克思恩格斯全集〉原文版总前言》，《马克思恩格斯研究》，1989 年第 1 辑，第 277 页。

灵魂；

第二，要重视马克思、恩格斯每个思想、每个提法、每个重要范畴概念的形成过程、发展过程，而不是把它们当成僵死的东西、一下子就完成的东西、一次定型而永远不变的东西；

第三，要重视马克思、恩格斯每个历史阶段、历史时期的思想发展过程，注意分析每个阶段、每个时期的历史背景，并在这个背景下把握马克思文献与思想的发展历程；

第四，要重视马克思、恩格斯文本的创作过程，努力再现这种活生生的内在创作活动，再现整个创作过程，而不是仅仅盯着最后结果、最后定稿、最后定本；

第五，要重视马克思、恩格斯文稿的修改过程，从中把握他们思想变化的来龙去脉，摸清思想跳动的脉搏所在，而不是把他们的思想及其表达看成僵化不变的东西；

第六，要重视马克思、恩格斯著作的出版过程，对比研究各种版本的异同之处、修改之处、变化轨迹、思想走向，为版本学比较研究提供客观基础；

第七，要努力把马克思、恩格斯一生思想，放到世界历史时代背景上去，作为一个活生生的历史过程，完整地再现出来，尤其是重点把握马克思文本创作 50 年，整个思想形成发展 65 年的完整历史过程，绝不能仅仅停留于某个历史片段、某个固定文本、某个特定提法上。

这七个层次，一层比一层的要求更高。只有在每一层都贯彻了历史主义原则，才能够完全彻底地体现了历史性原则，真正把握了马克思历史文献的活的生命、活的灵魂。

此外，历史考证版第二版的另一大特色，是学术资料特别丰富，可以说是历来资料最丰富的一版。

历史考证版第二版的注释说明，经历了“从少到多”、“从窄到宽”的变化过程。最初在试编阶段，初步构想的原则是“能少就少”，“能不注就不注”，“能在别的辞典文献中查到就不注”。然而在听取意见过程中，许多国家，尤其是东方国家的研究者提出意见：近代西方许多历史文献，要想在今天这些国家中找到，殊非易事，而东方国家今后转向马克思研究的人会越来越多。因此，到了出版历史考证版第二版的时候，他们的原则改变为：“需要注就注”，“能注就注”，“要为有一定能力的研究者提供尽可能翔实丰富的学术资料”，无须借助于另外的工具书，就可以研究马克思文献。这种近乎百科全书式的注释体例，旨在“提供一切必需的参考资料”。

为此，历史考证版第二版还首创了一种颇为独特的编排方式：每一卷一分为二，一册是马克思、恩格斯文献正文，另一册是专供研究用的学术资料。

历史考证版第二版主要有 10 种学术资料，其中后 8 种集中在资料卷中：总前言、卷前说明、题注、注释、文献索引、人名索引、地名索引、名目索引、异文索引和异文对照表、勘误表。

前 8 种是各种版本的《马克思恩格斯全集》基本都有的资料类型，但历史考证版第二版有一定特点；后 2 类则是历史考证版第二版独有的。

马克思、恩格斯文本的一个重要历史特点，是其中一些重要论述经过反复修改，因而存在多种表述形式——这就是“异文”的频繁存在。

通常版本，只是选择马克思、恩格斯最后定稿，作为唯一文本发表。而历史考证版第二版的一个显著特色，是把马克思、恩格斯本人在理论内容或文风表述上做出的一切修改，包括增补、删节、替换、调整等，一律作为异文发表。这样，通过一系列异文，就可以一目了然地看出马克思、恩格斯每个文本的修订状况，从一个文本到另一个文本的变动情况与变化轨迹。在大量改动中，内容特别重要，有微妙或重大变化的异文，还可通过现代印刷手段，加以特别突出，以便深入研究。这也提醒人们，哪些异文应在比较研究各种版本时，予以特别注意。历史考证版第二版不仅排出了各种形式的异文，而且通过异文索引的形式，方便人们一目了然地了解正文发展的主要历程，有哪几种主要异文等情况。

异文对照表可以简明醒目地看出，马克思、恩格斯文本中同一段重要论述，在不同稿本、不同版本中的不同表述，及其反复修改的痕迹，思想发展的历史轨迹。

而校勘表，介绍的是编者在编辑出版过程中，发现马克思、恩格斯文本中的笔误或印刷错误，由编者进行审订、更正的情况。校勘表中列出的错误，有些是俄文版、德文版已校正过的，有些则是历史考证版第二版编辑过程中新发现的。在资料卷中，校勘表排在异文表之后，构成一个独特部分和重要特征。

《马克思恩格斯全集》历史考证版第二版在版本结构上的最大变化，是在“一般论著—《资本论》及其手稿—书信”三部分之外，把读书笔记作为相对独立的第四部分收录，从而把全集的三分结构发展为四分结构，并在每个部分都突出了马克思的创作过程。

这四个部分在历史考证版第二版中是分别编号的，每一部分都从第一卷开始，而没有统一编号。

第一部分，是除《资本论》之外的马克思、恩格斯其他论著及手稿，包括哲学、历史、经济学、社会主义、政治学等各个方面。这一部分原定出 33 卷，后调整为 32 卷。历史考证版第二版这一部分的最大特点是，不仅发表正式出版的论著，而且发表全部手稿；不仅发表他生前最后出版的“定本”，而且发表不同时期的不同版本。第 22 卷收录巴黎公社革命这一时期论著。马克思执笔写成的《法兰西内战》，既发表最后定稿，又发表最初的第一稿，修改过程中的第二稿；还发表了该著作的英文原稿，以及经马克思审定的三个英文版本的异文；还发表了马克思指导下翻译的、部分经马克思校阅的 1872 年法文版；还发表了由恩格斯翻译的德文本，还有经作者译者审定过的其他德文版异文。整个文本的写作过程、修订过程，出版过程的各种稿本、版本、译本、全部荟萃其中。这是历史考证版第二版不同于其他各种版本的一大特色。

第二部分专收《资本论》及其手稿，这一版这一部分的特点在于，原原本本地发表了《资本论》创作过程的各种手稿和各种版本，因而使这一部分的分量上升到15卷，更加突出了《资本论》是马克思一生主要著作这个历史特点。俄文第一版和第二版的这一部分都是按《资本论》四卷结构编排的，内容单一，结构简单，分量不足。历史考证版第一版的这一部分，最初曾构想出13卷，收录《资本论》的主要手稿与主要版本，但可惜只是个构想没能出版。相比之下，历史考证版第二版的这一部分版本结构有重大变化，试图分4组15卷，全面系统发表《资本论》文本群。

第三部分是书信，这个部分的最大特点，是不仅像以往版本那样收录马克思、恩格斯给他人的信件，而且收录其他人给马克思、恩格斯的信件。理由主要是这样做不仅有助于理解马克思、恩格斯所写的信，而且由于马克思、恩格斯的书信约有60%没有保留下来，而从其他人给马克思、恩格斯的信件中，或多或少可以找到一些信息提示。这一部分的另一变化，是大大增加了介绍书信各种历史背景的参考资料。

第四部分是读书笔记，以马克思为主，修改简化后的计划，仍有32卷之多。系统展现马克思读书笔记与读书生活，是历史考证版第二版在版本结构和内容编排上的一个最重大创新。

在原先出版的各种版本的《马克思恩格斯全集》中，基本上未收录马克思读书笔记，认为它们只是写作论著过程留下的准备材料。由于晚年马克思有些论著未能写出，因而俄文第二版《马克思恩格斯全集》在补卷部分的第45卷中，发表了马克思晚年关于摩尔根《古代社会》摘要等4篇笔记。

而历史考证版第二版则第一次准备系统发表马克思大量读书笔记，当然也包括恩格斯少量读书笔记在内。最初的计划是追求“大而全”的，试图把读书笔记分为三类，全部发表，仅这一部分就有七八十卷之多。由于经费紧张、篇幅有限等原因，1991 年前后，调整压缩了出版计划，重点出版摘录笔记 31 卷，藏书上的批注压缩为 1 卷，题辞等则取消了。

现在历史考证版第二版尚未全部出版，全面评述其功过得失，为时过早。不过，为了使大家有一个初步的总体概念，这里暂且列出其三大历史贡献与三点历史局限。

历史考证版第二版的三大历史贡献是：

它在历史考证版第一版的基础上，力图第一次为《马克思恩格斯全集》提供一部完整的国际原文版、历史考证版；

它的文献远比俄文第一版、第二版丰富得多，将是迄今为止文献最丰富的《马克思恩格斯全集》；

它努力吸收历史考证版第一版及俄文版、德文版、英文版等研究成果与编辑成果，并做出重大创新，从而成为 20 世纪后期乃至 21 世纪前期在国际上最有影响的《马克思恩格斯全集》的主流版本。

历史考证版第二版的三个主要历史局限是：

它在版本结构调整过程中，把原先打算出版的 30 卷的马克思、恩格斯读书批注全部去掉了，因而这部“全集”还是不全的；

它把重点放在忠实再现马克思、恩格斯的文本创作过程方面，而对怎样从逻辑上、基本理论上把握则考虑不够；

它把努力目标、编排主旨放在完整再现马克思、恩格斯全部思想遗产上面，但对于怎样突出重点、以简驭繁、纲举目张地把握马克思整个哲学、整个思想体系，考虑不够。

第六节　中文第一版《马克思恩格斯全集》

中文版《马克思恩格斯全集》与中国人联系最直接、最紧密，尽管它们在马克思、恩格斯文献出版史上还不能说真正取得了相对独立的版本学地位，但还是值得我们做些认真分析的。

在中华人民共和国成立以来的70多年间，1956年至1985年，中国出版了中文第一版《马克思恩格斯全集》；在改革开放新时期，从1995年开始，又陆续出版中文第二版《马克思恩格斯全集》。中文版《马克思恩格斯全集》有三个基本特点：

一是党和国家高度重视，把它作为“国家事业”。《马克思恩格斯全集》中文第一版，是1956年党的八大后根据中央委员会的决定出版的，中文第二版则是改革开放新时期根据党中央决定出版的，并且早在1986年就由中央书记处批准列入工作计划。

二是中文版《马克思恩格斯全集》是由一个专业机构、一支专业队伍负责编辑出版的，这就是中共中央编译局，原先以翻译、编辑工作为主，改革开放新时期日益加强了科研方面的建设工作。

三是中央编译局在几十年间也积累了相当丰富的文献、资料、信息与经验，还有相关的国际联系。

但我们也应该看到，中文版的《马克思恩格斯全集》基本上是“跟着走”的，跟着一个时代的国际主导型版本走，而自身未能形成一种有独立意义的重要版本；当然在某些方面，尤其是改革开放新时期正在出版的中文第二版，还是有些自己特色的。

下面，我们先对中文第一版的《马克思恩格斯全集》，做出具体分析。

中文第一版《马克思恩格斯全集》的历史贡献，主要是四条：

1. 中文第一版是以俄文第二版为基础进行编辑出版的。1955年，俄文第二版《马克思恩格斯全集》第一卷出版，1956年中文第一版第一卷就随即问世了。1969年以后，俄文第二版又出了补卷部分，当时中国正赶上“文化大革命”，未能及时翻译出版。而在1978年十一届三中全会后，从1979年开始至1985年，中文版也相继出齐了补卷部分11卷。中文第一版《马克思恩格斯全集》50卷本是从 19 世纪末 20 世纪初马克思主义传入中国后，最为系统出版的马克思文献汇总。

2. 中文第一版的版本结构与收文范围，完全是向俄文第二版看齐的，属于 20 世纪中期收文比较丰富的一种版本。正卷部分分为三个部分，共计 39 卷，包括一般论著 22 卷、《资本论》4 卷、书信 13 卷。补卷 11 卷做了四个方面的重大补充：第一，补充了青年马克思的一系列重要文献，如 1835 年中学毕业论文《青年在选择职业时的考虑》，1837 年《给父亲的信》，1839 年至 1841 年所写的博士论文及其准备材料等；第二，补充了《1844 年经济学哲学手稿》这篇极富创造性的早期马克思哲学论著；第三，补充了《资本论》创作过程中的两大手稿，即哲学底蕴最丰厚的《1857—1858 年经济学哲学手稿》和篇幅最大的《1861—1863 年手稿》；第四，补充了部分马克思晚年笔记，特别是以摩尔根《古代社会》一书摘要为代表的、以“国家与文明起源”问题为主题的一组 4 篇笔记。这一系列马克思文献的发表，对于改革开放新时期的解放思想、实事求是，拨乱反正、正本清源，起了巨大推动作用，并对重新确立马克思主义指导地位起了重要的精神支柱作用。改革开放时期成长起来的新一代大学生和专家学者，新生代的马克思主义者，正是读着这些书成长起来的。这个解放思想的巨大历史作用，绝不能低估。

3. 中文第一版的翻译编辑工作，是由中央编译局负责的。他们有一支训练有素、素质较高的专业队伍，又有一套严格审订、层层把关的工作程序、工作规范，虽以俄文第二版为主要依据，但也在译校过程中参考了马克思、恩格斯的原著文字，因而保障了中文译文在总体上还是有较高质量的。中央编译局的底子与基础，是在延安整风前后形成的，老一辈专家，多是曾留学德国、法国、俄国、英国的学者与革命者。中华人民共和国成立后，又不断补充进各种新生力量。以 1979 年出版的补卷部分第 42 卷为例，第一步，他们组成一个 20 多人的工作集体，其中 19 人负责译校工作，顾锦屏、杜章智、詹汝琮、宋书声等著名老一辈专家在其中起重要骨干作用，还有4个人专门负责资料工作。第二步，他们还要进行集体研究和讨论，事先对编辑原则、翻译准则、基本问题、重大难题，各抒己见，统一认识。第三步，才是分工负责，每个人的责任都是非常明确的。第四步，层层把关，认真校订，要一遍一遍反复修改，力争做到一丝不苟。第五步，还要广泛听取方方面面的专家意见。第42卷中的《1844年经济学哲学手稿》是该卷最为重要的核心部分，则根据刘丕坤的单行本译文进行了校订，并且认真听取了老一辈专家朱光潜、熊伟等人许多具体意见。第六步，许多理论上、翻译上、编辑上的重大问题，不是由任何个人匆忙决定的，而是交由学术委员会集体讨论、反复研究决定的。由于有了这样一套集体把关的工作制度，许多地方就避免了严重的误译、漏译，基本保证了译文质量。

4. 中文第一版的说明注释工作、学术资料工作，基本上是移植俄文第二版的相关内容，由于俄文第二版在这方面工作还是卓有成效的，因而为中文第一版也打下了较好的基础。中文第一版的头15卷，卷前说明与注释，基本上是原封不动地照搬俄文第二版。从1964年起，中苏之间展开了关于国际共产主义运动总路线的大论战，因而在此期间出版的第16至39卷，就把俄文第二版编者加的卷前说明撤下来了，也没有再加上自己写的前言。后来出版补卷部分第40至50卷时，中文第一版编者加上了自己写的简要说明。至于卷后注释、人名索引、著作索引、报刊索引，基本上还是移植俄文第二版的相关内容。在我们自己独立研究不够的条件下，这不失为当时的一个现实选择，也是较好的选择，为时人理解马克思、恩格斯文献，提供了当时条件下的一套较好的学术资料。

中文第一版在移植俄文第二版的积极成果的同时，也受到了它的消极面的影响，由此带来了它的四个主要历史局限：

第一个历史局限：以俄为本，并非原文。

中文第一版《马克思恩格斯全集》是以俄文第二版为基础翻译出版的。而马克思、恩格斯文献，如前文所说，60％是用德文写作的，30％是用英文写作的。俄文第二版是根据这些原始文献翻译来的第二手文献，我们再根据俄文转译，就成了第三手文献。这样，离马克思、恩格斯文献的本来面目，就越离越远了。在这种情况下，即使俄文第二版译文质量都是尽善尽美的，中文版失真的概率也是大大增加的；更何况历史已经证明，俄文第二版译文在许多地方还是存在问题的。

中央编译局也有一批懂德文、英文的专家，他们多半是首先根据俄文第二版译出，然后在校正过程中，再参照德文版、英文版的原文进行修正。但这种路径还是存在根本缺陷的，远不如直接根据原文版译出更准确。

第二个历史局限：文献有限，全集不全。

当时限于历史条件，马克思文献的原件多保存在苏联的马列主义研究院和荷兰阿姆斯特丹国际社会史研究所。中国没有这些原始文献，也没有下大决心，投入大力量，全部复制这些文献，以取得独立的文献资料来源，这就造成了文献不全的问题。所依据的俄文第二版固然是20世纪中期收文最全的一种版本，可是仍有许多遗漏不全，甚至严重不全的地方：

在一般论著及其手稿部分，公开发表的一般论著，尤其是基本论著，应当说是比较全的；可是马克思的一些手稿还没有完全发表，其中就包括他弥留之际十分惦记并希望发表的数学手稿等。

在《资本论》文本群部分，《资本论》第一卷只收了德文第二版，缺少其他不同版本；而第二、三卷则只收了恩格斯加工版，缺少马克思本人的第二卷、第三卷手稿，还缺少马克思本人的第四卷手稿。

在书信这一部分，则缺少他人写给马克思、恩格斯的信，在保存下来的文献中，马克思、恩格斯写的信有4000封左右，他人写给马克思、恩格斯的信有10000封左右。估计马克思写的信可能有近一半未能保留下来，而其中有相当一部分可在他人给马克思、恩格斯来信中找到些许历史信息，至少是蛛丝马迹。

马克思留下了200多本笔记，恩格斯留下了20多本笔记，马克思还在几百本藏书上做了笔记与批注，这些俄文第二版都未收录。因此，中文第一版在全面性上也存在较大不足。

俄文第二版未能提出和解决的这一系列问题，中文第一版也没有能够提出和解决。名为全集，却其实难副，要做到名副其实的全集，还要走很长的路。

第三个历史局限：正卷补卷，版本缺陷。

俄文第二版一开始确定的规模是30卷，是想固守俄文第一版的大框架，后来新发现的文献实在是太多了，也太重要了，于是增加到39卷。可是仍有许多重大遗缺，又出了补卷部分11卷。

中文第一版采取了“跟踪式”编辑出版战略。因而也只好采取“正卷＋补卷”的这种两大板块式版本结构。这种区分的缺陷，至少表现在以下几个层面上：

第一，区分不科学。

把马克思、恩格斯文献分成正卷、补卷两大部分的划分，并不科学。从表面上看，似乎正卷部分是更加重要的基本著作，而补卷部分，则是没有那么重要的补充部分。事实上绝非如此。收入补卷部分的有马克思写的两部经济学哲学手稿——《1844年经济学哲学手稿》、《1857—1858年经济学哲学手稿》，对于马克思哲学创新、理论创新来说，应当是最为重要的上下篇。忽视其重大哲学意义、理论意义的做法，是根本站不住脚的。还有补卷第45卷中发表的马克思晚年笔记，也有非常重要的理论意义与哲学意义，把它作为看上去不那么重要的“补充成分”、“附录成分”，也是根本站不住脚的。

第二，体例不一致。

正卷部分39卷，采取的是相对完整、相对独立的“三分结构”：一般论著22卷—《资本论》4卷—书信13卷。每个部分大体按时间排列。

补卷部分11卷，又重复了一遍不太严格的三分结构：早期著作、一般论著5卷—《资本论》手稿5卷—附带有新发现的一般论著与书信的最后一卷。时间顺序也不太明显。

第三，使用不方便。

每一类重要文献，几乎都被分到了正卷和补卷两个地方，查找、研究、使用起来，有诸多不便之处。

比如，我们要找青年马克思文献，那就不仅要查找正卷部分的第1卷，还要查找补卷部分的第40卷，再把两卷文献适当综合起来，才有比较完整的“青年马克思文献”。

除了文献专家之外，一般读者，甚至一般专业研究者，面对如此分散而无序的文献编排，都会感到很不方便。

第四，版本结构不统一。

从俄文第二版到中文第一版，《马克思恩格斯全集》50卷本，实质上分为正卷、补卷两大部分，并没有有机地统一起来，构成完整、严密、一致的版本结构，而是“两大板块，各行其是”。

正卷部分的主旨，是提供一个供大众阅读的普及版本，而不是供科学研究用的科学版本，因而它才做了一定的取舍，如只收马克思开始走向唯物主义之后的论著，不收青年马克思早期历史文献；只收《资本论》最后出版的四卷本定本，不收创作过程中的各种手稿；只收马克思、恩格斯已经出版至少打算出版的论著，不出他们研究过程留下的手稿、笔记。然而补卷却是“反其道而行之”，反而把之前不收的内容又进行了补充收录。

中文第一版《马克思恩格斯全集》因袭了俄文第二版的这种内在矛盾，因而也就没有形成完整、统一、科学的版本结构。

第四个历史局限：注释说明，有待改进。

中文第一版在卷前说明、注释、索引等学术资料方面，也基本上采取“移植方针”，或者叫“拿来主义”，把俄文第二版的相关成果直接翻译过来，为我所用，因而也留下了一些弊端与缺憾。

以卷前说明为例。卷前说明对于中国广大读者来说，是非常重要的。因为中国人读《马克思恩格斯全集》，最主要的目的是把握基本文献中的基本理论，最困难的地方是难以把握其历史背景与基本脉络。如何根据马克思文献实际与中国读者实际，写好历史性与理论概括性并重的卷前说明，成了编辑者的头等大事。

中文第一版的卷前说明，其处理方式分三个阶段，或是完全照搬，或是干脆不写，或是简略说明，各有问题。前文已有提及。

第七节　中文第二版《马克思恩格斯全集》

从1978年十一届三中全会开始，中国进入改革开放新时期，解放思想、实事求是、拨乱反正、正本清源，成为思想理论上的时代主潮。为了彻底扬弃传统计划经济的苏联僵化模式与教条主义僵化观念，突破“以苏解马”的解读模式，真正“回到马克思”、“发展马克思”，成为思想理论界的一种强烈呼唤。

在改革开放中，加强马克思主义指导地位，反对资产阶级自由化倾向，也成为迫切问题。

正是在这种历史背景下，1985年，当中文第一版《马克思恩格斯全集》刚刚出齐之时，中央编译局就已经开始酝酿出版全集的中文第二版，并且形成了初步构想。

1986年7月，经中共中央书记处批准，重新编译出版《马克思恩格斯全集》中文第二版的设想，被列为中央编译局的重要工作计划，由此这一工作正式启动。

出版马克思、恩格斯文献，必须考虑不同读者的不同需要，采取不同的定位，那么，中文第二版定位在哪里呢？

中文第二版的定位，既不是俄文第二版、中文第一版的“大众普及版”，也不是历史考证版的“深入研究版”，而是试图开创一种介于二者之间的新类型，或许可以叫作“一般研究版”。

中央编译局最初拟定的工作方针明确了这一点：《马克思恩格斯全集》中文第二版主要是供研究工作者使用的版本。

在1995年正式出版的编辑说明中，提法没这么明确，而是更笼统一些，但也表达了相近的意思：

> 为了适应我国读者当前以及长远需要，经中央批准，我们着手编译一套内容全、编译质量高、可供长期使用的新版本。①

中文第二版的许多新特点，都是由这种新定位而引出的。

除了对中文第二版的定位外，卷首的编辑说明中，也交代了该版的主要文献来源与编辑基础：“《马克思恩格斯全集》第二版以第一版为基础，并依据《马克思恩格斯全集》历史考证版第二版和德文版重新进行编辑和译校。”②

这里透露了一个重要信息，中文第二版《马克思恩格斯全集》不是直接依据原始文献、另起炉灶、独立编辑的，而是在原来已有版本的基础上重新编辑出版的。

这里还可看出，中文第二版的文献来源与编辑基础，不像中文第一版那样，是单一的、简单的，而是复杂的、双重的。

中文第二版的第一重基础，是从俄文第二版脱胎而来的中文第一版。可见，它不是全然摆脱中文第一版，完全独立地另起炉灶，而是尽可能注意到与中文第一版的历史连续性，尤其是大家熟悉的基本文献、基本原理、基本表述，能不改就不改。

中文第二版的第二重基础，则是历史考证版第二版。在文献来源、版本结构、编排体例、注释说明等方面，中文第二版都首先注重学习、借鉴历史考证版第二版，首先注重吸取其最新的研究成果

---

① 《马克思恩格斯全集》(第一卷)，北京：人民出版社，1995年，编辑说明。

② 《马克思恩格斯全集》(第一卷)，北京：人民出版社，1995年，编辑说明。

与编辑成果。

可以说，中文第一版主要是以20世纪中期占主导地位的俄文第二版为基础的，而中文第二版主要是以20世纪后期占主导地位的历史考证版为基础的，这是二者的主要不同之点。同时，中文第二版也注意与脱胎于俄文第二版的中文第一版保持必要的连续性，并适当参照德文版。

而从版本结构来看，中文第二版与中文第一版相比的一个重大创新，便是吸收历史考证版第二版成果在“一般论著—《资本论》—书信”的三分结构上，增添了一个相对独立的组成部分——读书笔记。因而构成了四个部分，或叫四分结构：一般论著—《资本论》及其手稿—书信—笔记。

这个新变化不仅意味着在原有三个部分之后再加上一个部分，而且意味着整个编辑方针、指导原则上的一个关系全局的重大变化：新型版本的思想主旨，从原来注重寻找与再现最后成果、最后定本，转向历史化、真实化、动态化、系统化地再现马克思、恩格斯文献的创作过程。简言之，从注重最后结果转向注重历史过程。

下面我们从版本结构、总体框架的角度，对这四个部分，做一点宏观式的比较研究，这里侧重于中文第二版与中文第一版的比较，兼及历史考证版第二版与俄文第二版的比较。

第一部分为一般论著，汇总了除《资本论》之外，马克思、恩格斯各个不同时期写成的哲学、政治经济学、政治学、历史学等各方面论文、著作及手稿。中文第二版在这一部分的编排特点，主要有三点：

一是打破了俄文第二版、中文第一版把一般论著分成正卷和补卷的机械划分，把这两部分文献全部统一起来，努力做出科学编排。

二是扬弃了俄文第二版、中文第一版把马克思、恩格斯文献，截然划分为“早期不成熟阶段”与后来走向“成熟阶段”的简单化方针，而是借鉴历史考证版第二版的编排方针，注重历史地、真实地再现他们的创作过程、发展过程、变化过程，注重再现“马克思文本创作50年（1833—1883）”、“恩格斯文本创作62年（1833—1895）”的历史过程。

三是尚在创作过程中的手稿与公开发表的论著并重，手稿的发表占据了重要的一席之地，如19世纪40年代体现马克思哲学创新的三大手稿，都成了重中之重。

第二部分是《资本论》及其手稿，集中再现马克思主要著作《资本论》的创作过程。中文第二版的这一部分，有三个显著特点：

一是这一部分的总体结构，不再像俄文第二版、中文第一版那样，以马克思、恩格斯最后加工出版的《资本论》四卷本为主体结构，而是以《资本论》创作过程为主线，来安排总体框架，把这一部分又分成两大块，即《资本论》手稿创作和《资本论》理论部分。

二是《资本论》手稿创作成了第二部分的开头阶段，并占有大部分篇幅，借鉴了历史考证版第二版成果，再现《资本论》手稿创作过程。

三是《资本论》理论部分三卷本，成了《资本论》创作过程的压轴戏。

第三部分是马克思、恩格斯书信，中文第二版的编排结构有两个特点：

一是把俄文第二版、中文第一版分散在正卷、补卷两大部分、四个地方（第27至39卷及第40卷中青年马克思书信，第41卷中青年恩格斯书信，第50卷书信补遗）的书信，全部统一起来，一律按时间顺序，科学编排，以便于查找，以便于研究。

二是参照历史考证版第二版，增加了一批新发现的书信。

第四部分是读书笔记。目前这一部分还一卷未出，其编排方式与版本结构，还不是很清楚，很难做出具体分析，但中文第二版借鉴历史考证版第二版在这方面的最新研究成果与编辑成果，把读书笔记作为马克思、恩格斯文献的一个重要部分，是一个大胆尝试、大胆创新。

中文第二版的解释说明系统，在“卷前说明—注释—索引”这三类学术资料的基础上，定下的基本方针是：立足中文版本与中国读者需要，注重有选择地吸收历史考证版第二版的学术资料成果与理论研究成果，按照“力求科学，详略得当”的方针，继承与改造在俄文第二版基础上形成的中文第一版解释说明系统。

下面，我们分别就卷前说明、注释、索引这三大类学术资料，做出简要评价。

第一类，卷前说明。

梁赞诺夫、阿多拉茨基主编的俄文第一版和历史考证版第一版《马克思恩格斯全集》，开创了一个重要传统，即每一卷前通常有一个较为长篇的序言或卷前说明，多由他们本人或多年研究的主要编辑人员执笔写成，对该卷的历史背景、基本问题、主要内容、历史地位，做出较为系统的说明，起导读作用。有的甚至长达几十页。

俄文第二版继承了这一传统，不过他们的理论解释有时带上了“以苏解马”的有色眼镜，在一定程度上带有教条化、简单化、僵化倾向。

20 世纪后期开始出版的历史考证版第二版，在卷前说明的处理上，则表现出前后不同的两大阶段：

1975 年至 1990 年间，由苏联与东德编辑出版的各卷基本上继承发展了历史考证版第一版和俄文第一版、第二版的传统，有比较系统、篇幅较长的卷前说明；

1990 年以后，由历史考证版第二版新编委会编辑出版的新版其余各卷，逐步趋向于不再做系统长篇的卷前说明，而改为短小的简要说明。

中文第二版在卷前说明的处理上，既没有简单照搬历史考证版第一版和俄文第一版、第二版做系统长篇式的说明，也没有简单追随历史考证版第二版，只做简短介绍式的说明，而是采取了综合二者的折中做法，力图使卷前说明写得要言不烦，篇幅适中。

中文第二版的卷前说明，是中文版编者在翻译和研究的基础上独立写成的，多半根据中文读者需要，比较系统而又简明扼要地介绍该卷文献的历史背景、基本内容、基本观点及其历史贡献与历史地位。力求吸收国内外新的研究成果，尤其是历史考证版第二版中所反映的最新的、在20世纪后期国际上占主流的研究成果、编辑成果和学术资料成果。

每篇卷前说明，大约在5000字以上，10000字以内，篇幅适中。

第二类，注释。

中文第一版的注释系统，基本上是照搬俄文第二版的注释系统，中文第二版采取的方法，是有选择地学习借鉴历史考证版第二版的注释成果，来改进和补充中文第一版的注释系统。

中文第二版注释的基本要求是：内容准确，文字简明。其篇幅长短也采取适中原则：比俄文第二版、中文第一版要更详尽一些，凡是原有注释，基本上保留，并适当根据历史考证版第二版注释，条目上有所增加，内容上有所补充；但也不求像历史考证版第二版那样，构成百科全书式、包罗万象式的注释系统，而是有所取，有所不取。

仅以《1844年经济学哲学手稿》注释为例来说：

中文第一版第42卷有关注释共71条，约11页，大约8000字。

中文第二版第3卷有关注释共65条，约16页，篇幅增加到12000字左右，增加了一半。

其中介绍手稿文本历史源流、版本演化的题注，中文第一版只有三五百字，比较简略；而中文第二版则增为2000字长注，比较具体地介绍了手稿的保存原貌、三份手稿的具体写作过程、手稿发表过程中的几种主要版本。

中文第二版还特别介绍了，1982 年历史考证版第二版在发表这一手稿时，采用了两种编排方式：一种是严格按照写作时间、阶段顺序来编排的；另一种则是试图按马克思计划方案、逻辑结构来编排的。中文第二版采取了第二种编排方式。

而对于历史考证版第二版的参考资料卷中，这一手稿写作过程的许多具体考证过程，中文第二版则大都省略了。如果要做深入研究，还需去查阅历史考证版第二版的相关资料。

第三类，四种主要索引。

中文第二版主要是在中文第一版基础上，集中做好四种主要索引：一是人名索引；二是文学作品与神话中的人物索引；三是文献索引；四是报刊索引。

第八节 马列著作中文版的鲜明特色与国际地位

——以知行统一为主旨的第三大版本系统

从 20 世纪马恩著作的文本系统来看，中文版系统和 20 世纪 70 年代前的俄文版系统、20 世纪 70 年代后的历史考证版系统相比，是无法根本超越它们的；然而，如果从一个更广泛的角度来看，比较一下其社会功能与传播广度，那么，马恩著作的中文版系统可谓独树一帜、特色鲜明，从 20 世纪到 21 世纪，堪称是与俄文版系统、历史考证版系统呈三足鼎立式的，以知行统一为主旨的第三大版本系统。

马恩著作的俄文版系统，在 20 世纪 20 至 70 年代期间，在国际上曾经独领风骚，成为影响巨大的主流版本，起了巨大历史作用。然而，后来编纂者企图强使马恩著作出版服从于苏联模式、僵化意识形态，使其很难再起到这一领域的主导作用。

历史考证版的特点，主要是为学术研究服务，为国际上的少数专家服务，刻意追求不联系实际，不联系政治，不联系广大群众的实践需要。因而，在国际学术界影响不可小视，却难以在21世纪人民大众中产生重大、广泛的社会影响。

众所周知，马克思留下的一句脍炙人口的名言就是："哲学家们只是用不同的方式解释世界，问题在于改变世界。"①

要从体现"改变世界"的马克思思想主旨来看，从20世纪到21世纪，马恩著作的中文版系统作用最突出，特色最鲜明。

使马恩著作发挥作用，改变中国，改变世界，让这个东方大国，发生翻天覆地的历史巨变，让世界历史、时代潮流发生重大变化——仅就这一点来说，马恩著作的中文版系统，可以说达到一个几乎无与伦比的全新高度、全新境界。

以知行统一为主旨的马恩著作中文版系统，在马恩著作出版的国际历史上堪称是独树一帜、别开生面，使马恩著作发挥出两大独特功能：

一是中国共产党把马克思主义，定位为党和国家指导思想的理论基础。

二是通过思想建党、理论建党，使中国共产党成为一个学习型、实践型、创新型的顶天立地的马克思主义政党，从而带领古老的中华文明，焕发出现代复兴的创新活力，也给世界历史带来新的希望、新的可能性。

---

① 《马克思恩格斯选集》（第一卷），北京：人民出版社，1995年，第57页。

第四十四章　一支特别强大的专业理论队伍

《在延安文艺座谈会上的讲话》一开头，毛泽东就开门见山地提出，中国革命有文武两条战线，因此相应地有了两支队伍，一支是“手里拿枪的军队”，另一支则是“文化的军队，这是团结自己、战胜敌人必不可少的一支军队。‘五四’以来，这支文化军队就在中国形成，帮助了中国革命”。[①]

在这支“文化军队”中，有一支长期坚持从事马列著作编译出版和理论研究的队伍。在中国特色社会主义新时代，更发展成为一支特别强大的马克思主义专业理论队伍，他们包括：以中央编译局为主、以人民出版社为辅的马列著作编译出版团队；以北京大学、清华大学、中国人民大学、南京大学等为代表的全国重点大学，及以全国重点马克思主义学院为基础形成的强大的理论研究和教学团队。

放眼整个世界历史长河，从国际视野的比较来看，尤其是在1991年苏联解体、东欧剧变后的当代世界格局中，这都是一支特别强大，甚至最为强大的马克思主义专业理论队伍。

这也是马列著作在现代中国，出版事业百年不衰，并且正在开创新时代的可靠保证与队伍支撑。

---

① 《毛泽东选集》(第三卷)，北京：人民出版社，1991年，第847页。

第一节　周亮勋：改革开放时期《资本论》编译第一人

说到周亮勋，他的命运有特别明显的二重性：一方面，在马列著作编译出版的专业领域，他是享誉国内外的著名大专家；而另一方面，在大庭广众中，他又是默默无闻的平凡者，几乎没有几个人知道他的名字、他的事迹和他的历史贡献。

2011年6月26日，《光明日报》首次以头版头条的显著位置，发表了薄洁萍采写的长篇特写《一群人　一辈子　一件事——记奋战在马克思主义中国化第一线的中共中央编译局优秀翻译家群体》。文中特别突出地讲述了周亮勋的故事，由此，这个名字才开始引起人们的广泛关注，但人们对他的独特贡献仍是不甚了了。

其实，周亮勋是继郭大力、王亚南之后，几十年如一日，精心翻译《资本论》这一马克思主要著作的大专家、大翻译家，甚至可以说，他是改革开放时期组织《资本论》文本体系系统出版的第一人。

周亮勋还与时任中央编译局局长的韦建桦一道，是国际马恩基金会《马克思恩格斯全集》历史考证版学术咨询委员会委员，是世纪之交把国际上MEGA2最新编译成果引入中国的先行者与带头人。

周亮勋也是借鉴国际历史考证版最新成果，推进《马克思恩格斯全集》中文第二版工作，并加快出版《马克思恩格斯文集》十卷本的带头实干家和重要组织者。

在杨金海等人编写的《中央编译局六十年》书稿中，有马列编译部陈聪、沈红文写下的一段文字，生动翔实地记载了周亮勋翻译出版《资本论》的动人事迹。在此摘录下来：

> 中央编译局刚刚成立之时，一大批风华正茂的青年加入了这支崭新的编译队伍，与新中国的经典著作编译事业一同走过

了创业、发展的艰辛而光荣的历程。周亮勋就是他们当中的一个典型代表，在他身上，一直保留着新中国成立后新一代创业者的鲜明特征：真诚执着的信仰、实干苦干的作风、克己奉公的自觉、简单朴素的生活。对于本职工作，他从不简单地将其视为单纯的学术工作，而是把它作为一个共产党人对自己所信奉价值观的建设与守护，笃信之，力行之。他从参加工作起，就一直从事马克思主义经济学著作的编译工作，在这一领域一干就是50多年，先后参加和主持《资本论》各个中文版本的校订工作，在马克思主义经济学理论编译和研究领域具有很高造诣，是《马克思恩格斯全集》中文第二版编译工作的主要组织者和定稿人、国际马克思恩格斯基金会学术咨询委员会委员。他曾长期担任马恩室主任，在繁忙的行政事务当中千方百计挤时间进行《资本论》的译校工作。1990年，他年届退休，为了能专心进行《马克思恩格斯全集》中文第二版有关卷次的定稿工作，他谢绝了单位的返聘，选择在家工作。有人觉得他这样白白放弃一份返聘工资太可惜，他说，坐在办公室杂事太多，不如在家效率高。从此，他像一个虔心修炼的隐士，闭门不出，百事不问，全身心埋头于定稿和审稿。15年的退休生活，他几乎就是这样度过的。《马克思恩格斯文集》10卷本编译任务下达后，他作为编委会重要成员，负责经济学著作的校订。长期超负荷的工作终于彻底透支了他的健康。2005年5月的一天，他在刚开完一个业务讨论会后突发脑出血，被送进医院抢救。实施开颅手术后，他几近失忆。在意识稍为清醒的片刻，他还询问工作的进度。有时在睡梦里，他会吟唱起《国际歌》，那深沉、悲壮的旋律，是他潜意识当中对崇高事业与终身使命深深眷恋的真实写照。5年后，在两部文集工作总结大会上，时任局长的翻译家韦建桦同志这样表达他的崇敬和怀念之情："我今天走进这个会场，心情非常复杂。我想起了唐代诗人王维在《九月九日忆山东兄弟》那首绝句中的两句诗，‘遥知兄弟登高处，遍插茱萸少一人’。此时此刻，我们课题组和编委会的成员齐聚一堂，但是环顾四座，少了一人，会场上缺少了马列部的老主任、《资本论》及其手稿的主要译者和校订者周亮勋同志。他是在文集的编译过程中逝世的，他实现了自己为经典著作编译事业而献身的誓言，他的劳动、他的智慧，将永远凝聚在两部文集之中。”

真是斯人已逝，风范长存。周亮勋这一代马列著作翻译家的高风亮节，就永远长存在《资本论》中文版的永世流传之中……

第二节　林基洲：《列宁全集》中文第二版主要组织者

在 2010 年第 6 期《马克思主义与现实》杂志上，刊出了时任中央编译局局长韦建桦的一篇论文：《用生命擎起思想的火炬——马克思主义经典著作编译事业百年回顾》，尾声之处，他特别加上了一段直抒胸臆的“作者附识”：

> 在起草本文时，我常常想起马克思主义经典著作编译和研究领域的著名学者张仲实、姜椿芳、林基洲、岑鼎山、周亮勋等前辈的风范。我在中央编译局工作，长期得益于他们的教诲和启发；发表此文，是对他们的一种纪念。

从 1953 年，根据毛泽东批示、中央编译局正式创立起，到 2011 年为止，在近 60 年时间里，先后在这里工作过的可能有上千人之多，其中有 138 名专家获得全国“资深翻译家”荣誉称号。韦建桦特别提到的上述 5 位，应当说是这个英雄群体的杰出代表。其中一位，就是当时已经去世近 20 年的林基洲。

为什么林基洲当之无愧地被列为中央编译局这个英雄群体的杰出代表呢？这要从他一生与《列宁全集》中文第二版的特殊情缘说起：

林基洲从1953年起参与了中央编译局的草创工作，20世纪五六十年代，参加了三大全集中文第一版的编译工作，从1975年他担任中央编译局副局长起，他就开始主持《列宁全集》中文第二版的编译工作全局。在《列宁全集》中文第二版编译工作起步之时，林基洲就不赞成按部就班、亦步亦趋地照搬《列宁全集》俄文第五版55卷本，而是旗帜鲜明地主张在借鉴俄文第五版编辑成果的同时，要另起炉灶、独立创新，编译出更全、更新、更有时代精神和中国特色的中文第二版，让马列著作的中文版本系统在世界历史上独树一帜，占有不可取代的重要的一席之地。

《列宁全集》中文第二版60卷本，收入列宁文献多达9000多件，总共约合汉字3000万字，于1984年至1990年间全部出齐，这是一项规模空前的庞大系统工程，林基洲不愧是其主要的组织者、领导者，甚至可以说，是这项庞大系统工程的总设计师、总工程师。

在20世纪八九十年代之交，苏联解体、东欧剧变，世界社会主义低潮时期，林基洲没有彷徨观望、悲观失望，他处变不惊，坚定不移，带头掀起中国马列著作出版的新高潮，从思想理论上支持邓小平1992年南方谈话和中国共产党十四大，化危为机，彻底突破传统计划经济的僵化苏联模式，开创中国特色社会主义市场经济新道路、新体制。

特别难能可贵的是，林基洲虽长期担任中央编译局领导职务，但他几十年如一日，保持共产党员的人民公仆本色，自始至终保持艰苦奋斗精神、无私奉献精神，“鞠躬尽瘁，死而后已”，把一生心血，乃至最为宝贵的生命，全部奉献给马列著作的编译出版。

在杨金海等编写的《中央编译局六十年》书稿中，陈聪、沈红文也具体地记述了林基洲同志在组织翻译出版《列宁全集》中文第二版过程中，表现出来的远见卓识、杰出贡献及无私奉献精神：

林基洲是著名的马列著作翻译家和学者，少年时因家贫辍学，完全靠自学成才。他常用自己的成长经历教育身边的青年同志："翻译马列著作，是'代圣人立言'的千秋大事，要下苦功夫学。"他在编译局工作的40年间，先后参加了《列宁全集》和《马克思恩格斯全集》的翻译定稿工作，尤其是为《列宁全集》中文第二版的编译出版做出重大贡献，被誉为这一宏伟工程的总设计师和总工程师。20世纪70年代，新版《列宁全集》中文版在酝酿之初，意见很不统一，有的主张全盘照搬当时世界上最权威的俄文第五版，有的主张以俄文第五版为蓝本，重校译文、稍作编辑。以他为代表的意见则力主以俄文第五版为参考，另起炉灶，编译一部全新、完备、体现中国风格的《列宁全集》。他坚持认为，编译局应当有这个志气，从主客观条件来看也有这种可能。为了从科学角度进一步阐明这种可能性和必要性，他带领一批同志通过周密论证、深入研究，对当时围绕新版《列宁全集》提出的一系列重大政治和学术问题，作出了令人信服的回答。

新版《列宁全集》工作启动以后，他一直主持这项工作，制订总体方案，审定编辑体例、选目和各卷前言，承担多个卷次的译文校审，全程参与各卷资料编写。他认为，要把新版《列宁全集》编出中国特色，很重要的一点，就是要看各卷的前言和资料编得好不好，要不落窠臼，力争从思想性、科学性、知识性、稳定性等方面都超过俄文版。全书每篇前言都经过他的审阅和修改，有的前言写了三稿、四稿还不如人意，他就要求重写，有时甚至自己动笔把前言改写出来。对于各类资料（注释、人名索引、文献索引、年表），他要求先写出试写稿，然后一次次组织讨论，一道道亲自修改。有人劝他别管那么细，他说，我不亲自干一干，怎么能了解其中的问题，又怎么能具体指导和审定？他以只争朝夕的精神，带领同志们克服了一个又一个困难，夜以继日，力争尽早出书。有的同志感到计划安排得太满，时间赶得太紧，主张放慢点进度。他就讲，现在的编译队伍平均年龄很大，拖不起，不抓紧搞出来，既有负理论界的期待，甚至还有夭折的危险。在全集编译的那些年，他几乎放弃了所有娱乐和休闲时光，用他自己的话说，“有那么多事情等着我们去做，我们只能挤时间，赶快做。”工作最紧张的时候，常常一个馒头、一杯清茶就是一顿周末的午饭。有段时间，牙疼得厉害，他嫌去医院治疗太费时间，就忍着不去就医。在全书60卷每卷书的版权页上，都署有参加该卷编译工作者的姓名。根据统一的署名标准和他为全集所做的实际工作，每一卷都应该署上他的名字，但他在送审的各卷清样上一一划掉自己的名字，只同意在其中的4卷上署名。1993年7月的一天，因积劳成疾，他终于累倒在工作岗位上，永远离开了他终生奋斗的事业，年仅64岁。他对事业的一片赤诚，磊落胸怀、高风亮节和进取精神，永远镌刻在了同志们的心上……

第三节　以中央编译局为骨干的编译出版队伍

自2012年党的十八大以来，马列著作的编译出版在中国开启了一个新时代，之所以能够走到这一步，主要是由于上下“两头”的有机结合。

一头是在上头，以习近平同志为核心的党中央领导集体，高度重视，积极倡导，带头学马列、学原著、学原理，对马列著作的编译出版与学习研究工作，做出战略部署。

另一头是在下头，有遍布全国的专业队伍，尤其是在中央编译局（2018年后合并入中央党史与文献研究院），更有一支长期从事马列经典著作编译的专业团队，并涌现出了以顾锦屏、韦建桦、柴方国、徐洋为代表的新时代翻译家。

顾锦屏是中央编译局里的老专家、老领导。1951 年，刚满 18 岁的顾锦屏就从上海来到北京，参加了中央俄文编译局的工作。他先后参加了列宁《哲学笔记》、恩格斯《自然辩证法》等重要经典著作的翻译出版工作。如今，顾锦屏已是年过九十的老人，也经历过脑中风的病痛磨难，然而他却退而不休，锲而不舍，乐此不疲。他还在“马列主义经典作家文库”、“纪念马克思特辑”编审委员会中，担任了副主任委员的领导重任，并且亲自负责恩格斯《自然辩证法》等译文审定工作。

韦建桦，1970 年毕业于北京大学德语专业，1978 年起在中央编译局从事经典著作的编译和研究工作。他坦然自诩终生献身于马列著作编译事业，说：“在这里我找到了守身报国的阵地，安身立命的家园。”他曾长期担任中央编译局领导职务。2012 年成立“马列主义经典作家文库”编审委员会，2018 年成立“纪念马克思特辑”编审委员会，他都担任了主任委员，在整体构想、队伍组织、著作编审工作上起了举足轻重的重要作用。他还曾长期担任中国马克思恩格斯研究会会长，并先后主编了三大伟人画传：《马克思画传》、《恩格斯画传》和《列宁画传》。

如果说顾锦屏、韦建桦是老而弥坚的老领导、老专家，那么柴方国则是挑大梁的专家学者，也是“马列主义经典作家文库”、“纪念马克思特辑”编审委员会的副主编和领导者之一。许多队伍组织工作、专业技术工作，都是由他负责实施的。他以低调行事、善于团结见长，把整个马列著作编译部的复杂系统工作组织得有条不紊，富有成效。

相比之下，1998 年参加中央编译局工作的徐洋，算得上中央编译局专家队伍中的后起之秀了。他在相当程度上继承发展了周亮勋的思想遗产，在《资本论》文本体系的中文编译上起到了顶梁柱、带头人的作用，已是一个能独当一面的将才。

第四节　全国重点高校中的马列著作理论研究队伍

在当代中国各大著名高校中，存在着一支实力雄厚的马克思主义理论研究队伍，他们几十年如一日，长期坚持马列著作的理论研究。

北京大学，有“李大钊—冯定—黄枬森”三代北大学人奠定的百年传统，2000年率先成立了马克思主义文献研究中心，丰子义、王东、聂锦芳、仰海峰等著名教授，带头开展马列经典著作的系统深入研究。

中国人民大学，早在1964年就在毛泽东、周恩来支持下，创立了马列主义发展史研究所，改革开放以来在陈先达、靳辉明、庄福龄、顾海良等人带领下开创新局面，如今又有安启念、梁树发、郝立新等人，带头开展马克思主义哲学史与马列著作的综合研究。

清华大学，原先就有韩立新留学日本归来后开展的MEGA2文献研究、王峰明的《资本论》研究等，在马克思主义学院院长艾四林带领下，又积极引进了原在中央编译局工作的杨金海、李惠斌，由此在马列著作研究上别开生面。

北京师范大学，袁贵仁、杨耕、鲁克俭等人，在马克思主义基础理论、文献研究、出版事业上，独树一帜。

武汉大学，有李达奠定的坚实基础，陶德麟、朱传棨、汪信砚、何萍等人，带出了一支队伍，聚焦在马克思主义哲学中国化这个时代课题上。

吉林大学，有高清海教授开创的独特传统，又有孙正聿、孙利天、邴正等人的继续开拓，在《资本论》哲学与辩证法基础理论研究领域，有独特建树。

南京大学，有孙伯鍨教授奠定的深厚基础，张一兵、姚顺良、唐振东、张亮等人，提出“回到马克思”的理论口号，并积极开展

MEGA2 文献研究……

与此旗鼓相当的，还有复旦大学、南开大学、中山大学、浙江大学等一批国内重点大学。

在中国学术界，有一支由著名专家学者组成的队伍，倡导中国马克思学，加强对 MEGA2、历史考证版的研究。其代表人物如北京大学王东、聂锦芳，北京师范大学鲁克俭，清华大学韩立新、王峰明，中国社会科学院魏小萍，中央党校侯才，南京大学张一兵、唐正东等。

中国人民大学青年学者赵玉兰博士，对于梁赞诺夫开创的 MEGA1 与当代 MEGA2 的关系问题，还有 MEGA2 的新成果、新走向，进行了颇为独到的深入研究。

广州中山大学陈长安博士，到日本先后师从大村泉、守健二教授，专门从事 MEGA2，特别是其中的马克思危机笔记研究，并因此获梁赞诺夫奖。

代结语
建党百年的理论奠基

马列著作在中国出版，是马克思主义中国化的第一步，旨在为马克思主义中国化的理论创新、实践创新、制度创新，奠定最基本、最重要的文本基础、理论基础、思想基础，可谓万里长征第一步。党的百年奋斗展示了马克思主义的强大生命力。正是在庆祝中国共产党成立百年之际，习近平同志一系列重要讲话，十九届六中全会通过的《中共中央关于党的百年奋斗重大成就和历史经验的决议》，以及2022年10月党的二十大报告等，高屋建瓴、一语中的地提到了这个问题：

> 马克思主义是我们立党立国、兴党强国的根本指导思想。马克思主义理论不是教条而是行动指南，必须随着实践发展而发展，必须中国化才能落地生根、本土化才能深入人心。[①]
>
> 我们党的历史，就是一部不断推进马克思主义中国化的历史，就是一部不断推进理论创新、进行理论创造的历史。[②]
>
> 拥有马克思主义科学理论指导是我们党鲜明的政治品格和强大的政治优势。实践告诉我们，中国共产党为什么能，中国

---

① 《中共中央关于党的百年奋斗重大成就和历史经验的决议》，《人民日报》2021年11月17日，第1版。

② 《学党史悟思想办实事开新局，以优异成绩迎接建党一百周年》，《人民日报》2021年2月21日，第1版。

特色社会主义为什么好，归根到底是马克思主义行。①

马克思主义是我们立党立国、兴党兴国的根本指导思想。实践告诉我们，中国共产党为什么能，中国特色社会主义为什么好，归根到底是马克思主义行、是中国化时代化的马克思主义行。拥有马克思主义科学理论指导是我们党坚定信仰信念、把握历史主动的根本所在。②

一部马列著作在中国的出版历史，实际上相当于20世纪以来马克思主义中国化的一面镜子，也是中国共产党建党百年、中华人民共和国成立70多年的一面镜子，是改革开放探索中国特色社会主义40多年的一面镜子。

这是一个历史宝库，既是历史经验的宝库、历史智慧的宝库，也是包含着历史教训的宝库。

这部马列著作在中国出版的历史，试图对其中蕴含的历史经验，做出某种新的发掘，特别强调马克思主义著作翻译出版事业，对于党和国家发展的命运攸关的重大深远意义。这个意义，特别突出地表现在以下七个层面：

第一，解放思想既是五四运动的前提，也是改革开放的前提，而马列著作的翻译出版，则是解放思想的必要铺垫、必要前提。

第二，思想建党是组织建党、政治建党的必要前提，而马列著作翻译出版，则是思想建党的理论奠基，是中国共产党建设的基础工程、百年大计。

第三，党中央领导核心、领袖人物带头关注、参与支持并领导马列著作的翻译出版工作，带头学马列、讲马列、用马列，这是中国共产党的优秀传统。从首倡马克思主义的李大钊开始，到将马列

① 《高举中国特色社会主义伟大旗帜，奋力谱写全面建设社会主义现代化国家崭新篇章》，《光明日报》2022年7月28日，第1版。

② 习近平：《高举中国特色社会主义伟大旗帜　为全面建设社会主义现代化国家而团结奋斗——在中国共产党第二十次全国代表大会上的报告》，2022年10月16日。

主义基本原理同中国具体实际相结合的毛泽东，推动改革开放的邓小平，提出“三个代表”重要思想的江泽民，首倡科学发展观的胡锦涛，乃至开创新时代中国特色社会主义思想的习近平，都一以贯之地体现了这种优良作风。

第四，每个时期，结合党的中心工作确定一两部或一组马列著作，作为翻译出版重点对象，在全党、全国、全民范围内，从上至下地组织学马列，是一个好经验。

第五，应当以马列著作翻译出版工作为起点，把马克思主义基本原理同中国具体实践相结合，形成一种讲理论、讲马列、讲学习的好风气。

第六，中国共产党之所以能成为创新型政党，中华人民共和国之所以能成为创新型国家，一个重要的、必不可少的前提条件，就是有马列著作出版作铺垫，有马克思主义创新理论武装和指导。

第七，要将马克思主义作为我们指导思想的理论基础，建设一个学习型、实践型、创新型的马克思主义新型政党，顶天立地、知行合一、文武双全、党群一体、自我革新——这是中国共产党的显著特征，也是“中国奇迹”背后的深层奥秘。

党之所以能够领导人民在一次次求索、一次次挫折、一次次开拓中完成中国其他各种政治力量不可能完成的艰巨任务，根本在于坚持解放思想、实事求是、与时俱进、求真务实，坚持把马克思主义基本原理同中国具体实际相结合、同中华优秀传统文化相结合，坚持实践是检验真理的唯一标准，坚持一切从实际出发，及时回答时代之问、人民之问，不断推进马克思主义中国化时代化。①

通过马列著作的编辑出版，为马克思主义中国化奠定基础；通过马克思主义中国化，把上下五千年的中华民族优秀传统文化，与揭示人类社会发展规律、认识世界和改造世界的科学真理马克思主

① 《中共中央关于党的百年奋斗重大成就和历史经验的决议》，《人民日报》2021年11月17日，第1版。

义理论结合起来，从而使最古老的文明在当代、在未来，迸发出最大的现代活力、生命力、创造力！

正如2021年7月1日习近平同志《在庆祝中国共产党成立100周年大会上的讲话》所言：

> 新的征程上，我们必须坚持马克思列宁主义、毛泽东思想、邓小平理论、“三个代表”重要思想、科学发展观，全面贯彻新时代中国特色社会主义思想，坚持把马克思主义基本原理同中国具体实际相结合、同中华优秀传统文化相结合，用马克思主义观察时代、把握时代、引领时代，继续发展当代中国马克思主义、21世纪马克思主义！①

日出东方，中华复兴；

日出东方，天下太平；

日出东方，天下为公；

日出东方，天下大同！

让我们携手迎接这美好希望，光明未来！

薪火相传，共襄盛举！

① 习近平：《在庆祝中国共产党成立100周年大会上的讲话》，《人民日报》2021年7月2日，第2版。